未遂犯の理論

川端　博著

刑事法研究　第19巻

成文堂

はしがき

「刑事法研究第一九巻」は、未遂犯の問題点を検討して未遂犯の理論化を図る『未遂犯の理論』である。定年退職後、自由時間ができたので、未遂犯論について著書を書き下ろすことを思い立つに至った。それには他にも理由がある。在職中最後の教授会において、退職の挨拶をし、最後に、「芸者、役者そして学者には定年がありません。この度わたくしは、教員として定年を迎えましたので、退職いたしますが、これからは学者としてやり残した研究を続けて行く予定です」と述べたのであった。笑いと拍手を頂戴し、受け狙いに走りがちのわたくしとしては、笑いを取り共感の拍手を得たことに気をよくした次第である。芸者から始まる意外な三題噺めいた表現が笑いを呼んだとおもわれるが、それは、退職後の活動の決意表明でもあった。「落ち」風に言えば、論文執筆のほかに「芸」がなく、今さら活動するにしてもまったくの無「役」であるので、一研究者として大いに「学」んでそれをまとめたいと考えていたのである。そこで、新たにモノグラフィーを書き下ろすことを決意したわけである。

これまで未遂犯について独立した本格的な論文を執筆・公刊したことがなく、書き下ろしの教科書・参考書などにおいて断片的に叙述するに止まっていた。未遂犯の問題性については気になりながら、放置したままであったのである。一年間で脱稿できると考えて執筆を始めたが、意外と難航した。わたくしには、同時進行でいくつかの仕事を進めるのが性に合っているので、長期間にわたって一つのテーマに専念するのは不得手である。言い換えると、いろいろな事に次々と興味が湧いてそれに関する文献を渉猟して読みながら楽しみ、その過程で得た知見を基礎にして複数のテーマに関する論文を並行して書いて来たのであった。今回は、未遂犯論に問題領域を限定したので、目移りしないように努めるのが苦痛であり、そのため執筆が滞りがちとなった。そのうえ、数十年振りの酷暑のため、仕事のペース・ダウンを余儀なくされ、若干の遅れが生じたが、ほぼ予定どおりに脱稿した。執筆それ自体は楽しかったので、何とか出版に漕ぎ着けることができることとなった。

本書におけるキー・コンセプトは、制約原理としての「因果性と帰属性」である。科学哲学の知見を基礎にして、それが未遂犯の諸局面においてどのように現われるのか、に重点を置いて未遂犯の理論化を図ったのである。

本書の刊行に当たっても成文堂の阿部成一社長には、多大な御厚意を賜ったので、篤く御礼を申し上げる次第である。また執筆などについてわたくしのいつものペースを尊重して頂いたうえ、参考文献の供与など編集につき大変お世話になった編集部の飯村晃弘氏に対して感謝の意を表したい。

平成三〇年（二〇一八年）一〇月三一日

川端　博

目次

第一章　未遂犯論の視点

第一節　未遂犯の理論化のための視点の諸相

本書は、未遂犯を理論化することを目的としている。まず、その前提として未遂に関する用語について触れておくことにしたい。未遂を処罰する犯罪を表記する用語として「未遂犯」と「未遂罪」とがある。前者は講学上の用語であり、後者は実定法上の用語であると言える。本書においては、理論化という観点から検討するので、原則として「未遂犯」の語を使用するが、未遂罪という語も定着しているので、例外的にそれを用いることもあることをお断わりしておく。次に、中止犯については、未遂犯としての性質を明瞭にするために、原則として「中止犯」ではなく「中止未遂」という語を用いることにする。

ヴェルツェルは、未遂犯論を「犯罪実現の段階」の章において考察したのであるが、その出発点は、連続する過程において「犯罪は何時、当罰的行為となり、何時、その犯罪内容が完全に達成されるのか」という問いであった[1]。そして、「未遂の概念」に関して「未遂は、犯罪（Delikte）の遂行の開始を構成する諸行為によって犯罪（Verbrechen）または軽罪（Vergehen）をおこなう決意の実現である」と定義したのである[2]。さらに「客観的構成要件は、未遂犯のばあい完全には充足されていない」が、主観的構成要件は、既遂犯のばあいとまったく同様に存在しているので、「未必の故意」で足りるとされている[3]。本書において、これらの問題点を踏まえながら未遂犯の理論的把握を試みたい。

未遂犯を理論的に把握するための視点として次の諸点が挙げられるとおもう。それらは、相互に関連することがあり、その意味において重層的なものであると言える。したがって、それぞれ交錯する場面が生ずるが、その際には、あくまでも「理論化」という観点から分析する。また、それらは、異なった局面において問題となるので、重複することがあるが、観点が異なる以上、重複をいとわず論議して問題の解明に資するようにしたいとおもう。

論述の都合上、最初に右の諸視点をアトランダムに列挙し、その後に節を分けて検討することにする。その諸視点とは、①既遂犯との関連性、②予備罪との関連性、③因果性および帰属性と自然科学観との関連性、④不能犯との関連性、⑤危険犯との関連性、⑥外国法制との関連性、⑦未遂犯の種類および⑧学説と判例の対応関係である。①は、結果発生の有無がもたらす構造上の差異の検討を要求するものである。②は、予備と未遂が法益侵害の結果に至る「段階」の関係にあることから生ずる両者の「区別」の問題にほかならない。③は、自然科学と規範との関係の問題である。④は、未遂犯が法益侵害に至る「現実的」危険を問題とするものであるのに対して、不能犯が想定された事実を前提にして生じる「仮定的」危険を問題にするものであることから生ずる「危険判断の基準」を検討することを要求する。⑤は、犯罪の特殊類型である危険犯と未遂犯との関係において、「危険」の内容を明らかにすることを要求するものである。⑥は、フランス法、ドイツ法およびイギリス法における未遂犯規定との比較においてわが国の未遂犯規定の検討を要求する。[4] ⑦は、未遂犯の種類として、障害未遂・中止未遂、および着手未遂・実行未遂（終了未遂）があるが、それらの意義と相互関係を明らかにすることを要求するものである。⑧は、学説が判例の形成にどのような影響を及ぼすのか、逆に判例が学説にいかなる影響を及ぼすか、という問題である。本書においては、大審院および最高裁判所における裁判例の中から判例が形成される過程を上告趣意の争点形成力に重点を置いて見て行くことにする。

次節以降において、右に掲記した視点から諸論点を検討して未遂犯の理論化の方向性を見定めることにしたい。

第二節　実行の着手論と新視点の交錯

実行の着手の問題には、種々の視点が交錯する側面が存在する。すなわち、実行の着手の問題は、①「予備行為」との対比による「実行の着手」に基づく未遂の処罰根拠および②「既遂」との対比による「未遂」の処罰根拠の確定の問題と関連するのである。いずれも一定の論点との対比において議論が展開される問題であることに注意しなければならない。まず、①の論点について言えば、①の論点は、第一に、「処罰・不処罰の分水嶺」の問題に、第二に、「危険の質的転化」にそれぞれ関連する。第一の問題について、塩見淳教授は、つとに次のように主張されている。すなわち、「未遂罪の処罰規定は多数置かれているのに対し、実行の着手は、国家刑罰権の原則的な介入開始時期であり、処罰・不処罰の分水嶺を成すものと言える」ので、「このような『実行の着手』概念の重要性を反映して、学説においても、これを巡る議論が古くから行われている。そして、従来、わが国においては、行為者の意思に着手の規準を求める主観説は少数にとどまり、行為者の意思を離れた、外界における客観的なものに着目した規準を立てる客観説、とくにその中でも、構成要件行為との必然的共属性の故に、自然的理解にとって、その構成部分と考えられる行為の開始に着手を肯認する、いわゆるフランクの公式を採用する見解が支配的であった」とされるのである[5]。しかし、近時、二つの変化が見られ、一つは判断資料の主観化であり、もう一つは、判断規準としての「危殆化」の採用であるとされる。①判断資料の主観化とは、「実行の着手を判断するに際して、判断規準と判断資料とを区別し、前者は客観的なものに求めつつも、後者は客観的なものに限らず、行為者主観ないし犯罪計画をも考慮に入れる主観的客観説が有力化している」とされる。[6] 判断規準としての「危殆化」の採用は、「従来の客観説が行為の外形に着目していたのに対し、法益侵害ないしは構成要件的結果発生の危険を規準とする見解が、客観説をなお基本的に維持する論者においても、主観的客観説を主張する者においても多数を占めつつある」とされている。[7] そして、わが国の実行の着手論の課題は、「主観的客観説を基礎づけうるような、あるいは、すくなくともそれと整合的であるような未遂犯の処罰根拠を提示すること、及び、危殆化ではなく行為の外形に着目した、精密な判断規準を定立すること」であるとされるのである。[8]

右の課題の解明に当たって、ドイツの「直前行為規準説」が有益であり、「問題となる行為を事象経過において機能的に観察して、それが構成要件行為と一体と言えるか否かに着目する、行為経過の自動性要件と、問題の行為が構成要件行為と時間的に近いことを要求する、時間的近接性の要件」がわが国に導入できるとされている。[9] そして、「それらの要件、就中、被害者領域への介入の要件を、なお不明確さを完全に払拭しきれない直前行為の二要件を限定し明確化するために、処罰根拠という『実質』をも顧慮した重畳的・追加的要件として利用することが適当」であるとされている。[10]

塩見教授は、「実行の着手」の判断規準について、「構成要件行為の直前に位置する行為の開始が実行の着手である。直前行為とは、機能的に見て構成要件行為に至る経過が自動的である行為、又は、構成要件行為に時間的に近接する行為である。ただし、犯罪類型において被害者領域が存在する場合には、直前行為は原則としてその領域への介入を伴っていなければならない」との結論に到達されているのである。[11]

予備行為は、「実行行為」に発展する段階にある「準備」行為である点に特徴がある。つまり、予備行為に「後続」

する「実行行為」は、違法行為が定型化された構成要件の要素であり、結果発生の「類型的な危険性」を包含する行為なのである。類型的危険性は、一般的観点から観念される危険性であり、現実的・具体的なものではない。その意味において、実行行為は、結果発生の「抽象的危険性」を有する行為であると言える。したがって、そのような行為に発展して行く予備行為は、さらに軽度の抽象的危険を包含するものであり、これを処罰する予備罪は、「抽象的危険犯」として把握することができることになる。[12] ここで実行行為の概念が重要な意義を有するので、これについて見ておくことにしよう。

実行行為概念を深く研究されて来た奥村正雄教授は、「実行行為は、結果犯における因果関係の起点となる行為として構成要件要素に位置づけられているほか、未遂犯論や正犯・共犯論においても重要な役割を果たしてきた」とされたうえで、[13]「近時、判例実務において、早過ぎた結果実現の事例等『一連の行為』の実行行為性を問題にする事案が出て来たことなどを契機に、実行行為概念をめぐる議論が再燃するようになり、実行行為概念は、こんにち厳しい批判の的になりつつある。この流れは、実行行為それ自体は刑法上の諸問題の解決に不可欠の概念と捉えつつも、従来の論理は問題解決に成功していないとする内部批判や、実行行為に行為規範としての役割に限定した機能だけを認める見解にとどまらず、犯罪論上は端的に実行行為を不要な概念であるとする立場の台頭にまで及んでいるのである。この立場は、本来、因果関係論、未遂犯論、正犯・共犯論はそれぞれ異なる問題領域において議論されるべきものであるところ、従来は実行行為概念の下に渾然一体となって観念されてきたために、実行行為はこれらの問題の分析的な検討を妨げる有害無益な概念であると批判して、実行行為概念を採り入れない犯罪論を構築すべきであるとする主張を展開し始めている」と指摘されている。[14] そして、「今や、実行行為概念は、崩壊過程にあるともいわれるようになり、犯罪論におけるその存在意義はもはや失われたかのような感を呈しはじめている。はたして、実行行為は、その歴史的役割を終えお蔵入りすべき概念なのか、それとも、なお犯罪論の基軸として重要な役割を果たし続けるべき概念なのであろうか」という問題意識の下で詳細な検討をされ[15]、「実行行為概念は、犯罪の成否の基本的メルクマールとしての役割は依然として大きく、重要な理論的・解釈論的意義があり、犯罪の中核としての地位を維持すべきである」との結論に到達されているのである[16]。

わたくしも実行行為概念の重要性をみとめ正犯と共犯の区別を実行行為の有無によって判断する実行行為性説を支持している。しかし、実行の着手の基準については、実行行為性によるべきではないと解しているのである。

未遂犯と実行行為概念との関係について、井田良教授は、次のように主張されている[17]。すなわち、「主要な犯罪については未遂が処罰される。したがって、未遂処罰の開始時点、すなわち実行の着手の時点が、刑罰権の発動が本格的に開始する時点である。このように、実行行為に着目して刑罰権の発動時点を決することは合理的である」とされる。そして、実行の着手以前の予備行為は、客観的・外形的には日常的で無害な行為であることが多いが、しかし、「実行行為の段階に移ると事態は一変する。実行行為は、たとえば、ナイフで被害者の腹部を刺すとか、ピストルで撃つ等、誰がどう見ても犯罪行為とされるものである。実行行為の観念が比較的明確なものであるといっても、厳密にいかなる時点で実行の着手を認めるかについては見解の対立があり、その背後には未遂処罰の根拠をめぐる考え方の違いがある」と指摘されている。

規範論の見地から高橋則夫教授は、行為規範違反としての「実行行為」と制裁規範発動としての「具体的危険」について、次のように指摘されている[18]。すなわち、高橋教授によれば、実行行為は、行為規範違反の行為として位置づけられ、まず、「実行行為は『行為規範』に違反する行為である。行為規範は一般人に向けられた当為規範（「～してはならない」「～すべきではない」）であるが、行為者の行為をその内容とするがゆえに、行為者の主観を含めた行為に対する、一般人の立場から行われる危険判断である」とされる。次に、実行行為性は行為規範違反の「行為」の中に看取されなければならず、「行為規範『違反』の存否は行為規範が法益保護のために設定されていることから、法益に対する一定の危険の存在によって判断される。この危険は、事前的・予防的な法益保護と行為規範違反の特定という視点から、実行行為における危険の内容は、行為の法益への抽象的危険で足りるという結論に至り、また、実行行為の開始である実行の着手も同様の判断を行う必要があるから、実行行為と実行の着手とは同時存在しなければならない」が、「未遂犯における危険は、それが発生することにより、未遂犯の成立が肯定されるものであり、その危険の発生は制裁規範の発動条件として理解するべきである。制裁規範の発動条件としての危険は、行為客体（および法益）に対する具体的危険でなければならない」とされるのである。その理由は、「制裁規範の側面から可罰的違法性が派生するのであり、具体的危険が発生した段階で処罰することが原則とされるべき」であることに求められている。しかし、行為規範と制裁規範という概念対をみとめるべきか否かは、今後さらに検討される必要があるとおもわれる。

予備行為における危険が結果発生の具体的危険へと転化する決定的時期が「実行の着手」時期にほかならない。ここにおいて、抽象的危険犯としての予備罪が具体的危険犯としての未遂犯に転化することになる。つまり、「発展過程」の中の質的変化が問題となるわけである。②の論点は、この問題とは質的に異なるので、次節において見ることにする。実行の着手に関する諸問題については、第三章「『実行の着手』論」において検討する。

第三節　既遂犯との関連

既遂犯は、法益侵害の結果発生を根拠にして処罰される。刑法は、法益保護を「任務」としているので、法益侵害の結果を発生させた者に対して刑罰を科することをとおして法益の侵害を予防しようとするのである。そこで、まず、刑法の任務・目的の問題を見ておく必要が生ずる。刑法の任務ないし機能に関して、「社会倫理主義」と「法益保護主義」が対立している。社会倫理主義は、刑事制裁によって社会倫理を維持することに刑法の任務を求め、犯罪の本質は社会倫理規範違反であると解する立場である。これに対して法益保護主義は、刑法の任務を法益の保護に求め、犯罪の本質は法益の侵害・危険であると解する立場である。両主義の対立は、古典学派と近代学派との対立とは直接的な関係を有しないが、社会倫理主義は応報主義に立脚する後期古典学派に由来するのに対し、法益保護主義は前期古典学派に由来するとされている。[19] 刑法は、法益保護をとおして究極において社会秩序を維持することを目的としているのであって、社会倫理秩序の維持を目的としているわけではない。したがって、法益を侵害し、またはその危険を生じさせる行為でないかぎり、たとえ社会倫理規範に違反する行為であっても、刑法上の違法行為とはならないのである。このように、刑法の目的は法益保護にあるが、しかし、その法益保護機能が、副次的に社会倫理維持の機能を事実上、果たしていることは否定できない。つまり、社会生活上、重要な法益を侵害する行為は倫理的にも不当とされることが多いわけである。しかし、その社会倫理維持機能は、あくまでも副次的なものであり、社会倫理の維持が刑法の「目的」ではないことに留意しなければならない。[20]

右に見たように、既遂犯の処罰根拠は、法益侵害という「結果」の発生である。そして、行為者に対して科せられる刑罰の量は、第一次的に結果のもたらす「衝撃力」によって基礎づけられる。そのような「結果」が発生しなかったばあいには、右の衝撃力は存在しない。そうすると、法益侵害の「結果」が発生していない未遂のばあい、右のような処罰根拠が存在しない以上、未遂を不可罰とするのが論理的帰結となるはずである。しかし、未遂犯は処罰されるべきであるとされて来ている。既遂を基準にすると、未遂犯は、「処罰拡張事由」であり、処罰の拡大化をもたらすことになる。処罰の拡大化の危険性について、松宮孝明教授は、次のように指摘されている。すなわち、「本来の犯罪は、あくまで目的とされる行為の既遂のはずなのに、……現行法のように未遂の範囲を広げ、さらに重大な犯罪では予備まで処罰するとなると、犯罪の成立に行為者の意図・目的が重要な役割を演ずることになる。というのも、殺害予定場所の下見のように、既遂から遠ざかれば遠ざかるほど、その行為の外観は、適法な日常行為と変わらなくなるからである。しかし、主観にウェイトのかかった犯罪は、個人の自由を過度に制約するし、冤罪のリスクも大きい。このような傾向は、法益を早期に保護し社会を効率よく防衛するために、新派主観主義の立場から推進されたものであるが、犯罪は有害な行為であるとする旧派客観主義からみれば、行動の自由の保障との間で大きなジレンマを生み出す」とされるのである。(21) そして「実際には、明らかに犯罪の前段階とみられる場合以外は、予備罪や未遂罪が発動されることは珍しい。しかし、それはまた、恣意的な刑罰権発動の恐れをも、もたらすものである。未完成犯罪にも客観主義による歯止めを設けるべきならば、これらの罪もまた、既遂には至らなかったが、社会的に有害とみられるような状態を引き起こしたときに成立するとみるべきであろう。その意味で、予備罪や未遂罪にも、広い意味での『結果』は必要である」とされるのである。(22)

また、周慶東教授は、「刑法の防衛線」という観点から次のように指摘される。(23) すなわち、「元来、未遂の実行の着手には客観的法益危殆の性質が含まれているが、未遂の可罰性には一定の線引きが存在するため、例えば、構成要件の着手・実現と主観上の故意が必要であるため、未遂の可罰性は危険犯の領域において完全には適用されない。また、危険犯の存在が中止（未遂）犯の範疇を圧迫し、刑法の防衛線が、損害が発生する前の密接な段階に前倒しされる可能性がある」とされる。そして、このような「刑法の防衛線を前倒しして拡大する現象」は、実害結果を前提としない「真正不作為犯」、「企行犯」、「目的犯」の領域においても見られると指摘されている。

そこで、改めて未遂犯の処罰根拠を考えなければならず、その際、未遂のばあいであっても、「結果発生に至る可能性」としての「具体的危険」が高いときには、起こり得た結果発生の「認識」が別の意味において「衝撃力」を生じさせることに注意する必要がある。ここでは、「想像力」が衝撃力をもたらすのである。従来、このような想像力の存在は看過されて来た。しかし、その意義が確認されなければならない。つまり、「想像力に基礎付けられた衝撃力」を理由とする処罰が社会的要請となることは、再確認される必要があるのである。このような結果発生の具体的危険の存在が衝撃力を生じさせるので、具体的危険の発生が未遂犯の処罰根拠となり得る。言い換えると、未遂においては法益侵害の具体的危険が不法の要素である「結果」として評価され得ることになる。

このように、結果のもたらす衝撃力によって不法を根拠付けると、前近代的な「結果責任」（Erfolghaftung）を肯定することになるのではないか、という疑問が生ずる。そこで、この点について改めて検討する必要がある。この点に関してヒッペルは、「未遂の可罰性は、より進歩した刑法の徴候なのである。結果責任の古い時代にとっては、被害（Schaden）が発生していないので、その観念（Gedanke）は馴染の無いものである」と喝破したのであった。[24] 結果発生こそが可罰性の根拠である以上、結果が発生していない未遂について可罰性をみとめることはできないはずである。それゆえ、結果責任主義の下においては、未遂犯の観念は成立し得ないことになる。それでは、結果責任主義における可罰性を論理的に基礎づけるものは何なのであったのだろうか。それは、「結果」が有する「衝撃力」

であったとおもう。つまり、素朴客観主義の刑法理論の初期の段階においては、結果のもつ衝撃力によって罪責を基礎付けていたと解することができるのである。素朴客観主義のこのような考え方は、まさしく前近代的な「結果責任」をみとめるものであり、結果だけで刑事処罰が基礎付けられてしまうことになる。このばあいの「責任」は、広義の「罪責」を意味するのであって、近代刑法学における「犯罪の成立要件」としての狭義の責任とは異なることに注意しなければならない。ここでは、あくまでも「不法」の基礎付けを問題にしているのである。外形的な「結果」がもたらす衝撃力は、素朴な当罰感情に対して決定的な影響を及ぼし得る。その観点からは、回復できない程に法益を侵害したばあい、つまり、被害が発生したばあいには、強い反価値判断が下されることになるのである。

次に、結果発生の有無は「偶然」にすぎないから、結果を不法の構成要素とするのは結果責任をみとめることになるのではないか、という疑問が生ずる。その疑問の前提には、行為によって発生させられた結果は「偶然の所産」であるとする命題が存在する。しかし、行為による結果発生を単なる偶然と見るのは妥当でない。故意犯のばあい、因果関係を選択・支配して結果を実現しようとする故意に基づいて構成要件的行為がなされ、その行為に基づいて結果が発生したときには、その結果は必然的に発生したことになる。したがって、この「必然性」を根拠にして結果が不法の反価値性に影響を及ぼすことをみとめても、矛盾は存在しないのである。たしかに、構成要件的行為がなされても意図した結果が発生しないばあい、その不発生は偶然によるばあいが多いと言える。たとえば、殺意をもってピストルを発射したが、たまたま手元が狂って弾丸が命中しなかったばあい、手元に狂いが生じたのは偶然である。しかし、このばあい、偶然を根拠にして当該行為を不可罰とするわけには行かないであろう。このばあい、死亡という結果は発生していないが、その結果発生の危険が生じていることは紛れもない事実である。この危険は、外在的な「結果」として評価され得るから、不法を基礎づけるものとして把握することが可能となる。ただし、現実に法益を侵害したばあいよりも反価値性の程度が低いので、不法の程度も低いことになるのである。これが未遂犯にほかならない。

既遂を基準にすると、結果不発生という偶然を根拠にして不法の減少をみとめて行為者を有利に扱っていることになるとする批判は、不当前提に基づく単なる非難にすぎないのである。したがって、結果を不法の構成要素とすると、結果発生の有無という偶然によって行為者に不利益な取扱いをみとめて「結果責任」肯定論に陥るとする批判は、妥当でない。そうすると、結果発生の有無は偶然であるという一般命題の立て方に問題があることになる。結果の発生が偶然によるばあいは、相当因果関係説によってすでに構成要件該当性の段階で帰属性が否定されているのであるから、偶然でない「結果」が不法を基礎付けると解しても、けっして結果責任をみとめたことにはならないのである。この局面において、「因果性」と「帰属性」の問題が重要となる。これについては、次節において見ることにする。

第四節　因果性および帰属性と自然科学観

結果の行為への帰属は、因果関係の問題、つまり因果関係論であることを確認しておく必要がある。因果関係論は、行為者によって行為がなされ、ある法益侵害の結果が発生したばあいに、その結果をその行為によるものとしてその「行為」に帰属させることを意味する(25)。因果関係論においては、帰属の基準をめぐって学説が分かれる。これに対して、「行為者」への帰属は、責任論の問題である。つまり、責任論は、おこなってはいけない違法行為を「おこなった者」に対して結果を帰属させるものであり、違法行為をあえておこなったことについて行為者に責任非難を帰属させることを意味する[26]。言い換えると、責任論は、「責任非難を負うべき者」を特定する原理にほかならない。

因果関係論および責任論は、いずれも「制約原理」である。つまり、因果関係論も責任論も、広がり過ぎる「帰属範囲を限定する」原理なのである。両者は、帰属範囲を限定する制約原理である点において、共通性を有することに注意する必要がある。哲学の領域においては、因果論は「自由」に対立するものとして、その「超克」が追求されて来たと言える。哲学者の高山守教授は、その著書『因果論の超克・自由の成立に向けて』において、次のように述べておられる。まず、我々が強固に有している因果論の思考枠は、次のようなものであるとされる。すなわち、「何事か（結果）が生じるとすれば、必ずその原因がある、という私たちの確信は、その原因が、必ずある一定の結果を引き起こす、ということに帰着する。少し堅い言い方をすれば、ある原因は必然的に、ある一定の結果を引き起こす。私たちは、おそらく誰もが、堅くこう信じている」のであり、「しかも私たちは、こうした原因は、結果に対して時間的に先行している、と考えていよう。つまり、まず原因があって、その後で結果が生じる」と考えているとされている[27]。それは、さらに次のように説明されている。すなわち、「あることが起こった。とすると、このことを引き起こした、時間的に先行する一定の原因が、必ずある。ところで、この原因もまた、それはそれで、ある時起こったことである。それゆえに、このことを引き起こした、時間的にさらに先行する原因（原因の原因）がまた、必ずあることになる、と。……そして、その原因にはまた……というようにして、原因の連なりが、およそ宇宙の始まりにまで連なっている、ということになろう。同様に、結果もまた、それが原因となって、さらなる結果を引き起こし、それがまた原因で……というようにして、どこまでもはてしなく原因・結果の繋がりが、とぎれなく続く、ということになろう。世に言う『因果連鎖』である」とされる[28]。刑法学の思考にとって重要な意義は、先行する原因の存在が「因果連鎖」をもたらすという指摘に求められる。

因果連鎖と自由との関係について、高山教授は、次のように指摘されている。すなわち、「宇宙の始まりから、すべてが決まってしまっているのであれば、私たちが自由である、などということはおよそありえないこととなってしまう。私たちがどう振る舞うかは、宇宙ができた、そのときにすでに決まってしまっているのだから。そうだとすれば、犯罪などというものもおよそ存在しないことになる。というのも、誰が何をやろうとも、それは宇宙の始まりから決まっていたのであって、したがって、自然現象と同じなのだからである。つまり、熊が人を襲おうが、食い殺そうが、それは、自然現象であって、したがって、犯罪にはならない。すべてがあらかじめ決まってしまっているのであれば、人の場合もまったく同じことになる」はずなのである。しかし、そういうことにはならないとされる。なぜならば、「人の場合は、こうしたことをすれば、それはまちがいなく犯罪である。なぜなら、私たち人間は自由だからである。私たちは、自由なのであって、人を襲うことも襲わないこともできた。にもかかわらず、襲った。だからこそ、その責任は当の本人にあるのであり、その振る舞いは犯罪なのである」とされるのである。(29) 右の指摘が刑法学において重要な意味をもつのは、因果連鎖に由来する決定論の下においては、犯罪なるものは存在し得ないことになるということである。

右に見たような「現代の私たちの因果了解は、近代イギリスおよびドイツの哲学者、D・ヒューム、およびI・カントによって、確立されたと言っていいだろう。そして、ここに確立された因果観が、現代に至るまでほとんど無傷で、連綿と確固として生き続けている。私たちは、一級の哲学者であろうとなかろうと、老いも若きも、ほとんど皆が、この因果観を――この、どこかに致命的な欠陥がある因果観を――もち続けている」とされる。(30) このような「原因・結果という私たちのもつ堅固な想念に取って代わる、根本的な世界了解のパターンをも提示したい」として、「もとより、たしかに私たちは、何か物事が起これば、必ずその原因がある、と考える。しかし、おそらくまた同時に、こう考えてはいないだろうか。すなわち、何か物事が起こったとすれば、そこには、その物事が起こる十分な理由が必ずあったのだ、と。これは、私たち原因了解に対する、十分な理由（充足理由）了解である。この理由了解は、通常、原因了解と区別されない。つまり、この両了解は、まったく同じ了解パターンであると見なされる。しかし、実は、この二つは、根本的に相異なる世界了解のパターンなのである」と主張しておられる。[31]ここで原因・結果という堅固な想念に取って代わるものとして提示されるものは、「十分な理由とその帰結」という了解パターンであり、「このパターンのもとでは、物事は必ずそうなるという必然性と、私たちが自由であるということが、実に何の問題もなく両立する」とされる。[32]このようにして必然性の観念が問題となるに至る。

必然性と自由の関係について、「世界は、あるいは宇宙は、こうした必然性で満ちている。しかし、こうした必然性とは、原因による必然性ではない、そうではなく、十分な理由のもとでの必然性なのである。そうであることにおいて、私たち人間は、実に同時に自由なのである」とされている。[33]ここで「因果観」に代わるものとして「世界了解のパターン」が提示されているが、その点については哲学プロパーの「了解の問題」が前提となるので、[34]これ以上は立ち入らないことにする。

ところで、因果関係というものは、高山教授によれば、それ自体欠陥を含んでおり、その欠陥はかなり致命的なものであるので、この関係は、「ある別の関係」として捉え直さざるを得ず、その別の関係とは、「十分な理由とその帰結という関係」である。「因果必然性」とは、「十分な理由とその帰結との間の必然性」であり、「世界は、因果必然性によってではなく、実は、十分な理由とその帰結との間の必然性によって満たされている」とされる。[35]そうすると、「『偶然性』はつねに、『必然性』と一体なのではないか。むろん、この『必然性』は、必ずしも一義的に確立される必然性（一〇〇パーセントの確定性）ではない。サイコロを振って、必ず四が出るということは決してない。

いうまでもなく、ここに関与するのが、『確率』（「蓋然性」）である。もとより、『確率』（「蓋然性」）の意味するものは『偶然性』である。偶然的な事象だからこそ、『確率』が問題になる。しかし、それはまた、つねに同時に、『必然性』をも意味しよう。というのも、それは、ある一定の事柄が必ずある一定の確率で生じるという、『必然性』にほかならないのだから。そして、このことは、一つサイコロに関してのみでなく、広く一般的に言えるのではないだろうか」と指摘されている。[36] ここで示されている「確率」と「偶然性」の関係は、刑法において因果関係を考察する際に重要な役割を演ずることになるはずである。

確率と人間の自由との関係について、高山教授は、「形式的には偶然性と同じあり方をしていることから、しばしば確率的な必然性（蓋然性）に回収されようとするのであ」り、「あらゆる『偶然性』が、このようにして、つねに『必然性』――通常、内実ある『必然性』――と表裏一体のものであると、言うことができるように思われる。とりわけ熱力学やカオス論等において注目を集める、偶然性（非決定性、予測不可能性）なども、まさに確率的な必然性（「蓋然性」）と不可分だし、また、カオスなる事実なども、数学的な観点からすれば、決定論的に必然的なものなのだという」とされる。[37] これは、現代の科学理論との関係から検討されなければならない。

現代の科学理論との関係について、次のように指摘されている。すなわち、「現代の科学理論もまた、一つの『十分な理由』なのだ、と。それもまた、私たちの世界の出来事を説明するための、人間の立場からの『十分な理由』にほかならない、と。本論においては、『十分な理由』として提示した、きわめて広い意味での『理論』とは、科学理論としては、もっぱら初歩的なニュートン力学等の、いわば決定論的な古典的科学理論であった。そして、『必然性』とは、もっぱら一〇〇パーセント確率的な、古典的な必然性であった。しかし、この『十分な理由』という私たちの捉えた了解パターンは、さまざまな現代科学をも取り込むことが可能であり、また、その『必然性』も、確率的な必然性（蓋然性）にまでも――あるいは、場合によっては、およそ蓋然性すら存さない必然性までも――拡張することができようかと思う」とされているのである。[38] ここにおいてニュートン力学などに依拠する「決定論的な古典的科学理論」の存在が指摘されている。

じつは刑法学上、右の科学理論が素朴客観主義の基礎となり今なお影響力を有しているので、その内実を見ておく必要がある。わたくしは、かねてよりこの科学理論に基づく人間機械論が物的不法論の理論構成に多大な影響を及ぼしていることを指摘して来ているので、未遂犯の理論化に当たってもこの視点を検討しなければならないとおもう。ローゼンバーグは、まず、「科学が二〇〇〇年にわたって発展したことで、哲学的探求の指針を形成し、またそれを変化させてきた。一七世紀に革新的な成功を収めて以来、科学が哲学に最も刺激を与えてきた源であることに議論の余地はない。ニュートンは、運動――惑星や彗星の運動でも、大砲の弾道や潮の干満でも――が単純で、数学的に表現可能で、まったく例外のない、僅かな数の法則にしたがうことを示した。それらの法則は決定論的である」と指摘したうえで、[39]「ニュートン力学の決定論によって、人間の行動についての決定論も同じように物議をかもすことになった。というのも、もし人間が分子からなる、つまり物質からなる複雑な集合体にすぎず、その上これらの集合体もまったく同一の法則にしたがうならば、本当の意味での選択の自由など存在せず、その幻想があるにすぎないことになるからである」と述べている。[40] 右の指摘が刑法学にとって重要な意義を有するのは、ニュートン力学を「人間の行動」に適用すると「選択の自由」はみとめられず、したがって、自由意思の存在は「幻想」にすぎないことになるという点である。

その後の自然科学観の発展についてローゼンバーグは、次のように述べる。「一九世紀の中頃まで、決定論に反対する人々は、人間の行為や生物の行動は一般に、ニュートンの運動法則の適用範囲外にあるという考えに満足していた」のであり、「人間の行為と生物学的過程は明らかに目標志向的であり、ある目的のために生じるのであり、人が何とか辿り着こうとしている平凡な目的の存在と、神が安々と成し遂げる事物の莫大な仕組みを反映している。生物学の領域は、運動している単なる物質の産物であるとするにはあまりにも高度な複雑さ、多様性、適応をしめしている」とされたのである。(41) 右の指摘は、一九世紀においては生物学モデルが優勢になったことを主張するものであると言える。そして、現在の科学観について、彼は、次のように指摘している。すなわち、「二〇世紀に物理学と数学基礎論が発展すると、単なる哲学的な議論のどれにもまして、哲学的唯物論への信頼を失墜させることになった。まず、決定論的な物理理論を観察可能な現象から観察不可能な過程へと拡張する試みは、自然のなかに原子レベルの非決定論が現れることに阻まれた。量子過程――電子、陽子、中性子、光を構成する光子、さらにはアルファ、ベータ、ガンマ放射線の振る舞い――のレベルでは、法則は例外だらけであることがわかってきた。すなわち、そこでの法則は非決定論的にしかならないことがわかってきたのである」とされている。(42) ここで物理学と「数学基礎論」の結合が前提とされていることが注目される。原子レベルの非決定論が出現し、従来の「物理法則」に例外が非常に多いことを暴露することによって、非決定論が基礎づけられていることになると言える。

右の観点から「量子的非決定性」が導かれる。すなわち、「量子的非決定性は、人間の主体性、熟慮、本当の意味での選択、自由意志、そして最終的には道徳的責任がいかにして可能なのか、という謎を深めたのである。道徳的に許されるものであれそうでないものであれ、あなたの行為を、例えば脳内のある事象にまで遡ることができたとしよう。ただし、それは原因をもたず、完全にランダムで、不確定的で、説明不可能な事象、つまり、あなたにも他のだれにも他の何物にも制御できない事象であるとする。さてその場合、あなたの欲求、選択、行為による結果をも含むその事象の結果には、だれも道徳的責任をもつことはできない」とされるのである。(43) ここで指摘されている事態は、刑法学に新たな考察を要求するものであり、われわれはこれに応えなければならない。

因果関係を問題にするばあい、「因果性の理論」が前提になっているとされる。すなわち、マンフォードとアンユムによれば、「一つのものごとが別のものごとの原因であるとはどういうことかについて、あらかじめ何らかの理解が得られていなければ、病気であれ何であれ、その原因を探すことにそもそもどうやって取りかかることができるのだろうか。これがあれの原因だと言えるようになる前に、私たちは当然、因果性とは何かを知っていなければならないのではないだろうか。私たちは、因果性の理論を必要としている。そして、個別の因果的な主張をする人は、ともかく何らかのそのような理論を手にしているのでなければならない」のである。[44]そして、因果関係を「哲学的に考える」ばあい、「因果性とは、何であろうか」という問いが大事であるとされる。「これは当初は、因果性ということで私たちは何を意味しているのか、という概念的な問いである。しかしそこからすぐに、実在世界における因果性の本質とは何か、という問いへと歩みを進めることができ、これは、因果性とは何であるのか、というむしろ存在論的な問いであ」り、「重要な点は、これらの問いは単に経験に訴えるだけで決着をつけられるようなものではないということである」とされる。[45]因果性を哲学的に考察するばあい、「実在世界における因果性の本質」を問題にする存在論的問いを検討することになり、これは、たんに「経験」に訴えるだけでは解決されないものであると指摘されている点が、刑法学にとって重要な意味を有するのである。これに対して、「科学は、究極的には感覚に与えられる証拠によって決着をつけるべき課題を扱う。場合によっては、理論は観察のあいだに相互に影響関係があり、多くの理論は経験的にテストできるはるか以前から有効だとみなされる。経験的な証拠とは、観察を通じて獲得される証拠のことである。それは顕微鏡やオシロスコープのような機器を用いてもよいし、用いなくてもよい。今日でも、経験的なテストは科学の目印であり、科学的な真理の最終的な裁きの場だと考えられている」とされる。[46]

ここにおいて、「事実に基づく科学知識」の問題が提示されていることになる。次に、この問題について見ることにしよう。

「経験事実」から導き出された「知識」としての科学について、チャルマーズは、次のように指摘している。すなわち、「科学は事実に基づいているから特別であると主張されるとき、それらの事実とは、感覚を注意深く先入観なく用いることによって直接的に立証された、この世界についての主張だと想定されている。科学は個人的な意見とか思弁的な想像ではなく、見たり聞いたり触れたりできるものに基づいている。もしこの世界についての観察が先入観なく注意深い方法で行なわれたならば、この方法によって得られた事実は科学にとって確実で客観的な根拠となるであろう。さらに、事実に基づく根拠から科学知識を構成する法則や理論へと導く推論が信頼できるものであるならば、結果としてもたらされた知識自体が確かに立証され客観的であると受け入れられるのである」とされる(47)。たしかに、実在世界についての「観察」が「先入観なく注意深い方法」でなされ得るのであれば、それによって得られた「科学知識」は客観的であり、それに基づく「法則」は信頼できるものであると言えるであろう。しかし、はたしてそうなのであろうか。この点について、チャルマーズは、次のように指摘している。科学知識は事実から導き出されるという主張に関しては、①「事実」の本性と、科学者がそうした事実をどのように入手することになっているのか、という問題と②我々の知識を構成する「法則」や「理論」が、いったん得られた事実からどのようにして導き出されるのか、という問題があるとされる(48)。そして、①について、二つの困難があり、一つは「知覚は観察者の経歴や予想に影響されるので、ある人にとって観察可能な事実だと思えることが他の人にとっては必ずしもそうではない」ということに関係しており、もう一つは、「観察言明の真実性についての判断は既に知られていることや仮定されていることに依存しており、それゆえ観察可能な事実はその基礎をなす前提と同じく誤りうる、ということから生じている」とされる。[49] ②については、「物理学における広範囲にわたる法則は、法則に従って振る舞うように物理系を強制しているもの……法則によって特徴づけられている因果的な力や能力の働きである。しかしながら、物理学の基本的法則の中には因果的法則として解釈することができないような法則も存在する」とされている。[50] ここにおいて、「現代科学の限界」が示されていることになる。我々は、刑法学において科学法則を援用するばあい、右の限界に留意しなければならない。

刑法において因果関係論が制約原理としての帰属論であることの担保は、それが「規範的」でないことに存する。ここで、「因果性と規範性」について考察する必要が生ずる。ローゼンバーグは、規範性について次のように述べる。すなわち、「哲学だけが扱う一つのタイプの問いに、規範的な（Normative）問い、すなわち倫理学や美学、政治哲学における価値についての問題――何が事実であるべきか、人は何をすべきか、善と悪とは何か、正義・不正義とは何か、公正・不公正とは何か――がある。諸科学というのはおそらくは記述的であって実証的ともいわれるが、規範的ではない。だが、こうした規範的な問いに近いものなら、諸科学にもよくみられる。例えば、心理学では、なぜ人はある行為を正しいと思い、別の行為を間違いだと思うのか、ということに関心がもたれる。人類学では、善悪の判断における差異は、様々な文化間の違いに由来すると考えられる。政治学者は、正義の名のもとに立てられた様々な政策の帰結を研究することがある。経済学では、厚生こそ人々が最大化すべきものであるという規範的仮定にしたがい、厚生を最大化する方法を考える。しかし、諸科学――社会科学でも自然科学でも――は、人々が考える規範的見解を批判することも擁護することもない。これは哲学の仕事なのである」とされているのである。[51] 右の指摘を自然科学に限定して考えると、自然科学は、「記述的」・「実証的」である点において、規範的言述と異なるが、「規範的見解」を批判することも擁護することもないとされる点が重要であるとおもう。つまり、自然科学は、

「規範的見解」に対してつねに「中立的」であるという特徴を有するのである。しかし、自然科学が規範的見解に対して影響を及ぼすことも事実である。このばあい、自然科学が積極的に影響を及ぼそうとしているのではなくて、むしろ規範的見解を主張する側が自らの主張を「正統化」（正当化ではない。）するために自然科学の知見を援用することによってその影響を受けることになるのである。自然科学の知見は、その「科学」的方法によって基礎づけられ確立されて行くものである。哲学者の花田圭介氏は、「主要な科学的方法」として「実験および数学の適用」を指摘して、芸術などの領域における数学の適用について詳述されている[52]。これは、じつに興味深い考察ではあるが、本書においては、一般的にみとめられている「観察と実験」という理解に基づいて考えて来たのである。

右に見たように自然科学的方法論には限界が存在するが、「事実」を基礎にして考察することによって、「帰属性に対する制約原理」としての機能がみとめられるとおもう。この観点から、わたくしは、客観的帰属論に疑問をもっており[53]、因果関係論として相当因果関係説には今なお実践的意義があると考えているのである。なぜならば、「事実」に基礎を置かない帰属論は、極度の「規範」主義に赴くおそれが多分にあり、処罰範囲の限定という観点からは弊害があるとおもわれるからにほかならない。限界のない規範主義が極端な国家主義に連なり得ることに留意する必要がある。我々は、歴史上、ナチス法学においてその事実を見ることができる。

既遂のばあい、現実に結果としての「被害」が発生し、行為者はこれを感覚的に知覚できる。つまり、結果の発生は、「可視的」である。それは、感覚的に把握できる事態であるから、一般人がそれを見て皮膚感覚で了解できるものである。重大犯罪のばあい、法益侵害の結果は、きわめて惨酷・残忍であるので、一般人にとって衝撃的であり、被害者にとってはまことに無念きわまりないものであると言える。それゆえ、ただちに復讐感情を生じさせる。これに対して、未遂のばあい、結果不発生の事態は、純客観的実在としては直接、感覚的に把握できない事象である。未遂においては、結果発生の事態の可能性を「認識」した時にゾッとする「不安感」を抱くことになる。その不安感をもたらすのが、結果発生の可能性の認識、すなわち「危険の認識」にほかならない。それは、先に見た「想像力」の現れである。ここにおいて、危険概念の創造性がみとめられる。

このように既遂結果が「可視的」であるのに対して、危険は「不可視的」である。この相違が既遂犯と未遂犯の「当罰性」に影響を及ぼす。すなわち、既遂犯を中心とする従来の刑法理論は、目に見える結果それ自体がもたらす衝撃力によって、既遂犯の当罰性を基礎づけたのである。これに対して、未遂犯のばあいには、まだ結果が発生していないので、そのような衝撃力は生じない。ただ、結果をもたらし得る行為がなされたことにより、それから生じる得る結果を認識ないし想像することが、「不安感」を生じさせることになる。その不安感こそが、不能犯との対比において未遂犯の当罰性を基礎づける「危険感」にほかならない。ここに危険概念の存在意義がみとめられることになる。この点については、次節において見ることにしよう。

第五節　不能犯との関連

不能犯論において具体的危険説を採ったばあい、実行の着手の存否は、未遂と不能犯を区別する基準となる。実行の着手の存在を要件とする未遂犯が、結果発生の「具体的な危険性」のある行為を包含するものであるのに対して、不能犯は、その危険性のない行為を包含する。また、未遂犯が、実在する「当該行為事情」の下で当該行為から結果発生が具体的にあり得たか否か、を判断するものであるのに対して、不能犯は、一般人の見地をも考慮して「想定された行為事情」の下で、その意味において「仮定的」行為事情の下で、結果発生があり得たか否か、を判断するものである。このような理解に対して、高橋教授は、規範論の見地から実行の着手を包含する不能犯の存在をみとめておられる。すなわち、「不能犯は、結果の不発生を前提として、それにもかかわらず、『結果としての危険（具体的危険）』が発生したかを問うものである。これに対して、因果関係は、結果（「法益侵害」）あるいは『結果としての危険（具体的危険）』が発生したことを前提として、それらを（実行）行為に帰属できるかを問うものである。本書によれば、どちらも制裁規範の問題であり、事後判断によって抽象的危険を判断する行為規範の問題である。したがって、実行の着手はあるが不能犯となるという事態もあり得ることになる」とされるのである。これは、新たな問題提起であり、これから検討されるべき課題であると言える。未遂犯と不能犯は、「判断の基礎」および「判断の基準」を異にしている。これらの問題については、第五章「不能犯」において検討する。

第六節　危険犯との関連

未遂犯の処罰根拠を結果発生の具体的危険の存在に求めるばあいには、「危険」概念がきわめて重要な意味を有する。「危険犯の処罰根拠をなす危険の具体的内容について検討を加え」られた山口厚教授（現最高裁判所判事）は、「処罰根拠としての危険の意義」について次のように指摘されている。すなわち、「学説においては、法益侵害の危険は、それが法益侵害の可能性であるとしても、行為によって外界に生ぜしめられた結果であるのか『結果としての危険』――それとも、身体の動静としての行為について認められる属性であるのか――『行為の危険性』――ということが問題とされることがある」とされたうえで(54)、「もしも、『行為の危険性』の内容を主観的ないし行為無価値的に捉えることをしないのであれば、二つの危険概念に存する差異は、危険判断の対象となる時点の差による判断の基礎の範囲の差――『行為の危険性』においては、行為時に存在する事実に限定され、『結果としての危険』においては、危険として判断されるべき事態が発生した時点に存在した事実が考慮される――ということになろう。また、もしも、『行為の危険性』においては、『行為』だけが判断の基礎に含められるのだとすると、それは『結果としての危険』よりも抽象的な内容の危険と解されることとなる。判断の基礎の内容を、たとえ『行為』だけに限定しないとしても、『行為の危険性』は常に『結果』に『実現』するわけではないとも解されるから、『結果としての危険』よりも抽象的な内容の危険であると考えることはできる」とされるのである。[55]「法益侵害の危険が、法益侵害の他に処罰の対象とされているのは、そのことにより、そのような事態（＝危険）が生ぜしめられることを防ぐためであると解される。侵害犯においては、法益侵害を処罰の対象とすることによって、法益侵害の発生の防止を図るのに対して、危険犯においては、危険を処罰の対象とすることによって、危険の発生を防止することを図っているのである。このように、危険犯においては、法益侵害に至らない危険自体を処罰の対象とすることによって、侵害以前の段階における刑法の介入を許し、法益を、侵害犯におけるよりも厚く保護することが意図されているのであ」り、この意味において、「危険犯の処罰根拠をなす法益侵害の危険は、法益保護のため、その発生が防止されるべき、外界に生ぜしめられた『結果』である」とされるのである。[56]そして、「法文上『危険』の発生を要求する具体的危険犯は、『結果犯』であり、その処罰根拠をなす具体的危険は結果と解され、抽象的危険犯の処罰根拠をなす抽象的危険についても――危険の内容が抽象的であるが――同様に解しうる」のであり、[57]「危険を結果として理解すること」は、未遂犯の処罰根拠をなす危険についても妥当し、「このことが実際上意味を持つのは、『実行の着手』の時期をいつ認めるべきか、という問題の解決に関してである。この問題は、未遂犯の処罰根拠をなす危険の内容の考慮だけによってすべて解決しうるようにも思われないが、処罰根拠をなす危険の内容によって、その解決が規定されうることは明らかであろう」とされるのである。[58] 右の山口教授の所説について、佐伯仁志教授は、「結果無価値論の立場からは、未遂犯も、単なる行為犯ではなく、既遂結果発生の危険という意味での『結果』（以下では、単に「未遂結果」と呼ぶ）の発生を必要とする、結果犯と解されることになる」のであり、「このような立場をわが国で初めて明確に主張して、刑法学にコペルニクス的転換をもたらした」と評価されている。[59] この評価は、きわめて正当であり、未遂結果という観念は、その後の未遂犯論・危険犯論に決定的影響を与えているのである。

わたくしは、二元的人的不法論（いわゆる違法二元論）の立場から「外在的危険」という観念を用いて「結果としての危険」の観念をみとめて来ている。[60] 違法二元論と結果としての危険の関係について、佐伯教授は、「違法二元論からも、未遂犯を行為無価値の処罰と解する見解は、必然的なものではない。未遂犯も犯罪の一種である以上、違法二元論の立場からも、行為の危険という行為無価値論の他に、結果としての危険の発生という結果無価値の惹起を必要と解すべきだからである。わが国の刑法のように、未遂犯の刑が既遂犯の刑の任意的減軽にとどまっている場合には、なおさらそう解すべきだと思われる」と指摘されている。[61] この指摘は、二元的人的不法論・違法二元論の主張を正確に把握するものであり、きわめて妥当であるとおもう。

未遂犯は、「危険」概念を中核とする「危険犯」とも関係を有するので、危険犯の「種類」とその犯罪類型における「危険」の「内容と種類」が問題となる。この点については、第二章「未遂犯と危険犯論の概説」において見ることにする。

危険（リスク）は、結果発生の可能性の「程度」によって、具体的危険と抽象的危険に区別される。具体的危険は、結果発生の可能性が高いばあいをいい、当該行為をおこなったときに、結果が発生し得たであろう「確率」が高かったことを意味する。ここで確率論が重要な意義を有するので、「リスク分析」との関連で確率論について簡単に見ておくことにしよう。リスク分析という視点は、従前の刑法学においてはあまり問題にされて来なかったので、新たな分析概念になり得るとおもう。

「リスク分析研究の第一人者であるパルーク・フィッシュホフと、意思決定研究から科学哲学、数学まで幅広い関心を持つジョン・カドバニーとの共著」である『リスク—不確実性の中での意思決定』からリスク分析に関する記述を摘記して確率論の内容を示すことにする。まず、リスクの定義から見て行こう。この点についてフィッシュホフとカドバニーは、次のように述べる。すなわち、「リスクは何らかの価値を失う可能性についての概念である。価値が異なれば、『リスク』の定義も異なってくる。そのため、リスクを定義することは価値に焦点をあてた思考の実践といえる。この実践はどのような結果が本当に重要なのかを熟慮することで、そして、過去の決定を検討してそこにある人びとの価値を明らかにすることで、進めることができる。リスクの定義は公の論争となることもあれば、技術的な細部に紛れてしまうこともある。いったん『リスク』が定義されると、その原因が明らかにされ、その大きさが評価されることになる」とされるのである。[62]

次に、「リスク」が定義され価値ある「結果」が決められた後になされる「リスク分析」については、以下のように述べられている。すなわち、「リスク分析は複雑で、幅広い科学と証拠となる事実群から構成されている。しかし、基本的な論理は明快である。リスクの程度について可能な限りの観察と推論を行い、その原因について科学的な知識を用い、すでにわかっている状況からまだわからない状況に当てはめて考えてみる、というもの」であるとされる。[63]そして、「リスク分析は、直面する問題の中の重要な少数の要素を把握し、それ以外の多くの要素を無視する抽象化といえる。これがうまく行くと、複雑な問題に隠れていた要素を明らかにできる」とされている。[64]

リスク分析によって確率の問題について見てみよう。フィッシュホフおよびカドバニーによれば、「確率論は、もとは一七世紀に、賭博を分析しようと編み出された。確率論の利用者はまもなく賭博以外にも運や勝ち負けがかかわる領域、たとえば判決の予測などへと適用範囲を拡張できることに気づいた。一九世紀にヨーロッパ諸国で官僚主義が台頭するとともに、統計データを収集して、それをシステマティックに分析するやり方が一挙に拡大した」とされる。(65)そして、「現実の事象に対する統計手法は、潜在的事象についての確率的リスク分析へと進化し、たとえば、主要な環境ストレス（干ばつ、外来種）がいかに国の財政の安定性や公衆衛生、外交などに影響するかという問題まで扱うようになった。ある種の分析は理論と証拠を組み合わせ、新規技術の信頼性や地球工学の影響といった仮想的なリスクをも予測するようになった」とされるのである。(66)このような確率論は、刑法における因果関係論にとってきわめて有用であるとおもう。すなわち、相当因果関係説における「相当性」は確率論によって判定され得るのである。わたくしは、かねてより「高度の蓋然性」を要求してきた。(67)将来、「予測学」なるものが自然科学の発展に伴って確立されるとおもう。

因果関係の存否の判断の基準となるのが、確率であり、結果発生の確率が高いばあいが具体的な危険であるのに対して、その確率が低いばあいが抽象的危険である。抽象的危険は、結果発生の確率が低いためその存否を個々具体的に判断する必要はないから、抽象的危険を有する行為の処罰の必要性は、一般的に「立法理由」として説明されるわけである。具体的危険を必要とする犯罪類型が「具体的危険犯」であり、抽象的危険で足りる犯罪類型が「抽象的危険犯」であるとされる。

結果犯が、構成要件上、結果の発生を要件とする犯罪類型であるのに対して、危険犯は、結果の発生を要件としない犯罪類型である。結果犯のばあい、結果の不発生が未遂となるのは当然視される。ところが、危険犯のばあい、結果の発生を要件としていないので、結果の不発生それ自体に構成要件上、意味がないため未遂はあり得ないかの観を呈する。しかし、放火罪などの危険犯については、実定法において、未遂の処罰規定が存在するので、実際上、未遂はあり得ることになる。そこで、その未遂が存在し得ることを理論的に明らかにする必要が生ずる。

具体的危険犯のばあい、危険の発生が構成要件要素とされているので、具体的危険が発生した時に既遂となる。これに対して、抽象的危険犯のばあいには、危険の発生が構成要件要素となっていないので、どの時点で既遂となるか、が問題となる。この点について通説は、抽象的危険犯の成立に個々具体的な現実的危険の発生の証明を必要とせず、構成要件に該当する事実の存在が確定すれば、危険の発生が「擬制」されると解している。つまり、構成要件に該当する事実が存在すれば、それだけで既遂に達するとされるのである。これに対して、抽象的危険犯においても「ある程度の危険」の発生を要求する見解が主張されており、その当否が論議されるべきことになる。危険犯のうち、何れを具体的危険犯とするか抽象的危険犯とするかは、当該犯罪の保護法益およびそれを侵害する行為態様によって決まることになる。したがって、その決定のためには一定の犯罪類型における保護法益および構成要件的行為の態様を明らかにすることが必要となる。

次に、実行行為とは別に、直接的に「法益」との関連において、その侵害の危険性を考察する必要が生ずる犯罪類型も存在するのである。個別的な法益ごとにそれを侵害し得る可能性の有無を検討しなければならない。

さらに、実定法規における未遂犯の処罰範囲を明らかにするとともに、それとの関連で予備罪の処罰規定および危険犯の処罰規定を明らかにする必要がある。未遂犯処罰の統一的理解という観点からは、それぞれについて新たな解釈論を展開するのではなくて、未遂との関連を明らかにすることに重点が置かれるべきことになる。これらの諸問題については、第二章「未遂犯論と危険犯の概説」において見ることにする。

第七節　旧刑法における未遂犯

旧刑法は、フランス刑法を継受したものであるから、フランス法における未遂犯を見るばあいには、旧刑法の考察が有益であると言える。そこで、本書において旧刑法における未遂犯論を見ることにも意義があることになる。

未遂犯は、「構成要件の実現態様」の問題ないし「構成要件の実現段階」の問題として構成要件該当性の領域に位置づけられる。しかし、構成要件は違法行為が定型化・類型化されたものであるから、未遂犯の処罰根拠の問題は、違法行為の内容を検討する違法性論の領域で議論されなければならない。

旧刑法時代の刑法学の第一人者であった宮城浩藏は、未遂犯について、刑法典に規定されている犯罪は「皆既遂の犯罪を想像したる者なりと雖も、犯罪者は諸種の原因よりして其罪に着手するも目的を達せずして止むこと有り。此場合を称して未遂犯と曰ふ。……乃ち未遂犯とは既遂犯に対する語なりと知る可し」と述べている。[68] このように、彼は、未遂犯を既遂犯に対する概念であるとし、刑法典上は「既遂の犯罪を想像」したものであるとして、既遂犯処罰が原則であることをみとめているのである。これは、現行刑法に継承されており、現在の理論からも評価され得る理解であると言える。さらに、彼は、「犯罪は悉く未遂たる可き性質を有するに非ず。罪の種類に因りては未遂犯無き犯罪の存する者あり。夫の内乱に関する罪、猥褻罪、偽証罪等は其罪に着手すれば則ち直ちに完全なる犯罪となるものなり。此種の犯罪は姑く之を之を措き、凡そ犯罪の目的を違せず中途にして已むときは、危害全からずして社会を害すること少き者なり。已むに社会を害すること少なき時は既遂罪と同視するを得ずして幾分か刑の減軽なくんばあらず。是れ本章の規定ある所以なり」とするのである。[69] 彼は、未遂が存在しない犯罪類型があること、および、未遂犯は「社会を害すること」が少ないので、既遂犯と同視すべきではなく、必要的に「刑の減軽」がみとめられるべきことを指摘している。これは、理論的に一貫した見解であると評価できる。

旧刑法第一一一条は、「罪ヲ犯サンコト謀リ又ハ豫備ヲ為スト雖モ未タ其事行ハサル者ハ本條別ニ刑名記載スルニ非サレハ其刑ヲ科セス」と規定しており、この条文について宮城は、「未遂犯は既に犯罪に着手したる後に係れり。其未だ犯罪に着手せざる以前に於ける所為は刑法上之を如何に処分するか。是れ本条の規定したる所なり」と説明している。(70) 条文上、「着手」という文言が用いられていないのにもかかわらず、宮城がこれを使用しているのは注目に値する。これは、その後の未遂犯論において中核概念となる実行の「着手」の観念を提示したことになるからにほかならない。本条は、既遂犯処罰が原則であり、法典上、未遂犯処罰の規定があるばあいにかぎり、例外的に未遂犯を処罰することを明言するものであり、内容的に現行刑法第四四条に相当する。旧刑法における未遂犯については、第六章「旧刑法における未遂犯論」において検討する。

第八節　中止未遂犯論

中止未遂とは、犯罪の実行に着手して後、自己の意思によって犯罪の遂行を止めたばあいをいい、中止犯とも称される。本書は、未遂犯の理論化を目的とするので、前述のとおり未遂犯性を明示する中止未遂の語を原則として使用する。中止未遂は、刑がつねに減軽または免除される（四三条ただし書き）。結果の不発生が行為者の意思に基づかない障害未遂のばあいには、刑は任意的に減軽されるにとどまる（四三条本文）。障害未遂においては、客観的に結果が発生しなかったことだけが問題となり、現実に法益侵害があった既遂と比べ、結果反価値の程度が低いので違法性の程度も減少するから、刑の減軽がみとめられる。任意的減軽とされているのは、危険性の程度または行為遂行の態様による違いを考慮に入れているからである。中止未遂においては、行為者の意思に基づいて結果発生が防止されたことと刑の必要的減免との関係が問題となり、この問題は、中止未遂の法的性格の観点から議論されている。理論上、この点についての再検討が要求されている。未遂犯における諸問題については、第四章「中止未遂（中止犯）論」において検討することにしたい。

（1）　Hans Welzel, Das Deutsche Strafrecht, 11. Aufl., S. 187.
（2）　Welzel, a. a. O., Fn. (1) S. 189.
（3）　Welzel, a. a. O., Fn. (1) S. 189.
（4）　比較法的考察は、きわめて重要かつ興味深いテーマであるが、理論化自体に問題関心があるので、本書においては割愛せざるを得ない。ローマ法時代以降のドイツの未遂犯論の歴史の概略については、vgl. Robert von Hippel, Deutsches Strafrecht 2, 1930, S. 392 ff. Karl Binding, Grundriß des deutschen Strafrechts, Allgemeiner Teil, 8. Aufl., 1913, S. 128 ff. ドイツ、フランスおよびイギリスにおける未遂犯論の発展については、次のような近時の先行研究を参照されたい。ドイツに関しては、宗岡嗣郎『客観的未遂論の基本構造』（平成2年・一九九〇年）二九頁以下、フランスに関しては、末道康之『フランス刑法における未遂犯論』（平10年・一九九八年）および中野正剛『未遂犯論の基礎―学理と政策の史的展開―』（平26年・二〇一四年）一七頁以下、イギリスに関しては、奥村正雄『イギリス刑事法の動向』（平8年・一九九六年）一〇七頁以下。
（5）　塩見淳「実行の着手について㈠」『法學論叢』一二一巻二号（昭62年・一九八七年）二頁。
（6）　塩見・前掲注（5）二頁。
（7）　塩見・前掲注（5）三頁。
（8）　塩見・前掲注（5）四頁。
（9）　塩見淳「実行の着手について㈢・完」『法學論叢』一二一巻六号（昭62年・一九八七年）一七頁。
（10）　塩見・前掲注（9）一八頁。
（11）　塩見・前掲注（9）一八―九頁。

(12) 「抽象的危険犯」そのものについては、振津隆行『抽象的危険犯の研究』（平19年・二〇〇七年）参照。
(13) 奥村正雄「実行行為概念について」瀬川晃編『大谷實先生喜寿記念論文集』（平23年・二〇一一年）一三九頁。
(14) 奥村・前掲注(13)一四〇頁。
(15) 奥村・前掲注(13)一四〇頁。
(16) 奥村・前掲注(13)一七七頁。
(17) 井田良『講義刑法学・総論』第二版（平30年・二〇一八年）四三二頁。
(18) 高橋則夫『刑法総論』第四版（平30年・二〇一八年）一〇六頁。
(19) 平野龍一『刑法総論Ⅰ』（昭47年・一九七二年）一一一―二頁参照。
(20) 拙著『刑法総論講義』第三版（平25年・二〇一三年）三八頁。
(21) 松宮孝明『刑法総論講義』第五版補訂版（平30年・二〇一八年）二三四頁。
(22) 松宮・前掲注(21)二三四―五頁。
(23) 周慶東「具体的危険犯の危険概念」［洪政儀・李英訳］井田良・川口浩一・葛原力三・塩見淳・山口厚・山名京子編『山中敬一先生古稀祝賀論文集［上巻］』（平29年・二〇一七年）九六頁。
(24) Hippel, a. a. O., Fn. (4) S. 392.
(25) 拙著・前掲注(20)一四二頁。
(26) 拙著・前掲注(20)一四四頁。
(27) 高山守『因果論の超克・自由の成立に向けて』（平23年・二〇一〇年）ⅱ頁。
(28) 高山・前掲注(27)ⅲ頁。
(29) 高山・前掲注(27)ⅳ―ⅴ頁。
(30) 高山・前掲注(27)ⅴ頁。
(31) 高山・前掲注(27)ⅵ頁。
(32) 高山・前掲注(27)ⅵ頁。
(33) 高山・前掲注(27)ⅶ頁。
(34) 「了解」の問題については、茅野良男「了解の問題」中村秀吉・古田光編『岩波講座哲学Ⅻ方法』（昭43年・一九六八年）二九一頁以下参照。

(35) 高山・前掲注(27)二五〇頁。
(36) 高山・前掲注(27)二五二頁。
(37) 高山・前掲注(27)二五三頁。
(38) 高山・前掲注(27)二五四頁。
(39) アレックス＝ローゼンバーグ『科学哲学・なぜ科学が哲学の問題になるのか』東克明・森元良太・渡部鉄平訳（平23年・二〇一一年）一八―九頁。
(40) ローゼンバーグ・前掲注(39)一九頁。
(41) ローゼンバーグ・前掲注(39)二〇頁。
(42) ローゼンバーグ・前掲注(39)二一頁。
(43) ローゼンバーグ・前掲注(39)二三頁。
(44) スティーヴン＝マンフォード・ラニ＝リル＝アンユム『哲学がわかる因果性』塩野直之・谷川卓訳（平29年・二〇一七年）二頁。
(45) マンフォード・アンユム・前掲注(44)三頁。
(46) マンフォード・アンユム・前掲注(44)三頁。
(47) A・F・チャルマーズ『科学論の展開――科学と呼ばれているのは何なのか？――』高田紀代志・佐野正博訳改訂新版（平25年・二〇一三年）七―八頁。
(48) チャルマーズ・前掲注(47)一〇頁。
(49) チャルマーズ・前掲注(47)三〇頁。
(50) チャルマーズ・前掲注(47)三一三頁。
(51) ローゼンバーグ・前掲注(39)一一―二頁。
(52) 花田圭介「方法論の成立」中村秀吉・古田光編・前掲注(34)三頁。
(53) 拙著・前掲注(20)一六九頁。
(54) 山口厚『危険犯の研究』（昭57年・一九八二年）五六頁。
(55) 山口・前掲注(54)五七頁。
(56) 山口・前掲注(54)五七―八頁。
(57) 山口・前掲注(54)五六頁。

(58) 山口・前掲注(54)五八―九頁。
(59) 佐伯仁志『刑法総論の考え方・楽しみ方』(平25年・二〇一三年)三四二頁。
(60) 拙稿「不能犯」植松正・川端博・曽根威彦・日高義博『現代刑法論争Ⅰ』(昭58年・一九八三年)第二版(平9年・一九九七年)二九〇頁。
(61) 佐伯・前掲注(59)三四二頁。
(62) パルーク＝フィッシュホフ・ジョン＝カドバニー『リスク―不確実の中での意思決定』中谷内一也訳(平27年・二〇一五年)六四頁。
(63) フィッシュホフ・カドバニー・前掲注(62)六五頁。
(64) フィッシュホフ・カドバニー・前掲注(62)八六頁。
(65) フィッシュホフ・カドバニー・前掲注(62)二〇四頁。
(66) フィッシュホフ・カドバニー・前掲注(62)二〇五頁。
(67) 拙稿「因果関係論」前掲注(60)七八頁。
(68) 宮城浩藏『刑法正義　上巻』(明26年・一八九三年)明治大学創立百周年記念学術出版委員会編『刑法正義　宮城浩藏著(創立百周年記念学術叢書第四巻)』(昭59年・一九八四年)〔引用頁数は後者による。〕三三八頁。
(69) 宮城・前掲注(68)三三八頁。
(70) 宮城・前掲注(68)三三八頁。

第二章　未遂犯論と危険犯論の概説

第一節　総説

第一款　未遂犯の意義

刑法は、「犯罪の実行に着手しこれを遂げなかった」ばあいを未遂犯として処罰している（四三条）。実行の着手前の準備行為を「予備」という。したがって、「実行の着手」は、未遂と予備とを「限界づける機能」を有する概念であるということになる。「実行の着手」とは、元来、犯罪を開始することを意味するが、さらに何らかの意味で結果発生の危険をもたらす行為を開始することを含意する。

現行法上、既遂犯処罰が原則であり、未遂犯は「各本条で」処罰する旨が定められているばあいにのみ例外的に処罰されるものとされている（四四条）。したがって、未遂よりも前の段階である予備は、原則として不可罰であり、きわめて例外的に条文において予備行為を処罰する旨が規定されているばあいに限って処罰されるにとどまる。そうすると、実行の着手があるとみとめられるか否かは、「可罰性の存否」に直結するばあいがあるので、「実際上」、重要な意義を有することになる。さらに、実行の着手をどの時点でみとめるべきかは、未遂犯の「処罰根拠」に関わり、違法性の本質をいかに解するか、という根本問題に遡って考察する必要がある。したがって、これは、「理論上」も、きわめて重要な問題である。

そのほかに、実行の着手の問題には、別の側面の問題が存在することに注意する必要がある。すなわち、不能犯論において具体的危険説を採ったばあい、実行の着手の存否は、未遂と不能犯を分けるメルクマールともなるのである。なぜならば、実行の着手の存在を要件とする未遂犯が結果発生の「具体的な危険性」を有する行為であるのに対して、不能犯は、その危険性のない行為を意味するからにほかならない。言い換えると、未遂犯は、実在する「当該行為事情」の下で当該行為から結果発生が具体的にあり得たか否か、を判断するものである。これに対して、不能犯は、一般人の見地をも考慮して「想定された行為事情」の下で結果発生があり得たか否か、を判断するものである。この点において、両者は異なるが、「結果発生の具体的可能性」を問題にする点においては、両者は共通性を有しているのであり、そこに可罰的な未遂犯と不可罰的な不能犯との「限界づけ」が存在することになる。

右に見た論点は、次のように整理することができる。すなわち、①「予備行為」との対比による「実行の着手」に基づく未遂の処罰根拠、②「既遂」との対比による「未遂」の処罰根拠の確定および③「不能」犯との対比による「未遂」犯の処罰根拠が問題とされているのである。まず①の論点であるが、予備行為は実行行為に発展する段階にある「準備」行為にほかならない。実行行為は、違法行為が定型化された構成要件の要素であり、結果発生の類型的な危険性を包含する行為である。その意味において、実行行為は抽象的危険性を有する行為であると言える。したがって、そのような行為に発展して行く予備行為を処罰する予備罪は、抽象的危険犯として性格づけることが可能となる。さらに、その危険が結果発生の具体的危険へと転化する決定的時期が「実行の着手」時期である。ここにおいて、抽象的危険犯としての予備罪が具体的危険犯としての未遂犯に転化するのである。

次に②の論点であるが、法益侵害の結果発生を根拠にして既遂犯が処罰される。法益保護を目的とする刑法は、法益侵害を生じさせないようにするために法益侵害の結果を発生させた者に対して刑罰を科するのである。既遂犯の処罰根拠は、法益侵害という結果の発生である。刑罰の量は、第一次的に結果のもたらす衝撃力に比例する。そうすると、結果が発生しなかったばあいには、右の衝撃力は存在しないことになる。法益侵害の結果が発生していない以上、未遂犯は不可罰とされざるを得ないはずである。しかし、結果発生に至る可能性が高いばあいには、起こり得た結果発生を認識することによる衝撃力の存在がみとめられる。それを理由とする処罰が要請されることになる。このような結果発生の具体的危険の存在があってはじめて衝撃力が生ずるのである。したがって、具体的危険の発生が未遂犯の処罰根拠となり得るのである。言い換えると、具体的危険が「結果」として評価されることになる。

最後に③の論点であるが、結果の発生が絶対的にみとめられない不能犯の不処罰が承認される。不能犯は、そもそも結果が発生しない事態であるから、それ自体何ら衝撃力を有し得ない。しかし、事後的に見たばあいには結果の不発生は確定的であるが、事前的に見たばあいには、結果発生の危険が「想定」され得る事態が存在する。すなわち、仮に行為者が認識していたとおりの「事実」が存在していれば、結果が発生し得たであろうという状況を想定することができるのである。そのようなばあいには、やはりその事態は衝撃力を有し得ることになる。そのばあいには、不処罰とするのは妥当でないと解される。そこで、そのばあいには「未遂犯として処罰する」必要性がみとめられるに至るのである。これは、政策的な「未遂犯」をみとめるものである。この事態を理論的に説明する試みが不能犯論にほかならない。

第二款　未遂犯と危険犯との関係

未遂犯が結果発生の具体的危険の存在を処罰根拠としていると解するばあいには、「危険」概念がきわめて重要な意味を有することになる。ここにおいては、「危険の内容」が問題とされなければならない。さらに、未遂犯は、「危険」概念を中核とする「危険犯」とも関係を有することになるはずである。そこで、危険犯の「種類」とその犯罪類型における「危険」の内容を明らかにする必要が生ずる。

まず、危険は、結果発生の可能性の「程度」によって、具体的危険と抽象的危険に区別される。具体的危険とは、結果発生の可能性が高いばあいをいう。それは、当該行為をおこなったばあいに、結果が発生し得たであろう「確率」が高かったばあいを意味する。ここで重要な役割を演ずるのが確率論である。因果関係の存否の判断の基準となるのが、確率であることに注意する必要がある。このように結果発生の確率が高いばあいが具体的な危険であるのに対して、その確率が低いばあいが抽象的危険である。抽象的危険は、確率が低いのでその存否を個々具体的に判断する必要はない。それゆえ、抽象的危険を有する行為の処罰の必要性は一般的に「立法理由」として説明されることになる。具体的危険を必要とする犯罪類型が具体的危険犯であり、抽象的危険で足りる犯罪類型が抽象的危険犯である。

殺人罪などの典型的な「結果犯」のばあい、殺害行為の開始（未遂）と被害者の死亡という結果の発生（既遂）とを明白に区別できる。結果犯とは、構成要件上、結果の発生を要件とする犯罪類型をいう。これに対して、結果の発生を要件としない「危険犯」のばあいには、このような区別は困難である。危険犯は、結果の発生を要件としていないので、未遂はあり得ないかの観を呈するが、しかし、放火罪などの危険犯については、実定法上、未遂の処罰規定が存在するので、実際上も理論上も未遂はあり得る。

具体的危険犯にあっては、危険の発生が構成要件要素とされているので、具体的危険が発生した時に既遂となる。たとえば、一〇九条二項・一一〇条の放火罪においては、既遂犯としての犯罪が成立するためには、現実的に客体の「焼損」による「公共の危険」の発生が必要である。実際上、これらの犯罪について未遂犯処罰の規定が存在しないのは、具体的危険犯のこの特質に由来する。ところが、抽象的危険犯のばあいには、危険の発生が構成要件要素となっていないので、どのような状態に達した時に既遂となるかが問題となる。この点について通説は、抽象的危険犯の成立に個々具体的な現実的危険の発生の証明を必要とせず、構成要件に該当する事実の存在が確定すれば、危険の発生が「擬制」されると解している。つまり、構成要件に該当する事実が存在すれば、それだけで既遂に達することになるわけである。たとえば、一〇八条・一〇九条一項の放火罪のばあい、客体の「焼損」という事実があれば既遂となり、「公共の危険」の発生の有無は問題とされないのである。これに対して、抽象的危険犯においても「ある程度の危険」の発生を要求する立場が有力に主張されている。この説によれば、抽象的危険は、危険が擬制されたものとしてではなく、一定の内容をもつ危険として理解されるので、具体的危険犯と抽象的危険犯との間には、「本質的な相違」は存在しないことになる。したがって、抽象的危険犯にも、「ある程度の具体的危険」の発生が必要とされるのである。たとえば、「公共の危険」発生の可能性がまったく存在しない野中の一軒家に放火するばあいには、放火罪ではなく、建造物損壊罪の成立をみとめるのである。これは、基本的に妥当な思考であると言える。そうすると、危険犯のうち、何れを具体的危険犯とするか、抽象的危険犯とするか、は、当該犯罪の保護法益およびそれを侵害する行為態様の理解の如何にかかっていることになる。

具体的危険犯なのか抽象的危険犯なのか、が争われる犯罪は、①人格犯における犯罪類型、②公共危険犯および

③その他の犯罪類型において見られる。そこで、これらの犯罪類型における保護法益および構成要件的行為の態様を明らかにする必要がある。実行の着手に関して、条文上、構成要件的密接性を要件としているドイツ刑法においては、構成要件が直接的な関係を有し、法益は無関係であると解する見解が有力である（ロクシンなど）。しかし、わが国においては、条文上、構成要件的密接性は、条文上の要件とはされていないので、ドイツの学説を援用することの価値は高くない。むしろ「法益侵害との関係」が重要性を有するのである。つまり、法益侵害の可能性に対する「影響の程度」という実質的観点が意義を有するのである。その観点から考察したばあい、「違法行為」としての法益侵害行為を定型化・類型化した「構成要件的行為」が実行の着手の確定に影響を及ぼすことになる。すなわち、構成要件的行為は、法益侵害の危険を徴表し得る機能を有するので、その行為の開始が実質的に法益侵害の危険の発生時期とみとめられるばあいがあるわけである。しかし、それは、あくまでも実質的な考察に基づく判定であることに注意しなければならない。つまり、構成要件的行為としての「実行行為」の開始は、定型的に法益侵害の危険を意味することにはならないのでる。言い換えると、実行行為の開始をすべて一律に実行の着手と解することは許されないわけである。これは、形式的客観説を採るべきではないことを意味する。

次に、実行行為とは別に、直接的に「法益」との関連において、その侵害の危険性を考察する必要が生ずるばあいも存在するのである。ここにおいても、実質的考察が要請されることになる。つまり、「個別的な法益」これを侵害し得る可能性の有無を検討しなければならないのである。それゆえ、「個々の犯罪類型」の「法益の内容」の正確な把握が必要とされるわけである。そこで、各犯罪類型のそれぞれについて、次節において右の観点から個別的に検討することにする。刑法典において未遂を処罰している犯罪類型は、次のとおりである。すなわち、内乱罪（七七条二項）、外患罪（八七条）、逃走罪（一〇二条）、放火罪（一一二条）、往来妨害罪（一二八条）、住居侵入罪（一三二条）、あへん煙罪（一四一条）、通貨偽造罪（一五一条）、公正証書原本不実記載等罪（一五七条三項）、偽造公文書行使等罪（一五八条二項）、偽造私文書等行使罪（一六一条二項）、電磁的記録不正供用罪（一六一条の二第四項）、偽造有価証券行使等罪（一六三条二項）、印章偽造罪（一六八条）、不正指令電磁的記録作成罪（一六八条の二第三項）、強制わいせつ・強制性交等罪（一八〇条）、殺人罪（二〇三条）、不同意堕胎罪（二一五条二項）、強要罪（二二三条）、略取誘拐罪（二二八条）、電子計算機損壊等業務妨害罪（二三四条の二第二項）、強盗罪（二四三条）、詐欺恐喝背任罪（二五〇条）である。本章においてこれらの犯罪類型の構成要件的行為や法益などについて述べるが、さらに危険犯および予備罪についても触れることにしたい。

このように本章における叙述は、実定法規における「未遂犯の処罰の範囲」を明らかにするとともに、それとの関連で「予備罪」の処罰規定および「危険犯」の処罰規定を概観することを主眼とするものである。このような概観は、未遂犯処罰を理論化するための前提作業として重要な意義を有するものであるにもかかわらず、これまで、等閑視されて来たと言える。その理由は、次の点に求められるとおもう。すなわち、これらの罪の構成要件の解明は、刑法各論の課題であり、そこにおいて解釈論として緻密に展開されて来ているのである。そのばあい、未遂犯処罰は、あくまでも個別犯罪の問題として把握されて来たのであった。わたくし自身も、刑法各論の体系書の執筆に当たって右と同じ視点から検討したのである。このような考察もそれはそれで重要である。しかし、未遂犯処罰の統一的理解という観点からは、別の考察が必要となる。その際、それぞれについて新たな解釈論を展開することではなくて、未遂との関連を明らかにすることに重点が置かれるべきである。そこで、本章においては、学説・判例の批判的検討はおこなわず、判例・通説による客観的叙述に止めることにするので、文献の引用は省略する。

第二節　未遂犯論

第一款　実行の着手に関する学説および判例の状況

一　総説

前述のとおり、実行の着手は、未遂犯の処罰根拠にかかわる重要問題の一つである。未遂犯の処罰根拠に関して、人的不法論と物的不法論（客観的違法性説）は、まったく異なる理解を示す。したがって、実行の着手の問題を考えるに当たって、人的不法・物的不法または行為無価値・結果無価値の観点が重要な意味を有する。現在、実行の着手については、人的不法論・物的不法論の見地からどのように解されるべきか、が争点となっている理由は、ここに存する。その意味において、実行の着手の問題は、違法性の本質論の一環であると言わなければならない。

実行の着手時期をめぐって、かつて主観説と客観説とが激しく対立した。刑法学において、主観主義刑法学と客観主義刑法学は、刑法の根本問題に関してまったく異なる理解を示し、多くの論点について極端な見解の対立をもたらしたのであった。未遂犯論において、主観主義刑法学の立場から主観説が、客観主義刑法学の立場から客観説がそれぞれ主張されたので、その対立は、きわめて厳しかったのである。その後、客観主義刑法学が優勢となり、主観主義刑法学の支持者がほとんどいなくなって、主観主義刑法学と客観主義刑法学の対立は、解消したのである。そのため現時点では、客観主義刑法学の内部における対立に転化しているので、主観説は意味を失っている。しかし、それは、今なお学説史上の意義を有しており、それと対比して検討することによって、客観説の意義がより深く理解できることになる。ここでは学説・判例の概要について述べ、その詳細は、第三章において詳しく見ることにする。

二　学説

1　主観説

主観説は、根本的には未遂犯において「行為者の危険性」を処罰しようと考える見解である。この見地においては、行為者の危険性がみとめられれば未遂犯としての当罰性があることになり、行為者の危険性を徴表するものは故意にほかならないので、故意の存在が確定的に認定できる時点を、実行の着手時期と解する。このように、法益侵害の具体的危険の観点をまったく排除して、たんに行為者の危険性が確定的に見られる時点に実行の着手をみとめると、未遂犯処罰の範囲が余りにも広がり過ぎることになる。現在、主観説が支持されないのは、この点が憂慮されているからにほかならない。

2　客観説

客観説は、未遂犯処罰に関して、行為がもたらす「法益侵害の危険性」を重視する見解である。すなわち、主観説が「行為者」の危険性を問題とするのに対して、客観説は、「行為」の危険性を問題にしているのである。このような行為の有する危険性に関して、客観説は、何をもって結果発生の危険性があると解するか、をめぐって「形式的客観説」と「実質的客観説」とに分かれ、さらに「折衷説」としての「個別的客観説」などが主張されている。

形式的客観説は、構成要件を基準にすることによって法益侵害の危険性を「形式的に」把握するものであり、構成要件の一部の実現があった時点、または全体として見て定型的に構成要件の内容をなすと解される行為があった時点で、実行の着手をみとめる。構成要件該当行為を、法文の文理の側から、生活用語例に基づいて解釈するとしても、この見地から犯罪の概念要素に属するとされる行為の範囲はあまりにも狭く、実行の着手を非常に遅い時期にみとめることになり、不当であるとされる。そこで、構成要件的行為そのものでは狭過ぎるとして、「構成要件該当行為と直接関連あるため自然的観察のもとにその一部として理解されるべき行為」とか、「構成要件の全部または一部の事実またはそれに密接した事実を実現すること」とかの修正をほどこして、形式的客観説を出発点にしつつ、ある程度の実質化をめざす見解も主張されている。しかし、それは妥当な見解とは言えない。なぜならば、それは、形式的な把握を前提としながら、実質的な観点を導入することによってかえってこれを否定する結論をみとめざるを得ないからである。この点はおくとしても、この説は、「密接する行為」の限界をさらに示さなければならず、また、予備行為と実行行為との区別を曖昧にしてしまうので、妥当でないとされる。

実質的客観説は、実行の着手をもって「結果発生の現実的危険」を惹起する行動をおこなうことと解する立場で、法益侵害の危険性を実質的、現実的に把握する。実質的客観説は、「現実的危険性」の有無を判断するに当たって行為者の主観をどの範囲まで取り込んで考慮に入れるか、をめぐって、①行為者の意図・計画および性格の危険性を併せ考慮すべきであるとする説、②故意または過失のみを考慮すべきであるとする説、③主観的要素はまったく考慮すべきでないとする説とに分かれている。この説に対しては、行為者の主観面を考慮に入れるならば、もはや客観説とは言えないし、逆にこれを考慮に入れないならば実質的危険の存否は判定できないとの批判がある。

3　折衷説

折衷説は、行為者の主観面と行為の法益侵害の危険性という客観面とを総合的に判断して実行の着手時期を定める立場である。これは、主観面と客観面の何れに重点を置くかによって「主観的客観説」と「個別的客観説」とに分かれる。

主観的客観説は、「主観的見地」から、行為者の「全体的企図」を基礎として当該構成要件の保護客体に対して直接危殆化に至る行為の中に犯罪的意思が明確に表現された時に、実行の着手があるとする。これに対して個別的客観説は、「客観的見地」から、行為者の犯罪の計画によれば直接的に犯罪の構成要件の実現を開始する時に、実行の着手があるとする。

折衷説は、行為者の所為計画によれば当該構成要件の保護客体に対する具体的危険が直接的に切迫した時に、実行の着手を肯定する。その判断に当たって主観面を考慮に入れる理由は、次のように説明される。すなわち、単純な作為犯のばあいであっても、たとえば、相手方の胸元に銃を構えて引金に指を掛ける行為は、行為者に殺意があれば、殺人罪の実行の着手がみとめられ、殺人未遂が成立する。しかし、単なる冗談であれば、犯罪とはならない。このように、危険性の認定は、元来、客観的状況を基準にしてなすべきものであるが、危険が切迫したような客観的状況があっても、行為者が犯意をもっていないことが被害者または第三者に明らかであれば、実行の着手はないとすべきであり、この結論は、実行の着手の認定のためには行為者の主観面をどうしても考慮せざるを得ないことを意味するとされている。

折衷説に対しては、行為者の「全体的企図」・「犯罪の計画」という主観的要素を基礎にして行為の危険性を判断する点に、批判が加えられている。すなわち、実行の着手時期が現実には多くのばあい、立証できない行為者の全体的所為計画という主観的・内面的要素を基礎にして定められるため、実用に堪え得ないとされるのである。

4　現実的危険と行為者の主観との関係

ここで、現実的危険と行為者の主観との関係を検討する必要が生ずる。すなわち、「現実的危険」・「具体的危険」

は、行為者の主観をまったく排除して判断できるのかどうか、が問題となるのである。結果発生の危険性を、客観的事実を基礎にして判断するばあい、たんに客観的・外形的・物理的側面だけをいかに詳細に認識し得たとしても、それだけでは、いかなる結果の発生の危険性を確定できるか、は明らかではない。行為者の主観をも考慮に入れてはじめて、具体的内容を有する「結果」の発生の危険性の有無が判定できるのである。たとえば、AがBにピストルを突きつけているばあい、Aの主観を考慮に入れなければ、危険性は具体的に判定できない。Aに殺意があれば殺人の実行の着手があり、たんに冗談であれば殺人の実行の着手はみとめられず、(ピストル所持の点を除けば) まったく違法行為は存在しないことになる。さらに言えば、殺人の実行行為なのか、傷害の実行行為なのか、あるいは脅迫の実行行為なのか、は、行為者の主観を併せ考えなければ判別できないし、ピストルを射ったが当たらなかったばあいでも、殺人未遂なのか、論理的には「傷害未遂」に相当する「暴行」なのかは、行為者の主観を考慮に入れなければ、判別できないのである。それだけでなく、殺人の故意があれば、行為者の行為は、その殺害の達成に適するように規整されることになる。主観的違法要素の理論において、未遂の故意が主観的違法要素であるとされるのは、まさに故意を考慮に入れてはじめて行為の客観的危険性が判断され得ることを意味する。

このようにして、現実的危険性の判断資料として故意(または過失)を考慮に入れるべきことは明らかとなったが、さらに問題となるのは、故意または過失以外の主観的要素を考慮に入れるべきかどうか、である。この点について、わたくしは、行為者の「犯罪計画」が現実的危険性に影響を与えることは否定できないので、これをも考慮に入れるべきであるとする折衷説(個別的客観説)の立場を支持している。たしかに、通常は、故意の有無によって結果発生の危険が判断され得ることが多いといえる。しかし、それだけでは十分でないばあいも存在する。たとえば、Aがスリの意思(窃盗の故意)をもってBの着衣のポケットに外側から触れるという行為をおこなったばあいであっても、被害者を特定したうえで財布の位置を確認する意図でおこなったときと、被害者を物色する過程でいわゆる「あたり行為」をおこなったときとでは、決定的に異なる。すなわち、前者は未遂であり、後者は予備であって不可罰である。このように結論が異なるのは、故意のほかに殺害計画の内容に差があるからである。したがって、両者を区別するためには、実行計画の内容にまで立ち入る必要があるのである。

三　判例の立場

窃盗罪の実行の着手に関して、従来、判例は「密接行為」説の立場を採っていた。すなわち、大審院の判例は、窃盗罪につき「窃盗ノ目的ヲ以テ家宅ニ侵入シ他人ノ財物ニ対スル事実上ノ支配ヲ犯スニ付密接ナル行為ヲ為シタルトキハ窃盗罪ニ著手シタルモノト謂フヲ得ヘシ」と判示し（大判昭九・一〇・一九刑集一三巻一四七三頁）、最高裁判所の判例は、侵入窃盗のばあい、物色行為を始めた時点で実行の着手をみとめ（最判昭二三・四・一七刑集二巻四号三九八頁）、高等裁判所の判例は、「犯罪構成事実に属する行為及びこれに直接密接する行為がなされたときに、犯罪実行の着手がある」と判示したのである（東京高判昭二九・一二・二七高刑集七巻一二号一七八五頁）。しかし、その後、最高裁判所の判例は、折衷説ないし実質的客観説を採るに至っている。すなわち「店舗内において、所携の懐中電灯により真っ暗な店内を照らしたところ、電気器具類が積んであることが判ったが、なるべく金を盗りたいので自己の左側に認めた煙草売場の方に行きかけた」時に実行の着手を肯定している（最決昭四〇・三・九刑集一九巻二号六九頁）。判例は、もはや「密接行為」説を採るものとは言えないのである。さらに最高裁判所の判例は、強姦罪（現在の強制性交等罪）につき「被告人が同女をダンプカーの運転席に引きずり込もうとした段階においてすでに強姦に至る客観的な危険性が明らかに認められるから、その時点において強姦行為の着手があつた」と判示している（最決昭四五・七・二八刑集二四巻七号五八五頁）。これは、実質的客観説の立場をより鮮明にしたものと解されている。

第二款　特殊な犯罪類型における実行の着手時期

一　結合犯

独立して犯罪となり得る一定の手段を要件とする犯罪類型を結合犯といい、結合犯のばあいは、その手段となる行為を開始した時点で結果発生の現実的危険が発生するから、その時に実行の着手がみとめられる。たとえば、強盗罪・強制性交等罪は、暴行・脅迫を手段とする結合犯であるから、強盗・強制性交等の故意で暴行または脅迫を開始した時が実行の着手となる。

二　不作為犯

不作為犯における実行の着手は、作為義務が発生しているにもかかわらず、故意または過失により要求された作為に出なかった時にみとめられる。作為義務の発生時期については、真正不作為犯と不真正不作為犯とで別個に考察する必要がある。たとえば、不解散罪（一〇七条）、不退去罪（一三〇条）などの真正不作為犯のばあいには、作為の要求があった時に作為義務が発生する。これは、作為義務発生前にすでに法益侵害の危険性はある程度存在していたが、行為者の作為があればその危険を回避し得るという点に、その根拠が求められる。従来の通説は、挙動犯のばあい、行為者の一定の身体的動静によってただちに完成するので、その未遂を考える余地がないと解して来た。真正不作為犯は単純挙動犯であるから、作為義務の成立と同時に既遂に達し、未遂の観念を容れる余地がないとされたのである。しかし、たとえば、不退去罪（一三〇条後段）のばあい、退去を要求された者が、退去するのに必要な時間が経過した時点で本罪が既遂となると解すべきである。その間に家人によって突き出されたばあいは、その未遂犯とされなければならない。すなわち、真正不作為犯についても、作為義務が具体的に成立する時と、それに違反する実行行為としての不作為がおこなわれたと見られる時との間には、多少の時間的間隔があるのが一般であるから、理論上、未遂犯をみとめることができるのである。たとえば、不保護罪（二一八条）などのように、作為義務発生の時期が法律に明らかでない真正不作為犯のばあいには、作為義務は、行為者が義務者たる地位についた時、またはとくに義務者の作為がないと法益侵害の危険が生ずる時に、発生すると解されている。

これに対して不真正不作為犯のばあいには、作為義務発生時期の確定は、かなり困難であるが、次の二種に分けることができる。第一は、法益侵害の危険がすでに発生しており、行為者の作為があればその危険が現実化した結果発生を回避できるばあいである。たとえば、自分の子供が溺れているのを見た母親や事務所の一部に火がついたのを見た管理者のばあいなどが、これに当たる。このばあいには、作為義務は、行為者が危険の存在を認識した時に発生する。第二は、とくに行為者の作為がないと法益侵害の危険が発生するばあいである。たとえば、乳児に授乳しない母親の事例においては、作為義務は、すでに潜在的に発生しており、作為義務の内容となっている作為に出なかった時に、作為義務違反が問題になるのである。

三　過失犯

従来、過失犯は、結果の発生があって始めてその犯罪が成立する犯罪類型であるから、過失犯の未遂犯はあり得ないと解されて来た。しかし、過失犯においても、行為および結果が区別され得るので、理論上、過失犯の未遂をみとめることができると解する見解が妥当である。しかし、現行刑法は、過失犯の未遂を罰していないので、その観念は実際上は意味を有しない。

四　結果的加重犯

結果的加重犯の未遂の問題には、次の二つの異なった論点があるとされている。すなわち、①基本犯は既遂に達しなかったが重い結果が発生したばあい、結果的加重犯の未遂として刑法四三条による未遂減軽が可能か、②重い結果発生を認識して基本犯の実行に着手したが認識した重い結果は生じなかったばあい、結果的加重犯の未遂としての処罰が可能か、という二つの問題が存在するのである。

さらに、①に関して、重い結果について故意があったばあいでも結論は同じかどうか、②に関して、基本犯が未遂に終わったばあいでも結論は同じか、という問題が生ずるとされる。通説は、故意ある結果的加重犯の存在をみとめていない。すなわち、故意の結果的加重犯の実体はたんなる故意犯にほかならず、過失の結果的加重犯のみを結果的加重犯と解すべきであるとされるのであり、通説の立場は妥当であるとおもう。通説の立場からは、①だけが問題となる。すなわち、①のヴァリエイションと、②およびそのヴァリエイションは重要ではないとされることとなる。①の問題に関して、基本犯は未遂にとどまり重い結果が発生したばあいに結果的加重犯の未遂をみとめる見解は、少数にとどまる。たとえば、強盗致死罪について、強取の点が未遂に終わったばあい、強盗致死罪の未遂犯の成立をみとめる説もあるが、判例・通説は、強盗致死罪の既遂が成立すると解しているのである。また、強制性交等致死傷罪について強制性交等の目的を達することはできなかったが、死傷の結果が発生したばあい、強制性交等致死傷罪の既遂が成立すると解されている。

このように、判例・通説が結果的加重犯の未遂をみとめないのは、結果的加重犯のばあい、重い結果が構成要件的結果であるから、構成要件的結果が発生した以上、その未遂はあり得ないと解されているからにほかならない。

五　間接正犯

間接正犯とは、利用者（正犯者）が他人（被利用者）を道具のように利用して犯罪を実行することをいう。間接正犯における実行の着手時期については、①利用者が被利用者を犯罪に誘致する行為を開始した時点とする利用者説、②被利用者が実行行為を開始した時点とする被利用者説、③構成要件的結果発生に至る現実的危険性を惹起した時点とする個別化説が対立している。

必ずしも利用行為の開始が構成要件的結果発生の現実的危険を惹起するわけではないから、利用者の行為が結果発生の現実的危険を惹起した時に実行の着手があると解する③の個別化説が妥当であるとおもう。したがって、間接正犯の態様によって、利用行為の開始時に実行の着手をみとめることもあれば、被利用者の行為の開始時に実行の着手をみとめることもあり得るのであり、一律に利用者または被利用者いずれか一方の行為を基準とすることはできない。

間接正犯の一種として離隔犯がある。離隔犯とは、行為者の行為と構成要件的結果発生との間に、時間的・場所的間隔が存在する犯罪をいう。たとえば、友人を毒殺するために毒入りウィスキーを友人宅に送付するばあいがこれに当たる。このばあいにおいても、実行の着手時期は、結果発生の現実的危険を惹起するに至ったか否か、が基準となるので、発送時、到着時または飲用できる状態に至った時のいずれも実行の着手時期となり得る。たとえば、Aが、Bを毒殺しようとしてBがいつも通る農道に農薬入りジュースを置いたばあい、それによってAのなすべき行為は完全に終了していても、その時に実行の着手をみとめることは困難である。翌朝、他家の子供がこれを飲み死亡したばあいには、当該「ジュースが拾得飲用される直前に普通殺人についての実行の着手」がみとめられることとなる（宇都宮地判昭四〇・一二・九下刑集七巻一二号二一八九頁）。

六　原因において自由な行為

原因において自由な行為の実行の着手については、①責任能力のある状態における原因行為に求める説、②責任無能力または限定責任能力状態における結果行為に求める説とが対立している。ここにおいても、構成要件的結果発生の現実的危険を惹起したか否か、が基準となるから、結果発生の現実的危険を惹起した時点に実行の着手がみとめられる。不作為犯および過失犯について原因において自由な行為の法理が適用されるばあい、原因行為自体が結果発生の現実的危険性を有するから、原因の開始時点に実行の着手がみとめられる。これに対して故意の作為犯のばあいには、原因行為自体が結果発生の現実的危険を惹起することは稀であるから、結果行為の開始時に実行の着手をみとめる見解は妥当である。

第三款　中止未遂（中止犯）

一　中止未遂（中止犯）の意義と問題の所在

中止未遂（中止犯）とは、犯罪の実行に着手した後、自己の意思によって犯罪の遂行を止めたばあいをいう。中止未遂は、刑がつねに減軽または免除される（四三条ただし書き）。これに対して結果の不発生が行為者の意思に基づかない障害未遂のばあいには、刑は任意的に減軽されるにとどまる（四三条本文）。障害未遂においては、客観的に結果が発生しなかったことだけが問題となり、現実に法益侵害があった既遂と比べ、結果反価値の程度が低いので違法性の程度も減少するから、刑の減軽がみとめられる。しかし、このばあいにも、既遂との比較をするのであれば、刑の減軽は必要的でなければならないはずである。そうであるにもかかわらず、任意的減軽とされているのは、危険性の程度または行為遂行の態様による違いを考慮に入れるべきであるとすることによってしか説明がつかない。その点は措くとしても、中止未遂においては、行為者の意思に基づいて結果発生が防止されたことと刑の必要的減免との関係が問題となる。これは、中止未遂の法的性格の捉え方の如何によって理解が分かれる。中止未遂の法的性格をどのように捉えるかは、古くから争われ、今なお争われている根本問題の一つである。

未遂犯は、構成要件の「実現態様」の問題として構成要件該当性の領域に位置付けられる。しかし、構成要件は違法行為が定型化・類型化されたものであるから、未遂犯の処罰根拠の問題は、違法性論の領域で議論されなければならない。違法性論はもっぱら客観的要素を判断の対象とすべきであるとする物的不法論（修正された客観的違法性説）は、中止未遂にとって重要な意味をもつ行為者の「意思の任意性」という「主観的要素」をどのように取り扱うべきか、という難問に直面する。すなわち、これを主観的違法要素とするか、それとも責任要素とするか、について決断を迫られ、その理論的根拠を明らかにしなければならないのである。さらに、それとの関連において刑の必要的減免を合理的に説明する必要が生ずるので、法的性格について見解が分かれることとなる。中止未遂の法的性格などの問題については、第四章において詳しく検討することにする。

二　中止未遂の法的性格に関する学説の状況

中止未遂の法的性格に関して、学説は、「刑事政策説」、「法律説」および「両者を併用する説」に分かれる。

刑事政策説は、ドイツにおける通説であるが、わが国では少数説である。これは、いったん成立した未遂犯を中止行為によって消滅させることはできないが、任意に中止したばあいには、そのことに対する褒賞として刑の減免をみとめることが、犯罪の防止という刑事政策の目的に合致するとする見解である。この説によれば、中止未遂の処分を緩和する理由は、刑事政策的見地から、行為者に対して「退却のための黄金の橋」（リスト）を構築しようとする刑事政策的目的に求められる。

刑事政策的考慮だけでは中止未遂の本質を把握できないとして、犯罪の成立要件との関係という観点から中止未遂を理解しようとする見解が法律説である。併用説は、法律説を刑事政策説によって補充するものであるから、法律説の中に問題の核心があることになる。それゆえ、ここで法律説を検討することにする。

違法性減少説は、未遂犯においては、故意は主観的違法要素であるから、一度故意を生じた後にこれを放棄し、または自ら結果の発生を防止したばあいは、違法性の減少をみとめることができるとする。

責任減少説は、刑の減免の根拠を責任非難の程度の減少に求める。責任非難の減少をもたらす根拠について、多彩な表現で説明されているが、わたくしは、「法的義務にふたたび合致しようとする意思」（香川）という表現が妥当であると考えている。問題は、このような意思をそれぞれの責任論の見地からどのように「評価」するか、という点にある。道義的責任論は、この意思が道義的・倫理的責任非難を減少させると解し、人格責任論は、これに人格形成責任の動的変化による減少をみとめ、性格的責任論は、これに反社会的危険性の減少を見出すことになる。

前述のように、見解が分かれているが、その当否を簡単に見ておくことにしよう。ドイツ刑法二四条などは、中止未遂を不処罰としているが、わが刑法は、刑の必要的「減免」をみとめるに止めているにすぎないので、これだけでは犯罪防止の目的は達せられ難いと言わざるを得ない。さらに、刑が減軽されるべきばあいと免除されるべきばあいとを区別する理由は、刑事政策的見地からは説明がつかない。また、犯罪防止の目的を達成するためには、刑の免除または減軽という具体的な特典が事前に行為者に知られていることが要請されるが、現行法上、それは要件とされていないのである。現行法上、中止行為について刑を免除するか刑を減軽するか、の選択は、裁量的・事後的であるから、刑事政策的効果は十分に期待され得ないので、刑事政策説は妥当でない。

わたくしは、主観的違法要素としての故意の放棄に基づいて違法性が減少することをみとめる。しかし、それは、故意放棄の限度においてである。中止未遂の法的性格が違法性減少に尽きるとすれば、中止行為について「任意」性を要求する必要はないであろう。なぜならば、任意性があろうがなかろうが、故意の放棄だけで十分に違法性減少を説明できるはずだからである。しかし、法は「自己の意思によ」って中止行為がなされたことを要求しており、この点は違法性とは別個の観点から説明されるべきである。この点について、人的不法論の見地から、任意性は社会的相当性を基礎づけるものであるので、違法性の程度に関わり得ると解する余地はある。しかし、このばあい、任意性は、行為の遂行態様に関して問題になるのではなくて、行為の「決意」に関して、つまり、行為の「動機」に関して問題となることに注意しなければならない。言い換えると、違法性の問題としての「法益侵害」の「態様」ではなくて、責任の問題としての「違法行為の決意」に対する法的非難が、ここで議論されるべきなのである。この観点から言えば、中止未遂に任意性が要求されるのは、任意の中止によって責任の量が減少するからにほかならない。「責任」は、「倫理的」責任ではなくて、あくまでも「法的」責任であり、その実質は、行為者の「法敵対性」の中にあると解すべきである。

責任減少説の中には、中止未遂における任意性を倫理的悔悟と解して、倫理的責任の減少を基礎にして責任減少をみとめる見解もある。しかし、これは、法的責任と倫理的責任を混同するものであって妥当でない。物的不法論の見地から責任減少説を主張することには、それなりの理由があるが、しかし、中止未遂には違法性減少の側面がみとめられるべきであるから、これを全面的に否定する点において、責任減少説は妥当でないとおもう。

わたくしは、「法的責任」としての責任非難は、規範的責任論の見地から決せられるべきであり、その責任の実質をなすのは「法敵対性」であると考えている。すなわち、違法行為をおこなった行為者に対して、法的責任としての責任非難が加えられるのは、行為者が倫理的に見て悪いとされたからではなくて、「反対動機の形成」、つまり、「適法行為の決意」が可能であったにもかかわらず、あえて違法行為を決意してこれをおこなった点において、法規範（法秩序）に敵対しこれを侵害したからなのである。この見地からは、「法的義務にふたたび合致しようとする意思」は、「法敵対性」を緩和し弱めるものであるから、「責任の実質」が減少し、したがって、責任が減少することになる。しかし、法的責任が倫理的責任ではない以上、中止未遂の要件として倫理的悔悟を要求すべきではない。

このようにして、わたくしは、違法・責任減少説が妥当であると考えている。すなわち、故意を主観的違法要素としてみとめるかぎり、中止行為による違法性減少を肯定すべきであり、また、任意性のある中止行為は、法敵対性を弱めるので、責任減少もみとめられるのである。

三　成立要件

1　総説

中止未遂の成立要件は、「自己の意思により」犯罪の遂行を「中止した」ことである。すなわち、「任意性」と「中止行為」の存在が必要とされるのである。

自己の意思によること（任意性）　中止行為の任意性をいかに解するか、について、次のように見解が分かれている。

主観説は、内部的動機が外部的障害の表象によって生じたものでないばあいに任意性があるとする。その際、フランクの公式により、行為者が中止に当たって、「たとえ為し得るとしても、為し遂げることを欲しない」としたばあいに任意性があり、「たとえ欲したとしても、為し遂げることはできない」としたばあいには任意性がないとされる。為し遂げることができたか否か、は行為者を基準にして判定される。

限定的主観説は、主観的事情を限定的に解し、悔改・慚愧・同情・憐愍などの「広義の後悔」に基づいて中止するばあいに任意性があるとする。

客観説は、一般の経験上、意思に対して「強制的影響」を与えない事情が動機となって止めたばあいに任意性があるとする。判例は、この立場を採っていると解される（最判昭二四・七・九刑集三巻八号一一七四頁、最決昭三二・九・一〇刑集一一巻九号二二〇二頁）。

前記の見解は、中止未遂の法的性格をめぐる見解の対立とどのように関連するのか、が問題となる。まず、限定的主観説が責任減少説と密接な関連をもっていることは明らかである。なぜならば、責任減少の根拠を道義的非難・倫理的非難の減少に求めるかぎり、広義の後悔を要件とせざるを得ないからである。しかし、「法的責任」としての責任は、非難可能性を基礎とする規範的責任であるにとどまり、倫理的責任である必要はないので、この説はすべての責任減少説からの論理的帰結とは言えないことになる。

主観説は、違法性減少説と結びつきやすい要素を有する。なぜならば、違法性を減少させる原因となるのは主観的違法要素としての故意の放棄であるので、当の行為者を基準にして故意の放棄とみとめられるかどうか、を考えればよいはずだからである。しかし、責任の減少も当の行為者を基準にすべきであるとすれば、責任減少説とも結び付き得るので、必ずしも違法性減少説からの帰結とも言えないことになる。主観説は、行為者の主観だけで任意性を判断する点に規範論の見地からは問題がある。

客観説は、責任減少説と結びつきやすく、その点からも通説的見解となっていると言える。しかし、これとても責任減少説からの論理的帰結と断定することはできない。なぜならば、違法性減少説を採っても、この立場に立つことはできるからにほかならない。

このように見て来ると、いかなる観点から違法性減少または責任減少と関連を有するか、を実質的に判断しなければならないことになる。実質的観点から考えてみると、事後的な合義務的行動と言えるためには、たんに故意を放棄しただけでは足りず、一般的には障害となるような事情があるにもかかわらず、それを押し切って行動する点にこそ、「法敵対性」の緩和による責任の減少がみとめられるのであるから、ここに責任減少説と客観説の実質的連関を見出すべきであるとおもう。このようにして、わたくしは、違法・責任減少説の見地から客観説を妥当と解するものである。

2 「中止」したの意義

「中止した」とは、中止行為、つまり、犯罪の完成を阻止する行為をしたことを意味する。着手未遂・未終了未遂のばあいは、実行行為を続行しないという「不作為」があれば足りるが、実行未遂・終了未遂のばあいには、結果の発生を防止すべき「作為」をおこなわなければならない。すなわち、着手未遂においては、実行に着手した時点で実行行為の遂行をそれ以上おこなわなければ、実行行為による結果発生はあり得ないので、不作為でも足りるのである。これに対して実行未遂においては、結果をもたらし得る実行行為が完了・終了しており、そのまま放置すると結果が発生する危険性がきわめて高いので、これを除去するための積極的な作為が要求されることになる。

判例・通説は、さらに、中止行為が結果発生防止のために真剣な努力を払っておこなわれたこと、つまり「真摯性」を要求する（大判昭一三・四・一九刑集一七巻三三六頁）。いったん違法「行為」を終了してしまっている以上、法的義務にふたたび合致しようとする態度があると言えるためには、真剣に結果発生防止に取り組む必要があると解される。すなわち、真摯な中止行為がなされてはじめて、中止行為者の「法敵対性」が弱まると解されるのである。したがって、真摯性が要求されることになる。このようにして、わたくしは、判例・通説の立場を支持する。この立場から、真摯性は、倫理的評価とは直接、関係をもたず、結果の不発生を真に意欲して行動したか否か、という観点から判断されるのである。

中止未遂は、元来、真剣な中止行為によって結果発生が防止されたばあいに成立する。そこで、真摯な中止行為がなされたが、他の原因で結果発生が防止されたばあいにも、中止未遂が成立するかどうか、が問題となる。これは、中止行為と結果の不発生との間に因果関係が必要か、という問題にほかならない。

責任減少説は、中止行為それ自体が有する責任非難の減少を積極的に評価するので、真摯な中止行為がなされれば足り、因果関係を不要とする結論をみとめるべきであろう。これに対して違法性減少説は、結果不発生の原因として中止行為を見るので、因果関係を要求すべきことになろう。通説・判例は、因果関係の存在を必要と解している。しかし、違法性・責任減少説の見地からは、因果関係を厳格に解すべきではなく、未遂に止まるかぎり、なお違法性減少をみとめ、さらに責任減少もあるので、中止未遂規定の適用を肯定してもよいと考えられる。

真摯な中止行為がなされたにもかかわらず、結果が発生したばあいに、中止未遂規定の類推適用をみとめるべきか否か、が問題となる。このばあい、責任減少説を徹底すれば、中止未遂規定の類推適用をみとめるべきことになるはずである。なぜならば、結果発生の有無とは無関係に中止行為による責任減少を肯定することは、論理的には可能であるからである。違法性減少説によれば、結果が発生した以上、違法性の減少はあり得ず、中止犯を議論する余地はないことになる。通説・判例は、中止未遂は「未遂犯」に関するものであるから、結果が発生して「既遂犯」となった以上、中止未遂規定の適用はあり得ないと解している。たしかに、結果が発生してしまった以上、違法性減少をみとめにくいであろうが、しかし、主観的違法要素としての故意放棄による行為反価値の減少に基づいて違法性減少を肯定する余地はある。また、ふたたび法的義務に合致しようとした点で「法敵対性」の微弱化による責任減少もみとめられるのであるから、両者を考慮して刑の減軽の限度で、中止未遂規定の類推適用を肯定してもよいとおもわれる。

3　予備の中止未遂

予備の段階で任意に実行の着手に出ることを止めたばあいに、これを中止未遂として四三条ただし書きの準用ないし類推適用をみとめることができるか、が問題となる。これは、予備の中止未遂の問題である。予備罪は、実行の着手前の問題であり、さらに予備行為があればただちに犯罪として成立するので、予備の中止を論ずる余地がなくなり、判例も「予備罪には中止未遂の観念を容れる余地のないものである」と解している（最決昭二九・一・二〇刑集八巻一号四一頁）。しかし、予備罪は修正された構成要件であるから、その限度で、予備行為についても実行の着手に相当する事態を観念することができる。たしかに、実行の着手前の行為である予備について、実行の着手を要件とする未遂犯の一種である中止未遂をみとめることは、概念矛盾と言えるであろう。しかし、修正された構成要件としての予備行為についても「定型的」な実行行為を想定することが可能なのである。そうだとすれば、法益侵害の危険が発生した未遂について中止未遂の恩典が与えられる以上、そのような未遂の前段階である予備においては、法益侵害を発生させないようにしたときには、なおさら同様の恩典が与えられるべきはずである。したがって、予備についても中止未遂規定の類推適用をみとめるのが妥当であるとおもう。

4　共同正犯の中止犯

中止未遂規定が、当然に共同正犯に適用され得るのか、適用され得るとしたばあい、まったく修正はいらないのかどうか、が問題となる。共同正犯は、「一部実行の全部責任」がみとめられるところにその本質がある。すなわち、「共同者の誰かが未遂に終わったとしても、他の者が犯罪を完成させれば、全員が既遂の責任を負わなければならない」点に共同正犯の特徴があるわけである。したがって、共同正犯について中止未遂規定の適用をみとめると、「個々人の未遂を考慮せよ」ということを要求することとなって、「共同正犯をみとめる実益」はなくなってしまうとの批判が加えられる。

たしかに、中止未遂の規定と共同正犯の規定（六〇条）の文言を形式的に解すると、この批判にも一理あると言える。しかし、わたくしは、共同正犯の正犯性の根拠を行為の共同に求める「行為共同説」を採り、さらに違法性の本質論に関しては、行為者の主観を考慮に入れる「人的不法論」を採っているので、私見においては、個別化をいっそう容易に基礎づけることができるのである。したがって、わたくしは、共同正犯について中止未遂規定の適用をみとめるべきであると解している。

中止未遂規定の適用に当たっては、共同正犯にはその特殊性があるので、その観点からの修正が必要である。すなわち、全員が任意に結果の発生を防止すれば、全員について中止未遂がみとめられることは言うまでもない。共同者の一部が任意に結果の発生を完全に阻止したばあいは、それらの者について中止未遂が成立し、他の者については障害未遂が成立することになる。なぜならば、共同者の一部によって結果発生を阻止された者にとっては、障害によって結果が発生しなかったこととなるので、障害未遂にほかならないからである。

第四款　不能犯論

一　総説

不能犯とは、行為者の主観においては犯罪の実行に着手したつもりであったが、現実には結果の発生が不能であるので不可罰とされるばあいをいう。言い換えると、不能犯は、犯罪の実行に着手した「外観」を有するが、行為の性質上、構成要件の内容を「実現する可能性（危険性）」がないばあいを意味する。ドイツでは「不能未遂」といわれ可罰的な不能犯もあり得るが、わが国では不能犯とされたものはすべて不可罰である。どういうばあいに、結果発生の危険性があると言えるのか、に関する判断基準をめぐって、見解が対立している。これは、不能犯と未遂犯との区別に関連して議論される。不能犯か未遂犯か、の議論は、「構成要件の実現」に関連するという観点から見れば、構成要件該当性の問題である。しかし、構成要件は、違法行為を定型化したものであり、結果発生の危険（構成要件を実現する危険）は、「法益侵害」の危険にほかならず、その観点から見れば、不能犯と未遂犯の区別は、違法性の問題ということになる。このようにして、「未遂犯」の処罰根拠との関連で不能犯が議論されるわけである。

従来、右の点に関しても、客観主義刑法学と主観主義刑法学とが厳しく対立したのであった。すなわち、未遂犯の処罰根拠に関して、客観主義刑法学が行為の危険性だけを問題にしたのに対して、主観主義刑法学は行為者ないし法秩序の危険性を問題にしたため、不能犯学説は錯綜したのである。未遂犯の処罰根拠の問題は、究極的には違法性の本質論に遡って検討されるべきものである。刑法理論において、客観主義刑法学と主観主義刑法学との対立は、前述のとおり客観主義刑法学が通説となり、その対立は、もはや解消されたと見てよい。現在では、人的不法論と物的不法論（客観的違法性説）とが対立しており、不能犯論もこの対立の観点から再検討がなされている。不能犯に関する諸問題については、第五章において詳しく検討することにする。

二　不能犯に関する学説

1　絶対不能・相対不能説

絶対不能・相対不能説は、「古い客観説」とも称され、未遂犯の処罰根拠を行為の法益侵害の危険性に求め、客体および手段に抽象的・客観的危険がなく、およそ結果の発生が不能のばあいを不能犯とし、たまたま結果の発生が不能であるばあいを未遂犯とする。この説によれば、たとえば、死者を生きている人と信じてこれを殺す意思でピストルを発砲したようなばあいが、「客体の絶対不能」である。そして、致死量の毒を与えて人を殺す意思で誤って砂糖を毒と思って与えたようなばあいが「手段の絶対不能」である。これに対して、他人を射殺する意思で、その者が在室中と考えこれに向って発砲したが、たまたま不在であったようなばあいが、「客体の相対不能」である。人を殺す意思でその者に向ってピストルを構え引き金を引いたが、たまたま弾丸が不発に終ったようなばあいが、「手段の相対的不能」である。この説の特徴は、行為の具体的事情および行為者の意思内容を「抽象化」し、かつ「事後的に」危険の判断をする点にある。

2　具体的危険説

具体的危険説は、「新しい客観説」とも称され、未遂犯の処罰根拠を法益侵害の危険性に求め、行為時において、一般人が認識できた事情および行為者がとくに認識していた事情を基礎にして、そのような事情の下で行為がなされたならば、一般人の見地において、結果発生の可能性があるばあいを未遂犯とし、これがないばあいを不能犯とする。この説は、通説であり、行為当時存在した具体的事情を基礎に、それを行為者が知っていたものと一般人が知り得たものに限定して危険判断をおこなう点に、この説の特徴がある。すなわち、絶対不能・相対不能説が、危険判断を「事後的に」おこなうのに対して、この説は、これを「事前的に」おこなうのである。

3　判例

判例は、「犯罪行為の性質上結果発生の危険を絶対に不能ならしめるもの」を不能犯と解しており（最判昭二五・八・三一刑集四巻九号一五九三頁）、大審院の判例以来（大判明四四・一〇・一二刑録一七輯一六七二頁）、絶対不能・相対不能説を採っていると解されている。下級審の判例には、明らかに具体的危険説の立場に立ったものがある。すなわち、拳銃で射殺された被害者を生きていると信じ、とどめをさすつもりでこれを日本刀で突き刺したという事案につき、「単に被告人が行為当時被害者の生存を信じていたという丈けでなく、一般人も亦当時その死亡を知り得なかつた」という事情、一般人も、「被告人の前記のような加害行為により被害者が死亡するであろうとの危険を感ずるであろうことはいずれも極めて当然」であるので、「行為の性質上結果発生の危険がないとはいえない」として、未遂犯の成立をみとめている（広島高判昭三六・七・一〇高刑集一四巻五号三一〇頁）。

なお、判例上、客体の不能がみとめられたものとして、胎児がすでに死亡しているばあいには堕胎罪の対象にならないとしたケース（大判昭二・六・一七刑集六巻二〇八頁）、方法の不能がみとめられるものとして、硫黄で人を殺害しようとしたケース（大判大六・九・一〇刑録二三輯九九九頁）、永い間地中に埋没していたため雷管と導火線の結合が悪く、質的な変化を起こしていた手りゅう弾を投げつけたケース（東京高判昭二九・六・一六東時五巻六号二三六頁）、覚醒剤の主原料が真正の原料でなかったために覚醒剤を製造することができなかったケース（東京高判昭三七・四・二四高刑集一五巻四号二一〇頁）などがある。

4　諸説の検討と私見

絶対不能・相対不能説は、なされた行為を事後的に観察し、行為者の主観をまったく排除して、もっぱら行為の客体または手段の性質だけから結果発生の可能性を判断する。この説は、何が絶対的か相対的か、は基準の立て方によって動揺し不明確であると批判され、具体的危険説が通説となるに及んで、一般に否定されたのであった。ところが、物的不法論（客観的違法性説）を徹底する立場から、この説は再評価されるに至っている。すなわち、結果無価値論の観点から、行為者の主観を除外して事後的判断を加えたうえで、科学法則から見て法益侵害の危険のない行為は処罰すべきでないとする点が、改めて重要視されているのである。

人的不法論と物的不法論における違法性判断の構造という観点、とくに判断の基準時という観点から見ると、具体的危険説が、「行為時」に行為者がとくに認識していた事情および一般人ならば認識できたであろう事情を危険の判断基底とするのに対して、客観的危険説は、裁判時までに判明したすべての客観的事実だけを基礎にして危険性判断をおこなう点に特徴があると言える。

一般人を名宛人とする「行為規範」として刑法を捉える立場においては、一般人の見地および行為時の事情がきわめて重要な意味をもち、結果の違法性も「行為時」の事情を基礎にして判断されるべきであることになる。すなわち、発生した結果の客観的な帰責は、行為時において行為者が認識した事情および一般人が認識できた事情を基礎として判定されるべきなのである。そうすると、客観的危険説は、刑法の「行為規範性」をまったく無視する点において、妥当でない。したがって、人的不法論の立場からは、具体的危険説に合理性があり、支持されるべきことになるのである。

ここで言う「危険」は、法益侵害の危険にほかならない。法益侵害の危険とは、法益を現実に侵害する可能性ないし蓋然性である。それは、「事実判断」であって法律的な「価値判断」ではないが、「純粋に」物理的な可能性ないし蓋然性そのものではなく、一般人の見地から判断される法益侵害の可能性ないし蓋然性である。それは、純然たる物理的可能性・蓋然性ではないという意味において、「規範的判断」である。規範的判断を純化すると行為の危険性判断が当然に行為者の危険性判断に到達する、という関係はみとめられない。なぜならば、行為の危険・行為者の危険は、「危険判断の対象」の問題であり、今ここで議論しているのは「危険判断の基準」の問題であって、両者は次元を異にしているからである。行為者の危険性は、規範的判断に由来するものではないので、危険判断の性質を前述した意味における規範的判断と解しても、「行為」の危険性を重視する具体的危険説の立場と矛盾しないことに注意しなければならない。

第三節　個人的法益に対する罪における未遂犯

第一款　個人的法益に対する罪の意義

社会および国家の一構成員である個人の安全な生存と活動の自由の基礎を保障することは、法治国家にとって重要な任務である。憲法も、「すべて国民は、個人として尊重される。生命、自由及び幸福追求に対する国民の権利については、公共の福祉に反しない限り、立法その他の国政の上で、最大の尊重を必要とする」と規定して、その趣旨を明らかにしている（憲一三条）。これを受けて、憲法の下位法である刑法は、個人的法益に対する罪を重要な犯罪類型として規定しているのである。すなわち、「個人的法益に対する罪」として、「生命・身体に対する罪」、「自由に対する罪」、「私生活の平穏に対する罪」、「名誉・信用に対する罪」および「財産に対する罪」が規定されている。わたくしは、前者をまとめて「人格犯」と称することを提唱している（拙著『人格犯の理論』（平26年・二〇一四年））。

第二款　人格犯

一　生命に対する罪

生命・身体に対する罪は、人または胎児の生命・身体を侵害し、または危険にする行為を内容とする犯罪であり、殺人の罪、傷害の罪、過失傷害の罪、堕胎の罪および遺棄の罪が、これに当たる。これらの罪のうち、前三者は主として「侵害犯」であり、後二者は主として「危険犯」である。

これらの罪の「行為の客体」は、堕胎の罪を除き「人」である。人の生命・身体に対する罪の客体は、生命・身体を有する必要があるから、「人」は自然人に限られ、法人を含まない。生命・身体を有するものであるかぎり、将来、成長の希望のない嬰児であろうと、自然の死期が迫っている高齢者であろうと、その状態の如何を問わず「人」である（大判明四三・五・一二刑録一六輯八五七頁）。堕胎の罪の行為客体は、「胎児」であるから、堕胎の罪との関係で、人と胎児を区別する基準が重要となる。これは、胎児が人となる時期、つまり「人の始期」の問題なのである。人が死亡したばあいには、もはや生命・身体に対する罪の客体とはならなくなるので、「人の終期」の問題は、これらの罪の成否に関わるだけでなく、死体を犯罪の客体とする死体損壊の罪（一九〇条）との限界の問題ともなる。

人の始期は、出生である。出生前の生命体は胎児であり、胎児の生命は、堕胎の罪によって保護される。人の出生をめぐって、見解が対立している。かつて、陣痛説や独立呼吸説が主張されたこともあるが、現在では、全部露出説も主張されている。「一部露出説」が、判例・通説の立場であり（大判大八・一二・一三刑録二五輯一三六七頁）妥当である。すなわち、胎児の身体の一部が母体より露出した時点をもって人の始期と解すべきなのである。民法上は全部露出説が通説であるが、生命・身体の罪は、独立の生命を有する個体の生命・身体を保護するものであるから、「胎児」が母体から独立して直接に侵害の客体になり得る状態に達した以上は「人」として保護に値するのである。

人の終期は、死亡である。人は死亡によって生命を失い、その身体も死体となり死体損壊罪の客体となるにすぎない。死亡の時期については、従来、脈拍が不可逆的に停止した時期とする「脈拍停止説」、呼吸が不可逆的に停止した時期とする「呼吸停止説」が主張されてきたが、呼吸・脈拍の不可逆的停止および瞳孔散大という三つの徴候を基礎として総合的に判定する「総合判定説（三徴候説）」が妥当である。

最近では、脳機能の不可逆的喪失の時期とする「脳死説」が有力となっている。生命現象の根元は脳にあるので、脳機能の不可逆的喪失の時期をもって人の死亡時期とするのが理論的には妥当であろうが、しかし、現代の医学水準において、脳機能の不可逆的喪失の時期について確実な判定が困難であるとする見解もあり、また、脳死説が医学常識となっていない段階では、総合判定説に従うのが妥当である。将来、脳死説が医学界において支配的見解になった時点では、脳死を基準に個体の死をすべきことになるであろう。

二　殺人の罪

殺人の罪は、故意に他人の生命を奪う犯罪であり、その保護法益は「個人の生命」である。過失によって他人の生命を侵害する行為は、過失致死罪として規定されている。

わが刑法は、殺人罪の構成要件を単純化して、上記の諸類型をすべて普通殺人罪（一九九条）に包括させ、特別類型として同意殺人罪（二〇二条）を規定するに止めている。この立法形式は、殺人罪の犯情は非常に複雑多様であるから、それぞれの事情に応じて適切な判断をおこない、刑の量定を妥当なものにするために、あらゆる態様の殺人行為を普通殺人罪と減軽類型としての同意殺人罪に包括して法定刑の幅を非常に広いものとし、実状に即した刑の量定を裁判官に委ねようとするものである。

刑法は、普通殺人の予備罪（二〇一条）および未遂罪（二〇三条）、自殺関与罪（二〇二条）およびその未遂罪を処罰している（二〇三条）。

1　普通殺人罪

本罪は、人を殺す罪である（一九九条）。未遂を罰する（二〇三条）。

本罪の客体は、行為者を除く自然人である。したがって、行為者自身の自殺行為は犯罪とならない。

本罪の行為は、他人を「殺す」こと、すなわち、殺人の故意をもって自然の死期以前に他人の生命を断絶すること（他人を死亡させること）を意味する。手段・方法の如何を問わない。有形的方法（物理的方法）によるものが通常である（たとえば、刺殺、毒殺、絞殺、射殺など）。しかし、無形的方法（心理的方法）によるばあいもみとめられる（たとえば、精神的苦痛を与えて悶死させる行為など）。作為によるほか不作為によるばあいも、本罪を構成する。他人または被害者本人を道具とする間接正犯でもよい。たとえば、被害者の錯誤ないし意思無能力を利用して、死亡の結果を生じさせたばあいには、被害者自身を道具とする殺人罪の間接正犯が成立する（最決昭二七・二・二一刑集六巻二号二七五頁。意思能力のない被害者を利用）。

殺人の「実行の着手時期」は、行為者が、故意に他人の生命を侵害する現実の危険を惹起した時である。たとえば、殺人の意思で相手の首を絞めたり、銃を構えて狙いを定める行為をしたりしたばあいには、殺人罪における構成要件的結果発生の現実の危険を生じさせているので、「実行の着手」がみとめられる。

「実行に着手」したが死亡の結果が発生しなかったばあい、または、事実上、殺人行為も被害者の死亡もあったが両者の間に因果関係が存在しないばあいには、いずれも「未遂」となる。人を殺す行為は、それ自体、被害者の死の結果を惹起させ得る「現実の危険性」を含むものでなければならないので、その危険性のない行為は「不能犯」である。

本罪は、殺人行為によって被害者の死亡の結果が発生した時に「既遂」となる。

人を殺す意思でなされた殺人予備罪、殺人未遂罪および同一機会になされた同一客体に対する数個の殺害行為は、包括して殺人一罪となる。たとえば、人を殺そうとして牛乳に農薬を混入させて与えたが、気づかれて失敗したので首を絞めて殺したばあい、毒物による「殺人未遂」は、絞首による「殺人既遂」の罪に包括されて一罪となる（大判昭一三・一二・二三刑集一七巻九八〇頁）。

2　殺人予備罪

殺人予備罪は、普通殺人罪を犯す目的でその予備をおこなう罪である（二〇一条）。殺人予備とは、殺人の実行を目的としてなされる準備行為で「実行の着手」に至らない行為をいう。殺人予備は、殺人という基本的構成要件を修正して作られた構成要件（修正構成要件）であるから、みずからが実行行為をする目的で予備をおこなったばあいにのみ成立し（「自己予備」）、他人に殺人をおこなわせる目的で予備をおこなう「他人予備」は、これに含まれない。

予備行為は、「実行の着手」に至る前の犯罪の準備行為を意味するので、行為の外形から客観的に確定するのは困難である。したがって、予備の段階に達したか否かは、殺す目的（殺意）の存在を前提として、犯罪の遂行に実質的に役に立つ行為と言えるかどうか、という観点から判断されなければならない。他人を殺害する目的で毒薬を調達する行為や凶器を持って被害者の居室に侵入する行為などは、殺人予備に当たる。

殺人の目的でその予備をおこなったが、みずから実行行為に出ることを中止したばあい、判例は、中止未遂の規定の適用ないし準用を否定する（大判大五・五・四刑録二二輯六八五頁）。しかし、実行に着手した後に中止すれば四三条ただし書きにより刑の必要的減免がみとめられるのに、犯情がより軽い実行前の段階で中止したばあいについては裁量的に刑が減免されるにすぎないとすると、刑の均衡を失することになるので、四三条ただし書きの規定を類推適用して、刑の必要的免除をみとめるのが妥当である。これは、前に見た予備の中止未遂の問題である。

他人を殺害する目的で、凶器を持ってその住居に侵入したが実行の着手に至らなかったばあいは、住居侵入罪（一三〇条）と殺人予備罪との観念的競合となり（大判明四四・一二・二五刑録一七輯二三二八頁）、殺人の「実行の着手」に至ったばあいには、殺人罪ないし同未遂罪と住居侵入罪との牽連犯となる。このように、殺人の予備を犯した者が進んで殺人の実行に着手したばあいには、予備罪は「不可罰的事前行為」となる。

3　自殺関与罪・同意殺人罪

自殺関与罪・同意殺人罪は、人を教唆もしくは幇助して自殺させ、または人をその嘱託を受けもしくはその承諾を得て殺す犯罪である（二〇二条）。未遂を罰する（二〇三条）。

自殺は、前述のとおり、犯罪ではなく不可罰である。自殺を不可罰とする理由に関して、可罰的違法行為ではあるが責任が阻却されるとする説や可罰的違法性がないとする説も主張されているが、自殺は自己の法益の処分行為であるから違法でないと解すべきである。このように、刑法は、自殺を犯罪としていないが、しかし、自殺に関与する教唆・幇助行為（自殺関与）および嘱託・承諾による殺人（同意殺人）を処罰している。生命は、あらゆる価値の根元であるから、本人が同意していても他人が自殺に関与することは生命の保護にとって有害であるので、それを違法としているのである。

自殺自体は犯罪ではないので、通説である共犯従属性説の見地からは、自殺に関与する「教唆」または「幇助」は刑法総則における共犯として把握することはできず、独立の犯罪類型として捉えられなければならない。

同意殺人罪は、法益の主体である被害者本人が自由な意思決定に基づいて生命を放棄しているので、法益侵害の程度が普通殺人罪より小さいため、普通殺人罪に対する違法減軽類型として別の条文に規定されているのである。そして、自殺関与罪と同意殺人罪は、本人の意思に反しない生命の侵害に関与した点で共通するので、同一条項に並列的に規定されている。

自殺関与（教唆・幇助）罪の客体は、行為者以外の自然人である。ただし、「自殺」とは、自由な意思決定に基づいて自己の生命を断つことをいうから、自殺の意味を理解し、自由な意思決定の能力を有する者に限られる。したがって、意思能力を欠く幼児または心身喪失者の自殺を教唆・幇助したばあいは、本罪ではなく殺人罪の間接正犯が成立する（大判昭九・八・二七刑集一三巻一〇八六頁、最決昭二七・二・二一刑集六巻二号二七五頁）。

本罪の行為は、意思決定能力を有する者に教唆によって自殺意思を起こさせるか、自殺の意思を有する者の自殺を幇助することである。「教唆」とは、自殺意思のない者に、故意に基づいて自殺意思を生じさせ、自殺をおこなわせることをいう。その方法の如何を問わない。「幇助」とは、すでに自殺を決意している者に対して、自殺行為に援助を与えて自殺を遂行させることをいう。たとえば、自殺の方法を教えたり、自殺の用具を提供したりする行為が、幇助に当たる。死後、家族の面倒をみてやるというような精神的幇助も、これに含まれる。

合意に基づく同死、つまり「心中」の一人が生き残ったばあいについて、自殺幇助罪が成立する（大判大一五・一二・三刑集五巻五五八頁）。「偽装心中」についても、教唆の方法・手段は、自殺意思を起こさせるに足りるものであればよいので、本罪の成否が問題となる。前述のとおり、判例・通説は、殺人罪の成立を肯定するが、本罪の成立をみとめるべきであるとおもう。ただし、意思決定の自由を奪う程度の方法・手段であるばあいは、殺人罪の間接正犯となる。

教唆・幇助によって本人が自殺行為に出たが死にきれなかったばあいは、「未遂」となる。本罪が独立罪であることを理由に、自殺の教唆ないし幇助をおこなった時に本罪の「実行の着手」があるとする見解もある。しかし、同意殺人罪との統一的把握という観点から、現実に本人が自殺行為に入る状態に至った時に「実行の着手」をみとめるべきである。したがって、本人が意思を翻して自殺行為に出なかったばあいには、本罪の「未遂」とはならない。

本罪は、被教唆者・被幇助者が自殺を遂げた時に「既遂」に達する。

同意（嘱託・承諾）殺人罪の客体は、「被殺者」である。これは、行為者以外の自然人であって、殺人の意味を理解し、死について自由な意思決定能力を有する者であることを要する。

本罪の行為は、被害者の嘱託を受け、または、その承諾を得てこれを殺すことである。「嘱託」とは、被殺者がその殺害を依頼することをいい、「承諾」とは、被殺者がその殺害の申込みに同意することをいう。

本罪の「実行の着手時期」は、行為者が被殺者に対する殺害行為を開始した時であり、「既遂時期」は、行為者が被殺者を殺害した時である。

同意と殺人行為との間には、因果関係が存在しなければならない。

人を教唆して自殺を決意させ、さらに嘱託を受けて人を殺したばあいには、自殺教唆未遂罪は嘱託殺人罪に吸収されて嘱託殺人罪のみが成立する。

自殺を教唆し、さらに本人の自殺を幇助したばあい、一個の自殺関与罪が成立するにとどまる。

三　身体に対する罪

1　傷害の罪

傷害の罪は、人の身体に対する侵害行為を内容とし、身体の安全が保護法益である。なお、凶器準備集合罪・同結集罪は、身体の安全ばかりでなく、財産の安全や公共の平穏を図ることをも目的としているので、公共危険罪としての側面も併せもっている。傷害の罪は、傷害罪、傷害致死罪、傷害現場助勢罪、暴行罪および凶器準備集合罪から成る。

傷害罪は、他人の身体を傷害する罪である（二〇四条）。

本罪の客体は、人の身体である。人とは他人をいい、自傷行為は処罰されない。

本罪の行為は、傷害することである。「傷害」とは、人の生理的機能に障害を生じさせ健康状態を不良にすることをいう（最判昭二七・六・六刑集六巻六号七九五頁）。これに対して、人の身体の完全性を害することとする説や人の生理的機能を害するとともに身体の外観に重要な変化を加えることとする説も主張されている。毛髪を切り取るなど単なる身体の完全性の侵害は、暴行罪として処理すれば足りる。

傷害は、通常、暴行を手段とすることが多いが（有形的方法による傷害）、暴行によらないばあい（無形的方法による傷害）もあり得る。たとえば、病人に医薬品を与えないばあいや、だまして落し穴に誘導するばあい（詐称誘導）などが、これに当たる。病毒を感染させるばあいも、暴行によらない傷害に当たる（前掲最判昭二七・六・六）。

2　暴行罪

暴行罪は、暴行を加えた者が人を傷害するに至らなかったばあいの犯罪である（二〇八条）。暴行罪の客体は、人の身体である。本罪の行為は、人に暴行を加えることである。「暴行」とは、本来、不法な有形力（物理力）の行使をいうが、本罪の暴行を意味する。「狭義の暴行」とは、人の身体に向けられた不法な有形力の行使である。

本罪は、暴行の意思をもってしたか、傷害の意思をもってしたか、を問わない。傷害の意思で暴行にとどまったばあいは、理論上は「傷害罪の未遂」であるが、その処罰規定がないので、実定法上は、暴行罪として処罰される。

3　凶器準備集合罪

兇器準備集合罪・同結集罪（二〇八条の三）は、二人以上の者が他人の生命、身体または財産に対し共同して害を加える目的で集合したばあいにおいて、兇器を準備して集合するか、または、その準備があることを知って集合する罪が兇器準備集合罪（狭義）から成る。前記のばあいにおいて、兇器を準備して人を集合させるか、または、その準備があることを知って人を集合させる罪が、兇器準備結集罪である。

本罪の保護法益は、個人の生命・身体または財産の安全のほかに、公共の平穏も含まれる。すなわち、本罪は、傷害・建造物損壊・器物損壊の予備罪的性格をもつとともに、公務執行妨害・騒乱などの罪の補充的役割をも果たしており、本罪の第一次的な保護法益は個人的法益であり、第二次的な法益は社会生活の平穏なのである。

凶器準備集合罪が成立するための「行為状況」として、二人以上の者が生命・身体または財産に対し共同加害の目的で集合したばあいであることが必要である。「共同して害を加える目的」とは、加害行為を共同して実行しようとする意思をいう。加害行為は、個人的法益に対する罪に限らず、放火罪などの社会的法益に対する罪や、公務執行妨害罪などの国家的法益に対する罪を犯すばあいを含む。共同実行の形態によってこれを実現する目的が必要とされるので、数人が集合して加害行為を共謀しその中の一人に実行させるようなばあいは、これから除かれる。集合した二人以上の者が、このような共同の目的をもっていたことを要する。

「集合」とは、二人以上の者が共同加害の目的をもって、時および場所を同じくして集まることをいう。すでに一定の場所に集まっている二人以上の者が、その場で凶器を準備し、またはその準備のあることを知ったうえで共同加害の目的を有するに至ったばあいも、本条における「集合」に当たる（最決昭四五・一二・三刑集二四巻一三号一七〇七頁）。

単なる集合の状態が発展して、集合の目的である共同加害の実行行為が開始されたばあい、この構成要件的状況は存続するのか否か、が問題となる。これが消滅したものと解する説（消滅説）もあるが、凶器を準備して集合している状態が存在しているかぎり、構成要件的状況は存続していると解すべきである（存続説）。

たしかに、本罪の個人的法益に対する罪の予備罪的側面を重視すると、行為が実行の段階に入った以上、本罪は成立の余地がないと解し得る。しかし、本罪の公共危険罪的側面を考慮すると、集団の一部で加害行為が実行されても、本罪の構成要件的状況が消滅すると考えるべきではないことになる。すなわち、凶器準備集合罪は公共の平穏をも保護法益としているので、集合体によって加害行為の実行が開始された後においても、なお集合状態が続いているかぎり、公共の平穏が侵害され、または危険にさらされている状態が依然として存続していると言えるのであり、むしろ凶器を準備した集合体のもつ危険性・脅威は、加害行為の開始によってかえって増大し、加害行為が開始されても、なお意図された加害が終了していないかぎり、共同加害目的、凶器の準備があり、乱闘になっても集合していないということにはならない。

この問題の実益は、共同加害行為の開始後に、凶器を準備し、またはその準備のあることを知って集合した者の罪責に関して生ずる。すなわち、存続説をとると、加害行為開始後も本罪の成立の可能性がみとめられるのに対して（たとえば、前掲最決昭四五・一二・三）、消滅説をとると、実行の開始後は本罪の成立の可能性は否定されることになるわけである。

本罪の行為は、凶器を準備し、またはすでにその準備があることを知って集合することである。「凶器の準備」とは、凶器を必要に応じていつでも加害行為に使用できる状態におくことをいう。凶器を準備する場所は、必ずしも集合の場所と一致する必要はないが、必要に応じて加害行為に使用することが可能な場所でなければならない。準備があることを知って「集合」するとは、すでに凶器の準備がなされていることを認識しつつ、共同加害の意思をもってその集合に加わることをいう。

本罪が成立した後、暴行・傷害・殺人などの加害行為が開始されたばあい、本罪とこれらの罪は、牽連犯となる。しかし、判例は、併合罪説の立場に立っている（最決昭四三・七・一六刑集二二巻七号八三〇頁、最決昭四八・二・八刑集二七巻一号一頁。暴力行為等処罰法一条の罪に関する）。

凶器準備結集罪は、二人以上の者が共同して他人の生命・身体・財産に害を加える目的で集合したばあいにおいて、凶器を準備し、または凶器の準備があることを知って人を集合させることによって成立する。「人を集合させる」とは、他人に働きかけて、時および場所を同じくさせることをいう。

本罪は、凶器準備集合の状態を積極的に作り出すものであるから、本罪が成立するためには、凶器準備集合の状態を形成するについて主導的な役割を演ずる行為、つまり二人以上の者を集合させて自己の支配下におく行為が必要であり、個々の集合行為の単なる教唆、つまり一人の者に集合を働きかける行為は、集合罪の教唆犯にとどまり本罪の正犯とはならない。

四　堕胎の罪

1　総説

堕胎の罪は、胎児と妊婦の生命・身体を保護するものである。すなわち、その保護法益は、胎児の生命・身体の安全だけでなく、母親の生命・身体の安全を含むのである。母親の生命・身体の安全保護も考慮されていることは、第三者がおこなう堕胎を妊婦自身がおこなうばあいよりも重く処罰している点に表われている。

本罪は「危険犯」である。

「堕胎」とは、自然の分娩期に先だって人為的に胎児を母体外に排出させることをいう。その結果として胎児が死亡することを必要としない。したがって、母体内で胎児を殺害するのも堕胎に当たる。

堕胎の方法には制限がない。薬物・器具その他の方法によるとを問わない。

堕胎行為の客体は、妊婦および胎児である。胎児は、受胎の時から刑法上、人となるに至るまでであり、一部でも母体外に出れば、人として殺人罪などの客体となる。堕胎当時における妊娠期間および発育の程度の如何を問わない。

不同意堕胎罪は、女子の嘱託を受けず、またはその承諾を得ないで堕胎させる罪である。未遂を罰する（二一五条）。

本罪は、堕胎の罪の中で最も重く処罰されるものであるが、堕胎の罪の基本型である。主体の如何を問わない。二一四条に掲記されている者も本罪の主体となり得る。

本罪の行為は、妊婦の嘱託も承諾もなしに堕胎させることである。

堕胎行為の開始の時点で「実行の着手」がみとめられる。行為時に胎児が死亡していたばあいであっても、妊婦の生命・身体に対する危険が存在するので、「未遂犯」が成立し、「不能犯」とはならない（通説）。

堕胎罪は、胎児が母体外に排出された時、または母体内で殺害された時に「既遂」となる。

五　自由に対する罪

1　総説

自由は、人格としての個人にとって生命・身体の次に価値を有するものと言える。自由に対する罪は、意思決定の自由および身体的活動の自由という法益を侵害ないし危険にさらす行為を処罰するものであり、脅迫の罪（第二編第三二章）、逮捕および監禁の罪（第二編第三一章）ならびに略取および誘拐の罪（第二編第三三章）から成る。

脅迫の罪には、脅迫を手段として「生命、身体、自由、名誉または財産」を侵害されるかも知れないという恐怖心を他人にいだかせ、またはその恐怖心をいだかせるに足りる状態を作り出す「脅迫罪」（二二二条）、および、脅迫・暴行を手段として他人の意思決定ないし行動の自由を侵害する「強要罪」（同条二項）の二種類がある。強要罪が意思決定の自由・身体的活動の自由に対する罪である。脅迫罪には未遂犯処罰規定はないが、未遂犯がみとめられている強要罪との間には手段の共通性が存在する。そこで、まず脅迫罪から見ることにする。

2　脅迫罪

脅迫罪は、生命、身体、自由、名誉または財産に対し害を加える旨を告知して人を脅迫する罪である（二二二条）。

脅迫罪は、脅迫を手段として人の意思に影響を与えることによって人の意思ないし行動の自由を侵害する犯罪である。脅迫罪の行為は、相手方またはその親族の生命、身体、自由、名誉または財産に害を加える旨を告知して人を脅迫することである。「脅迫」とは、人を畏怖させるに足りる害悪を告知することをいう。

告知される害悪の内容は、構成要件上、本人またはその親族の生命・身体・自由・名誉・財産に対して害を加えることに限定されている。

貞操は、性的自由を内容とするので、「自由」に含まれる。いわゆる「村八分」の決議は、「名誉」に対する害悪の告知として脅迫罪を構成する。

脅迫は、他人に対して、通常人を畏怖させるに足りる害悪を加えることを告知すれば足り、現実にその相手方に畏怖心を生じさせる必要はない。第三者による加害を告知の内容とするばあいには、告知者が第三者の加害行為の決意に影響を与え得る地位にあることを相手方に告知しなければならないが、実際にそのような地位にあることは必要ではない。たんに吉凶禍福の発生を告知するのは、「警告」であって脅迫ではない。しかし、天変地異や吉凶禍福の告知であっても、それが告知者の支配力の範囲内にあることを相手方に印象づける方法でおこなわれるばあいには、脅迫となる。そうすると、脅迫と警告は、告知される害悪が行為者の支配内にあるか否か、によって区別されることになる。

本罪は、害悪が相手方に知らされた時に「既遂」となる。したがって、害悪を告知する行為はなされたが、相手方がこれを認識しなかったばあいは、理論的には「未遂」であるが、処罰規定がないので、「不可罰」である。

3　強要罪

強要罪は、相手方の生命、身体、自由、名誉もしくは財産に対し害を加える旨を告知して脅迫し、または暴行を用いて、人に義務のないことをおこなわせ、または、権利の行使を妨害する罪（二二三条一項）とその親族の生命、身体、自由、名誉または財産に対して害を加える旨を告知して脅迫し、人に義務のないことをおこなわせ、または権利の行使を妨害する罪である（同条二項）。未遂を罰する（同条三項）。

本罪は、脅迫または暴行を手段として人に義務のないことをおこなわせ、または権利の行使を妨害することによって成立する。「義務のないことをおこなわせる」とは、自己にまったく権利がなく、したがって、相手方にその義務がないにもかかわらず、強いて作為、不作為または受忍をさせることをいう。「権利の行使を妨害する」とは、公法上または私法上の権利を行使するのを妨げることであり、たとえば、告訴権の行使を妨害したり、契約上の諸権利の行使を妨げたりすることなどが、これに当たる。

本罪の「実行の着手」は、強要の故意で暴行または脅迫を開始した時にみとめられる。手段となる行為の開始の時点で結果発生の具体的危険が発生したと評価されるわけである。本罪の「未遂罪の形態」には、①人に義務のないことをおこなわせ、またはおこなうべき権利の行使を妨害する意思で脅迫または暴行をおこなったが、その結果を生じさせることができなかったばあいと、②その結果は生じたが、脅迫または暴行とその結果との間に因果関係が存在しないばあいとがある。

4　逮捕および監禁の罪

刑法上、逮捕および監禁の罪は、逮捕・監禁罪（二二〇条）および逮捕・監禁致死傷罪（二二一条）から成る。逮捕・監禁罪は、不法に人を逮捕し、または監禁する罪である。本罪は、不法に人を逮捕し、または監禁する罪である。本罪には「未遂犯規定」が存在しないが、実質的に「未遂に相当する行為」が暴行罪に当たることがある。そこで、本罪について簡単に見ておく必要がある。

逮捕・監禁罪は、逮捕・監禁行為によって人の身体および行動の自由を侵害する犯罪である。逮捕と監禁は、同一の構成要件の中の態様の違いにすぎず、法定刑もまったく同一であるので、犯罪類型として両者をあえて区別する実践的意義は乏しいと言える。両者は、一括して逮捕・監禁罪として把握するのが妥当である。したがって、人を逮捕し引き続き監禁したばあいには、包括的に観察して、二二〇条一項の単純一罪が成立する。

逮捕・監禁罪は、身体的活動の自由を拘束する罪であるから、本罪が成立するためには、ある程度の「時間的継続」が必要である。したがって、本罪は「継続犯」である。暴行または脅迫を用いてたんに一時的に身体を束縛するにとどまるばあいは、暴行罪を構成するにすぎず、本罪は成立しない。すなわち、継続犯が成立するのに必要な時間が経過する前に行為が終了したばあいは、理論的には逮捕・監禁罪の「未遂犯」であるが、「処罰規定」が存在しないので、実際におこなわれた暴行罪または脅迫罪として処罰されるのである。

本罪は、身体的活動の自由を拘束するものであるから、客体は自然人に限られる。しかし、自然人であっても行動の自由をまったく有しない嬰児や高度の精神病によって意識を欠く者などは、客体とはなり得ない。通説によると、本罪によって保護される行動の自由は「可能的自由」ないし「潜在的自由」であるから、泥酔者や熟睡中の者も本罪の客体となり得ることになる。しかし、行動の自由は「現実的な自由」であることを必要とすると解すべきであるから、泥酔者・熟睡中の者は客体になり得ないとするのが妥当である。

本罪の行為は、人を逮捕または監禁することである。「逮捕」とは、人の身体に対して暴行・脅迫などの物理的または心理的な力を加えて行動の自由を直接的に剝奪することをいう。たとえば、縄で縛ったり、暴力で身体を押さえ付けたり、羽交い締めにしたりするなどの有形的方法によってなされるばあいが多い。しかし、無形的方法によるばあいもある。たとえば、被害者にピストルを突き付けて一定の時間その場所から動けないようにすること（脅迫による逮捕）や警察官と偽って相手方を錯誤に陥れ警察署に連行すること（偽計による逮捕）などが無形的方法による逮捕に当たる。「監禁」とは、人が一定の場所から脱出することを不可能ないし著しく困難にすることをいう。監禁罪も、その方法が有形的であると無形的であるとを問わない。暴行または脅迫によるばあいだけに限らず、偽計によっても成立する。たとえば、偽計によって自動車に乗せて疾走する行為は、監禁罪を構成する。

脅迫による監禁罪が成立するためには、その脅迫は被害者が一定の場所から立ち去ることができない程度のものでなければならない。脅迫以外の方法による被害者の恐怖心を利用した監禁や羞恥心を利用した監禁などもある。

監禁行為は、不作為によってもなされ得るし、間接正犯の形式でもなされ得る。たとえば、看守が、室内に人がいるのを知らずに部屋の鍵を掛けたが、後で人がいることに気付いたにもかかわらず、そのまま放置してその人を解放しなかったようなばあいに、不作為による監禁がみとめられる。情を知らない警察官を欺いて無実の者を留置させたようなばあい（大判昭一四・一一・四刑集一八巻四九七頁）が、間接正犯の形式によってなされる監禁の例である。

5　略取および誘拐の罪

(1)　総説

略取および誘拐の罪は、人をその者の従来の生活環境から離脱させて自己または第三者の事実的な支配下に置く犯罪である。「略取罪」および「誘拐罪」を一括して「拐取罪」という。本罪は、未成年者拐取罪（二二四条）、営利目的等拐取罪（二二五条）、身の代金目的拐取罪（二二五条の二第一項）、身の代金要求罪（二二五条の二第二項、二二七条四項後段）、所在国外移送目的拐取罪（二二六条）、人身売買罪（二二六条の二）、被拐取者等所在国外移送罪（二二六条の三）、被略取者等引渡等罪（二二七条一項～三項、四項前段）、およびこれらの罪の未遂罪（二二八条）、身代金目的拐取等予備罪（二二八条の三）から成る。

本罪の保護法益は、被拐取者の自由であるが、被拐取者が未成年者・精神病者であるばあいには、親権者などの保護監督権もまた法益に含まれる。

本罪の保護法益と関連して、本罪は継続犯なのか、それとも状態犯なのか、が問題となる。本罪は、原則として継続犯であるが、被拐取者がまったく行動の自由を欠く嬰児や高度の精神病者などであるばあいは、もっぱら保護監督権の侵害が考慮されるべきであるから、その限りでは状態犯と解される。しかし、判例は継続犯説を採っている。

本罪における基本的な行為である「略取」・「誘拐」の意義を概観しておくことにする。「略取」とは、暴行または脅迫を手段として、他人をその生活環境から離脱させ、自己または第三者の事実的支配の下に置くことをいう。略取の手段としてなされる暴行・脅迫は、必ずしも被害者の反抗を抑圧するに足りる程度を必要としないが、被害者を自己または第三者の実力支配内に移すことができる程度のものでなければならない。

「誘拐」とは、欺罔または誘惑の手段により他人を自己の実力支配内に移すことをいう。欺罔とは、虚偽の事実を告げて相手方を錯誤に陥れることを意味し、誘惑とは、欺罔の程度には達しないが甘言をもって相手方を動かし、その判断の適正を誤らせることを意味する。このように略取と誘拐は、他人を自己または第三者の実力支配下に移す「手段」によって区別される。

略取・誘拐は被拐取者を場所的に移転させることを必要とするか否か、について、見解の対立がある。この点に関しては、実際上、場所的移転を伴うのが通例であるが、未成年者などに対する略取・誘拐のばあいには、保護監督者を欺罔し、または、これに暴行・脅迫を加えて立ち去らせるような方法でも犯し得るので、場所的移転は必要ではない。

略取・誘拐罪は、それぞれ手段としての暴行、脅迫、欺く行為、誘惑の行為を開始した時に実行の着手がみとめられる。その時点で「結果発生の具体的な危険」が生じたと評価されるのである。

被害者を行為者または第三者の実力的支配下に置いた時点で「既遂」となる。実際に行為者または第三者の実力的支配下に置くことが必要であるので、たんに保護監督者の保護監督の状態から離脱させたにすぎないばあいは、「未遂」にとどまるとされる（通説）。

（2）　未成年者略取・誘拐罪

本罪は、未成年者を略取し、または誘拐する罪である（二二四条）。未遂を罰する（二二八条）。

本罪の客体は、未成年者である。未成年者とは、満二〇歳未満の者をいう。未成年者であれば足り、意思能力の有無を問わない。実際上、意思能力を有する未成年者については誘拐罪も成立し得るが、意思能力を有しない者については略取罪しか成立しない。

本罪の行為は、略取または誘拐である。未成年者を、営利・わいせつ・結婚の目的、身代金取得の目的または所在国外移送の目的で拐取したばあいには、それぞれ営利目的等拐取罪、身の代金目的拐取罪、所在国外移送目的拐取罪が成立し、本罪はそれらの罪に吸収される。

営利目的等拐取罪は、営利、わいせつ、結婚または生命もしくは身体に対する加害の目的で、人を略取しまたは誘拐する罪である（二二五条）。未遂を罰する（二二八条）。

本罪の客体は、未成年者でも成年者でもよく、男女の如何を問わない。未成年者が客体であるばあいには、本罪だけが成立し、未成年者拐取罪は成立しない。

本罪は目的犯である。「営利の目的」とは、財産上の利益を得、または第三者に得させる意図をいう。それは、営業的に利益を得る目的であることを必要とせず、また継続して利益を得る目的であることも必要としない。被拐取者に売春をさせて利益を得るような被拐取者の直接的利用だけでなく、およそ被拐取者を利用し、その自由の侵害または保護状態を不良に変更することを手段として財産上の利益を得ようとするばあいも含まれる。

「わいせつの目的」とは、被拐取者をわいせつ行為の主体または客体とする意図をいう。すなわち、被拐取者に対して、わいせつな性的行為をし、または第三者にそれをおこなわせるばあいだけでなく、被拐取者に売春をさせるばあいをも含むのである。「結婚の目的」とは、行為者または第三者と事実上の婚姻をさせる意図をいう。（二二五条の二第一項）。未遂を罰する（二二八条）。

(3)　身の代金目的略取等罪

本罪は、近親者その他略取され、または誘拐された者の安否を憂慮する者の憂慮に乗じてその財物を交付させる目的で、人を略取し、または誘拐する罪である（二二五条の二第一項）。

本罪の客体は人であり、成年・未成年、男・女のいずれかを問わない。

本罪は、目的犯であり、営利拐取罪の加重類型である。本罪における目的の内容は、近親者その他被拐取者の安否を憂慮する者の憂慮に乗じてその財物を交付させることである。被拐取者の安否を憂慮する者とは、近親者と同様に親身になって憂慮心痛する者をいい、たんに同情しつつ傍観するにすぎない同情的な傍観者を含まない（最決昭六二・三・二四刑集四一巻三号一七三頁）。兄弟姉妹はもとより、法律上、親族関係はなくても継親子の関係にある者や、住込みの店員と店主との関係にある者などもこれに含まれる。判例によれば、相互銀行の代表取締役が略取されたばあいの同銀行の幹部ら（前掲最決昭六二・三・二四）や末端の銀行員が略取されたばあいにおける同銀行の頭取（東京地判平四・六・一九判タ八〇六号二二七頁）がこれに当たる。事実上の保護関係のある者は、おおむねこれに含まれる。「憂慮に乗じて」とは、憂慮する心理を利用することを意味する。

本罪の目的は、「財物」を交付させることにあり、その財物は、被拐取者の安否を憂慮する者の管理にかかる財物である。その財物が金銭を含むことは言うまでもない（「身の代金」）。

身の代金の取得を目的とするかぎり、未成年者拐取罪、わいせつ・結婚を目的とする拐取罪は本罪に吸収される。

(4)　身の代金要求罪・同取得罪

本罪は、人を略取しもしくは誘拐した者が、近親者その他被拐取者の安否を憂慮する者の憂慮に乗じて、その財物を交付させ、またはこれを要求する罪である（二二五条の二第二項）。

本罪の主体は、人を略取しまたは誘拐した者または被拐取者を収受した者である。

本罪の行為は、近親者その他被拐取者の安否を憂慮する者の憂慮に乗じてその財物を交付させ、または、これを要求する行為をすることである。財物を「交付させる」とは、相手方の提供する財物を受領するばあいのほか、相手方が黙認している状況のもとでその財物を取得するばあいを含む。「要求する行為をする」とは、財物の交付を求める意思表示をすることである。このばあい、「要求する」とは異なって、その意思表示は相手方に到達しなくてもかまわない。すなわち、実質的には「要求の未遂」に当たる行為も、これに含まれるわけである。「未遂処罰規定」からこれが除外されているのは、これ自体が「一種の未遂犯」であるからにほかならない。

(5)　所在国外移送拐取罪

本罪は、所在国外に移送する目的で、人を略取し、または誘拐する罪である。（二二六条）。未遂を罰する（二二八条）。

本罪は、目的犯であり、「所在国外に移送する目的」をもってなされる必要がある。「所在国外に移送する目的」

とは、被拐取者をその所在する国の領土・領海または領空の外に移動させる意図をいう。

本罪の行為は、所在国外に移送する目的で人を略取または誘拐することである。日本人の妻と別居中の外国人（オランダ国籍）が、妻のもとにいた娘（二歳四ヶ月）を日本国内から自己の母国オランダに連れ去る目的で、入院中の病院から有形力を用いて連れ去る行為は、本罪を構成する（最決平一五・三・一八刑集五七巻三号三七一頁）。

国外移送罪は、被拐取者を日本国の領土、領海または領空外に運び出そうとした時に「実行の着手」がみとめられ、実際に運び出した時に「既遂」に達し、他国の領域内に運び入れることは必要ではない。

(6)　人身売買罪

本罪は、次の五つの類型からなる。すなわち、①人身買い受け罪。（二二六条の二第一項）、②未成年者買受け罪。（同条二項）、③営利目的等人身を買受け罪。（同条三項）、④人身売渡し罪。（同条四項）、⑤所在国外移送目的人身売買罪。（同条五項）、⑥以上の各罪の未遂（二二八条）である。

従来、日本国外に移送する目的で人を売買する行為だけが処罰されていたが（旧二二六条二項前段）、平成一七年の刑法の一部改正により、人身買受け罪（二二六条の二第一項）、未成年者買受け罪（同条二項）、営利目的等人身買受け罪（同条三項）、人身売渡し罪（同条四項）、所在国外移送目的人身売買罪（同条五項）が新設されたのである。これは、従来の犯罪を「所在国外」に移送する目的による人身売買罪として成立範囲を拡張し、人身売渡し罪と人身買受け罪を新たに規定するものである。そして、人身買受け罪のばあい、未成年者が客体であるとき、および、営利等の目的によるときは加重犯罪類型とされ、犯罪の性質に対応して法定刑がそれぞれ別異に定められている。

人身売買罪の保護法益は、略取・誘拐罪と同様に、被売者の自由であるが、被売者が未成年であるばあいは、保護者の保護監督権も含まれる。人身売買の法益を被売者の自由と解すると、犯罪の性格についても、被売者の自由が侵害され続けているかぎり、犯罪は継続し継続犯として捉えるべきであるかの観を呈する。しかし、人身の売買は、売渡し人と買受け人との間で対価の提供と交換に被売者の身体が授受されることによって終了し、とくに売渡し罪については、対価を得て被売者を買受け人に渡すことによって、被売者とは離れるのが一般である。したがって、人身売買罪は、略取・誘拐罪とは異なって、状態犯と解するのが妥当であるとされる。ただし、買受け人が、被売者の自由を拘束し続けるばあいは、別に監禁罪の成立をみとめるべきである。

売買の申込みをした時点で「実行の着手」がみとめられる。身柄を受け取った時点で「既遂」となる。

人身買受け罪は、人を買い受ける罪である。「買い受ける」とは、対価を支払って被売者の身体を受け取ることをいう。対価は金銭に限られない。受け取ることによって犯罪は「既遂」となる。未成年者買受け罪が別に規定されているので、本罪における被売者は、成人に限られる。

人身買受け罪は、買受けの意思表示をした時点で「実行の着手」がみとめられ、被売者の身柄を受け取った時点で「既遂」となる。

未成年者買受け罪は、未成年者を買い受ける罪である。未成年者は、成人に比べて抵抗力が弱いため、売買の対象とすることが容易であるとともに、売買されることによって被る親族などの精神的苦痛も大きいのが一般であることを考慮して、本罪は、人身買受け罪の加重処罰類型とされている。

営利目的等人身買受け罪は、営利、わいせつ、結婚または生命もしくは身体に対する加害の目的で人を買い受ける罪である。本罪は、悪質な目的による人身の買受け行為をさらに重く処罰する加重類型である。

人身売渡し罪（二二六条の二第四項）は、人を売り渡す罪である。「売り渡」すとは、対価を得て被売者の身体を買受けた者に渡すことをいう。本罪は、人身買受け罪、未成年者買受け罪、営利目的等買受け罪とは必要的共犯の関係に立つ。

所在国外移送目的人身売買罪（二二六条の二第五項）は、所在国外に移送する目的で、人を売買する罪である。本罪は、所在国外に移送する目的でなされる人身売買行為の犯罪性の重さを理由とする加重類型である。

(7)　被略取者引渡し等罪

本罪は、次の四つの類型から成る。すなわち、未成年者略取・誘拐罪（二二四条）、営利目的等略取・誘拐罪（二二五条）、または、所在国外移送目的略取・誘拐罪（二二六条）、人身売買罪（二二六条の二）、被略取者等所在国外移送罪（二二六条の三）を犯した者を幇助する目的で、略取され、誘拐され、または売買された者を引き渡し、収受し、輸送し、蔵匿し、または隠避させる罪である（二二七条一項）。

身の代金目的略取・誘拐罪（二二五条の二第一項）を犯した者を幇助する目的で、略取されたまたは誘拐された者を引き渡し、収受し、輸送し、蔵匿し、または隠避させる罪である（同条二項）。

営利、わいせつまたは生命もしくは身体に対する加害の目的で、略取され、誘拐され、または売買された者を引き渡し、収受し、輸送し、または蔵匿する罪である（同条三項）。

近親者その他略取されたまたは誘拐された者の安否を憂慮する者の憂慮に乗じてその財物を交付させる目的で（二二五条の二第一項）、略取されまたは誘拐された者を収受する罪である（同条四項前段）。以上の各罪の未遂を罰する（二二八条）。

本条は、平成一七年の刑法の一部改正（法律六六号）によって多くの変更が加えられている。すなわち、一項には、幇助の目的の対象とされる犯罪中に、人身売買罪（二二六条の二）、被略取者等所在国外移送罪（二二六条の三）が、犯罪行為として、引渡しおよび輸送がそれぞれ追加されている。二項には、犯罪行為として、引渡しおよび輸送が追加され、三項には、犯罪の目的として、生命・身体に対する加害が追加され、犯罪行為として、引渡し、輸送および蔵匿が、それぞれ追加されているのである。

本罪は、略取・誘拐および人身売買の結果としての違法状態の継続を確保させることを内容とする犯罪であるとされている。前記の犯罪は、他の略取・誘拐罪、人身売買罪の犯人を幇助する目的でなされるものと犯人自身の独自の目的でなされるものから成る。

略取・誘拐罪の性格が継続犯であるか、状態犯であるか、によって、本罪も、略取・誘拐罪の幇助犯またはいわゆる事後幇助犯としての性質を帯びることになる。ここでいう事後幇助犯・事後従犯は、共犯の一種ではない。

本罪の客体は、略取・誘拐された者または売買された者（被売者）である。略取・誘拐された者は、未成年者略取・誘拐罪、営利目的略取・誘拐罪、所在国外移送目的略取・誘拐罪、被略取者等所在国外移送罪、身の代金目的略取・誘拐罪によるものでなければならない。売買された者は、人身売買罪によって売買された者である。

本罪の行為は、未成年者略取・誘拐罪、営利目的略取・誘拐罪、所在国外移送目的略取・誘拐罪、人身売買罪、所在国外移送罪、身の代金目的略取・誘拐罪を犯した者を幇助する目的で、被拐取者または被売者を引き渡し、収受し、輸送し、蔵匿しまたは隠避させることである。ここにいう「幇助」は、総則における幇助犯（六二条）とは異なり、略取・誘拐行為または人身売買行為が終了した後の本犯の結果を確保するための行為なども含む。「引き渡」すとは、被略取・被誘拐者または被売者を他人の支配下に移すことをいう。「収受」するとは、被略取・被誘拐者または被売者の交付を受けて自己の実力支配下におくことをいい、有償・無償を問わない。「輸送」するとは、車、船舶、航空機などを用いて被略取者・被誘拐者または被売者を、その所在した場所から他の場所へ移すことをいい、有償か無償かを問わない。「蔵匿」するとは、被誘拐者または被売者の発見を妨げるべき場所を供給することをいう

（大判明四四・七・二八刑録一七輯一四七七頁）。「隠避」するとは、蔵匿に当たるばあいを除いて、被略取・被誘拐者または被売者の発見を妨げるいっさいの行為をいう。

略取・誘拐されまたは売買された者の自由侵害が収受・蔵匿・隠避によってさらに持続され強化された時に「既遂」となる（通説）。略取・誘拐され、または売買された者を自己の支配下に置くことについて約束しただけで、まだ交付を受けていないばあいは、収受の「未遂」であり、発見を妨げるべき場所を提供せず、または所定の場所へ連行中であるなどのばあいは、蔵匿の「未遂」であり、蔵匿以外の方法でその発見を免れるための行為をしたが隠避し得なかったばあいは、隠避の「未遂」であると解されている。行為の客体の輸送行為を開始したが、所在場所から所定の場所に移動できなかったばあいは、輸送罪の「未遂」である。

(8)　身の代金目的略取等予備罪

本罪は、身の代金目的拐取罪を犯す目的で、その予備をする罪である。実行に着手する前に自首した者は、刑が減軽または免除される（二二八条の三）。

本罪の「予備」は、身の代金目的拐取を実現するための準備行為を意味する。その例として、犯行場所または被害者に関する情報の探知収集、犯行予定場所へ向かっての出発、接近行為、略取の用に供する凶器、麻薬等の準備、略取・誘拐された者を運搬するための自動車等の車両の準備、略取・誘拐された者を蔵匿するための場所の確保などが挙げられている。

自首による刑の減軽・免除は、被拐取者の生命・身体の安全を図る政策的考慮ならびに解放者についての違法性および責任の減軽に基づく実体法的考慮から規定されたものである。

6　性的自由を害する罪

(1)　総説

性的自由を害する罪として強制わいせつの罪がある。強制わいせつの罪は、暴行または脅迫を用いて、被害者の性的な意思決定の自由を侵害する犯罪である。刑法典は、これを「わいせつ、強制性交等及び重婚の罪」の章のなかに規定しているので、社会的法益に対する罪として扱っている。しかし、その本質は、個人の人格的自由の一種としての「性的自由」を侵害する点にあり、本罪は、個人的法益に対する罪として捉えるべきである。

強制わいせつの罪には、強制わいせつ罪（一七六条）、強制性交等罪（一七七条）、準強制わいせつ罪・準強制性交等罪（一七八条）、これらの罪の未遂罪（一七九条）および強制わいせつ等致死傷罪（一八一条）がある。

(2)　強制わいせつ罪

本罪は、一三歳以上の者に対し、暴行または脅迫を用いてわいせつの行為をし、または一三歳未満の者に対してわいせつの行為をする罪である（一七六条）。未遂を罰する（一七九条）。

本罪の客体は、男女である。客体が一三歳以上であるか、一三歳未満であるかによって行為態様に差が生ずる。すなわち、客体が一三歳未満であるばあいには、わいせつ行為がなされれば足りるが、一三歳以上であるばあいには、わいせつ行為の手段として「暴行」・「脅迫」が要件とされる。

本罪の行為は、「わいせつの行為」をすることである。わいせつの行為とは、「徒らに性欲を興奮または刺激せしめ、且つ普通人の正常な性的羞恥心を害し、善良な性的道徳観念に反すること」をいう（名古屋高裁金沢支判昭三六・五・二下刑集三巻五＝六号三九九頁）。これは、通常は、性欲を興奮または刺激させようとする意図のもとになされるが、客観的には、一般人の正常な性的羞恥心を害し善良な性的道徳観念に反する行為がなされることを要する趣旨であると解される。

本罪の「実行の着手」は、一三歳以上の者に対するばあいは、暴行または脅迫を開始の時点に、一三歳未満の者に対するばあいには、わいせつ行為の開始の時点にそれぞれみとめられる。いずれもわいせつ行為が終了した時点で「既遂」となる。

(3)　強制性交等罪

本罪は、一三歳以上の者に対し、暴行・強迫を用いて、性交、肛門性交（以下「性交等」という。）または一三歳未満の者に対し性交等をする罪である（一七七条）。未遂を罰する（一七九条）。

本罪の行為は、暴行・脅迫を用いて一三歳以上の者に対し性交等をし、または一三歳未満の者に対し性交等をすることである。一三歳未満の者のばあいは、その承諾を得て性交等をしても本罪を構成する（「法定強制性交等罪」）。これに対して、一三歳以上の者の承諾があるばあいには、本罪は成立しない。本罪における暴行・脅迫は、被害者の反抗（抗拒）を抑圧する程度のものであることを要せず、その反抗を著しく困難にする程度のものであれば足りる（最判昭二四・五・一〇刑集三巻六号七一一頁）。

強制性交等罪は、暴行または脅迫を開始した時点に「実行の着手」がみとめられる。

強制性交罪は、性器を相手方の性器に挿入しまたは挿入させた時に「既遂」となる。肛門性交罪は、男性器を相手方の肛門に挿入した時に「既遂」となる。口腔性交罪は、男性器を相手方の口腔に挿入し、または挿入させた時に「既遂」となる。挿入が完了しなかったばあいは、いずれも「未遂犯」にとどまる。

(4)　準強制わいせつ罪・準強制性交等罪

準強制わいせつ罪は、人の心神喪失もしくは抗拒不能に乗じ、または心神を喪失させ、もしくは抗拒不能にさせて、わいせつな行為をする罪である（一七八条一項）。未遂を罰する（一七九条）。準強制性交等罪は、人の心神喪失もしくは抗拒不能に乗じ、または心神を喪失させ、もしくは抗拒不能にさせて、性交等をする罪である（一七八条二項）。未遂を罰する（一七九条）。

本罪の行為は、人の心神喪失・抗拒不能に乗じ、または人を心神喪失・抗拒不能にして、わいせつ行為をし、または性交等をすることである。本罪における「心神喪失」とは、精神または意思の障害によって正常な判断ができない状態をいい、責任無能力における心神喪失と同義ではない。なぜならば、本罪は、被害者において正常な判断力を欠いた状態で、つまり、被害者の任意性を害する形態でわいせつ行為・姦淫行為をおこなう者を処罰することを目的としているからである。「抗拒不能」とは、心神喪失以外の意味において心理的または物理的に抵抗することが不可能または著しく困難な状態をいい、その原因の如何を問わない。「乗じ」とは、心神喪失・抗拒不能の状態を利用することをいう。したがって、行為者はこれらの状態を行為時に認識している必要がある。「心神を喪失させ、または抗拒不能にさせる」とは、暴行・脅迫以外の方法を用いて心神喪失・抗拒不能の状態を作り出すことをいう。その方法には限定がない。たとえば、麻酔薬を服用させたり、多量の酒を飲ませたり、催眠術を施用したりすることなどがこれに当たる。

人の心神喪失または抗拒不能の状態を利用するばあいは、わいせつ行為または性交行為を開始する時点で「実行の着手」がみとめられる。人を心神喪失または抗拒不能にしてわいせつ行為または性交行為等に及ぶばあいは、相手方を心神喪失または抗拒不能にする行為を開始した時点で、それぞれ「実行の着手」がみとめられる。わいせつ行為または性交行為が完了した時点でそれぞれ「既遂」となる。

（5）監護者わいせつおよび監護者性交等罪

本罪は、一八歳未満の者に対し、その者を現に監護する者であることによる影響力があることに乗じてわいせつな行為をした者は、第一七六条の例によるとされる（一七九条一項）。また、一八歳未満の者に対し、その者を現に監護する者であることによる影響力があることに乗じて性交等をした者は、第一七七条の例によるとされる（同条二項）。未遂を罰する（一八〇条）。

これらの罪は、平成二九年の刑法の一部改正により新設されたものである。本罪の行為は、一八歳未満の者の監護者が、現に監護する者であることによる影響力があることに乗じて被看護者に対してわいせつな行為または性交等をすることである。これらは、強制わいせつ罪または強制性交等罪と同様に扱われる。したがって、「実行の着手」時期および「既遂時期」も同様に扱われることになる。

7　私生活の平穏を害する罪

（1）総説

私事（プライバシー）に他人が濫りに介入しないようにしてこそ、はじめて真に落着きのある安定した精神生活の基盤が確立されることになる。その基礎となるのが「私生活の平穏」であるから、これは自由と並ぶ「人格的法益」として保護されなければならないのである。刑法上、私生活の平穏を害する罪として、「住居を侵す罪」および「秘密を侵す罪」が規定されている。

（2）住居侵入罪

本罪は、正当な理由がないのに、人の住居、人の看守する邸宅、建造物または艦船に進入する罪である（一三〇条前段）。未遂を罰する（一三二条）。

通説は、保護法益を住居における平穏と解している。しかし、平穏説は、住居という物理的場における共同体構成員の「全員」が形成している平穏そのものを重視して「個々の」構成員の個別的意思をまったく看過している点で妥当でなく、家族共同体的思考から「個としての同居者」のプライバシーの尊重という新たな思考が強くなっている。その観点から、住居侵入罪の保護法益は、住居権であり、住居権とは、住居その他の建造物を管理する権利の一内容として、これに他人の立入をみとめるか否かの自由をいうと解する新住居権説が有力に主張されるに至っている。

生活の「場」として住居の「平穏」は、プライバシーの保護に役立っているから意味を有するのであり、生活の「場」の実際の侵害は、その「場」を支配・管理していることの侵害であり、それは、支配意思・管理意思の侵害にほかならず、自己決定の自由の侵害なのである。このような支配・管理の自由ないし自己決定の自由を「住居権」と称するか否かは、用語法の問題にすぎない。現代社会においては、個としての家族構成員の人格的独立が広くみとめられているから、その個々人のプライバシー、自己決定権が重要性を直視して法益として的確に把握している新住居権説が妥当である。

住居侵入罪は、正当な理由がないのに、人の住居または人の看守する邸宅・建造物・艦船に侵入する罪である。客体は、人の住居または人の看守する邸宅・建造物・艦船である。「住居」とは、人の私生活の用に供するための継続的施設をいう。人の私生活の場として保護されるべき場所か否か、が重要であり、使用時間の長短、施設の大小は重要ではない。必ずしもその場所に人の現在していることを必要としないので、居住者が一時不在の場所や一定の期間だけ居住する場所（別荘）も住居に当たる。「邸宅」とは、住居の用に供する目的で作られた建造物であって現に住居の用に供されていないものをいい、その囲繞地を含む。たとえば、空家や閉鎖された別荘などがこれに当たる。「建造物」とは、本来、屋蓋を有し、障壁または柱材によって支持され、土地に定着し、内部に出入できるものをいうが、ここでは住居、邸宅以外の家屋およびその囲繞地を意味する。たとえば、官公署の庁舎、学校、工場、事務所、神社、寺院などがこれに当たる。「艦船」とは、軍艦および船舶をいう。「人の看守する」とは、看守人をおくとか、錠をかけるとか、釘づけにするとかして、他人が立ち入ることを禁止する趣旨を明らかにして、事実上、管理・支配していることを意味する。

本罪の行為は、前記の場所に「正当な理由がないのに侵入」することである。「侵入」とは、通説によれば、平穏を害する形態で立ち入ることをいうが、居住者、看守者の意思または推定的意思に反してなされる立入り行為を意味すると解すべきである。

本罪の「実行の着手」は、前記の場所に立ち入る行為を開始した時点でみとめられる。本罪は継続犯である。したがって、本罪は侵入によって「既遂」になり、その場から退去するまで犯罪が継続して成立することになる。侵入といえるためには、身体の全体を入れることが必要である。これに対して、身体の一部を入れれば足りるとする説や身体の大部分を入れることを要するとする説も主張されている。

(3)　不退去罪

本罪は、正当な理由がないのに、要求を受けたにもかかわらず、人の住居または人の看守する邸宅、建造物もしくは艦船から退去しない罪である（一三〇条後段）。未遂を罰する（一三二条）。

本罪は、不退去という不作為を内容とする「真正不作為犯」である。不退去罪は継続犯であり、退去するまで犯罪が継続する。本罪の行為は、要求を受けてその場所より退去しないことである。退去の要求は、その権利者、つまり居住者・看守者またはこれらの者の意思を受けた者によってなされる必要がある。

通説は、真正不作為としての性質上、本罪には「未遂の観念」を容れる余地はないと解している。しかし、退去を要求された者が退去するのに必要な時間が経過する前に、家人によって突き出されたようなばあいは、「未遂」であると解すべきであるとおもう。

8　信用および業務に対する罪

(1)　総説

信用および業務に対する罪として刑法は、「信用毀損罪」(二三三条前段)、「業務妨害罪」(二三三条後段・二三四条)および「電子計算機損壊等業務妨害罪」(二三四条の二)を規定している。いずれも人の経済生活を保護することを内容とする犯罪である。信用毀損罪は、人の経済的地位、つまり財産上の業務履行に関する社会的評価を保護するものであり、業務妨害罪は、経済生活における活動を直接的に保護するものである。しかし、それぞれの罪質の捉え方については、見解が分かれている。信用毀損罪については、人の社会的評価の侵害という点において、名誉毀損罪と共通性を有し、その評価が経済面に限られている点において、財産罪と共通性を有する特殊な犯罪(独自の犯罪)と見る説が妥当である。業務妨害罪については、財産罪的性格とともに人格犯的性格を併有する罪であるとする説が妥当であると考える。

刑法は、電子計算機業務妨害罪についてのみ未遂犯の処罰を規定している。電子情報処理組織(コンピュータシステム)が急速に普及し、国および地方公共団体の諸機関や、民間の諸企業がこれを採用し、各種の事務処理に威力を発揮している。電子計算機(コンピュータ)は、大量の情報処理を可能にするので、業務の大部分がコンピュータにとって代わられ、広い範囲にわたって重要な役割を果たすようになっている。このような状況において、電子計算機を使用しておこなわれる業務を電子計算機に加害する方法によって妨害する行為に対して、従前の偽計または威力による業務妨害罪の規定では十分に対応できなくなっている。電子計算機による業務は、人の遂行する業務よりも業務処理の及ぶ範囲がきわめて広くなり、その妨害によって広範囲にわたる国民生活に重大な支障をもたらすおそれが大きいのである。

そこで、本罪が新たに規定され、法定刑も従来の業務妨害罪よりも重くなっている。本罪は、基本的には、電子計算機を設置・管理している業務主体の個人的法益に対する犯罪であるが、副次的には、前記の意味での社会的法益に対する保護をも意図しているとされている。

管理者の使用目的に適合した電子計算機の機械としての活動をいい、「動作をさせない」とは、電子計算機の活動を停止させることをいう。

①②の結果として、他人の業務を妨害したことが必要である。「業務を妨害する」とは、業務妨害罪のばあいと同じように、業務を妨害するおそれのある状況を生じさせれば足り、現実に妨害の結果を発生させたことは必要ではない。

「業務妨害」の意義に関して具体的危険犯説と侵害犯説が対立している。具体的危険犯説が業務妨害罪のばあいと同様、業務を妨害する虞がある状況を生じさせれば足りると解しているのに対して、侵害犯説は、現実に妨害の結果を発生させたことが必要であると解しているのである。具体的危険犯説が妥当であるとおもう。

第三款　財産に対する罪

一　総説

憲法二九条は、「財産権は、これを侵してはならない」と規定しており、これは私有財産制度を保障するものである。私有財産制度の下においては、「財産権」はきわめて重要な意義を有するので、侵害から守られる必要がある。そこで、重大な財産権の侵害に対しては、刑事罰をもって臨むことが要請されることになる。「財産犯」が重要な犯罪類型として扱われる所以である。刑事罰を科することによる財産権の保護を実効的にするために、刑法は多岐にわたる財産犯を規定している。すなわち、刑法は、「財産犯」として、「窃盗及び強盗の罪」、「詐欺及び恐喝の罪」、「横領の罪」、「盗品等に関する罪」および「毀棄及び隠匿の罪」を規定しているのである。

二　窃盗の罪

窃盗の罪として、「窃盗罪」（二三五条）と「不動産侵奪罪」（二三五条の二）が規定されている。

1　窃盗罪

本罪は、他人の財物を窃取する罪である（二三五条）。未遂を罰する（二四三条）。

保護法益の捉え方に関して、学説は本権説・所持説・平穏占有説に分かれているが、この対立は、「実行の着手」時期の把握に関しては直接的な関係を有していない。しかし、間接的には、「法益侵害の危険」の判断に対して影響を及ぼし得るのである。そこで、その概略を簡単に見ておくことにする。この点について通説は、次のように解している。すなわち、窃盗罪は、財物に対する他人の支配を排除して自己（または第三者）の支配を新しく確立する方法によって、他人の所有権その他の本権を侵害する犯罪であると解しているのである（本権説）。そして財物が他人の支配にあること、つまり他人が所持することは、窃盗罪の要件であるが、単なる所持は法益ではないと解している。

これに対して所持説は、民法上、本権から独立して占有が保護されるので、刑法においても所持が独立の法益であると解する。すなわち、窃盗罪の規定の機能は、所有権の保護よりも所持されている財物の財産的秩序の保護に重点がおかれるべきであり、窃盗罪の客体の中心は、他人の所有物ではなくて、むしろ他人の所持する財物、つまり、財物の他人所持そのものであると考えているわけである。

平穏占有説は、もともと本権説の修正として主張された見解である。本権説を徹底させると、民事法上の権原に基づいて適法に開始された占有であっても、その権原の消滅と同時に刑法的保護の範囲外におかれることとなって、実際上、不都合な結果が生ずる。そこで、無権原の占有であっても、「一応理由のある占有」、「法律的・経済的利益の裏づけある占有」、「平穏な占有」は、刑法上の保護法益としてみとめるべきであるとされるわけである。平穏占有説は、所持説の修正としても主張されている。この見解によると、民事法上、不法である占有は保護の対象となるが、明らかな不法占有は平穏な「他人の占有」とはみとめられず、窃盗犯人から所有者が盗品を取り戻す行為は窃盗罪とはならないことになる。

大審院の判例は、本権説の立場に立って自己所有物を詐取行為または窃取行為によって取り戻しても、詐欺罪・窃盗罪を構成しないと解していた。しかし、最高裁の判例は、自己所有物の詐取について、大審院判決を変更し（最判昭三四・八・二八刑集一三巻一〇号二九〇六頁）、自己所有物の窃盗罪についても所持説の立場からその成立を肯定するに至っている（最判昭三五・四・二六刑集一四巻六号七四八頁）。判例は、基本的に所持説の立場に立っているが、所有者が盗品を盗み返す行為に関する判例はまだ出ていないので、所持説を徹底させるのか、平穏占有説の段階にとどまるのかは、必ずしも明らかではない。

「窃取」とは、他人の占有する財物をその者の意思に反して、自己または第三者の事実的支配下におくことをいう。通説・判例は、主観的要件として、故意および不法領得の意思を要求する。故意の内容は、財物に対する他人の所持・占有を排除して、それを自己または第三者の支配下に置くことを表象・認容することである。

本罪における「実行の着手」は、財物に対する他人の占有を侵害する行為を開始した時点にみとめられる。その時点の理解をめぐって見解の対立がある。占有侵害行為開始時説は、財物についての他人の占有を侵害する行為が開始された時と解し、いつ侵害行為が開始されたと言えるかは、客体である財物の性質・形状および窃取行為自体の状況などを考慮して判断されるとする。これに対しては、住居侵入窃盗時説は、住居侵入窃盗は一つの社会学的な行為類型であって包括的に捉えられるべきであるから、住居侵入の時に窃盗罪の「実行の着手」をみとめる。この説は、住居侵入行為を窃盗行為中に吸収されると解するが、住居侵入罪は、家屋などのほか、その囲繞地に侵入した時に成立するから、成立範囲が広過ぎることになり、現在ではほとんど支持されていない。

判例は、従来、密接行為説を採っており、いつ占有侵害行為が開始されたと言えるかについて、判例は、「他人の喪財物に対する事実上の支配を侵すに付き密接なる行為」をした時に、「実行の着手」があるとした。そして、住居侵入窃盗について、他人の住居に侵入しただけでは足りず、現に目的物に手を触れることまでは必要としないが、金品物色のために箪笥に近づいた時には既に「実行の着手」があったものとする（大判昭九・一〇・一九刑集一三巻一四七三頁）。最高裁の判例も、食料品窃取の目的で、他人の家の屋内において、懐中電燈で物色中、警察官に発見されたという事案において、「被告人等は、窃盗の目的で他人の屋内に侵入し、財物を物色したというのであるから、このとき既に、窃盗の着手があった」と判示して、これを踏襲している（最判昭二三・四・一七刑集二巻四〇号三九九頁）。しかし、その後、最高裁の判例は、被害者方の店舗内において、懐中電燈で真暗な店内を照らし、電気器具類の積んであることが分かったが、なるべくなら金を盗りたいとして、煙草売場の方へ行きかけた時点で「実行の着手」をみとめており（最決昭四一・三・九刑集一九巻二号六九頁）、「実行の着手時期」に関する折衷説ないし実質的客観説に近い立場を採るに至っている。

「既遂時期」に関して、判例・通説は、他人の占有を排して、財物を行為者または第三者の占有に移した時と解する取得説を採っている。これに対して、客体である他人の財物に手を触れた時とする接触説や財物を場所的に移転した時とする移転説や財物を安全な場所に隠匿した時とみる隠匿説も主張されて来た。窃盗罪は、占有奪取を本質とする犯罪類型であるから、現実に占有奪取があったとみとめられる時点、つまり、財物の占有を取得した時点を「既遂時期」と解する判例・通説の立場が妥当である。

既遂の後、行為者が目的物を使用・処分する行為は、窃盗罪として包括的に評価されているかぎりにおいて、不可罰的事後行為または共罰的事後行為である。しかし、事後の処分行為が新たな法益の侵害を伴うため、窃盗罪としての評価を超えるばあい、たとえば、窃取した預金通帳を利用して、預金の払戻しを受けるようなばあいには、別に詐欺罪が成立し、窃盗罪と牽連犯となる（通説）。しかし、判例は、併合罪と解していると見られる（最判昭二五・二・二四刑集四巻二号二五五頁）。

2　不動産侵奪罪

本罪は、他人の不動産を侵奪する罪である（二三五条の二）。

本罪は、客体が不動産である点以外は、罪質・保護法益など窃盗罪のばあいとまったく同じである。「侵奪」とは、不動産に対する他人の占有を排除し、自己または第三者の支配下に移すことをいう。

三　強盗の罪

1　総説

強盗の罪は、人の反抗を抑圧する程度の暴行・脅迫を手段として、財物を奪取し、または、財産上、不法の利益を得、もしくは他人に得させる行為、および、これに準ずる行為を内容とする犯罪である。強盗の罪は、財産犯であると同時に、他人の生命・身体・自由・生活の平穏などを害する要素を含む攻撃犯・暴力犯でもある。この点で窃盗罪とは罪質を異にする。また、窃盗罪がたんに財物罪であるのに対して、強盗罪は財物罪であるとともに利得罪でもある点でも、両者は異なる。

次に、強盗の罪は、手段の点および客体の範囲において恐喝罪と共通するが、暴行・脅迫の程度において異なる。

刑法は、強盗の罪として、「強盗罪」（二三六条）、「事後強盗罪」（二三八条）、「昏睡強盗罪」（二三九条）、「強盗致死傷罪」（二四〇条）、「強盗・強制性交等及び同致死罪」（二四一条）、および、これらの「未遂罪」（二四三条）、ならびに「強盗予備罪」（二三七条）を規定している。

強盗罪は、財物を強取する狭義の強盗罪と、財産上、不法の利益を得る強盗利得罪とから成り立っている。

2　強盗罪（二三六条）

(1)　一項強盗罪は、暴行または脅迫を用いて他人の財物を強取する罪である（二三六条一項）。本罪における暴行・脅迫は、相手方の反抗を抑圧するに足りる程度のものでなければならない。その程度に至らないものは、恐喝罪を構成するにすぎない。「強取」とは、暴行・脅迫を手段とし、相手方の意思に反して、その財物を自己または第三者の支配下に移すことをいう。強取があったと言えるためには、犯人の暴行・脅迫による被害者の反抗抑圧と財物の奪取との間に因果関係が存在しなければならない。

本罪の「実行の着手時期」は、財物強取の目的で被害者の反抗を抑圧する程度の暴行・脅迫が開始された時である。

「既遂時期」は、取得説の立場から、被害者の占有を排除して財物を犯人または第三者の占有に移した時と解すべきである。

(2)　二項強盗罪（強盗利得罪）は、暴行・脅迫を用いて財産上、不法の利益を得、または他人にこれを得させる罪である（二三六条二項）。

本罪の客体は、「財産上の利益」である。「財産上の利益」とは、財物以外の財産的利益をいう。積極的財産の増加ばかりでなく、消極的財産の減少を含む。

「財産上不法の利益を得る」とは、財産的利益を不法に取得することをいい、財産上の利益自体が不法なものであることを意味するのではない。債権の取得、債務の免除、債務の履行期の延期、飲食代金の支払いを猶予させること、債務の負担を約束させることなどが、これに当たる。

財産上、不法の利益を取得するに当たって、つねに被害者の処分行為を必要とするか、に関して、積極説は、財物の強取が所持の移転によって成立するのと同様に、利益取得にあっても、利益が被害者の支配から他に移転したとみとめられるべき外部的事実として処分行為が必要であると主張している。しかし、強取罪と利得罪とは、財物の強取と財産の不法利得が異なるだけであるから、強取罪が被害者の処分行為を要件としていない以上、利得罪についても同様に解すべきであるとおもわれる。

本罪の「実行の着手」は、財物強取の目的で被害者の反抗を抑圧する程度の暴行・脅迫を開始した時である。「既遂時期」は、取得説の立場から、被害者の占有を排除して財物を犯人または第三者の占有に移した時である。

3　事後強盗罪

窃盗が、財物を得てこれを取り返されることを防ぎ、逮捕を免れ、または罪跡を隠滅するために、暴行または脅迫をしたときは、強盗として論ずる（二三八条）。

本罪は、暴行・脅迫が窃盗行為の後でおこなわれる点で狭義の強盗罪と異なるが、実際上もしばしばおこなわれる態様であり、全体的に見ると、本来の強盗罪と同等に評価できるので、強盗の罪として取り扱われる。昏酔強盗罪と併せて「準強盗罪」と称される所以である。「強盗として論ずる」とは、刑法上、すべての点で強盗罪として取り扱うことを意味する。すなわち、処罰はもとより、強盗致死傷罪、強盗・強制性交等及び同致死傷罪などの適用についてもすべて強盗罪として取り扱われる。

本罪の主体は、窃盗犯人である。窃盗犯人が盗んだ品物を取り返されるのを防ぐために暴行・脅迫をおこなうばあいは、窃盗罪は「既遂」に達しているが、窃盗犯人が逮捕を免れ、または罪跡を隠滅するために暴行・脅迫をおこなうばあいは、窃盗罪の未遂・既遂を問わない。窃盗の「実行の着手」前の行為については、本条の適用はない。暴行・脅迫は、「窃盗の機会」におこなわれることが必要であり、時間的・場所的に窃盗行為に接着した範囲内でおこなわれることが必要である。したがって、時間的・場所的に多少の離隔があっても、犯人が犯行現場から引き続き追跡されているなど、時間的・場所的に継続的延長があるとみとめられる状況のもとで暴行・脅迫がおこなわれたばあいには、本罪が成立することになる。

本罪は目的犯であり、暴行・脅迫は、財物が取り返されることを防ぎ、逮捕を免れ、または罪跡を隠滅するためにおこなわれることを要する。

事後強盗罪は強盗として論ずるとされ、その「未遂犯」も処罰される。もし未遂の点も強盗罪とまったく同様に扱われるのであれば、二四三条において二三八条の罪の「未遂犯処罰」をとくに規定する必要はないはずであるにもかかわらず、法がこのような規定を設けたのは、強盗罪の未遂とは異なった扱いをすべきであるとする趣旨かどうか、が問題となる。

強盗罪の「実行の着手」は、暴行・脅迫行為を開始した時点にみとめられる。なぜならば、財物の取得・財産上の利益の取得は、暴行・脅迫を手段としてなされたものでなければならないからである。これに対して事後強盗のばあい、窃盗犯人の暴行・脅迫は財物取得行為後になされ、事後的に強盗と評価されるのであるから、窃盗行為を開始した時点を「実行の着手時期」と解すべきことになる。このばあい、窃盗行為をおこなっている時点では、単なる窃盗に終わる可能性もあるが、事後的に暴行・脅迫を加えれば事後強盗となるのであるから、「実行の着手時期」も事後的に判断せざるを得ないことになるわけである。

本罪は、窃盗犯人が盗品の取り返しを防ぐために暴行・脅迫をしたばあいは、暴行・脅迫を加えた時点でただちに「既遂」となる。逮捕を免れ、または罪跡を隠滅するために暴行・脅迫をしたばあいにも、窃盗罪の未遂・既遂を問わず、本罪は「既遂」に達するとする見解もある。しかし、このように解すると、本罪の「未遂」の成立をみとめることは困難となるし、本罪の主旨は財物奪取にあるので、通常の強盗未遂罪との均衡上も、暴行・脅迫を加えても財物を得るに至らないときは、本罪の「未遂」と解すべきである。そうすると、逮捕免脱または罪跡隠滅を目的とするばあいには、窃盗行為の未遂・既遂によって事後強盗の「未遂」・「既遂」も決まることになる。

4　昏酔強盗罪

人を昏酔させてその財物を盗取した者は、強盗として論ずる（二三九条）。他人を昏酔させて抵抗不能の状態にして財物を盗取する行為も、強盗に準ずる性質をもつので、これを強盗罪として取り扱うことにしたものである。「昏酔させる」とは、意識作用に一時的または継続的な障害を生じさせ、財物に対する事実的支配を困難にすることをいう。その方法には制限がない。

本罪の「実行の着手」は、人を昏睡させる行為を開始時点でみとめられる。「既遂時期」は、盗取行使の終了時であり、財物を取得した時点である。

5　強盗致死傷罪（強盗傷人・強盗殺人罪）

強盗が、人を負傷させたときは無期または六年以上の懲役に処し、死亡させたときは死刑または無期懲役に処する（二四〇条）。

本罪は、「強盗の機会」にしばしば殺傷行為がおこなわれる点に着目し、強盗犯人が強盗の機会に人を殺傷したばあいをとくに重く処罰するものである。本罪の主体は、強盗犯人である。強盗犯人とは、強盗の実行に着手した者をいう。

通説・判例によると、「傷害」の程度は、傷害罪における傷害と同じである。「人を死亡させる」とは、他人を死亡させることであるから、結果的加重犯として人を死亡させたばあいがこれに当たる。

強盗犯人が殺意をもって人を死亡させたばあいも含まれるか、については、見解が分かれている。本条を結果的加重犯のみを規定するものと解すると、結果的加重犯の「未遂」はあり得ないので、二四三条により未遂罪を罰することを合理的に説明できなくなる。そこで、本条には、強盗罪と傷害致死罪との結合犯としての結果的加重犯である強盗致死罪と、強盗罪と故意ある殺人罪との結合犯である強盗殺人罪の両方が含まれ、強盗犯人が故意をもって人を死亡させたばあい、本条後段だけを適用すれば足りると解すべきである。

死傷の結果は、強盗の手段としてなされた行為から生じたことを必要とするか否か、をめぐって、見解の対立がある。刑法上、本罪と法定刑を同じくする強盗・強制性交等及び同致死罪（二四一条）が別個の犯罪類型とされているので、致死傷の結果は強盗の手段である行為から生じたことを必要と解する見解もあるが、致死傷の原因行為が「強盗の機会」におこなわれれば足りると解すべきである。なぜならば、死傷を強盗の手段である行為から生じたものに限定すると、強盗犯人が逮捕を免れるために被害者などを死傷させたばあいにも本条を適用できなくなって不当であるからにほかならない。

「強盗の機会」でさえあれば、強盗の目的と無関係なばあいにも本罪の成立をみとめるのは、広過ぎるので、強盗の機会になされた行為であって、被害者に向けられた強盗行為と通常、「密接な関連性」をもつ行為によって生じた致死傷についてのみ、本罪の適用をみとめるべきである。

本罪は故意犯と結果的加重犯の両方を含むので、致死傷の結果が生じた以上、強盗の未遂・既遂を問わず強盗致死傷罪は「既遂」となる。後段の未遂は、殺意をもっておこなわれた強盗殺人罪において、殺人が未遂に終わったばあいにかぎり、みとめられる（最判昭三二・八・一刑集一一巻八号二〇六五頁）。これに対して、本罪をもっぱら結果的加重犯と解する説によれば、その「未遂犯」はあり得ないので、本罪の「未遂犯」は、強盗自体が「未遂」にとどまったばあいにのみ、みとめられることになる。

6　強盗・強制性交等及び同致死罪

強盗の罪もしくはその未遂を犯した者が強制性交等の罪（第一七九条第二項の罪を除く。以下この項において同じ。）、もしくはその未遂罪をも犯したとき、または強制性交等の罪もしくはその未遂罪を犯した者が強盗の罪もしくはその未遂罪をも犯したときは、無期または七年以上の懲役に処する（二四一条第一項）。

前項のばあいのうち、その犯した罪がいずれも未遂罪であるときは、人を死傷させたときを除き、その刑を減軽することができる。ただし、自己の意思によりいずれかの犯罪を中止したときは、その刑を減軽し、または免除する（第二項）。

第一項の罪に当たる行為により人を死亡させた者は、死刑または無期懲役に処する（第三項）。

本罪は、「強盗の機会」に犯人が反抗を抑圧された者に強制性交等をすることが少なくなく、それは、強盗に加えて被害者の性的自由を侵害するきわめて悪質な行為であるから、強盗（致死傷）罪と強制性交等（致死傷）罪との結合犯として、独立の加重類型とされているのである。

本罪の主体は、強盗犯人であり、準強盗罪の犯人も含まれる。強盗犯人は、強盗致死傷罪のばあいと同様、強盗の故意でその実行に着手した者をいい、強盗そのものは「既遂」であっても「未遂」であってもかまわない。

7　強盗予備罪

本罪は、強盗の罪を犯す目的で、その予備する罪である（二三七条）。強盗の予備とは、強盗の実行を決意し、その着手を準備することをいう。たとえば、強盗を共謀して出刃包丁、刺身包丁、ジャックナイフ、懐中電燈を買い求め、これを携えて徘徊する行為（最判昭二四・一二・二四刑集三巻一二号二〇八八頁）などが、これに当たる。本条にいう「強盗の目的」には、二三八条の準強盗を目的とするばあいも含むと解されている（最決昭五四・一一・一九刑集三三巻七号七一〇頁）。

四　詐欺および恐喝の罪

1　総説

詐欺の罪は、人を欺いて錯誤に陥れ、その錯誤に基づく処分行為によって他人の財物または財産上の利益を取得し、もしくは他人に取得させる行為およびこれに準ずる行為を内容とする犯罪である。刑法第三七章は、「詐欺及び恐喝の罪」と題して、詐欺罪および恐喝罪を一編に規定している。両罪は、盗取罪、つまり占有者の意思に反して財物（財産上の利益）を取得する犯罪と異なって、相手方の「瑕疵ある意思」に基づいて取得する点に特徴がある。

財物犯としての詐欺罪の保護法益は財物の所有権か、占有それ自体か、が問題となる。この点について通説は、窃盗の罪と同様、所有権その他の本権を保護法益と解している。これに対して判例は、財物の占有自体も保護される必要があり、その占有は、必ずしも適法な占有である必要はなく、平穏な占有で足りるとしてこれをも保護法益に含めている（最判昭三四・八・二八刑集一三巻一〇号二九〇六頁）。判例の立場は妥当である。

2　一項詐欺罪

本罪は、人を欺いて財物を交付させる罪である（二四六条一項）。未遂を罰する（二五〇条）。本罪の行為は、欺いて財物を交付させることである。「欺く」とは、人を錯誤に陥れることをいう。欺く手段・方法には、まったく限定はない。言葉によると挙動によるとを問わない。作為・不作為のいずれであってもかまわない。法律上、真実の事実を告知すべき義務を有する者が、ことさらにその事実を黙秘隠蔽して取引きをおこなうという不作為によることも可能である（大判昭八・五・四刑集一二巻五三八頁）。抵当権の設定登記がなされていることを黙秘して不動産を普通価格で売り渡すこと（大判昭四・三・七刑集八巻一〇七頁）、見本と異なる担保品であることを告知しないでこれを提供して金銭を借用すること（大判大一三・三・一八刑集三巻二三〇頁）、準禁治産者（被保佐人）である事実を黙秘して金銭を借りること（大判大七・七・一七刑録二四輯九三九頁）などが、その例として挙げられる。

訴訟詐欺は、裁判所を欺いて錯誤に陥らせ、その処分行為に基づいて敗訴者から財物を交付させるものであり、詐欺罪にほかならない。通説もこれと同じ立場である。

詐取とは、相手方の錯誤に基づく財産的処分行為によって財物の占有を取得することをいう。財産的処分行為は、行為者の処分意思に基づくものでなければならないので、意思能力をまったくもたない幼児や重度の精神障害者のおこなった行為は、財産的処分行為とはいえない。したがって、これらの者を欺いて財物を奪う行為は、窃盗罪を構成する。人を欺いてその財物を放棄させ、これを拾得するばあい、錯誤に基づく財物の放棄という財産的処分行為があるので、詐欺罪が成立する。これに対して、窃盗罪または遺失物横領罪の成立をみとめる見解も主張されている。

詐欺罪の本質は、欺く行為による財物詐取・利得にあるから、被害者に財産的損害を与えたことは必要でないとする見解もあるが、詐欺罪は、個人の財産に対する罪であるから、被害者に何らかの「損害」を生じたことを要すると解すべきである（最判昭二四・二・二二刑集三巻二号二三二頁）。

人の財物を詐取する意思で欺く行為がなされた時に、「実行の着手」がみとめられる。火災保険金詐欺のばあい、保険の目的物に放火しただけでは詐欺の「実行の着手」とはいえず、失火を装って保険会社に保険金の支払い請求行為をおこなった時に、「実行の着手」がみとめられる（大判昭七・六・一五刑集一一巻八五九頁）。

詐欺罪が「既遂」となるためには、欺く行為、相手方の錯誤、その錯誤に基づく財産的処分行為、それと財物が移転したこととの間に因果関係が存在することを必要とする。したがって、欺く行為はおこなわれたが、相手方が錯誤に陥ることなく、ただ憐憫の情から財物を交付したばあいは、詐欺罪の「未遂」となる（大判大一一・一二・二二刑集一巻八二二頁参照)。

詐取は、錯誤に基づく相手方の財産的処分行為によって財物の占有を取得することを意味するから、財物について被害者の支配を排除して自己または第三者の支配を設定した時に詐欺罪は「既遂」に達する。動産のばあい、引渡しの時に「既遂」となる。不動産のばあいは、現実に占有を移転し、または所有権取得の登記をした時に、詐欺罪は「既遂」となる(大連判大一一・一二・一五刑集一巻七六三頁、同旨、大判大一二・一一・一二刑集二巻七八四頁)。

3　二項詐欺罪(詐欺利得罪)

本罪は、人を欺いて財産上、不法の利益を得、または他人に得させる罪である。(二四六条二項)。未遂を罰する(二五〇条)。

「利益」とは、「有体の財物にあらざる財産上の利益」であり(大判明四三・五・三一刑録一六輯九九五頁)、積極的な利益だけでなく債務の免脱のような消極的な利益をも含む。

詐欺罪が成立するためには、利益の取得が錯誤による相手方の財産的処分的行為に基づくことを必要とする。

本罪は、不法利得罪の罪質上、個別財産に対する罪、および、全体財産に対する侵害を対象とする罪としての性質を併有するので、前者においては、犯人が相当の対価を支払っても、財物以外の個々の財産権の喪失自体が損害であるから詐欺罪は成立するが、後者においては、被害者の全体財産に損害が発生することが要求される。

「実行の着手」は、人を欺く行為を開始した時点でみとめられる。「既遂時期」は、欺く行為によって錯誤に陥り財産的処分行為に基づいて財産的利益を取得した時点である。

4　準詐欺罪

本罪は、未成年者の知慮浅薄または人の心神耗弱に乗じて、その財物を交付させ、または財産上、不法の利益を得、もしくは他人にこれを得させる罪である（二四八条）。未遂罪を罰する（二五〇条）。

本罪は、詐欺罪に対する補充的規定であり、未成年者の知能や知識や思慮が足りないこと、または人が心神耗弱の状態にあることに乗じて、財物を交付させ、または財産上の不法の利益を得、もしくは他人に得させることにより成立する。欺く手段を用いない点を除けば、詐欺罪とまったく同じ構造を有するので、これを詐欺に準じて処罰するものである。

本罪の「実行の着手」は、行為者が財物を交付させ、または財産上不法の利益を取得する目的で、未成年者らに対して、誘惑行為を開始した時点、または未成年者らが行為者に対して任意に財物または財産上の利益についての処分行為をおこなおうとしていることを知って、これを利用し始めた時点にみとめられる（通説）。

5　不実電磁的記録作出利得罪（電子計算機使用詐欺罪）

本罪は、二四六条（詐欺罪）のほか、人の事務処理に使用する電子計算機に虚偽の情報もしくは不正の指令を与えて財産権の得喪、変更にかかる不実の電磁的記録を作り、または財産権の得喪、変更にかかる虚偽の電磁的記録を人の事務処理の用に供して財産上、不法の利益を得、または他人に得させる罪である。（二四六条の二）未遂罪を罰する（二五〇条）。

本罪行為の手段として二つの形態が規定されている。第一形態は、①「人の事務処理に使用する電子計算機に虚偽の情報若くは不正の指令を与えて財産権の得喪、変更に係る不実の電磁的記録を作」ることであり、第二形態は、②「財産権の得喪、変更に係る虚偽の電磁的記録を人の事務処理の用に供」することである。

①「虚偽の情報を与え」るとは、真実に反する内容の情報を入力（インプット）することをいう。たとえば、金融機関が業務用に使用している電子計算機に、入金がないのに入金したとのデータを入力するとか、預金の引出しがあっ

たのにそのデータをことさら入力しないなどが、これに当たる。「不正の指令を与え」るとは、その電子計算機の使用過程において、本来与えられるべきでない指令を与えること、すなわち、電子計算機の設置管理者が事務処理の目的に照らして本来予定していたことと異なる指令を与えることをいう。

「財産権の得喪、変更に係る……電磁的記録」とは、財産権の得喪・変更の事実、またはその得喪・変更を生じさせるべき事実を記録した電磁的記録であって、一定の取引き場面において、その作出によって財産権の得喪・変更がおこなわれるものをいう。

「不実の……記録を作」るとは、人の事務処理の用に供されている電磁的記録にデータを入力して真実に反する内容の電磁的記録を作出することをいう。

②「虚偽の電磁的記録を人の事務処理の用に供」するとは、行為者が、その所持する内容が虚偽の電磁的記録を他人の事務処理用の電子計算機において使用することをいう。たとえば、虚偽のデータが入力されている電磁的記録を他人の電子計算機にかけられていた正規の電磁的記録と差し替えて、誤った検索・演算をさせるとか、内容虚偽のプリペイドカードを使用するとかの行為などが、これに当たる。虚偽の電磁的記録は、行為者自身が作出したものであることを必要としない。

本罪が成立するためには、財産上、不法の利益を得るという結果の発生が必要である。「不法の利益を得」るとは、財物以外の財産上の利益を不法に取得することをいう。

本罪の「実行の着手」は、①人の事務処理に使用する電子計算機に虚偽の情報もしくは不正の指令を与える行為を開始した時点、または②虚偽の電磁的記録を人の事務処理の用に供する行為を開始した時点をみとめられる。「既遂時期」は、預金の引出し等をなし得る地位を取得した時点、または電話の通話をした時点である。

6　恐喝の罪

(1)　総説

恐喝の罪は、人を恐喝して財物を交付させる罪（狭義の恐喝罪。二四九条一項）、および、財産上、不法の利益を得、または他人に得させる罪（恐喝利得罪。二四九条二項）から成る。

恐喝の罪には、強盗の罪、詐欺の罪、強要罪とそれぞれ共通する点と異なる点がある。すなわち、強盗の罪とは、財物・財産上の利益を得る点において共通しているが、強盗の罪の手である暴行・脅迫が相手方の反抗を抑圧する程度のものであることを要するのに対して、恐喝の罪の手段である脅迫は、その程度に至らないもので足りる点において異なる。詐欺罪とは、被害者の瑕疵ある意思によって財物・財産上の利益を得る点において共通しているが、詐欺罪が欺く行為を手段とするのに対して、恐喝罪は恐喝を手段とする点において異なる。強要罪とは、相手方を脅迫し恐怖心をいだかせる点において共通しているが、強要罪は人格に対する罪であるのに対して、恐喝罪が同時に財産罪である点において異なる。

(2)　狭義の恐喝罪（一項恐喝罪）

本罪は、人を恐喝して財物を交付させる罪である（二四九条一項）。未遂を罰する（二五〇条）。

「恐喝」とは、財物を交付させる手段としておこなわれる脅迫であり、相手方の反抗を抑圧しない程度のものをいう（最判昭二四・二・八刑集三巻二号七五頁）。

恐喝罪が成立するためには、被害者に財産的損害を生じさせたことが必要である。

(3)　恐喝利得罪（二項恐喝罪）

本罪は、人を恐喝して財産上、不法の利益を得、または他人にこれを得させる罪である（二四九条二項）。未遂罪を罰する（二五〇条）。

不法利得とは、相手方の畏怖に基づく財産的処分行為によって、行為者または第三者が財産上の利益を不法に取得することをいう。

狭義の恐喝罪のばあい、恐喝行為を開始した時に、「実行の着手」がみとめられる。財物について、被害者の占有が排除されて行為者または第三者に占有が設定された時に、「既遂」となる。「既遂」となるためには、恐喝行為と財物の交付との間に因果関係が必要である。すなわち、恐喝行為によって相手方が畏怖心を生じ、その畏怖心に基づいて財産的処分行為がなされなければ、既遂とならず、したがって、相手方が同情憐憫の情から財物を交付したに止まるばあいは、「未遂」となる（大判昭九・二・一三刑集一三巻八一頁）。

恐喝利得罪のばあい、恐喝行為を開始した時点で「実行の着手」がみとめられる。恐喝行為によって相手方を畏怖させ、財産上の利益を得、または他人にこれを得させた時に、本罪は「既遂」となる。不動産に関しては、登記または引渡しがなければ一項恐喝罪の「既遂」にならないが、二項詐欺罪の「既遂」となる（大判明四四・一二・四刑録一七輯二〇九五頁）。

五　横領の罪

1　総説

横領罪は、他人の占有に属しない他人の財物を不法に取得する犯罪である。横領は特定の財物に対する侵害行為を内容とする財産犯であるが、占有の侵奪を内容としない点で奪取罪と性質を異にする。横領の罪は、「単純（委託物）横領罪」（二五二条）、「業務上横領罪」（二五三条）および「遺失物（占有離脱物）横領罪」（二五四条）から成るが、前二者と遺失物横領罪とは罪質が異なる。すなわち、前二者は、他人から委託されて行為者が占有・保管する他人の財物を不法に取得する犯罪であり、委託者の信頼を裏切るものである。これに対して遺失物横領罪は、不法な取得だけが問題となり、委託者との信頼関係の違背は問題とならない。

このように、横領罪の本質は、「背信的性格」にあり、委託物横領罪が典型的類型である。これに対して、横領罪の本質を自己の支配内にある他人の財物の領得に求め、偶然に自己の支配内にある財物の横領がむしろ基本的犯罪であり、委託された財物の横領は、その違反性のために重く罰せられるとする見解もある。しかし、これは、刑法典の構成に適合しない。なぜならば、刑法典上、委託物横領罪が基本的な犯罪とされ、業務上横領罪はその委託関係の特殊性に基づく加重類型として規定されているからである。

2　横領行為

本罪の行為は、横領することである。「横領」とは、領得行為説によると、自己の占有する他人の物を不法に領得する意思をもって、その意思を実現するいっさいの行為をいう。判例・通説は、領得行為説を採っている（大判大六・七・一四刑録二三輯八八六頁）。これに対して、越権行為説によると、横領とは、占有物に対して委託された趣旨に反して、権限を越えて所有権の内容を行使する処分行為をいう。わたくしは、越権行為説が妥当であると考えている。

両説の結論は、次のばあいに異なる。すなわち、毀棄の目的で占有物を処分したばあい、領得行為説によれば横領行為に当たらず、越権行為説によれば横領行為に当たることになる。また、一時使用のばあい、領得行為説によると、不法領得の意思のないいわゆる「使用横領」として横領行為に当たらず、越権行為説によると、横領行為としてみとめられる。

横領罪における処分行為の態様は、法律的処分（売買・質入・貸与・贈与・抵当権設定など）と事実的処分（物の着服・隠匿・拐帯・抑留・返還拒絶など）とに大別される。

判例・通説によると、横領といえるためには、領得の意思を表明する客観的な処分行為が示されなければならず、その処分行為が示された時点で、横領は「既遂」となる。越権行為説の見地からは、越権行為の開始時に「実行の着手」がみとめられ、越権行為の終了時に「既遂」となる。

判例・通説によれば、不法領得の意思を表明する客観的な行為が示された時点で、横領は、「既遂」となる。たとえば、動産の売買のばあい、自己の所有する他人の財物を第三者に売り渡す意思表示があれば、横領罪は「既遂」となり、相手方の買受の意思表示があったことを必要としないことになる（大判大二・六・一二刑録一九輯七一四頁）。すなわち、判例・通説は、横領行為に着手すればただちに「既遂」となり、「未遂」をみとめる余地はないとする。つまり、不法領得の意思の発現があれば「既遂」となるわけである。しかし、理論上、「横領行為の未遂」はあり得るのである（不可罰的未遂）。つまり、越権「行為」が、実質上、未遂に終わったばあいには「既遂犯」ではなくて「不可罰的未遂犯」と見るべきなのである。現在では、領得行為説の見地からも「未遂」をみとめる説が主張されるに至っている。不動産については、判例は、所有権の移転登記、抵当権設定登記等の登記が完了した時に、所有権に対する侵害が具体化されて「既遂」となると解している（大判明四四・二・三刑録一七輯三二頁、最判昭三〇・一二・二六刑集九巻一四号三〇五三頁）。

六　背任の罪

1　総説

背任罪は、刑法典において、第三七章「詐欺及び恐喝の罪」の中に規定されているが、背任罪が全体財産に対する罪であるのに対して、詐欺・恐喝罪は個別財産に対する罪である点で異なるので、同質のものと解すべきではない。むしろ、委託物横領罪における「信頼関係違反」にこそ横領罪の本質があるので、背任罪もまた任務に背く点、つまり、「信頼関係違反」という点で横領罪と共通の性質を有することになる。

背任罪の本質をめぐって、「権限濫用説」と「背信説」との対立がある。権限濫用説によると、背任罪は法的な代理権を濫用して財産を侵害する犯罪であり、背信説によると、信任関係ないし誠実義務に違反する財産の侵害を内容とする犯罪である。権限濫用説のように、法的代理権の濫用に背任を形式的に限定すると、事実行為としての背任行為を除外せざるを得なくなり、背任行為の多くの部分が不可罰となるので、妥当ではない。背任行為は、第三者に対する関係のほか、本人に対する対内関係においてもみとめられるべきであり、法律行為に限らず事実行為を含むと解する背信説が妥当である。

判例・通説も、背信説の立場に立っている。背信説を基礎としつつ信任関係を無限定なものとしないで、構成要件の解釈において一定の限定を加える見解や背任的権限濫用が背任罪の本質であると解する見解も主張されている。

背任罪と横領罪との区別に関して、学説は次のように分かれる。すなわち、①権限濫用説の見地から、背任罪が権限を濫用しておこなわれる法律行為であるのに対して、横領罪は特定物または特定の利益を侵害する事実行為であるとする説、②横領罪を領得罪と解する見地から、自己の占有する本人の物を自己のために領得するばあいが横領罪であり、そうでないばあいが背任罪であるとする説、③行為の客体によって両者を区別し、自己の占有する他人の財物に対するばあいが横領罪であり、財物以外の財産上の利益に対するばあいが背任罪であるとする説、④横領罪が委託物に対する権限を逸脱する処分行為を内容とするのに対して、背任罪は物の処分が本人のための事務処理として、行為者の抽象的権限の範囲内でなされたばあいであるとする説が主張される。

わたくしは、④説が両罪の関係を最も適切に把握し、基準も明解であるので、妥当であると考えている。この見地からは、横領罪は「権限逸脱」行為を内容とし、背任罪は「権限濫用」行為を内容としていることになる。

2　背任罪

背任罪は、他人のためにその事務を処理する者が、自己もしくは第三者の利益を図り、または本人に損害を加える目的で、その任務に背く行為をし、本人に財産上の損害を加える罪である（二四七条）。未遂を罰する（二五〇条）。

本罪の主体は、他人のためにその事務を処理する者である（真正身分犯）。「他人のためにその事務を処理する」とは、他人の事務をその他人のために処理することを意味する。「事務」は、公的か私的か、を問わず、また、継続的か一時的か、も問わない。財産的事務に限るべきかどうか、については、見解の対立がある。この点について、本罪が財産罪であること、本人に財産的損害を加える前提としてなされる行為であることから、財産上の事務に限られると解すべきである。財産的事務は、ある程度包括的な内容のものでなければならない。なぜならば、任務に背いた行為をおこなうという本罪の要件や、事務の処理という法文の用語は、単なる個別的な事務を排除していると解すべきであるからである。

信任関係は、法令の規定・契約・慣習に基づいて生ずる。

「任務に背く行為」とは、本人との間の信任関係を破る行為、つまり本人の事務を処理する者として当然おこなうべき法律上の義務に違反した行為をいう。義務に違反した行為かどうかは、信義則に従い、社会生活上の一般通念に照らして判断される。

本罪が成立するためには、背任行為の結果、本人に「財産上の損害」が生ずることが必要である。「財産上の損害」とは、財産的価値の減少を意味する。それは、既存財産の減少をもたらす積極的損害だけでなく、得べかりし利益の喪失をもたらす消極的損害をも含む（最決昭五八・五・二四刑集三七巻四号四三七頁）。「財産」は、全体財産を意味する。一方において損害があっても、他方においてこれに対応する反対給付があるばあい、差引ゼロとなって全体財産に損害はなかったことになる。財産上の損害の有無は、法的判断ではなく、経済的判断によるべきである。したがって、回収困難な不良貸付け、不当・違法な貸付けは、経済的価値の減少をもたらすので、財産的損害を生じさせたことになる（大判昭一三・一〇・二五刑集一七巻七三五頁、前掲最決昭五八・五・二四）。

背任罪には未遂処罰の規定があるので（二五〇条）、「実行の着手時期」・「既遂時期」が問題となる。「着手時期」は、背任行為を開始した時点であり、既遂時期は、背任行為によって本人に財産上の損害が生じた時点である。「既遂犯」が成立するためには、背任行為と財産上の損害との間には因果関係が存在することを必要とするので（最判昭二八・二・一三刑集七巻二号二一八頁参照）、因果関係がみとめられないばあいは、「未遂犯」となる。甲が乙に抵当権を設定した後に、さらに丙に抵当権を設定したという二重抵当による背任のばあい、甲が丙に対して確定的に抵当権を成立させる行為としての登記行為を開始した時に背任罪の「実行の着手」があり、丙に対する抵当権設定登記が完了した時に、乙について財産上の損害が発生したこととなって背任罪は「既遂」となる。

第四節　社会的法益に対する罪

第一款　総説

社会的法益に対する罪とは、国家とは別個に存在し得る社会自体の法益を対象とする犯罪類型であり、刑法的に保護される社会的・文化的価値の侵害を内容とする。社会的法益として、刑法が保護しているのは、「公共の平穏」、「公共の信用」、「公衆の健康」および「風俗」である。

公共の平穏とは、社会生活が安全に営まれている状態および社会の構成員一般の安全感を意味する。刑法は、公共の平穏に対する罪として、「騒乱の罪」（第二編八章）、「放火および失火の罪」（同九章）、「溢水および水利に関する罪」（同一〇章）、「往来妨害の罪」（同一一章）を規定している。これらのうち、騒乱の罪を除く放火罪・溢水罪・往来妨害罪は、不特定または多数人の生命、身体または重要な財産に危険をもたらすものであるから、「公共危険罪」と称される。

公共の信用に対する罪として、各種偽造罪が規定されている。資本主義社会において、取引きの安全は、きわめて重要であり、経済的秩序の基礎をなすものである。取引きの安全を維持・促進するためには、経済取引きに常用される技術的手段（通貨、有価証券、文書および印章）の信用性を確保する必要があるので、刑法は、「通貨偽造の罪」（第二編一六章）、「有価証券偽造の罪」（同一八章）、「文書偽造の罪」（同一七章）および「印章偽造の罪」（同一九章）を規定している。

これらの犯罪類型は、偽造行為を中心とするので、「偽造罪」と総称される。偽造罪の保護法益は、各罪の客体に対する公共の信用であり、刑法はこれを保護することによって、取引きの安全を図ろうとしているとされる。

第二款　公共危険犯論

一　総説

刑法は、公共危険罪を公共の平穏に対する罪の一類型として規定している。公共の平穏とは、社会生活が安全に営まれている状態および社会の構成員一般の安全感を意味する。刑法は、公共の平穏に対する罪として「騒乱の罪」（第二編八章）、「放火および失火の罪」（同九章）、「溢水および水利に関する罪」（同一〇章）、「往来妨害の罪」（同一一章）を規定している。これらのうち、騒乱の罪を除く放火罪・溢水罪・往来妨害罪は、不特定または多人数の生命、身体または重要な財産に危険をもたらすものであるから、「公共危険罪」と呼ばれる。

二　放火および失火の罪

1　放火および失火の罪――総説

放火および失火の罪は、火力によって建造物その他の物を焼損して「公共の危険」を生じさせる「公共危険罪」である。「公共の危険」とは、不特定または多数人の生命・身体・財産に対する危険である（最決平一五・四・一四刑集五七巻四号四四五頁）。すなわち、特定していても多数の人や物に対して侵害を及ぼすおそれがある状態を生じさせれば、公共の危険があると言えるし、少数の人に対するばあいであっても、不特定の者に対する危険があれば、その危険は一般的であるので、公共の危険と言えるのである。

放火・失火の罪は、公共危険罪であると同時に、「財産犯的性格」をも併せもっている。すなわち、火災が建造物その他の「財産」を損壊する点は、「財産犯」としての性質を示すものである。非現住建造物などについて、目的物が「自己の所有」に属するか否か、によって処罰に差を設けているのは、その表われにほかならない。このように、刑法は、これらの罪に関して、第一次的に公共の危険を考え、個人財産の侵害の点を第二次的に考えていることになる。

これらの罪に関して、具体的危険犯と抽象的危険犯が問題となる。すなわち、放火罪のうち、一〇九条二項、一一〇条、一一六条一項、一一七条の各罪は、構成要件上、「具体的な公共の危険」の発生を要求しており、これらは「具体的危険犯」と解されている。これら以外の罪（一〇八条・一〇九条一項など）にあっては、公共の危険の発生を要求しておらず、これらは「抽象的危険犯」と解されているのである。すなわち、客体の焼損があれば、公共の危険が発生したものと擬制されていると解される。

2　行為および実行の着手

本罪の行為は、放火である。放火とは、客体の焼損に原因力を与える行為をいい、作為・不作為の如何を問わない。不作為による放火は、客易に消し止めることができる既発の火力をそのまま放置して目的物の燃焼を引き起こすことを意味する。大審院の判例は、法律上の消火義務、消火の可能性と容易性、既発の火力を利用する意思を不作為による放火の要件として挙げていたが、最高裁の判例は、前二者の要件を満たすときには既発の火力を利用する意思までは必要でなく、火災に至るべきことを認容すれば足りるとしている（最判昭三三・九・九刑集一二巻一三号二八八二頁）。「不作為犯の未遂」については、すでに一般論として検討した。

「実行の着手」は、目的物に伝火できることが物理的に明白な状態で放火用材料に点火した時や、自然に発火し導火材料を経て目的物に火力を及ぼすべき装置を設けた時などにおいて、みとめられる。

3 「焼損」概念

放火罪・失火罪は、目的物の「焼損」によって「既遂」に達する。したがって、焼損は「既遂時期」を画定する機能を有することになる。「焼損の概念」をめぐって、見解が次のように分かれている。すなわち、①火が媒介物である燃料を離れて目的物に燃え移り独立して燃焼できる状態に達した時とする「独立燃焼説」、②火力のため目的物の重要な部分が焼失しその効用が失われた時とする「効用喪失説」、③目的物の重要部分が燃え上った時とする「重要部分燃焼開始説」および④火力により目的物が毀棄罪における損壊の程度に達した時とする「一部損壊説」が主張されている。

判例は、大審院時代以来、今日まで一貫して①独立燃焼説を採っている（大判大七・三・一五刑録二四輯二一九頁、最判昭二三・一一・二刑集二巻一二号一四四三頁）。これは、放火罪の公共危険罪としての面を重視する立場である。①独立燃焼説の立場に立つと、わが国における建造物の多くは木造であるから、「放火の未遂」をみとめる余地がほとんどなくなってしまうし、放火罪の公共危険罪の側面だけを強調して財産罪の側面が軽視されることになる。そこで、通説は、効用喪失説の立場に立って、財産犯罪としての側面を重視している。ところが、これに対しても次のような批判がある。すなわち、火力による公共の危険は、目的物の効用喪失に至らない段階でみとめられ得るので、放火罪の公共危険罪的性格を軽視し過ぎており、さらに、財産罪的側面の重視は、放火罪の成立に過大の要求をする結果、その成立範囲を不当に狭めてしまい、実質的に妥当でないと批判されている。

①独立燃焼説と②効用喪失説の欠陥を克服しようとして③重要部分燃焼開始説および④一部損壊説が「折衷説」として有力に主張されるに至っている。わたくしは、④説が妥当であると考えている。しかし、これらに対しても、

次のような批判が加えられている。すなわち、③説に対しては、物の重要な部分の燃焼開始の意味が必ずしも明らかでないし、また、「燃え上った」と言える時期の判定には困難が伴うとの批判がある。④説に対しては、毀棄の概念に争点を移してしまい、毀棄の理解の如何によって、結局、独立燃焼説か効用喪失説のいずれかに帰することになるばかりか、焼損の程度によって公共の危険の発生の有無を決するのは不当であるとの批判がある。

4　公共危険の発生の認識の要否

公共の危険の発生の認識の要否は、具体的公共危険罪（一〇九条二項・一一〇条など）のばあいと、抽象的公共危険罪（一〇八条・一〇九条一項など）のばあいとで、結論が異なる。すなわち、具体的公共危険罪のばあいには、公共の危険の発生の認識を必要とするが、抽象的公共危険罪のばあいには、危険の発生が擬制されているので、危険発生の認識は必要とされない。

判例は、一一〇条一項について、公共の危険を発生させる認識を不要と解している（大判昭六・七・二刑集一〇巻三〇三頁、最判昭六〇・三・二八刑集三九巻二号七五頁）。しかし、公共の危険発生の認識は必要とされるべきである。なぜならば、具体的公共危険罪のばあい、公共の危険は構成要件要素であるので、その認識が必要であるからである。

5　罪数

放火罪の第一次的法益である公共の安全が、罪数を判断する際の主たる基準となる。したがって、一個の放火行為で数個の現在建造物を焼損したばあいは、一個の公共的法益を侵害したにすぎないので、一個の放火罪が成立し、一個の放火行為で現住建造物と非現住建造物とを焼損したばあいも、一〇八条の包括的一罪が成立する。

6 犯罪類型

(1) 現住建造物等放火罪

本罪の客体は、放火して、現に人が住居に使用し、または現に人がいる建造物、汽車、電車、艦船または鉱坑を焼損する罪である。未遂を罰する（一一二条）。

「人」とは、犯人以外の者をいい、犯人の家族も「人」である（大判昭九・九・二九刑集一三巻一二四五頁）。「現に人の住居に使用する」とは、犯人以外の者が起臥寝食をする場所として日常使用していることをいい、「人の現在する」とは、放火の時点で、犯人以外の者がそこに居ることをいう。人の住居に使用されていれば人の現在性を要せず、人が現在していれば人の住居に使用されていることを必要としない。建造物の一部が住居に使用されていれば、その全体が本罪の客体となる。

「建造物」とは、家屋その他これに類似する建築物であって、屋蓋を有し、墻壁または柱材によって支持され、土地に定着し、少なくてもその内部に人が出入できるものをいう。「汽車」とは、蒸気機関車によって列車を牽引して軌道上を走行する交通機関をいい、「電車」とは、電力によって軌道上を走行する交通機関をいう。ガソリンカー（大判昭一五・八・二二刑集一九巻五四〇頁）やディーゼルカーは汽車に含まれる。「艦船」とは、軍艦および船舶をいい、「鉱坑」とは、鉱物を採取するために掘られた地下設備をいう。

(2) 非現住建造物等放火罪

本罪は、放火して、現に人が住居に使用せず、かつ、現に人がいない建造物、艦船または鉱坑を焼損する罪である。ただし、公共の危険を生じなかったときは、罰しない（同条二項）。一項の罪は、未遂を罰する（一一二条）。

「人が住居に使用せず」とは、犯人以外の者が住居に使用していないことをいい、空屋・物置小屋・納屋・倉庫などが、これに当たる。「現に人がいない」とは、犯人以外の者が現在しないことをいう（大判昭七・五・五刑集一一巻五九五頁）。

右の客体が自己の所有に係るばあいには、「公共の危険」の発生があったときに処罰され、法定刑も軽減されている（一〇九条二項）。「自己の所有に係る」とは、犯人の所有に属することをいう。

本罪の行為は、放火して上記の客体を焼損することである。一項の罪は、抽象的公共危険罪であるが、二項の罪は、具体的公共危険罪であるので、「公共の危険」の発生が必要である。

二項の罪については、公共の危険の発生の認識が必要である。

(3)　建造物等以外放火罪

本罪は、前二条に記載した以外の物を焼損し、よって公共の危険を生じさせる罪である。一一五条の特例が適用される。

「前二条に記載した以外の物」としては、たとえば、人の現在しない汽車・電車・自動車、航空機、建造物に当たらない門・塀、畳、建具などがある。

本罪は、具体的公共危険犯であると解すべきであるので、「公共の危険」の発生が構成要件要素となり、したがって、故意が成立するためには公共の危険の発生認識を必要とする。しかし、判例はこれを不要と解している。

(4)　延焼罪

本罪は、次の二つから成る。すなわち、①一〇九条二項または一一〇条二項の罪を犯し、よって一〇八条または一〇九条一項に記載した物に延焼させる罪である。②一一〇条二項の罪を犯し、よって一一〇条一項に記載した物に延焼させる罪である。

本罪は、自己所有物に対する放火罪の結果的加重犯であるから、延焼の結果について認識・認容のないことが必要である。結果についての認識・認容があるばあいには、それぞれ一〇八条、一〇九条一項、一一〇条一項の罪が成立することになる。本条一項のばあいも、具体的な公共の危険の発生が必要である。

放火の客体は、自己の所有に係る非現住建造物等（一〇九条二項）、または自己の所有に係る現住建造物および非現住建造物等以外の物（一一〇条二項）であり、延焼の客体は、現住建造物等（一〇八条）または非現住建造物（一〇九条一項）である。

「延焼」とは、行為者の予期しなかった客体に焼損の結果が生ずることをいう。

(5)　放火予備罪

本罪は、一〇八条または一〇九条一項の罪を犯す目的で、その予備をする罪である。

本罪は、現住建造物等放火罪および非現住建造物等放火罪の公共危険罪としての重大性を考慮して、その予備をも処罰するものである。「予備」とは、放火材料を準備したり、放火道具をもって目的物に赴く行為などを意味する。

(6)　激発物破裂罪

本罪は、二つから成る。①火薬、ボイラーその他の激発すべき物を破裂させて、一〇八条に規定する物または他人の所有に係る一〇九条に規定する物を損壊する罪である。法定刑は、放火罪のばあいと同じ（一一七条一項前段）。②一〇九条に規定するものであって自己の所有に係る物または一一〇条に規定する物を損壊し、よって公共の危険を生じさせる罪である。

激発物を破裂させる行為は、厳密には放火ではないが、それによって生ずる公共の危険が放火罪に類似しているので、本章に併せて規定されたのである。後段の罪は、「具体的公共危険罪」である。

「激発すべき物」とは、急激に破裂して物を破壊する力をもつ物をいい、火薬、ボイラーはその例示である。爆発物取締罰則にいう爆発物も、激発すべき物の一種であるが、爆発物を使用して財物を損壊したばあい、判例は、本罪と爆発物使用罪（爆発一条）との観念的競合と解している（大判大一一・三・三一刑集一巻一八六頁）が、爆発物使用罪を本罪の特別罪と解して、同罪のみの成立をみとめるべきとする説もある。

本罪の処罰は、客体に応じてそれぞれの法定刑で処断される。

一一七条一項の行為が過失によるときは、失火の例による（一一七条二項）。本罪は、激発物破裂罪の過失犯である。「失火の例による」とは、一一六条の規定に従って処罰することを意味する。

(7)　ガス漏出等罪および同致死傷罪

本罪は、ガス、電気または蒸気を漏出させ、流出させ、または遮断し、よって人の生命、身体または財産に危険を生じさせる罪である。よって人を死傷させた者は、傷害の罪と比較して、重い刑による（同条二項）。

ガス漏出罪は、熱気を含むものによる一種の「公共危険罪」として、放火の罪の章に規定されたものである。

本罪の「人」は、行為者以外の者をいい、特定の人であってもかまわない。したがって、「危険」は、「公共的危険」に限らず、特定人または特定の物に対する危険で足りることになる。しかし、それは、具体的に発生したことを要する。危険を生じさせれば本罪は「既遂」に達し、現実に損害を生じたことは必要でない。

危険の発生は、構成要件要素であるから、故意の成立にとってその予見が必要とされる。

ガス漏出致死傷罪は、一項の罪の結果的加重犯である。

三　出水および水利に関する罪

1　罪質

出水および水利に関する罪は、①「出水罪」および②「水利妨害罪」から成る。出水罪は、水の破壊力を利用する点において、火力を利用する放火罪と異なるにすぎないので、「公共危険罪」と「財産犯」の性格を有する。これに対して、水利妨害罪は、水利権の侵害を内容とするので、公共危険罪ではないが、しかし、水利妨害行為は、出水の危険を生じさせるばあいが多いばかりでなく、犯行の手段が出水罪と共通する部分があるため、本章に規定されている。

2　犯罪類型

(1)　現住建造物等浸害罪

本罪は、出水させて、現に人が住居に使用し、または現に人がいる建造物、汽車、電車または鉱坑を浸害する罪である。

本罪の客体は、艦船が除外されている点以外は、放火罪の一〇八条と同じである。

「出水させる」とは、制圧されている水の自然力を解放して氾濫させることをいう。「浸害する」とは、水による物の効用の滅失または著しい減少をいい、浸害のあった時に、「既遂」となる。

(2)　非現住建造物等浸害罪

本罪は、出水させて、一一九条に規定する物以外の物を浸害し、よって公共の危険を生じさせる罪である。浸害した物が自己の所有に係るときは、物が差押えを受け、物権を負担し、賃貸し、または保険に付したものであるばあいにかぎり、前項の例による（同条二項）。

本罪は、「具体的危険犯」であり、放火罪の一〇九条、一一〇条に相当する。ただし、客体を区別せず、いずれも「公共の危険」の発生を要件としている点で異なる。

(3)　過失建造物等浸害罪

本罪は、過失により出水させて、一一九条に規定する物を浸害し、または一二〇条に規定する物を浸害し、よって公共の危険を生じさせる罪である。

本罪は、失火に関する一一六条に相当するものである。前段は「抽象的危険犯」であり、後段は「具体的危険犯」であるとされる。

(4)　出水危険罪

本罪は、堤防を決壊させ、水門を破壊し、出水させるべき行為をする罪である。

本罪は、浸害罪の「未遂の段階」に当たるものを処罰するものである。

四　往来妨害の罪

1　往来妨害罪の罪質

往来妨害の罪は、公の交通機関または交通施設を侵害してその保護法益である「交通の安全」を害する犯罪である。交通の安全の侵害は、不特定または多数人の生命・身体や財産に対する危険をもたらすから、本罪は「公共危険罪」であると解される。

刑法は、陸と海の中における交通の安全に対する侵害の重要なものを処罰するにとどまり、その他の侵害行為は「特別法」の規定に委ねている。すなわち、道路交通法、道路運送法、道路法、高速自動車国道法、鉄道営業法、新幹線鉄道における列車運行の安全を妨げる行為の処罰に関する特例法、航路標識法、航空法、航空の危険を生じさせる行為等の処罰に関する法律、航空機の強取等の処罰に関する法律などが「特別罪」を規定している。

2　犯罪類型

(1)　往来妨害罪

本罪は、陸路、水路または橋を損壊し、または閉塞して往来の妨害を生じさせる罪である。未遂を罰する（一二八条）。

本罪の客体は陸路、水路または橋であるが、それは、公衆の通行の用に供されるものに限られる。しかし、公有・私有のいずれかを問わない。「陸路」は、事実上、人や車馬の通行に供されているものであれば足りる。「水路」は海路や湖沼の水路を含むが、小規模の渡し舟は、水路に含まれない。「橋」は、陸橋や桟橋を含むが、汽車や電車の運行のみのために架設されたものは、往来危険罪（一二五条）における鉄道である。

本罪の行為は、客体を損壊または閉塞して往来の妨害を生じさせることである。「損壊」とは、物理的に破壊することをいう。「閉塞」とは、有形の障害物を置いて遮断することをいう。

「実行の着手」は、本罪の行為を開始した時点でみとめられる。本罪は、「具体的危険犯」であるから、陸路・水路・橋の損壊や閉塞によって往来の妨害を生じさせた時に、「既遂」となる。往来が現実に阻止されたことは必要ではない。

(2)　往来危険罪

本罪は次の二つから成る。①鉄道もしくはその標識を損壊し、またはその他の方法により、汽車または電車の往来の危険を生じさせる罪である（一二四条一項）。②灯台もしくは浮標を損壊し、またはその他の方法により、艦船の往来の危険を生じさせる罪である（同条二項）。いずれも未遂を罰する（一二八条）。

本罪の行為は、鉄道もしくはその標識を損壊し、またはその他の方法で汽車または電車の往来の危険を生じさせること、および、灯台もしくは浮標を損壊し、またはその他の方法で艦船の往来の危険を生じさせることである。

「鉄道」は、汽車や電車の運行に必要ないっさいの施設を含む。

(3)　汽車等転覆・破壊罪

本罪は、次の二つから成る。①現に人がいる汽車または電車を転覆させ、または破壊する罪である（一二六条一項）。②現に人がいる艦船を転覆させ、沈没させ、または破壊する罪である。いずれも未遂を罰する（一二八条）。

本罪の客体は、人の現在する汽車・電車・艦船である。

本罪の行為は、汽車・電車を転覆または破壊し、艦船を転覆・沈没または破壊することである。「転覆」とは、転倒・横転・墜落させることをいい、「破壊」とは、交通機関としての用法の全部または一部を不能にする程度に損壊することをいう。脱線させただけでは転覆とは言えず、未遂にとどまる。「転覆・沈没」とは、艦船を転覆または沈没させることをいい、必ずしも船体の全部が没することを要せず、その要部が没すれば足りる。

第三款　偽造罪

一　通貨偽造の罪

1　総説

通貨偽造の罪の保護法益は、通貨に対する「公共の信用」である。現在の経済取引きは、通貨を媒介とする貨幣経済を基礎としているので、偽造の通貨が広く流通するようになると、通貨に対する公衆の信頼が失われ、貨幣経済は崩壊してしまい、経済取引きの安全は害されることとなる。そこで、刑法は、通貨に対する公共の信用を保護することによって取引きの安全を図り、これによって経済的秩序の維持を図っているのである。

経済取引きが、「国際的規模」で拡大化している今日、世界主義的な観点から通貨偽造に対処するため、「外国の通貨」に対する保護が、次第に厚くなる傾向が見られる。わが刑法も、通貨偽造罪は、外国人が外国で犯したばあいにも適用されるほか（二条）、外国通貨偽造罪、偽造外国通貨行使罪などの犯罪類型も規定している。

2　犯罪類型

(1)　通貨偽造罪

本罪は、行使の目的で、通用する貨幣、紙幣または銀行券を偽造し、または変造する罪である（一四八条一項）。未遂を罰する（一五一条）。「通用の」とは、わが国で強制通用力を有することを意味する。「貨幣」とは、硬貨、つまり金属貨幣をいい、「紙幣」とは、政府が発行する証券をいい、「銀行券」とは、政府の認許により特定の銀行（わが国では日本銀行）が発行している証券をいう。通常、紙幣と称されているのは、銀行券（日銀券）のことである。

「偽造」とは、通貨を発行する権限を有しない者が、真貨の外観を有する物を作出することをいい、一般人に真正の通貨と誤認される程度のものの作出で足りる（大判昭二・一・二八新聞二六六四号一〇頁ほか）。偽貨が真貨と同等以上の価値を有するばあいであっても、偽造となる。偽貨に相当する真貨の存在は不要である。「変造」とは、真貨の外観を失わせることなく真貨に加工してこれに変更を加え通貨の外観を有する物を作り出すことをいう。真正の通貨を材料にしてまったく別個のものを新たに作り出すのは、偽造であり（大判明三九・六・二八刑録一二輯七六八頁参照）、また、廃貨を利用するものも偽造である。

本罪は、目的犯である。「行使の目的」とは、真正の通貨として流通におこうとする意図をいう。したがって、学校の教材や陳列用の標本にする目的はこれに当たらない。

「実行の着手」は、通貨を偽造できる器械・原料を準備して貨幣の鋳造を開始した時点でみとめられる。鋳造を開始したが、技巧熟練を欠いていたので、その目的を遂げなかったばあいは、「未遂罪」である（大判昭二・六・一二新聞二八五〇号四頁）。偽貨を作出した時点で「既遂」となる。

（2）　偽造通貨行使等罪

本罪は、偽造または変造の貨幣、紙幣または銀行券を行使し、または行使の目的で、これを人に交付し、もしくは輸入する罪である。未遂を罰する（一五一条）。

「行使」とは、真正な通貨として「流通」過程におくことをいう。自動販売機などへの投入は行使に当たる。行使の方法の適法・違法を問わず、要するに、流通過程に置けばよく、賭金に使用するのも行使である。行使の相手は、「交付」との関連で、偽貨であることの情を知らない者でなければならない。「交付」とは、情を知っている者に行使の目的をもって偽造通貨を引き渡すことをいう。交付には、偽貨であることを告げて手渡すばあいとすでに偽貨であることを知っている相手に手渡すばあいとがある。情を知らない使者に買物をさせるために偽貨を渡す行為は、交付ではなくて行使である。「輸入」とは、偽造通貨を国外からわが国内に搬入することをいい、陸揚げ・着陸を必要とする。

行使罪の「実行の着手」は、偽貨を流通過程に置く行為を開始した時点でみとめられる。「既遂時期」は、偽貨を流通過程に置いた時点である。交付罪・輸入罪の「実行の着手」は、交付行為・輸入行為を開始した時点でみとめられる。これらの行為を完了した時点で「既遂」となる。

(3)　外国通貨偽造罪

本罪は、行使の目的で、日本国内に流通している外国の貨幣、紙幣または銀行券を偽造し、または変造する罪である（一四九条一項）。未遂を罰する（一五一条）。

本罪の客体は、外国の通貨発行権に基づいて発行された通貨である。本罪は、わが国内における取引きの信用を保護することを直接の目的としているのであって、外国の法益の保護を目的としているのではない。「日本国内に流通する」とは、事実上、わが国において使用されていることをいう。

(4)　偽造外国通貨行使罪

本罪は、偽造または変造の外国の貨幣、紙幣または銀行券を行使し、または、行使の目的でこれを人に交付し、もしくは輸入する罪である（一四九条二項）。未遂を罰する（一五一条）。本罪は、偽造通貨行使等罪とは客体が異なるだけであるから、行為および「未遂」・「既遂」も前述と同じである。

(5)　通貨偽造等準備罪

本罪は、貨幣、紙幣または銀行券の偽造または変造の用に供する目的で、器械または原料を準備する罪である（一五三条）。

本罪は、予備行為のうち、「器械・原料の準備行為」だけを独立罪としたものである。「器械」は、偽造・変造に直接、必要なものに限られない。偽造・変造の用に供する目的で器械・原料を準備すれば足り、準備が偽造・変造の目的を達成できる程度に達することは必要でない。行為者自身の偽造・変造の用に供するためであると（予備的形態）、他人の偽造・変造の用に供するためであると（幇助的形態）を問わない。

本罪は、偽造・変造の用に供する目的で器械・原料を準備した時点でただちに「既遂」となる。準備が偽造・変造の目的を達成し得る程度に至ったことは必要でない（通説・判例）。

二　文書偽造の罪

1　総説

文書は、社会生活上、一定の事項を証明する手段として非常に重要な機能を営んでいる。文書が証明手段として優れているのは、一定の思考（思想）が物体に化体されることによって「永続性」と「不可変性」を獲得するからである。永続性・不可変性が文書の証拠力・証明力を高め、このことが文書に対する「公の信用」を基礎づけることになる。文書に対するこのような「公の信用」を害するのが、文書偽造罪である。すなわち、文書を偽造・変造することによって、文書に対して寄せられている「一般の信頼」を裏切る点に文書偽造罪の本質が存在するわけである。

現在では、電気情報処理組織（コンピュータ・システム）の実用化が進み、国や地方公共団体の機関や民間の企業に広く普及するようになったため、情報の保存・処理・伝達・証明などの能力を活用して、これまで、文書によっておこなってきたものを、大幅に「電磁的記録」によって代替するようになっている。そこで、この種の情報処理の用に供される電磁的記録（七条の二参照）に対する公共的信用も、文書と同じように刑法で保護しなければならないと考えられるようになった。しかし、可視性・可読性がなくても文書であると解するのは、伝統的な文書の観念から余りにもかけ離れすぎており、許された拡張解釈の範囲を逸脱し罪刑法定主義に違反する。したがって、電磁的記録の刑法的保護は新しい立法によるべきことになる。このような観点から、昭和六二年の一部改正に当たって、公正証書原本等不実記載罪および不実記載公正証書原本行使罪の客体に、「公正証書の原本たる可き電磁的記録」が加えられ、また、電磁的記録不正作出罪（一六一条の二第一項）および不正電磁的記録供用罪（同条三項）が新設されたのである。これらの犯罪類型は、コンピュータ犯罪の一環として規定されたものであるが、ここで見ることにする。

まず、文書偽造罪における基本概念である有形偽造と無形偽造の意味・内容を明らかにする必要がある。文書の有形偽造とは、適法に文書を作成する権限をもたない者が、他人の名義を偽って文書を作成すること、いいかえると「不真正な文書」を作成することをいう。文書の作成者として文書に表示されている名義人と現実にその文書を作り出した者とが一致しないばあい、その文書は「不真正文書」である。これに対して無形偽造とは、文書の作成名義には偽りはないが真実に反する内容を含む文書（「虚偽文書」）を作成することをいう。したがって、有形偽造が「文書の作成」自体を問題とするのに対して、無形偽造は作成された「文書の内容」の真実性を問題にすることになる。

有形偽造の本質的要素は、第一に文書を作成する権限がないこと、第二に他人の名義を使用することである。広義の偽造行為には、狭義の「偽造」と「変造」とがある。「狭義の偽造」とは、すでに述べたように、他人名義を冒用して不真正文書を作出することを意味する。これに対して、「狭義の変造」とは、真正に成立した文書の外形または内容に権限なくして変更を加えることをいう。「文書の同一性」を害しない程度の変更を加えるのは、変造であるが、既存の文書に変更を加えても、「文書の同一性」を失い、「新たな文書」を作出したとみとめられるばあいは、偽造となる。文書の一部を削除したばあい、「効用」の全部または一部を喪失させたときは「毀棄」であり、「新たな証明力」を作り出したときは変造となる。

偽造罪が「未遂」となるのか、「既遂」となるのかを判定する基準として「偽造の程度」が問題となる。偽造と判定されるためには、他人の名義を冒用して作成された文書が、一般人に作成権者がその権限内において作成したものであると信じさせる程度の形式・外観を備えることを要する（大判大元・一〇・三一刑録一八輯一三一三頁）。偽造された文書がこの程度に達すれば、偽造罪は「既遂」となる（大判明四四・九・一四刑録一七輯一五三一頁）。変造の成否にとって変造の程度が重要な意義を有する。変造は、文書の非本質的部分が変改され、一般人を、依然とは異なったあらたな証明力を有する文書と誤信させる程度に達した時に「既遂」となる。変造によって、文書に対する公共的信用を害する危険があれば足り、実害を生ずることを要しないとされる（大判大四・九・二一刑録二一輯一三九〇頁）。

広義の偽造罪の中には、偽変造文書の「行使」罪も含まれており、また、広義の偽造行為は「行使の目的」がないばあいには処罰されないので、行使および行使の目的の意味・内容を概括的に明らかにして置く必要がある。「行使」とは、偽造文書を「真正な文書」として、つまり虚偽文書を内容の真実な文書としてそれぞれ使用することをいう。行使と言えるためには、偽造文書を相手方に提示・交付・送付し、または一定の場所に備え付けることによって、相手方にその内容を「認識させ、または認識できる状態」に置くことが必要であるとされる。なぜならば、それによって当該文書に対する公共の信用が害されるおそれが生ずるからである。

「行使の目的」とは、偽造文書を真正な文書と誤信させ、虚偽文書を内容の真実な文書と誤信させる目的をいう。

2　犯罪類型

(1)　詔書偽造等の罪

本罪は、次の二つから成る。すなわち、①行使の目的で、御璽、国璽もしくは御名を使用して詔書その他の文書を偽造し、または偽造した御璽、国璽もしくは御名を使用して詔書その他の文書を偽造する罪である（一五四条一項）。②御璽もしくは国璽を押し、または御名を署した詔書その他の文書を変造する罪である（同条二項）。

「詔書」とは、天皇の国事に関する行為としての意思表示にかかる公文書で、一般に公示されるものをいう。「その他の文書」とは、詔書以外の天皇名義の公文書をいい、国事に関するものに限られない。「御璽」とは、天皇の印章をいい、「国璽」とは、日本国の印章をいい、「御名」とは、天皇の署名をいう。

(2)　公文書偽造罪

本罪は、有印公文書偽造罪および無印公文書偽造罪から成る。すなわち、①行使の目的で、公務所もしくは公務員の印章もしくは署名を使用して公務所または公務員の作成すべき文書もしくは図画を偽造し、または偽造した公務所もしくは公務員の印章もしくは署名を使用して公務所もしくは公務員の作成すべき文書もしくは図画を偽造する罪である（一五五条一項）。②公務所または公務員が押印しまたは署名した文書または図画を変造する罪である（同条二項）。③前二項に規定するもののほか、公務所もしくは公務員の作成すべき文書もしくは図画を偽造し、またはは公務所もしくは公務員が作成した文書もしくは図画を変造する罪である（同条三項）。

「公文書」とは、公務員・公務所が職務上、作成する文書をいう。

(3)　虚偽公文書作成罪

本罪は、公務員が、その職務に関し、行使の目的で、虚偽の文書もしくは図画を作成し、または文書もしくは図画を変造する罪である。

本罪の主体は、文書または図画を作成する職務権限を有する公務員に限られるので、本罪は真正身分犯である。

虚偽文書作成罪の成否にとって作成の程度が重要な意義を有する。虚偽の文書作成は、作成権限を有する者が、一般人に内容の真実な文書と誤信させるような虚偽の事項を記載した文書を作成した文書を作成したことによって「既遂」となる。実害を生じたことを必要としない（大判明四三・一二・一三刑録一六輯二一八一頁）。

(4)　公正証書原本不実記載罪・電磁的記録不正記録罪

本罪は、次の二つの類型から成る。すなわち、①公務員に対し虚偽の申立てをして、登記簿、戸籍簿その他の権利もしくは義務に関する公正証書の原本に不実の記載をさせ、または権利もしくは義務に関する公正証書の原本として用いられる電磁的記録に不実の記録をさせる罪である（一五七条一項）。②公務員に対し虚偽の申立てをして、免状、鑑札または旅券に不実の記載をさせる罪である（同条二項）。いずれの罪の未遂を罰する（同条三項）。

本罪は、公務員を利用しておこなう「間接的な虚偽公文書作成罪」である。したがって、本条によって間接的な無形偽造行為が処罰されることになる。「権利または義務に関する公正証書」とは、公務員が、職務上、作成する文書で、権利・義務に関する一定の事実を証明する効力を有するものをいう。

本罪の「実行の着手」は、公務員に対して虚偽の申立てを開始した時点でみとめられ、公務員が公正証書の原本に不実の記載をした時点または公正証書の原本として用いられる電磁的記録に不実の記載をした時点で「既遂」となる。「未遂罪」は、公務員に対して虚偽の申立てを開始したが、それを終了しなかったばあい、虚偽の申立ては終わったが、公務員が公正証書の原本に不実の記載を開始せず、または公正証書の原本として用いられる電磁的記録に不実の記載を開始したが、それが完成しなかったばあいにみとめられる（通説）。

(5)　偽造公文書・虚偽公文書行使罪

本罪は、詔書等偽造罪、公文書偽造罪、虚偽公文書作成罪、公正証書原本等不実記載罪の文書もしくは図画を行使し、または一五七条一項（電磁的記録不実記録罪）の電磁的記録を公正証書の原本としての用に供する罪である（一五八条一項）。未遂を罰する（同条二項）。

行使罪の「実行の着手」は、偽造文書・虚偽文書の提出・交付・送付・備付けさせる行為を開始した時点でみとめられる。行使罪は、偽造文書・虚偽文書を相手方に提出・交付・送付し、または一定の場所に備え付けることによって利害関係者がその内容を認識できる状態に置かれた時点で「既遂」となる。相手方が、現実にその文書の内容を認識したかどうかを問わず、また、行使の結果、現実に実害を生じまたは生ずるおそれのあることを要しない。

(6)　私文書偽造罪

本罪は、次の三つの類型から成る。①行使の目的で、他人の印章もしくは署名を使用して、権利、義務もしくは事実証明に関する文書もしくは図画を偽造し、または偽造した他人の印章もしくは署名を使用して、権利、義務もしくは事実証明に関する文書もしくは図画を偽造する罪である（一五九条一項）。②他人が押印しまたは署名した権利、義務または事実証明に関する文書または図画を変造する罪である（同条二項）。③前二項に規定するもののほか、権利、義務または事実証明に関する文書または図画を偽造または変造する罪である（同条三項）。これらには、有印私文書偽造罪と無印私文書偽造罪とがある。

(7)　電磁的記録不正作出罪

本罪は、人の事務処理を誤らせる目的で、その事務処理の用に供する権利、義務または事実証明に関する電磁的記録を不正に作る罪である（一六一条の二）。

本罪は、行為客体により、私電磁的記録不正作出罪（一六一条の二第一項）と公電磁的記録不正作出罪（同条第二項）に分かれる。

本罪の行為は、電磁的記録を不正に作ること、つまり不正作出である。「不正作出」とは、電磁的記録作出権者、つまりコンピュータシステムを設置・管理し、それによって一定の事務処理をおこなおうとしている者の本来的意図に反する電磁的記録をほしいままに作出して、存在させることをいう。

(8) 不正電磁的記録供用罪

本罪は、不正に作られた権利、義務または事実証明に関する電磁的記録を、人の事務処理を誤らせる目的で、人の事務処理の用に供する罪である（一六一条の二第三項）。未遂を処罰する（同条四項）。

本罪の行為は、「人の事務処理の用に供する」ことである。これは、不正に作出された電磁的記録を電子計算機にかけて、事務処理のために使用することができる状態に置くことをいい、文書に関する「行使」に相当するものである。したがって、「未遂」・「既遂」も行使罪に準じて考えればよいことになる。

三　有価証券偽造の罪

1　総説

有価証券偽造の罪の保護法益は、有価証券に対する「公共の信用」である。有価証券は、「文書の性質」を有するとともに、「通貨に類似する機能」をも有するので、有価証券偽造罪の性格は、通貨偽造罪と文書偽造罪の中間的なものと言える。有価証券は、経済取引きの重要な手段であり、流通性をもつものが多いので、刑法は、私文書偽造よりも重く処罰するほか、偽造有価証券の交付や輸入なども処罰している。その重要性に鑑み、国際的な取締りが必要であるため、外国人が外国で犯したばあいにもわが刑法が適用される（二条六号）。

2　犯罪類型

(1) 有価証券偽造罪

本罪は、行使の目的で、公債証書、官庁の証券、会社の株券その他の有価証券を偽造し、または変造する罪である（一六二条一項）。

「有価証券」とは、財産上の権利を表示する証券で、権利の行使・処分のために証券の所持を必要とするものをいう。取引き上、流通性を有するか否か、を問わないので、鉄道乗車券や勝馬投票券などのように流通性を欠くものも有価証券である。公債証書は、わが国またはわが国の公共団体が発行したものに限られる。「官庁の証券」は、財務省証券や郵便為替証書などをいう。判例上、有価証券とされるものとして、手形、小切手、商品券、外国貿易支払票などがある。有価証券性が否定されたものとして、炭鉱の採炭切符、郵便貯金通帳、信用組合の出資証券、無記名定期預金証書などがある。

(2)　有価証券虚偽記入罪

本罪は、行使の目的で、有価証券に虚偽の記入をする罪である（一六二条二項）。

本罪の有価証券は、私法上、有効なものであることを要せず、一般人に真正な有価証券と誤信させる程度の外観を具備するものであれば足りる。

判例によると、「虚偽記入」とは、有価証券に真実に反する記載をおこなうことをいう。自己名義か他人名義かを問わないが、他人名義を冒用するばあい、有価証券の発行や振出のような基本的証券行為に関するものが偽造であり、裏書きや引受けや保証などの附随的証券行為に関するものが虚偽記入である。しかし、通説によると、虚偽記入とは、文書偽造罪における虚偽文書の作成に相当するものであり、作成権限を有するものが、有価証券に真実に反する記載をおこなうことをいい、基本的証券行為に限らず、附随的証券行為に関するものでもよいのである。ただし、偽造・変造罪も虚偽記入罪も、ともに一六二条に規定され、法定刑も同じであるから、両者を厳密に区別することには、あまり実益はない。

(3)　偽造有価証券行使等罪

本罪は、偽造もしくは変造の有価証券または虚偽の記入がある有価証券を行使し、または行使の目的で、これを人に交付し、もしくは輸入する罪である（一六三条一項）。未遂を罰する（同条二項）。

本罪の客体は、偽造・変造・虚偽記入された有価証券である。それは、行為者自身が偽造・変造・虚偽記入したものであるか否かを問わず、また、行使の目的で偽造・変造・虚偽記入したものであるかどうか、も問わない。

「行使」とは、偽造有価証券を真正なものとして、または、虚偽記入の有価証券を真実を記載したもののように装って使用することをいい、通貨のように流通過程に置く必要はない。「交付」とは、偽造・変造または虚偽記入の有価証券を情を知ったものに与えることをいう。「輸入」とは、偽造・変造または虚偽記入の有価証券を国外から国内に搬入することをいう。交付・輸入は、行使の目的でおこなわれなければならない。

「実行の着手」は、本罪の客体を行使・交付・輸入する行為を開始した時点でみとめられる。右の行為を完了した時点で「既遂」となる。

四　支払用カード電磁的記録に関する罪

1　総説

クレジットカード、プリペイドカードなど、コンピュータ処理のための電磁的記録を不可欠の構成要素とする支払用カードは、広く国民の間に普及し、今日では、通貨、有価証券に準ずる社会的機能を有するに至っている。このように、決済手段として通貨・有価証券に準ずる機能を果たしている支払用カードを偽造する行為などが頻発し、国民生活に重大な支障が生じているにもかかわらず、従来の刑法の下においては、これに効果的に対処できなかった。そこで、二〇〇一年に刑法の一部改正がなされた。改正法において犯罪化された行為類型は、①クレジットカードなど、代金のまたは料金の支払用のカードを構成する電磁的記録を不正に作出し、供用し、譲り渡し、輸入し、または所持する行為、および、②支払用カード電磁的記録の不正作出の用に供する目的で、その電磁的記録の情報を取得し、提供し、または保管する行為および器械または原料を準備する行為である。

支払用カード電磁的記録不正作出等の罪は、次の四つから成る。すなわち、①人の財産上の事務処理を誤らせる目的で、その事務処理の用に供する電磁的記録であって、クレジットカードその他の代金または料金の支払用のカードを構成するものを不正に作る罪である。②預貯金の引出用のカードを構成する電磁的記録を不正に作った者も、同様とする（一六三条の二第一項）。③不正に作られた前項の電磁的記録を、人の財産上の事務処理を誤らせる目的で、人の財産上の事務処理の用に供する罪である。（同条二項）。④不正に作られた第一項の電磁的記録をその構成部分とするカードを、人の財産上の事務処理を誤らせる目的で、譲り渡し、貸し渡し、または輸入する罪である（同条三項）。本罪の未遂罪は、すべて罰する（一六三条の五）。

本罪の客体となるカードは、「代金または料金の支払用カード」および「預貯金の引出用カード」である。「支払用のカードを構成する電磁的記録」とは、正規の支払用カードの構成要素となっている電磁的記録、つまり、支払システムにおける機械的事務処理の用に供するべき一定の情報が、所定のカードに電磁的方式で記録されたものをいう。

本罪の行為は、「人の財産上の事務処理を誤らせる目的」で支払用カード電磁的記録を不正に作り、または不正に作られた上記の電磁的記録を人の事務処理の用に供し、もしくは不正に作られた上記の電磁的記録をその構成部分とするカードを譲り渡し、貸し渡し、もしくは輸入することである。

支払用カード電磁的記録不正作出罪の「実行の着手」は、支払用カードに情報を印磁する行為を開始した時点でみとめられる。支払用カードとして使用可能となった時点で「既遂」となる。不正作出電磁的記録カード供用罪の「実行の着手」は、右のカードを人の財産上の事務処理のために使用しようとした時点でみとめられる。事務処理のために使用できる状態に置いた時点で「既遂」となる。

不正電磁的記録カード譲渡し・貸渡し・輸入罪の「実行の着手」は、これらの行為を開始した時点でみとめられる。これらの行為を完了した時点で「既遂」となる。

2　支払用カード電磁的記録不正作出準備罪

本罪は、次の四類型から成る。すなわち、①一六三条の二第一項の犯罪行為の用に供する目的で、同項の電磁的記録の情報を取得する罪である（一六三条の四第一項）。②情を知って、その情報を提供する罪である（一六三条の四第一項）。未遂は罰する（同条の五）。③不正に取得された一六三条の二第一項の電磁的記録の情報を、前項の目的で保管する罪である（同条の四第二項）。④第一項の目的で、器械または原料を準備する罪である（同条の四第三項）。

本条は、支払用カードを構成する電磁的記録を不正に作る罪の予備的な行為のうち、不正作出罪の遂行にとって不可欠であり、当該犯罪類型に固有の重要性を有するものとして、カード情報を準備する行為と、カード原版などの器械、原料を準備する行為を処罰するものである。すなわち、カードの情報の不正取得から電磁的記録の不正作出に至る間に、多くの関係者が介在するという実情を踏まえて、取得、提供、保管という行為を処罰することにより、不正作出の実行の着手を待たずに、不正取得に係るカード情報のこれらの段階で的確な対応を確保し、支払用カードを構成する電磁的記録を不正に作るためには、カード情報とともに、カードの原版や、これに印磁するための器械が不可欠であり、これら器械、原料の準備については、カード原版の大量密輸の実情などに鑑み、カード情報の不正取得などを処罰するのと同様の処罰の必要性があるとされたのである。

五　印章偽造の罪

1　総説

印章偽造の罪は、行使の目的をもって印章・署名を偽造し、または、印章・署名を不正に使用し、もしくは、偽造した印章・署名を使用することを内容とする犯罪である。その保護法益は、印章・署名の真正に対する公共の信用であり、本罪は「抽象的危険犯」である。

刑法は、「御璽等偽造罪」（一六四条一項）、「御璽等不正使用罪」（同条二項）、「公印等偽造罪」（一六五条一項）、「公印等不正使用罪」（同条二項）、「公記号偽造罪」（一六六条一項）、「公記号不正使用罪」（同条二項）、「私印等偽造罪」（一六七条一項）、「私印等不正使用罪」（同条二項）および各不正使用罪の未遂罪（一七八条）を規定している。

印章・署名は、文書・有価証券の作成に際して用いられることが多く、その偽造も文書・有価証券の偽造手段としておこなわれるばあいが多いのである。文書・有価証券偽造が既遂になると、印章・署名の偽造は文書・有価証券偽造罪に吸収される。したがって、文書・有価証券偽造が未遂に終わったばあいに、印章偽造罪が成立することになる。したがって、印章偽造罪は、文書・有価証券偽造罪の未遂的形態であるといわれる。他方、印章・署名が文書・有価証券とは独立に、それ自体として文書の役割を果たすばあいがある。たとえば、花押は、たんに印章・署名だけで一定の事実の証明や認証を示すものとして使用される。「印章」とは、人の同一性を証明するために使用される象形（文字または符号）をいう。一般に氏名が象形として用いられるが、必ずしも氏名に限らず、図形を現す拇印や花押などでもかまわない。人の同一性を証明するものであれば足り、有合せ印（三文判など）を用いたばあいも含まれる。印章は、「印影」に限られる。しかし、判例は、「印顆」と印影の両者を含むと解している。印影とは、人の同一性を証明するために、文書・有価証券などのうえに顕出された文字その他の符号の影蹟（押印）をいい、印顆とは、印影を作成する手段としての文字その他の符号を刻した物体（判子・印形）をいう。

　印章か文書か、が問題となるものに、極端な「省略文書」がある。省略文書とは、一定の意思・観念を簡略化して表示する文書をいう。極端な省略文書として物品税表示証紙や郵便局の日付け印がある。学説・判例は、①これを公務所の印章とする印章説とこれを郵便局の署名のある文書とする省略文書説とに分かれている。印章と文書を区別する基準は、名義人の一定の意思・観念を表示するものであるか、人の同一性を表示するものであるか、の点にあるので、日付け印の使用されるばあいによって区別すべきであり、たとえば、金銭領収の趣旨を示すために用いられるばあいは、一定の意思を表示するものであるから文書であるのに対し、たんに郵便物が郵便局に経由したことを示すにすぎないばあいは印章と解すべきである。

　印章は、公印と私印とに分けられる。「公印」とは、公務所・公務員の印章をいい（一六五条）、「私印」とは私人の印章をいう（一六七条）。「記号」は、公務所・公務員の記号、つまり公記号と私人の記号、つまり私記号とに分かれるが、私記号については処罰規定は設けられていない。「署名」とは、その主体である者が、自己を表彰する文字によって氏名その他の呼称を表記したものをいう。氏名を表記するが一般であるが、氏または名のみの記載、片仮名、商号、略号、屋号、雅号などの記載も署名である。署名は、その主体がみずから書く自署である必要はなく、代筆・印刷などによる記名でもかまわない。

2　犯罪類型

(1)　御璽偽造等罪

本罪は、行使の目的で、御璽、国璽または御名を偽造する罪である。御璽等不正使用罪は、御璽、国璽、もしくは御名を不正に使用し、または偽造した御璽、国璽または御名を使用する罪である（一六四条）。未遂を罰する（一六八条）。

本罪は、公印等偽造罪、公印等不正使用罪の特別罪である。これは、客体の相違に基づく特別罪であるから、行為および「未遂」・「既遂」は、基本犯のばあいと同じである。

(2)　公印偽造等罪

本罪は、次の二つの類型から成る。すなわち、①行使の目的で、公務所または公務員の印章または署名を偽造する罪である。②公印等不正使用罪は、公務所もしくは公務員の印章もしくは署名を不正に使用し、または偽造した公務所もしくは公務員の印章もしくは署名を使用する罪である（一六五条）。公印等使用罪の未遂を罰する（一六八条）。

公印偽造罪の成否は、印章の意義の理解の差により違いが生ずる。印章に印顆を含むとする説によれば、印顆の作出によりただちに本罪が成立するが、印影に限るとする説によれば、それでは足りず、物体上に印影を顕出させた時に本罪が成立することになる。

「使用」とは、署名・印影を真正なものとして他人に対して示すことをいい、「不正に使用する」とは、権限のない者が、または権限を有する者が権限を超えて、真正に物体上に顕出された印影・印章を、その用法に従って使用することをいう。使用罪は、使用行為を開始した時点で「実行の着手」がみとめられ、その行為の終了により「既遂」となる。

(3)　公記号偽造罪

本罪は、行使の目的で、公務所の記号を偽造する罪である（一六六条）。「記号」は、印章に比べると、「公共の信用」を保護する程度が低いため、公務所の記号のみが処罰の対象とされ、法定刑も狭義の印章のばあいより軽くなっている。

記号と狭義の印章の区別に関して、判例は、使用の目的物を標準として、文書に押捺して証明の用に供するものが公務所の印章であり、産物、商品、書籍、什物などに押捺するものが記号であると解している（大判大三・一一・四刑録二〇輯二〇〇八頁ほか）。しかし、証明の目的を標準として、主体の同一性を証明するのが印章で、その他の事項を証明するにすぎないものが記号であると解するのが妥当である。なぜならば、主体を表示したばあいのほうが社会的信用が高く厚い保護を受けるに値するのであり、仮にその区別を押捺される物体の違いに求めると、区別が恣意的になって妥当でないからである。

(4)　公記号不正使用罪

本罪は、公務所の記号を不正に使用し、または偽造した公務所の記号を使用する罪である（一六六条二項）。未遂を罰する（一六八条）。

(5)　私印等偽造罪

本罪は、行使の目的で、他人の印章または署名を偽造する罪である（一六七条一項）。

本罪の印章は、狭義の印章に限られる。判例は記号をも含むとするが、公務所の記号のみを罰して私人の記号に関する特別規定がないので、記号は含まれないと解するのが妥当である。

(6)　私印等不正使用罪

本罪は、他人の印章もしくは署名を不正に使用し、または偽造した印章もしくは署名を使用する罪である（一六七条二項）。未遂を罰する（一六八条）。

使用の意義および「未遂」・「既遂」の扱いは、公印等使用罪のばあいと同じである。

六　不正指令電磁的記録に関する罪

不正指令電磁的記録に関する罪は、コンピュータ・ウィルス等の不正プログラム対策のために二〇一一年に刑法の一部改正により新設されたものである。保護法益は、コンピュータのプログラムが、「人がコンピュータを使用するに際してその意図に添うべき動作をさせず、またはその意図に反する動作をさせるべき不正な指令」を与えることはない、というコンピュータ・プログラムに対する公共の信用であるとされている。

不正指令電磁的記録作成等罪は、次の二つの類型から成る。すなわち、①正当な理由がないのに、人の電子計算機における実行の用に供する目的で、人が電子計算機を使用するに際してその意図に添うべき動作をさせず、またはその意図に反する動作をさせるべき不正な指令を与える電磁的記録（一号）、一号の不正な指令を記述した電磁的記録その他の記録（二号）を作成し、または提供する罪である（一六八条の二第一項）。

②正当な理由がないのに、一項一号に掲げる電磁的記録を人の電子計算機における実行の用に供する罪である（同条二項）。本項の罪の未遂罪は、罰する（同条三項）。

①本条一項は、コンピュータ・ウィルスやその他の記録を作成・提供する行為を処罰し、②二項は、コンピュータ・ウィルスの供用行為を罰するものである。たとえば、ソフト開発会社の社員などがウィルス対策ソフトの開発

や試験の目的でコンピュータ・ウィルスを作成する行為は、「正当な理由」があるものと解されている。「実行の着手」は、供用行為を開始した時点でみとめられる。供用行為を終了した時点で「既遂」となる。

第四款　公衆衛生に対する罪

一　犯罪の種類

社会を健全に維持し発展させるためには、「公衆の衛生」を保持させることが重要な基礎となる。そこで、刑法は、公衆の衛生に関する罪として、「あへん煙に関する罪」（第二編一四章）と「飲料水に関する罪」（同一五章）を規定している。

二　あへん煙に関する罪

1　総説

あへん煙に関する罪の保護法益は、あへん煙を吸食することによって害される「公衆の健康」である。あへん（阿片）は、常用すると、中毒の状態を招いて、常用者の心身を害し、ついには廃人に至らせるものである。その悪習が国民の間に蔓延するときには、公衆の健康を損ねて国民生活を頽廃させることになる。そこで、社会の発展の根本を破壊させ、派生的な弊害を多くもたらすあへん煙を、刑法は、取り締っているのである。しかし、今日においては、むしろ麻薬や覚せい剤などの濫用が重大な社会問題となっており、これに対処するために、麻薬取締法、あへん法、大麻取締法（昭二三年法一二四号）、覚せい剤取締法などが制定されている。

一方、あへん煙や麻薬などの犯罪は、国際的な規模でおこなわれることが多いため、その取締りに関して、いくつかの国際条約がある（昭三年条約九号・一〇号、昭一〇年条約四号、昭一二年条約六号、昭三〇年条約一八号、昭三九年条約二二号など）。

2　犯罪類型

(1)　あへん煙輸入等の罪

本罪は、あへん煙を輸入し、製造し販売し、または販売の目的で所持する罪である（一三六条）。未遂を罰する（一四一条）。

本罪の客体であるあへん煙は、精製されてすぐに吸食に供し得るあへん煙膏をいい、原料である生あへんを含まない。

「輸入」とは、日本国外から日本国の領海内・領空内に搬入することをいう。「製造」とは、あへん煙膏を作り出すことをいう。「販売」とは、不特定または多数の者に有償で譲渡することをいい、その意思によるかぎり、必ずしも反覆しておこなわれる必要はなく、また、利益の有無を問わない。「所持」とは、あへん煙を事実上、支配することをいう。

「販売の目的」とは、不特定または多数の者に対して有償で譲渡しようとする意思をいう。

輸入罪の「実行の着手」は、日本国内への搬入行為の開始の時点でみとめられる。「既遂時期」については、陸揚げ説と領海説の対立がある。製造・販売・所持罪の「実行の着手」は、それぞれの行為を開始した時点でみとめられ、それらの行為を終了した時点で「既遂」となる。

(2)　あへん煙吸食器具輸入等罪

本罪は、あへん煙を吸食する器具を輸入し、製造し、販売し、または販売の目的で所持する罪である（一三七条）。

未遂を罰する（一四一条）。

「あへん煙を吸食する器具」とは、あへん煙を吸食する目的で作られた器具をいい、煙管などがこれに当たる。

本罪は、あへん煙輸入等罪とは客体を異にするだけであり、行為および「未遂」・「既遂」は同じである。

(3)　税関職員によるあへん煙等輸入罪

本罪は、税関職員が、あへん煙またはあへん煙を吸食するための器具を輸入し、またはこれらの輸入を許す罪である（一三八条）。未遂を罰する（一四一条）。

本罪の主体は税関職員に限られるので、本罪は真正身分犯である。税関職員は、税関に勤務するすべての公務員を指すものではなく、そのうちの輸入に関する事務に従事する公務員に限られる。

本罪の行為は、輸入または輸入を許すことである。輸入許可罪は、もともと、あへん煙輸入罪とあへん煙吸食器具輸入罪の教唆または幇助に当たるのであるが、取り締る側にある者自身によっておこなわれるために独立罪としたものであるから、真正身分犯である。したがって、税関職員から許可を受けた輸入者は、許可を教唆または幇助したばあいであっても、輸入許可罪の教唆犯または幇助犯としての責任を問わない。

「輸入を許す」とは、明示の輸入の許可だけでなく、黙認のそれをも含む。輸入許可罪は、他人の輸入が「既遂」に達した時点で「既遂」になると解されている。

(4)　あへん煙吸食罪

本罪は、あへん煙を吸食する罪である（一三九条一項）。未遂を罰する（一四一条）。

「吸食」とは、呼吸器または消化器によってあへん煙を消費することをいい、目的のいかんを問わず、公然とおこなわれるか否かを問わない。

本罪は、吸食行為の開始の時点で「実行の着手」がみとめられ、吸食行為の終了の時点で「既遂」となる。

(5)　場所提供罪

本罪は、あへん煙の吸食のため、建物または室を提供して利益を図る罪である（一三九条二項）。未遂を罰する（一四一条）。

本罪は、財産上の利益を得る目的で、あへん煙吸食の用に供するための場所を提供する行為を処罰するものである。「建物または室を提供する」とは、あへん煙を吸食する場所として、建物またはその一部を提供することをいう。利欲犯や営業犯としての性格をもつとともに、あへん煙吸食の悪習の蔓延に力を貸すことになるために、あへん煙吸食罪の従犯に当たるものの中から、とくに本罪の行為を加重処罰するのである。「利益を図る」とは、財産上の利益を得る目的を有することであるが、現実に利益を得たことを必要としない。

本罪は、場所提供行為の開始の時点で「実行の着手」がみとめられ、その行為の終了の時点で「既遂」となる。

(6)　あへん煙等所持罪

本罪は、あへん煙またはあへん煙を吸食するための器具を所持する罪である（一四〇条）。未遂を罰する（一四一条）。

本罪は、販売の目的をもっておこなうばあい（一三六条・一三七条）以外のあへん煙またはあへん煙吸食器具の所持を罰するものである。

本罪の客体を事実上、支配する行為を開始する時点で「実行の着手」がみとめられ、それを支配した時点で「既遂」となる。

三　飲料水に関する罪

1　総説

飲料水に関する罪の保護法益は、「公衆の健康」である。本罪は、不特定または多数の者の生命や身体に対する安全を脅かすものであるから、「公共危険罪」である。したがって、「公衆に供給する飲料の浄水」（一四三条・一四六条・一四七条）と異なって、一四二条や一四四条にいう「人の飲料に供する浄水」とは、不特定またはある程度の数の者の飲料に供されるものをいい、一家族の飲料に供されるようなばあいも含む。

2　犯罪類型

(1)　浄水汚染罪

本罪は、人の飲料に供する浄水を汚染し、よって使用することができないようにする罪である（一四二条）。

本罪の客体は、「人の飲料に供する浄水」である。不特定またはある程度の多数の者の飲用に供される浄水であることを要するので、特定の者の飲用に供する目的で、茶碗やコップなどに入れた浄水は、本罪の客体とはならない（大判昭八・六・五刑集一二巻七三六頁）。「浄水」とは、人の飲料に供し得る程度の水をいうが、清澄な水であることを要しない。井戸のように自然に湧出するものであると、水道のように一定の設備を有し水源から水路によって引用されたものであるとを問わない（前掲大判昭八・六・五）。

本罪の行為は、浄水を汚染し、よってこれを使用することができないようにすることである。「汚染」とは、泥土や塵芥などを混入したり、水底を撹拌して混濁させるなどして、水の清潔な状態を失わせることをいい、一時的であると長時間にわたるとを問わない。

(2)　水道汚染罪

本罪は、水道により公衆に供給する飲料の浄水またはその水源を汚染し、よって使用することができないようにする罪である（一四三条）。

「水道」とは、水を供給するために人工的な設備を施したものをいい、構造の大小、形式の如何を問わない。自然の水流を利用したにすぎないものは除かれる。「公衆に供給する飲料の浄水」とは、不特定または多数の者に飲用として供給されるべき浄水であって、その供給するための途中にあるものをいう。「水源」とは、水道に流入すべき水で、流入前のものをいい、貯水池の水やそこに流れ込む水流などが、これに当たる。

(3)　浄水毒物混入罪

本罪は、人の飲料に供する浄水に毒物その他人の健康を害すべき物を混入する罪である（一四四条）。

「毒物」とは、青酸カリや硫酸ニコチンなどのように、化学的作用によって人の健康を害するに足りる無機物をいう。「人の健康を害すべき物」は、それを飲用することによって人の健康状態を不良に変更する性質を有するいっさいの物質をいい、細菌その他種類の如何を問わない。

本罪は、浄水汚染罪・水道汚染罪・浄水毒物混入罪の「結果的加重犯」である。

(4)　水道毒物混入罪

本罪は、水道により公衆に供給する飲料の浄水またはその水源に毒物その他人の健康を害すべき物を混入する罪である（一四六条前段）。

(5)　水道毒物混入致死罪

本罪は、水道毒物混入罪を犯し、よって人を死亡させる罪である（一四六条後段）。

本罪は、水道毒物混入罪の「結果的加重犯」である。殺意のあったばあいを含むか、また、殺人罪との間にどのような競合関係をみとめるべきか、が問題となる。この点につき、①殺意のあるばあいも本罪に含まれるが、殺人未遂のばあいには、水道毒物混入罪と殺人未遂罪との観念的競合になるとする説と②殺意のあるばあいも本罪に含まれ、殺人の既遂・未遂を問わず、本罪と殺人罪との間に観念的競合が成立するとする説や③殺意のあるばあいは本罪に含まれず、水道毒物混入罪と殺人罪または殺人未遂罪との間に観念的競合の関係がみとめられるとする説が主張されている。わたくしは、実質的観点から見て①説が妥当であると考えている。

(6)　水道損壊・閉塞罪

本罪は、公衆の飲料に供する浄水の水道を損壊し、または閉塞する罪である（一四七条）。

本罪の客体は、「公衆の飲料に供する水道」である。「公衆」とは、不特定または多数の者をいう。「浄水の水道」とは、浄水をその清浄を保持しつつ一定の地点に導く設備をいう。

「損壊」とは、水道による浄水の供給を不可能または困難にする程度に破壊することをいう。「閉塞」とは、有形の障害物で水道を遮断して、浄水の供給を不能または著しく困難にすることをいう。

第五節　国家的法益に対する罪

第一款　総説

国家的法益に対する罪とは、刑法上、直接、保護の対象とされている利益の主体が国家である犯罪をいう。つまり、それは、国家自体の法益に向けられた攻撃を内容とする犯罪類型であり、このばあいの国家とは、日本国を意味する。地方公共団体の作用は、厳密には「国家」の作用とは言えないが、広義においては国家作用の一部と解することができるので、国家の作用に含まれるものと考えてよいのである。ここにおける犯罪は、「国家の存立に対する罪」と「国家の作用に対する罪」から成る。

国家は、その存立を保全するために、内部の秩序の維持と外部に対する安全の保護に留意する必要がある。そこで、刑法は、国家の存立に対する罪として、国家の内部的秩序に対する罪である「内乱に関する罪」と、外部的安全に対する罪である「外患に関する罪」とを規定している。国家の存立は、きわめて重要な意味をもっていうので、国家の存立に対する罪が各則の冒頭に規定されている。その本質は、国家に対する行為者の「誠実義務の違反」にあるが、行為は、政治的な確信に基づく非破廉恥な性格を帯びるため、処遇上、犯罪者の名誉を重んずるという観点から、内乱に関する罪については、「名誉拘禁としての禁錮刑」のみが法定されている。

第二款　内乱に関する罪

一　総説

内乱に関する罪は、「国家の内部的秩序」を崩壊させることによって、その存立を脅かす犯罪である。内乱が成功して新秩序が形成されると、内乱罪を処罰できないことになるので、本罪は、侵害犯ではなく、「危険犯」の形式でしか規定し得ない性質の犯罪である。

刑法は、保護主義の見地から、犯人の何人であるかを問わずに、国外犯をも処罰するものとしている（二条二号）。内乱に関する罪は、狭義の「内乱罪」（七七条）、「内乱予備・陰謀罪」（七八条）、「内乱幇助罪」（七九条）から成る。

二　犯罪類型

1　内乱罪

内乱罪は、国の統治機構を破壊し、またはその領土において国権を排除して権力を行使し、その他憲法の定める統治の基本秩序を壊乱することを目的として暴動をおこなう罪である。本罪は、「必要的共犯」の一種としての「多衆犯」であるので、主体は、多数者でなければならず、しかもそれは、七七条に規定する目的を達成させるのに十分な程度の多数者でなければならない。「首謀者」とは、暴動の主謀統率者をいい、「謀議参与者」とは、首謀者の参謀役として、暴動の計画に加わった者をいい、「群衆指揮者」とは、現に暴動に参加した群衆を指揮する者をいう。「その他諸般の職務に従事した者」とは、前記の三者以外の者で、これらの者の統制に服しながら、暴動に関して、一定の責任のある地位を占める者をいい、「付和随行者その他単に暴動に参加した者」とは、暴動のおこなわれるのを知って、これに付和雷同的に参加し、暴動の勢力を増大させた者をいう。

本罪は、本条記載の目的で暴動をおこなうことである。「暴動」とは、内乱の目的を遂げるのに相当な規模の暴行・脅迫をおこなうことをいう。暴動と言えるためには、多数の者が結合して暴行・脅迫をおこない、少なくても一地方の平穏を害する程度に至ることが必要である。暴行・脅迫は、最広義のそれを意味する。

本罪は、目的犯である。「国の統治機構を破壊する」とは、日本国の政治的基本組織を不法に破壊することをいい、その例として、「政府の転覆」と「邦土の僭取」が挙げられている。「政府の転覆」とは、個々の内閣の打倒ではなく、行政組織の中枢である内閣制度自体を破壊することをいい、「邦土を僭窃する」とは、日本国の領土を占拠して、その領土主権の一部または全部を排除することをいう。

本罪の「実行の着手」は、暴動をおこなうための団体行動が開始された時点でみとめられる。実際に暴行・脅迫がおこなわれたことは必要でない。本罪は、暴動の結果、少なくても一地方の平穏が害されるに至った時点で「既遂」となる。一地方の平穏が害されるに至らなかったばあいは、「未遂」である。

2 内乱予備・陰謀罪

内乱予備・陰謀罪は、内乱の予備または陰謀をおこなう罪である（七八条）。暴動に至る前に自首したときは、その刑を免除する（八〇条）。

「内乱の予備」は、内乱を計画して、その実行を準備することをいう。たとえば、武器、弾薬、糧食の調達や同志の募集などがこれに当たる。「内乱の陰謀」とは、二人以上の者の通謀で、内乱の実行の内容に関する合意をいう。

内乱罪は、重大な犯罪であるから、予備・陰謀も処罰されるのである。暴動のための集団行動が開始された後は、本罪は、「内乱未遂罪」または「既遂罪」に吸収されて、独立して処罰されることはない。

3 内乱幇助罪

本罪は、兵器、資金もしくは食糧を供給し、またはその他の行為により前二条の罪（内乱罪、内乱未遂罪、内乱予備・陰謀罪）を幇助する罪である（八〇条）。

本罪は、内乱の幇助行為を「独立罪」としたものであるから、幇助に関する刑法総則の規定（六二条・六三条）は、適用されない。幇助は、内乱の集団の外から実行や予備・陰謀を容易にするような援助を与えることである。「兵器」とは、暴動に用いるべき兵器や弾薬をいい、「資金・食糧」とは、軍資金や兵糧をいい、「その他の行為」は、これらに準ずるものを指し、陰謀の場所の提供や暴動に便益を与える図面の供与などがこれに当たる。

第三款　外患に関する罪

一　総説

外患に関する罪は、祖国に対する国民の「裏切り行為」を内容としているので、自由刑としては、名誉刑としての禁錮ではなく、懲役が規定されている。保護法益は、「国家の対外的存立」である。外国人の国外犯も罰処される(二条三号)。刑法は、「外患誘致罪」(八一条)、「外患援助罪」(八二条)、それらの罪の「未遂罪」(八七条)および「外患予備・陰謀罪」(八八条)を規定している。

二　犯罪類型

1　外患誘致罪

本罪は、外国と通謀して、日本国に対して武力を行使させる罪である(八一条)。未遂を罰する(八七条)。

本罪の行為は、外国と通牒して日本国に対して武力を行使させることである。「外国」とは、外国政府をいい、外国人の私的団体を意味しない。「通謀する」とは、外国の政府と意思の連絡をおこなうようにすることをいう。「武力を行使させる」とは、軍事力を用いてわが国の安全を侵害することをいい、外国の軍隊のわが国土内への侵入やわが国土に対する砲爆撃などがこれに当たる。

本罪の「未遂罪」は、通謀行為が開始されたが、通謀は未完成に終わったばあい、通謀は完成したが、武力の行使に至らないばあい、および通謀も武力行使もあったが、両者の間に因果関係がみとめられないばあいに成立するとされている。外国による武力の行使が現実にあった時に、「既遂」となる。

2　外患援助罪

本罪は、日本国に対して外国から武力の行使があったときに、これに加担して、その軍務に服し、その他これに軍事上の利益を与える罪である（八二条）。未遂を罰する（八二条）。

行為の状況として、日本国に対して外国による武力の行使がおこなわれているときが、要求されている。直接、戦闘に参加しなくても、「軍務に服し」といえる。「その他軍事上の利益を与える」とは、外国のおこなう武力の行使に有利となるような有形・無形の方法を供与するいっさいの行為をいい、武器・弾薬・糧食などの資給・運搬、軍事情報の提供などが、これに当たる。

外患援助行為を開始の時点で本罪の「実行の着手」がみとめられ、その行為の完了の時点で「既遂」となる。

3　外患予備・陰謀罪

本罪は、外患誘致罪（八一条）および外患援助罪（八二条）の予備または陰謀をおこなう罪である（八八条）。

第四款　逃走の罪

一　総説

逃走の罪の保護法益は、刑事司法の手続に基づき、国家機関が一定の者の身体の自由を拘禁する作用である。逃走の罪には、拘禁された者がみずから逃走する類型として、「単純逃走罪」（九七条）および「加重逃走罪」（九八条）があり、第三者が拘禁された者を逃走させる類型として、「被拘禁者奪取罪」（九九条）、「逃走援助罪」（一〇〇条）および「被拘禁者解放罪」（一〇一条）がある。

刑法は、被拘禁者の自己逃走を処罰するばあいを限定し、第三者の奪取・援助よりも軽い刑を規定しているので、被拘禁者が自己の逃走のために、第三者に対して奪取・援助などをなすべきことを求めたばあい、その共犯（六〇条以下）として処罰されるべきではない。

二　犯罪類型

1　単純逃走罪

本罪は、裁判の執行により拘禁された既決または未決の者が逃走する犯罪である（九七条）。未遂を罰する（一〇二条）。

本罪の主体は、裁判の執行により拘禁された既決または未決の者に限られるので、本罪は「身分犯」である。「既決の者」とは、確定判決を受けて自由刑（懲役刑・禁錮刑・拘留刑）の執行として拘禁されている者、または死刑の執行されるまで拘置されている者をいう。「未決の者」とは、裁判の確定前に、刑事手続きによって拘禁されている者（起訴前勾留の被疑者・起訴後勾留の被告人）をいう。

「逃走する」とは、適法な拘禁状態から不法に離脱することをいう。

逃走行為は、拘禁作用の侵害が開始された時に、「実行の着手」がみとめられ、看守者の事実上の支配を完全に離脱した時に、「既遂」となる。拘禁場の外壁を乗り越えても追跡を受けているばあいは、拘禁を離脱したとは言えず、「未遂」に止まる。

2　加重逃走罪

本罪は、裁判の執行により拘禁された既決もしくは未決の者、または勾引状の執行を受けた者が、拘禁場もしくは拘束のための器具を損壊し、もしくは暴行もしくは脅迫をし、または二人以上通謀して逃走する罪である（九八条)。未遂罪を罰する(一〇二条)。

本罪の主体は、裁判の執行により拘禁された既決または未決の者のほか、勾引状の執行を受けた者である。「勾引状の執行を受けた者」とは、正当の理由もなく出頭しないばあいに勾引された証人(民訴一九四条、刑訴一五二条)のほか、未決の者に当たらない者、つまり逮捕状によって逮捕された者、収監状・勾留状の執行を受けていまだ収監手続きが完了していない収監前の者などを含む。「拘禁場」は、刑事施設(刑務所と拘置所をいう)、警察の留置施設(留置場)などのように、被拘禁者を拘束するために使用される場所・施設をいい、「拘束のための器具」とは、身体の自由を拘束するための器具、たとえば手錠、捕縄などをいう。

本罪の行為は、拘束場・拘束器具を損壊し、暴行・脅迫をし、または通牒して逃走することである。「損壊する」とは、物理的に破壊することをいい、たとえば、監獄の窓枠を金切鋸で切断したり、留置場の板壁に穴をあけたり、また、拘置所監房の錠を損壊したり、手錠、捕縄を毀損したりするなどの行為が、これに当たる。

「暴行・脅迫」は、逃走の手段として、看守者またはその協力者に対してなされることを要し、必ずしも、これらの者の身体に加えられたものに限られない。物に対して加えられても、これらの者の身体に物理的に影響を与え得るばあい(いわゆる間接暴行)も含まれる。「二人以上通謀する」とは、逃走の手段・方法・時期などについて連絡しあい、意思を通ずることをいう。

本罪の「実行の着手」は、手段となる行為の態様によって異なる。すなわち、①拘禁場または拘束のための器具を損壊する行為、②暴行または脅迫行為を手段とするばあいは、それぞれ損壊行為または暴行・脅迫行為を開始した時点で「実行の着手」がみとめられ、拘禁を離脱した時に「既遂」となる。③二人以上通謀するばあいは、通謀者が、ともに逃走行為を開始した時点で「実行の着手」がみとめられ、通謀逃走者の各人ごとに「既遂時期」が確定される。したがって、通謀者のうちのある者の逃走が既遂となったばあいであっても、他の者の逃走が「未遂」となることがある。

3　被拘禁者奪取罪

本罪は、法令により拘禁された者を奪取する罪である（九九条）。未遂を罰する（一〇二条）。

本罪の客体である「法令により拘禁された者」とは、わが国の法令により、わが国の国家機関によって身体の自由を拘束された者をいう。したがって、加重逃走罪における「既決、未決の者又は勾引状の執行を受けた者」より広く、既決・未決の者、勾引状の執行を受けた者のほか、現行犯人として逮捕された者（刑訴二一三条）、緊急逮捕された者（刑訴二一〇条）、逃亡犯人引渡法五条によってわが国の官憲に拘禁された者なども、これに含まれる。

本罪の行為は、上記の者を奪取することである。「奪取する」とは、身体の自由を拘束された者をその看守者の事実的支配から離脱させて自己または第三者の支配下に移すことをいう。

「実行の着手」は、奪取行為を開始した時点でみとめられ。客体を自己または第三者の支配下に置いた時点で「既遂」となる。

4　逃走援助罪

本罪は、次の二つの類型から成る。すなわち、法令により拘禁された者を逃走させる目的で、①器具を提供し、その他逃走を容易にすべき行為をおこなう罪（一〇〇条一項）および②右記の目的で、暴行または脅迫をおこなう罪（同条二項）である。未遂を罰する（一〇二条）。

逃走援助罪は、「法令により拘禁された者」がみずから逃走するのを援助する行為を処罰するものであるから、その実質は、逃走の幇助罪（六二条一項）にほかならない。しかし、逃走罪として処罰される者よりも逃走援助罪のほうが重く処罰されているから、「独立犯罪」として把握されるべきであり、一般の幇助犯の成立は否定される。

本罪の行為は、被拘禁者の逃走を容易にすべき行為をし、または暴行・脅迫をおこなうことである。「器具を提供する」とは、縄梯子や金切鋸などの逃走に役立つ道具を手渡すことをいい、それは逃走援助の一例として例示されたものである。「逃走を容易にすべき行為」とは、逃走を容易にする可能性を有するいっさいの行為をいい、逃走の機会・方法・逃走経路などを教えたり、拘束のための器具を解き放してやることなど、言語によるばあいと動作によるばあいのいずれであってもよいとされる。

本罪の「実行の着手」は、①器具を提供し、その他逃走を容易にすべき行為を開始した時点、または、②暴行・脅迫を開始した時点でみとめられる。そして、逃走を容易にする行為が終了した時点で「既遂」となる。被拘禁者が逃走を開始し、または逃走を完了したことは必要でない。暴行・脅迫がなされたばあいは、ただちに「既遂」となり、被拘禁者が逃走したことは必要とされない。

5　看守者逃走援助罪

本罪は、法令により拘禁された者を看守しまたは護送する者が、その拘禁された者を逃走させる罪である（一〇一条）。未遂を罰する（一〇二条）。

本罪の主体は、法令によって拘禁された者を看守または護送する者に限定される（身分犯）。「逃走させる」とは、被拘禁者に逃走を実行させ、または、逃走を容易にするいっさいの行為をいう。

「実行の着手」は、逃走させる行為を開始した時点でみとめられ、被拘禁者が逃走した時に「既遂」となる。

第五款　国交に関する罪

一　総説

国交に関する罪の保護法益について、国家主義的な見地から、国家の対外的地位であるとする見解もあるが、国際主義的な見地から、「国際法上の義務」に基づいて「外国の法益」を保護するものと解するのが妥当である。たしかに、外国の法益擁護を直接の目的としているわけではないし、刑法典上の位置から見ても、本罪が国家に対する罪として規定されていると解することも不可能ではない。しかし、本罪は、必ずしも、ただちにわが国の存立を危うくするものを内容としていないし、外国政府の請求が訴訟条件とされているばあいがあるので、外国の法益を保護するものと解すべきなのである。

二　犯罪類型

刑法は、国交に関する罪として、「外国国章損壊等の罪」（九二条）、「私戦予備・陰謀罪」（九三条）および「局外中立命令違反罪」（九四条）を規定している。

私戦予備・陰謀罪は、外国に対して私的に戦闘行為をする目的で、その予備または陰謀をする罪である（九三条）。外国に対して私的に戦闘行為をおこなうのは、当該国とわが国との国交を破壊することになるので、そのような私戦の予備・陰謀は処罰される。本罪は、外国に対して私的に戦闘行為をする目的でなされることが必要である。「外国」とは、国家としての外国をいう。「私的に戦闘行為をする」とは、国の命令によらず勝手に戦闘行為をおこなうことをいう。

本罪は、外国に対する私的な戦闘行為の予備・陰謀をすることである。「戦闘行為」とは、武力による組織的な攻撃・防御をいう。「予備」とは、実行の着手前の段階における犯罪の準備行為をいう。たとえば、兵器、弾薬の用意、兵糧の調達、人員の招集などが、これに当たる。「陰謀」とは、私的な戦闘行為の実行を目指してなされる二人以上の者の通謀をいう。

第三章　実行の着手

第一節　未遂犯の意義と実行の着手

刑法は、「実行の着手」を未遂犯の本質的要素として規定している。すなわち、「犯罪の実行に着手しこれを遂げなかった」ばあいを未遂犯として概念規定しているのである（四三条）。しかし、四三条は、「実行の着手」の内容を明らかにしてはいない。それは、本条が通常の定義規定と異なる規定の仕方をしているからである。定義規定においては、通常、「〜とは、〜という」形式が用いられるが、本条はこれを用いていない。つまり、本条は、たんに未遂犯を処罰すべきばあいを示すにとどまり、一般的な定義をしていないのである。ここにおいては、実質的に未遂犯の概念を規定していることになる。それゆえ、未遂犯の「実質的」把握が「理論上の課題」となるわけである。さらに、本条においては、「犯罪の実行」の「着手」という表現が用いられている。これらの文言には解釈の余地が大いに残されていることになる。すなわち、本条にいう「犯罪」、「実行」および「着手」の意義が確定される必要が生ずるのである。それぞれについて理解が分かれる可能性が存在する。

実行の着手前の準備行為が「予備」であるから、「実行の着手」は、未遂と予備とを「限界づける機能」を有する。そうすると、実行の着手は、単なる「機能」概念にすぎないかの観を呈する。しかし、そうではない。それは、限界機能を果たさせる目的で設定された概念ではなくて、未遂犯の本質を定義づける「属性」概念なのである。一定の属性を提示すれば、その存否が当該観念の外延を画定する限界機能を有することになる。すなわち、その属性を有しないものは、当該概念から排除されるので、結果的に限界づけの機能が果たされるわけである。しかし、それは、結果的に生ずる事実上の効果にとどまる。実行の着手概念は、あくまでも未遂犯の属性を包含するものであり、他の機能を果たさせるための操作概念ではないことに留意しなければならない。

「実行の着手」とは、日常用語上、元来、或事を開始すること、それに取り掛かることを意味する。ところが、現在の刑法学においては、何らかの意味で「結果発生の危険」をもたらす行為を開始することを含意すると理解されている。それは、日常用語例の範囲を超えるものであって、本来の語義ではない。にもかかわらず、「危険の観念」が包含されるに至った理由を明らかにする必要がある。その検討に当たっては、学説史的考察が要求されることになる。この点については、節を改めて詳しく見ることにする。

次に、実行の着手をどの時点でみとめるべきかは、未遂犯の「処罰根拠」に関わる。この点は、「違法性の本質」をいかに解するか、という根本問題に遡って考察する必要がある。違法性の本質に関して、かつて主観的違法性説と客観的違法性説とが対立していた。両説の対立は、「法の性質」の把握をめぐって生じたのであった。すなわち、法の性質を「命令規範」と解するか、それとも「評価規範」と解するかが、主観的違法性説と客観的違法性説の分岐点となったのである。主観的違法性説は、法を命令規範と解し、その名宛人は命令を理解できる責任能力者に限られると解した。この説によれば、違法性は、責任能力者の行為についてのみ問題になるとされる。このように違法性論の次元において責任能力という責任の要素を問題にすることによって、主観的違法性説は、違法性と責任を同一の次元で把握し、違法性と責任の融合をもたらすことになった。そして、「責任なき不法」（違法であるが責任はないという事態）の観念を否定したのである。法規範を命令と把握する従来の主観的違法性説は、現在ではほとんど支持者を失っており、学説上、もはや克服されたと言ってよい。しかし、法規範を命令と解する立場は、一元的行為無価値論に継承されている。この点に関して、わたくしは、三十数年前に一元的行為無価値論としての「志向反価値論は規範論の衣装をまとった主観主義である」と指摘した。すなわち、「それは、わが国において独自に牧野博士によって解釈論的にドイツの学説よりも徹底した形で展開された主観主義のいわば規範論的な『遅れ咲き』であり、法規範を命令として把握する規範論の見地から主張されるものであ」ると述べたのである。(1) 右の指摘は、今日でも意義を失っていないので、改めてこの観点からの再検討が必要であるとおもう。

客観的違法性説は、法を「客観的な評価規範」と解し、違法性をこの客観的な評価規範としての法に違反することと解する。この説によれば、行為が違法であるためには、客観的に見て法に違反していれば足り、行為者が責任能力を有していることは必要とされない。したがって、責任無能力者の行為は違法であり得ることになり、「責任なき不法」の観念が肯定される。

このように刑法規範の性格について見解の対立があるが、この点についてわたくしは、以下のように解すべきであると考えている。すなわち、刑法規範は、第一次的に「評価規範」であり、第二次的に「意思決定規範」であると解するのが妥当である。(2) これは、今日の通説がみとめるところである。刑法は、まず、ある行為が刑法の見地から価値適合的であるかどうかを「評価」し、価値適合的でない行為を「違法行為」とし、これを禁止する。この意味において刑法は、「評価規範」としての性格を有するわけである。ここでなされる評価は、あくまでも「価値判断」であり、法秩序に適合するとみとめられるべきか否か、という「実質的判断」である。これは、一定の観念に包括されるか否か、という「形式的判断」としての包摂判断とは異なる。価値判断としての違法性は、価値的に妥当か否か、という行為の当否に関わる判断を意味する。

次に、刑法は、第二次的に「意思決定規範」として命令機能（意思決定機能）を有する。違法性は、構成要件に該当する行為が評価規範に違反することを意味し、責任は、行為者の意思形成が意思決定規範に違反することを意味する。このように刑法は、違法性と責任の判断を明確に区別し、それぞれ刑法の規範としての機能に対応しているのである。そして、違法性の次元において、新たな客観説との対比で行為無価値論が主張されるに至ったのである。すなわち、従来の客観説は、結果無価値論として性格付けされ、行為無価値論と結果無価値論との対立が生じたわけである。これは、さらに人的不法論と物的不法論の対立へと変化し、今日に至っているのである。

行為無価値論と結果無価値論の対立の中核は、「人的」要素である行為者の「主観」を違法性の本質の把握に当たってどれだけ重視するか、にあるので、違法性の存否を考察するばあいに行為者の意思を重視する立場を「人的不法論」、これを排除して人的でない「物的」な法益侵害ないしその危険のみを考慮に入れる立場を「物的不法論」と称するのが妥当であると考える。そこで、わたくしは、結果無価値論を物的不法論とし、人的不法論のうち、行為無価値のみを不法の構成要素と解する立場を一元的人的不法論、結果無価値をも不法の構成要素と解する立場を二元的人的不法論と称すべきことを提唱して来ているのである[3]。物的不法論は、刑法の評価規範の側面だけを強調したうえで、違法性の判断の「対象」は客観的なものに限られるべきであると主張する。その点で従前の客観的違法性説と異なるので、この説は「新たな客観的違法性説」と称されている。

法益侵害ないしその危険（結果無価値）が、違法行為としての不法の構成要素であると解することは、法益侵害説の見地にとって当然のことであったと言える。なぜならば、法益侵害こそが違法性を基礎づけるものとして把握されていたからにほかならない。法益侵害の結果が存在すれば、違法性の基礎付けとしてそれだけで十分であると解されたのである。ところが、それだけでは不十分であるとして、人的不法論が主張されるに至った。たしかに、法的に承認された価値としての「法益」の侵害は、法秩序にとってきわめて重大な脅威であるから、法秩序はそれを禁圧しなければならないことになる。つまり、「法益の侵害」という「結果」が重大であるからこそ、その結果をもたらそうとする「行為」それ自体が、禁止の対象とされるわけである。現実に法益が侵害されたばあい、もはやそれを回復することは不可能ないし困難である。そこで、法益を保全するという観点からは、法益が侵害されない状態を維持することがもっとも望ましいと言える。法益は、侵害されてしまうと、現実に回復できないばあいが多いのであり、その最たるものが生命である。生命は、一たん失われてしまうと、絶対に回復不可能である。このように回復できない状態を惹き起こしたばあいには、価値秩序の維持を任務とする法秩序の立場から、その行為に対して最大限の反価値評価を下すことになる。その評価が違法性にほかならない。そのような法益侵害を事前に防止するために、法秩序は一定の行為を違法としそれを禁止するのである。その禁止は、「違法行為をおこなわないようにせよ」という命令を内容とする。逆に言えば、適法行為をおこなうべき意思決定を要求するのである。これこそが意思決定規範にほかならない。

すでに見たように、結果無価値は不法の構成要素であり、不法はそれに尽きるので、違法性の判断対象も客観的要素に限られると解する立場が、物的不法論である。しかし、このような理解の当否は、別の角度から検討される必要がある。わたくしは、次の理由から、不法の内容を確定するに当たって、行為者の主観面をまったく度外視すべきではないと考えている。すなわち、人間の行為としての不法（違法行為）は、その行為者の主観を考慮に入れてはじめて、人間の行為としての「意味」をもち得るのである。法秩序は、人間の物理的な外形的な身体的動静それ自体に関心をもっているわけではない。その外形的な身体的動静は、行為者の「主観」に担われているからこそ、法益侵害に対する「関係」が明らかにされ得るのである。言い換えると、行為者の主観は、それ自体として「法的意味」を有するのではなくて、あくまでも「法益侵害との関係」において法的意味を取得するに至ることになる。(4) 客観的なものだけを基礎にして違法性を認定するのは、判断の対象を客観的なものに限ろうとする物的不法論の根本的立場に由来する。物的不法論は、行為から生じた客観的な「結果」それ自体だけを考察の対象とする。しかし、「行為」の意味を抜きにして結果それ自体に「規範的な意味」が生ずるわけではない。法的に意味のある行為に担われた結果が、法的に重要な意味をもち得るのである。たとえば、自然災害、他人の過失行為または故意行為（傷害行為または殺人行為）の結果として人間が死亡したばあい、死亡という「結果」それ自体は、同一である。自然災害死のばあいは、人間の行為による死亡ではないので、刑法上、問題にならない。しかし、後二者については、死亡の結果それ自体に違いはないにもかかわらず、行為者の「意思内容」によって違法性という「規範的評価」に差が生ずるのである。したがって、違法性の存在を判定するに当たって、行為者の意思に担われて結果が生じたという側面が、重要性を有することになる。そのばあい、結果の実現態様も考慮されなければならない。すなわち、結果発生それ自体だけでなく、それを発生させる「方法・形式・態様」も重要であるとされるのである。(5)

右に見たように、行為者の主観は、結果無価値に影響を及ぼし得る。たとえば、故意・過失は法益侵害としての結果発生の「確実度」に重要な差をもたらすのである。この点については、後で述べることにする。また、行為態様も、法的評価に当たって重要な役割を果たしている。したがって、違法性の本質論として、二元的人的不法論が、もっとも「実体」に即していると言える。(6) しかし、主観面を考慮に入れると客観主義的理解に悪影響を及ぼすことになるとする批判がある。この批判について、わたくしは、かつて不能犯論における具体的危険説の判断基底との関連で、次のように指摘したことがある。すなわち、「行為者および一般人の認識を判断基底に入れると、違法判断が主観的・恣意的になるとの批判が予想される。しかし、決してそうではない。たしかに、判断基底に行為者・一般人の認識を組入れるのは、主観的要素を取り込むという意味においては『主観的』であるが、しかし、判断が恣意的になるという意味においては『主観的』ではない。判断それ自体はあくまでも客観的になされうるのである。『主観的』という語は（逆に、客観的という語も）、きわめて多義的であるから、常にその正確な意義を定めたうえで使用されるべきである。すなわち、『主観的→独断的→恣意的したがって不当』という無意識的な図式化がなされがちであるが、しかし、常にこの図式が正しいわけではない。厳密な分析が必要である」と述べたのである。(7) この指摘は、今なお通用し得るとおもう。

従来、「人的不法論→刑法の倫理化、物的不法論→刑法の没倫理化」という図式が当然視されて来た。そして、人的不法論は、「社会倫理秩序違反」を問題にすることによって法と倫理の混同をもたらすと批判されて来たのである。この点に関しても、わたくしは次のように指摘した。すなわち、「わが国では、行為反価値論が『社会倫理秩序違反』を問題にすることによって法と倫理の混同を招くという点に批判が向けられている。たしかに、人的不法論を推進したヴェルツェルとその弟子たちが社会倫理秩序違反を不法の中核にすえていることは、事実である。しかし、この結びつきは偶然にすぎない」としたうえで、次のように主張したのである。つまり、①ヴェルツェルは刑法の任務を「基本的な社会倫理的心術（行為）価値の保護」に求めたのであり、②不法の中心に社会倫理秩序違反性が投影され、③さらに目的的行為論からの帰結として行為反価値論が展開されたのである。そして、「これらの結びつきはヴェルツェルにおいては必然的と解されるが、異なった立場からは必然性が否定されうる。すなわち、①刑法の任務は国家生活上重要とされる『価値』（法益）を保全することである。その『価値』は社会倫理的なものに限られない。②したがって、不法の中核は、『価値』秩序の破壊ないし侵害であって『社会倫理秩序』違反ではない。③目的的行為論によらなくても、故意・過失を一般的主観的違法要素と解し人的不法論をとることができる。このようにして、わたくしは、人的不法論の立場に立ちながらも、不法を『社会倫理秩序違反』の問題として把握すべきではないと解するのである。これは、法と倫理の分離を不法の領域において貫徹しようとする試みにほかならない。このように見てくると、人的不法論は不法を倫理化するものであるという批判は失当であるということになる」としたのであった。(8)

人的不法論を採ったとしても、次のように解することによって、前述したヴェルツェルにおける必然性は否定され得る。すなわち、①刑法の任務は国家生活上重要とされる「価値」（法益）を保全することにあり、その「価値」は社会倫理的なものに限られない。②したがって、不法の中核は、「価値」秩序の破壊ないし侵害であって「社会倫理秩序」違反ではない。③目的的行為論によらなくても、故意・過失を一般的主観的違法要素と解し人的不法論を採ることができるのである。現在では通説もこのことを承認するに至っている。このようにして、人的不法論を採りつつも、不法を「社会倫理秩序違反」の問題として把握すべきではないと主張できるのである。(9)

実行の着手の問題には、右に見てきた問題とは別の側面の問題が存在する。それは、不能犯論との関連で生ずる問題である。不能犯論において具体的危険説を採ったばあい、実行の着手の存否は、未遂と不能犯を分ける基準となる。実行の着手の存在を要件とする未遂犯が、結果発生の「具体的な危険性」を有する行為であるのに対して、不能犯は、その危険性のない行為を意味する。未遂犯は、実在する「当該行為事情」の下で当該行為から結果発生が具体的にあり得たか否か、を判断するものであるのに対して、不能犯は、一般人の見地をも考慮して「想定された行為事情」の下で結果発生があり得たか否か、を判断するものである。この問題については、第四章「不能犯論」において検討する。

実行の着手の問題は、①「予備行為」との対比による「実行の着手」に基づく未遂の処罰根拠および②「既遂」との対比による「未遂」の処罰根拠の確定の問題と関係を有する。いずれも一定の論点との対比において議論が展開される問題である。まず、①の論点については、次のように言える。すなわち、予備行為は、実行行為に発展する段階にある「準備」行為である点に特徴がある。予備行為に後続する実行行為は、違法行為が定型化された構成要件の要素であり、結果発生の「類型的な危険性」を包含する行為である。その意味において、実行行為は、「抽象的危険性」を有する行為であると言える。したがって、そのような行為に発展して行く予備行為は、さらに軽度の抽象的危険を包含するものであり、これを処罰する予備罪は、「抽象的危険犯」であると言えることになる。さらに、その危険が結果発生の具体的危険へと転化する決定的時期が「実行の着手」時期である。ここにおいて、抽象的危険犯としての予備罪が「具体的危険犯」としての未遂犯に転化することになる。つまり、発展過程の中の質的変化が問題となるのである。

次に②の論点については、次のように言える。すなわち、「既遂犯」は、法益侵害の結果発生を根拠にして処罰される。刑法は、法益保護を「任務」としているので、法益侵害の結果を発生させた者に対して刑罰を科するのである。ここで刑法の任務の問題を見ておく必要がある。刑法の任務ないし機能に関して、社会倫理主義と法益保護主義が対立している。社会倫理主義は、刑法の機能を法益保護による社会倫理の維持に求め、犯罪の本質は社会倫理規範違反であるとする。法益保護主義は、刑法の機能を法益の保護に求め、犯罪の本質は法益の侵害・危険であるとする。この対立は、古典学派と近代学派との対立とは直接的な関係を有しないが、社会倫理主義が、応報主義に立脚する後期古典学派に由来するのに対し、法益保護主義は、前期古典学派に由来するとされている。刑法の任務は、法益保護をとおして究極において社会秩序を維持することを目的とし、社会倫理秩序の維持を目的としてはいない。したがって、法益を侵害し、またはその危険を生じさせる行為でないかぎり、たとえ社会倫理規範に違反する行為であっても、刑法上の違法行為とはならないのである。このように、刑法の目的は法益保護にあるが、しかし、その法益保護機能が、副次的に社会倫理維持の機能を事実上、果たしている。つまり、社会生活上、重要な法益侵害行為は倫理的にも不当とされることが多いのである。しかし、社会倫理の維持は、刑法の「目的」ではないとされなければならない。

右に見たように、「既遂犯の処罰根拠」は、法益侵害という結果の発生である。行為者に対して科せられる刑罰の量は、第一次的に結果のもたらす「衝撃力」によって判定される。そのような結果が発生しなかったばあいには、右の「衝撃力」は存在しないことになる。法益侵害の結果が発生していない以上、「未遂犯」を不可罰とするのが論理的帰結となるはずである。しかし、「結果発生に至る可能性」としての「具体的危険」が高いばあいには、起こり得た「結果発生の認識」が別の意味において「衝撃力」を生じさせる。それを理由とする処罰が社会的要請となる。このような結果発生の具体的危険の存在が衝撃力を生じさせるのである。したがって、具体的危険の発生が「未遂犯の処罰根拠」となり得るのである。言い換えると、法益侵害の具体的危険が不法の要素である「結果」として評価され得ることになるわけである。

このように、結果のもたらす衝撃力を不法の根拠付けとすると、前近代的な「結果責任」を肯定することにならないか、という問題が生ずる。そこで、改めてこの点について検討することにしよう。客観主義の刑法理論の初期の段階においては、結果のもつ衝撃力によって不法を基礎づけていたと考えられる。このような考え方は、前近代的な「結果責任」をみとめることになるのではないか、という疑問が生ずる。つまり、結果だけで刑事処罰が基礎付けられるとの疑問が提起されるのである。このばあいの「責任」は、「罪責」を意味するのであって、犯罪の成立要件である責任とは異なる。ここでは、「不法」の基礎付けを問題にしているのである。外形的な「結果」がもたらす衝撃力は、素朴な当罰感情に対して決定的な影響を及ぼし得る。その観点からは、回復できない程に法益を侵害したばあいには、きわめて強い反価値判断が下される。

また、結果発生の有無は「偶然」にすぎないから、結果を不法の構成要素とするのは結果責任をみとめることになるのではないか、という疑問も生ずる。しかし、結果発生を単なる偶然と見るのは妥当でない。故意犯のばあい、因果関係を選択・支配して結果を実現しようとして故意行為がなされる。その行為に基づいて結果が発生したばあいには、その結果は必然的に発生したことになる。したがって、この必然性を根拠にして結果が不法の反価値性に影響を及ぼすことをみとめても、矛盾は存在しない。たしかに、行為がなされても意図した結果が発生しないばあい、その不発生は偶然によるばあいが多いと言える。たとえば、殺意をもってピストルを発射したが、たまたま手元が狂って弾丸が命中しなかったばあい、手元に狂いが生じたのは偶然である。しかし、このばあい、死亡という結果は発生していないが、その結果発生の危険性が生じていることは紛れもない事実である。この危険性は、結果反価値としての「結果」にほかならないから、不法を基礎付けることが可能である。しかし、このばあい、現実に法益を侵害したばあいよりも反価値性の程度が低いので、不法の程度も低いことになる。

既遂を基準にすると、結果不発生という偶然を根拠にして不法の減少をみとめて行為者を有利に扱っていることになる。したがって、結果を不法の構成要素とすると、結果発生の有無という偶然によって行為者に不利益な取扱いをみとめ結果責任に陥るという批判は、妥当でない。そうすると、結果発生の有無は偶然であるという一般命題の立て方に問題がある。結果の発生が偶然によるばあいは、相当因果関係説によってすでに構成要件該当性の段階で排除されているのであり、偶然でない「結果」が不法を基礎付けると解しても、結果責任をみとめたことにはならないのである。

ドイツ刑法は、実行の着手に関して、条文上、いわゆる構成要件的密接性を要件としている。そこで、ドイツ刑法学においては、構成要件が直接的な関係を有し、法益は無関係であると解する見解が有力である。しかし、わが国においては、条文上、構成要件的密接性は要件とはされていない。わが刑法においては、むしろ「法益侵害との関係」が重要性を有すると解すべきである。すなわち、「未遂犯の処罰根拠」に関しては、法益侵害の可能性に対する「影響の程度」という実質的観点が重要なのである。このばあい、可能性、影響および程度を判断するに当たっては、いずれについても「実質」的考慮が当然に必要とされることになる。その意味において実質的観点が重要性を有するに至るわけである。そうすると、「違法行為」としての法益侵害行為を定型化・類型化した「構成要件的行為」ではあるが、それが「実行の着手の確定」に当たって実質的な影響を及ぼし得ることになる。つまり、構成要件的行為は、法益侵害の危険を徴表し得る機能を有するので、その行為の開始が実質的に法益侵害の危険を発生させることがあり得るのである。そのばあいには、個別的・具体的な判断がなされる。しかし、構成要件的行為としての実行行為の開始は、定型的に法益侵害の危険を意味することにはならない。したがって、実行行為の開始をすべて一律に実行の着手と解することはできないのである。このことは、形式的客観説を採るべきではないことを意味することになる。

実行行為とは別に、直接的に「法益」との関連において、その侵害の危険性を考察する必要が生ずるばあいも存在する。ここにおいても、実質的考察が要請される。つまり、個別的な法益ごとにそれを侵害し得る可能性の有無を検討しなければならないのである。それゆえ、個々の犯罪類型の法益の内容の正確な把握が必要とされることになる。この点については、前章において検討した。

第二節　実行の着手に関する学説および判例

第一款　総説

前節において見たとおり、実行の着手の問題は、「未遂犯の処罰根拠」に関わっている。未遂犯の処罰根拠に対して、人的不法論と物的不法論（客観的違法性説）の対立が重要な影響を及ぼす。実行の着手に対して及ぼす影響は、違法性の本質論の一環として検討されなければならない。

実行の着手時期をめぐって、かつて主観説と客観説とが激しく対立した。それというのも、主観主義刑法学の立場から主観説が、客観主義刑法学の立場から客観説が、それぞれ主張されたからにほかならない。しかし、その後、客観主義刑法学が優勢となり、主観主義刑法学の支持者がほとんどいなくなって主観主義刑法学と客観主義刑法学の対立が解消したため、現時点では、客観主義刑法学の内部における対立に転化している。

第二款　学説

一　主観説

未遂犯の処罰根拠を「行為者の危険性」に求める主観説は、行為者の危険性を徴表するものとしての故意の存在を確定的に認定できる時点が実行の着手時期であるとする。この趣旨は、論者によって若干のニュアンスの差があるが、それぞれ次のように表現されている。たとえば、牧野英一博士は、「犯意の成立が其の遂行的行為に因りて確定的に認めらるるとき、茲に着手あるものと為すべし」とされた[10]。宮本英脩博士は、「犯罪の実行の着手は完成力ある犯意の表動であるとし、又斯かる犯意の表動は犯意の飛躍的表動（詳言すれば、一段の飛躍的緊張を為した犯意の表動）である」とされた[11]。また、木村龜二博士は、当初、「行為者の犯罪的意思が、二義を許さず、取消が不可能なような確実性を示す行為のあった場合に着手がある」とされた[12]。ただし、木村博士は、後に主観的客観説に改説され、「未遂の本質的要素たる危険概念を加味した」主観的客観説が妥当であるとしたうえで、「従来の主観説が犯罪的意思を確定的に認識せしめる行為とか、故意の存在を一義的に認識せしめる行為とか、故意の飛躍的表動といった意味は後説［主観的客観説――引用者注］の意味に外ならない」とされた。しかし、従来の主観説と主観的客観説とは未遂犯の本質の捉え方が根本的に異なることに注意する必要がある。すなわち、宮本博士においては「犯意の飛躍的表動」があった時、牧野博士においては犯意の成立がその「遂行的行為」によって確定的にみとめられる時にそれぞれ実行の着手があるとされたのは、具体的な「結果発生の危険」がこの時点で徴表されるからではなく、あくまでも「行為者の危険」が徴表されるからであると解されたからなのである。これらの見解は、行為者の危険の存在が未遂犯の処罰根拠であると把握したうえで、その危険性の存在を徴表する「故意」の認定を重要視する点においてこそ、主観説としての中核的特徴がみとめられるのである。しかし、木村説においては、客観的な要素である「危険」概念を導入している点において、主観説ではなくて客観説の範疇に属することになる。

主観説は、次のような批判を浴びた。まず、主観説は、未遂犯処罰の範囲が広がり過ぎるとして批判されたのである。すなわち、団藤重光博士は、「『遂行的行為』というような観念を持ち込まなければならないところに、すでに主観説の破綻がみられる。犯意の飛躍的表動――犯罪のルビコンを渡ったとき――というのは、これを避けたものであるが、そのかわり、はなはだ明確を欠き、法的安定性を害するといわなければならない」とされたのであった[13]。法益侵害の具体的危険の観点をまったく排除して、たんに行為者の危険性が確定的に見られる時点に実行の着手をみとめると、未遂犯処罰の範囲が余りにも広がり過ぎるとされるわけである。

二　客観説

客観説は、未遂犯処罰に関して行為がもたらす結果発生（法益侵害）の危険性を重視する立場である。主観説が「行為者」の危険性を問題とするのに対して、客観説は、「行為」の危険性を問題にしていることになる。行為がもたらす「法益侵害の危険性」に処罰根拠を求める客観説は、結果発生の危険性の存在を認定する基準をめぐって、「形式的客観説」、「実質的客観説」および「折衷説」に分かれている。

形式的客観説は、構成要件を基準にして法益侵害の危険性を「形式的に」把握する。すなわち、「構成要件の一部」または全体として見て定型的に「構成要件の内容」をなすと解される行為があった時点で、実行の着手をみとめるのである。この説は、構成要件を基準にして法益侵害の危険性を把握し、「構成要件の一部」の実現または全体的観点からの定型的な「構成要件の内容をなすと解される行為」があった時点で実行の着手をみとめる点に特徴がある。この説の主唱者である小野清一郎博士は、「犯罪の『実行』とは、私の見解では構成要件に該当する行為である。また其の『着手』とは犯罪構成事実を実現する意思を以てその実行を開始することを謂ふ」とされ[14]、この立場を継承された団藤博士は、「それじたいが構成要件的特徴を示さなくても、全体としてみて定型的に構成要件の内容をなすと解される行為であれば、これを実行の着手と解してさしつかえない」とされたのである[15]。

形式的客観説に対しては、次のような批判がある。すなわち、犯罪の内容の概念要素である構成要件に属するとされる行為の範囲は、非常に狭いので、本説は実行の着手をみとめる時期が遅くなって不当であると批判されることになる。そこで、その批判を回避するためにある程度の「実質化」をめざす見解も主張されるが、それは、形式的な把握を前提としながら、実質的な観点を導入するものであるので、妥当でないと再批判される。すなわち、この説は、「構成要件該当性の有無は、その構成要件を厳格に解釈するか、それとも多少のゆとりをもってゆるやかに解釈するかによって結論が著しく異なってくる」と批判されているのである[16]。そして、この説は、何が構成要件に該当する行為かという問いに対するに、構成要件に該当する行為がこれだという答えをもっているに等しく、タウトロギーを犯すものであると批判されているのである[17]。このような批判に対して、香川達夫博士は、「着手時期とは、要するに各個の犯罪類型との関連で、個別的に決定する以外に方法がない」と反論された[18]。しかし、仮にこれをみとめたとしても、さらに次のように批判される。すなわち、構成要件該当行為を、法文の文理の側から、生活用語例に基づいて解釈するとしても、この見地から犯罪の概念要素に属するとされる行為の範囲は、あまりにも狭いので、実行の着手を非常に遅い時期にみとめることになって、不当であるとされるのである[19]。

そこで、構成要件的行為そのものでは狭過ぎるとして、拡張のための修正をほどこす見解が主張されるに至る。すなわち、瀧川幸辰博士は、「構成要件該当行為と直接関連あるため自然的観察のもとにその一部分として理解せらるべき行為」とされ[20]、植松正博士は、「構成要件の全部または一部の事実またはそれに密接した事実を実現すること」とされたのである[21]。これらは、形式的客観説を出発点としながら「ある程度の実質化」をめざす立場であると言える。この説を主張される植松博士は、構成要件の「一部実現とするところにすでに明確を欠くものがあることは否定できない。『一部』ということを考えるには、どうしても、そこに合目的的な解釈の作用が介入せざるを得ないからである。それならば、『密接する』という一句を加えた方が、かえって正確に内容を表現することになる」とその実質的根拠を述べられた[22]。そこに、また、この説の理論的矛盾が露呈していると言える。すなわち、形式的な把握を前提としつつ、かえってこれを否定する結論をみとめざるを得ないのである。この説は、「密接する行為」の限界をさらに示さなければならず、また、予備行為と実行行為との区別を曖昧にしてしまうので、妥当でないとされる。[23]
「結果発生の現実的危険」を惹起する行動をおこなう時点で実行の着手をみとめる実質的客観説は、法益侵害の危険性を実質的、現実的に把握する。この説の立場に立たれる大塚仁博士によれば、「実行行為、すなわち、犯罪構成要件の実現にいたる現実的危険性を含む行為を開始することが実行の着手であると解すべきであり[24]」、藤木英雄博士によれば、「結果発生の現実の脅威が認められる行為で、実行行為自体あるいは実行ときわめて接着した段階にある行為がなされたときには、実行の着手がある」とされた。[25] 実質的客観説は、構成要件的行為の一部かどうかではなく、結果発生の「実質的危険」とその程度を区別の基準にする点に特徴がある。その主唱者の平野龍一博士は、未遂が結果発生の具体的危険性を有する「具体的危険犯」であることを前提として、その具体的危険が切迫したことを根拠にして未遂を予備から実質的に区別されたのである。[26] この点に関して、中山研一博士は、「実質的客観説といえども、構成要件に該当する行為との基本的な対応を予定せざるをえないことは事実であるが、とくに『切迫した危険』という要件によって、危険を規範的でなく、より『事実的』に限定しうるという特色があるといってよい」とされた。[27]
実質的客観説は、「現実的危険性」の有無を判断するに当たって行為者の主観をどの範囲まで取り込んで考慮に入れるか、をめぐって見解が分かれている。すなわち、①行為者の意図・計画および性格の危険性を併せ考慮すべきであるとする説、②故意または過失のみを考慮すべきであるとする説、③主観的要素はまったく考慮すべきでないとする説とに分かれている。
実質的客観説に対しては、基本的観点に関して、行為者の主観面を考慮に入れる点で客観説の基本的立場と相容れず、これを考慮に入れないならば実質的危険の存否は判定できないとの批判がある。すなわち、行為者の「主観」面を考慮に入れるならば、もはや「客観」説とは言えず、逆にこれを考慮に入れないならば「実質的」危険の存否は判定できないとされるのである。この点について西原春夫博士は、「犯罪の完成に必要な行為を行ったかどうか、あるいは、法益侵害に対する現実的危険を発生させたかどうか、という判定は、行為者が何を目的とし、どのような手段で目的を追求しようとしているかという、行為者の主観面を度外視しては、とうてい不可能である。もし、行為者の主観面をも顧慮した上での総合的判定を予想しているのだとすれば、それは、もはや、すでに、客観説には属しえない」と厳しく批判されているのである。(28)

行為者の主観面と行為の法益侵害の危険性という客観面とを総合的に判断して実行の着手時期を定める見解は、折衷説と称される。このように称されるのは、もともとこの見解が主観説に近い立場から主張されたことに由来すると言える。折衷説は、主観面と客観面の何れに重点を置くかによって①「主観的客観説」と②「個別的客観説」とに分かれる。

①主観的客観説は、主観的見地から、行為者の「全体的企図」を基礎として当該構成要件の保護客体に対して直接危殆化に至る行為の中に犯罪的意思が明確に表現された時に、実行の着手があるとする。主観的客観説が主観説を基礎とし、個別的客観説が客観説を基礎としている点で両説は異なるが、いずれも行為者の「計画全体」を考慮したうえで法益侵害の危険性を基準にして実行の着手時期を定める点では、共通の基盤を有しているのである。主観的客観説は、主観説と客観説を結合したものであるが、主観説を基礎としている点に特色がある。しかし、純主観説と主観的客観説は、次の点において異なる。すなわち、純主観説が行為者の犯罪的意思において認識した事情の下で行為者の見解によれば、構成要件の実現に至ると考えられる行為をおこなったばあいに実行の着手があると

するのに対して、主観的客観説は、行為者の犯罪的意思において認識した事情の下で行為者の見解によるのではなく、客観的に直接法益侵害の危険がある行為をおこなったばあいに実行の着手があるとする点にあるとされる。そして、主観的客観説は未遂の本質的要素である「危険概念」を加味したものであるとされている。[29]

②個別的客観説は、「客観的見地」から、行為者の「犯罪の計画」によれば直接的に犯罪の構成要件の実現を開始する時に、実行の着手があるとする。個別的客観説は、客観的見地から、行為者の犯罪計画によれば直接的に犯罪の構成要件の実現を開始する時点で実行の着手をみとめる。この説によれば、「行為者の所為計画によれば当該構成要件の保護客体に対する具体的危険が直接的に切迫したときに実行の着手を肯定すべきである」とされる。[30] 個別的客観説は、具体的危険の有無の判断に当たって主観面を考慮に入れる理由を次のように説明する。すなわち、単純な作為犯のばあいであっても、たとえば、相手方が胸元に銃を構え、引金に指を掛ける行為は、行為者に殺意があれば殺人罪の実行の着手がみとめられて殺人未遂罪が成立するが、単なる冗談であれば犯罪にもならない。危険性の認定は、元来、客観的状況を基準にしてなされるべきであるが、危険が切迫したような客観的状況があっても、行為者が犯意をもたないことが被害者または第三者に明らかであれば、実行の着手はないとすべきであり、この結論は、実行の着手の認定のためには行為者の主観面をどうしても考慮せざるを得ないことを意味するとされるのである。[31]

折衷説は、前述のとおり、行為者の所為計画によれば当該構成要件の保護客体に対する具体的危険が直接的に切迫した時に、実行の着手を肯定する。しかし、この点については、次のような批判がある。すなわち、折衷説は、立証できない行為者の全体的所為計画という主観的・内面的要素を基礎にして実行の着手を判断するのは実用に堪え得ないと批判されているのである。[32] さらに、具体的な適用の観点からは、「木村説を念頭におく限り、主観的客観説の適用から生ずる実際的帰結は、着手時点を一般にいちじるしく早める方向に作用する」と批判されている。[33]

第三款　諸説の検討

現在、未遂犯が「法益侵害（結果発生）の危険性」を惹起する行為を処罰するものであると解する点において、学説は一致している。したがって、そこには何等問題は存在しないかの観を呈する。しかし、結果発生の危険性の意義については、争いが存在するのである。形式的客観説の見地から、小野博士は、これを「抽象的危険」と解された。すなわち、博士によれば、実行の着手があったかどうか、が実際上、問題となるばあいには、その思考の方針としては、行為の主観的（心理的）方面と客観的（物質的）方面とを共に考慮する必要があり、主観的に、犯罪構成要件実現の意思（犯意）、つまり、構成要件を充足する事実の表象および認容を以て行為したこと、客観的に、「その行為が一般的に犯罪構成事実を実現する危険（抽象的危険性）のあるものであること」を考慮すべきであるとされたのである。まず、「思考の方針」として実行の着手時期を判定するに当たって主観面と客観面を考慮すべきことを指摘された。そのうえで、客観面として抽象的危険を挙げて、次のように述べられたのであった。すなわち、「その危険性の有無は社会的事実の定型的観察によって定むべきである。蓋し、実行行為とは即ち構成要件に該当する行為であり、即ち構成要件の充足に至るべき危険性を有する（少なくても抽象的に）行為に外ならぬからである。この点から、未遂犯は本来侵害犯である犯罪形式を修正して一種の（抽象的）危殆犯とするものであると考へることが出来る」とされたのである。[34] 形式的客観説の見地から、未遂犯を一種の「抽象的危険犯」として把握するのは、論理的に一貫していると言える。まず、社会的事実の「定型的観察」を重視すべきことが強調されている点に注意する必要がある。なぜならば、構成要件が違法行為を「定型化」されたものであるので、その把握も定型的観察の下になされるべきことになるからである。そうすると、個別的具体的な状況の下での現実的な危険発生の有無を考慮すべきではないし、考慮する必要もないことになる。抽象化・定型化された構成要件の一部の開始があった時に「構成要件の充足に至るべき危険性」としての抽象的危険がみとめられる。これが実行の着手とされるわけである。このように、構成要件の開始の有無を問題にする立場こそ、「形式的」客観説にほかならない。

これに対して実質的客観説の立場から、平野博士は、「未遂犯を処罰するのは、その行為が結果発生の具体的危険性を持っているからである。この危険性とは、行為者の性格の（主観的な）危険性ではなく、行為の持つ法益侵害の客観的な危険性である。未遂犯は抽象的危険犯ではなく具体的危険犯である。その危険が、切迫したものであるところに、未遂が予備から区別される実質的な理由がある」とされたのである。[35]ここにおいては、未遂犯を「抽象的危険犯」として把握する「形式的」把握が明白に否定されている。個別具体的状況における具体的で現実的な危険が問題にされているのである。同じく実質的客観説の見地から、大塚博士は、「実行行為、すなわち、犯罪構成要件の実現にいたる現実的危険性を含む行為を開始することが実行の着手である」とされ、[36]福田平博士は、実行の着手があったと言えるためには、主観的には構成要件的故意の存在、「客観的には構成要件に該当する行為の一部分が行なわれたこと」を必要とするが、「構成要件該当の行為」とは「犯罪構成要件を実現する現実的危険性をもつ行為」をいうとされる。[37]このように、「実質的」客観説が具体的・現実的危険を問題にすることは、論理的に一貫していると言える。なぜならば、「形式」的客観説が「抽象的」危険を問題にするのに対して、「実質的」客観説は、「具体的」危険を問題にするので、その内容として「現実的」な危険を把握すべきことになるからである。

このように、実質的客観説は、「現実的」危険を問題にする点において見解が一致しているが、その内容に関しては理解の相違が生じていることに注意する必要がある。この点に関して中山博士は、「福田・大塚説でも、犯罪実現の『現実的危険性』が語られているが、未遂が具体的危険犯であるという確認はなく、切迫した危険という発想も存在しない。そこに、この考え方が『形式的』客観説とよばれる理由があるといえよう」と指摘された[38]。これは、未遂犯を具体的危険犯と解しないかぎり、「実質的」客観説とは言えないとするものである。しかし、これに対しては、福田博士および大塚博士から、①未遂犯が具体的危険犯であるという表現は、抽象的危険犯の未遂犯もあり得るので適切でない、②未遂犯は具体的危険犯であるという見解と未遂犯の処罰根拠を構成要件的結果発生の現実的危険性に求める見解は、実質上、違いがない、③もし具体的危険が、犯罪の実現される事態にきわめて近接した状態に至ったこと、つまり、既遂とほとんど紙一重の段階に至ったことを意味するとすれば、それは過度の要求であって妥当でない、との反論がなされている[39]。

右の反論には相当の理由があるとおもう。まず、①・②は、用語および適用上の問題であるから、その当否の判断は容易にできる。これに対して③は、理論上の問題であるから、その理由について、検討する必要がある。未遂は、実行の着手の時点から、結果発生の現実的「危険」が次第に量的に増加していくプロセスを内含する概念である。しかも、そこにおいて問題とされる危険は、結果「発生」に至るまでの「可能性」からきわめて高度の「蓋然性」まで包含し得る概念なのである。したがって、その危険の「どの段階」から処罰の対象とすべきかは、ある意味で「立法政策」上の問題であると同時に、「処罰根拠」の問題であることになる。そこには政策的配慮が必要とされる。一義的な限界が存在するわけではない。それぞれの理論的立場から限界線が引かれるに過ぎないという意味において、それは「相対的」なものである。この点について、わたくしは、従来の見地における「現実的危険」ないし「具体的危険」の程度で足りると解している。そして、その「現実的危険」、「具体的危険」は、行為者の主観をまったく排除して判断することができるのか、について検討することが、次の課題となる。

結果発生の危険性は、客観的要素であるから、本来、客観的事実を基礎にして判断されるべきものであるとの主張には、一定の限度で首肯できる点がないわけではない。素朴客観主義は、違法性の問題をもっぱら客観的要素によって判断するのが客観主義の本来の筋であると解する。この見解は、客観的要素を問題にすれば客観主義は維持され得ると解する点に、素朴さがみとめられるわけである。そして、これは、未遂の当罰性に関して既遂犯とはまったく異なった理解を示すことになる。すなわち、既遂犯のばあい、結果の発生それ自体は、外形上、明白であり、客観的要素だけから容易に認識することが可能であると言える。客観的に発生した結果の重大性がただちに当罰性を基礎づけるわけである。逆から言えば、衝撃をもたらす「外形的」被害が「客観」主義を裏付けるのである。これに対して、未遂犯のばあいには、右のような意味を有する「結果」が存在しないので、外形的事態だけでは当罰性を基礎づけることはできないことになる。つまり、外形的に存在する要素だけでは未遂犯の当罰性の根拠を説明できないわけである。そのばあいに意味を有し得るのは、外在的な客観的要素ではなくて行為者の主観であることになる。ここにおいて、その主観が客観的事実に「法的な意味」を付与するのである。その意味において、未遂犯の当罰性を基礎づける要素の存否の基準となるのが、行為者の主観である故意にほかならない。そこで、実行の着手において「主観」を重視する見解が主張されるに至るわけである。

右の事情について、平野博士は、次のように述べられた。すなわち、「古い時代には、一方では結果が発生しなければ処罰しないという傾向も強かった。結果責任主義といわれるものは、この両面を含んでいる。しかし、社会の発達と文化の向上にともない、一方では、結果が発生しても、行為の主観的側面にてらせばこれについて責任を問うことができないときは処罰しないようになる。これとともに、他方では、結果が発生しなくともその危険があれば処罰するようになる。責任主義が前者であり、未遂・予備などの処罰が後者である。この意味では、刑法は、客観的なものから、主観的なものへと変化してきた、ということができよう」とされたのである。しかし、「同じ『主観化』といっても、責任主義と未遂・予備の処罰とでは、若干意味が違う。前者は、処罰の範囲を限定するものであるが、後者は、処罰の範囲を拡大するものである」と指摘されたのであった[40]。この指摘は妥当であるとおもう。処罰範囲の拡大化をもたらす実行の着手の問題を綿密に検討しなければならないことになる。

たんに客観的・外形的・物理的側面だけをいかに詳細に認識し得たとしても、それだけでは、いかなる犯罪の結果の発生の危険性が存在するのかを確定することはできないことに注意する必要がある。なぜならば、行為者の主観をも考慮に入れてはじめて、「具体的」内容を有する「結果」についてその発生の危険性の有無が判定できることになるからにほかならない。たとえば、AがBにピストルを突き付けているばあい、Aの主観を考慮に入れなければ危険性は具体的に判定できないのである。このばあいには、Aに殺意があれば殺人の実行の着手があり、たんに冗談であれば殺人の実行の着手はみとめられず、ピストル所持の点を除けばまったく違法行為は存在しないことになる。当該行為が殺人罪の実行行為なのか、傷害罪の実行行為なのか、あるいは脅迫罪の実行行為なのかは、行為者の主観を併せて考えなければ、判別できないのである。それだけでなく、殺人の故意があれば行為者の身体の動きはその目的の達成に適するように規整されることになる。したがって、外形上はまったく同じ行為であっても、特定の故意によって規整された異なるものとして性格付けられるのである。

未遂犯のばあい、故意が主観的違法要素であるとされるのは、まさに故意を考慮に入れて違法要素としての行為の客観的危険性を判断すべきであることを意味する。この点は、「主観的違法要素の理論」によって基礎付けられる。主観的違法要素の理論とは、本来、客観的要素から成るべきであるとされる違法性の要素のほかに例外的に主観的な要素をみとめる見解をいう。ここにいう主観的な違法要素とは、違法性の有無または程度に影響を及ぼす内心的要素を意味する。これは、客観的な法益侵害またはその危険をたんに主観面に反映するという性質を超えて、違法性の存否・程度に関わりをもつので、内心的「超過的」要素とも称される。それらが構成要件に取り込まれたばあいに、主観的構成要件要素となる。客観的な要素だけでは違法性を基礎付け得ない事態が例外的に生じることをみとめ、そのばあいに主観的違法要素の存在を肯定する立場が、主観的違法要素の理論にほかならない。一定の犯罪類型についてのみ主観的違法要素がみとめられるので、これらは特殊的主観的違法要素と称される。

メッガーが主観的違法要素の理論を集大成し、彼の所説は現在でもわが国およびドイツにおいて受け容れられている。彼は、特殊的主観的違法要素として①目的犯における目的、②傾向犯における主観的傾向、③表現犯における主観的心理状態および④領得犯における不法領得の意思をみとめたのである。①目的犯における目的のばあい、たとえば、通貨偽造罪においては、客観的にはまったく同じ偽造行為であっても、教材として使用するためになされたときには適法であるが、「行使の目的」でなされたときには違法となるので、行使の目的は違法性の有無を決定付けることとなり、主観的違法要素であるとされる。つまり、偽造行為じたいによって抽象的な危険性は生ずるが、目的があるときにはじめて法益侵害の危険がきわめて高くなるので、処罰に値するだけの違法性が生ずるとされるのである。

②傾向犯とは、行為が行為者の主観的傾向の表出として発現する犯罪類型をいう。強制わいせつ罪（一七六条）がその典型例とされる。本罪のばあい、外見上はまったく同じ行為であっても、医療目的でなされたときはわいせつ性はないが、性欲を満足させる傾向のもとになされたときはわいせつ性を有すると一般に解されている。しかし、強制わいせつ罪は傾向犯ではないと解するのが、現在の通説・判例の立場であると言える。

③表現犯とは、行為が行為者の心理的過程または心理的状態の表出として発現する犯罪類型をいう。その典型例

として偽証罪（一六九条）が挙げられる。主観説を採ると、偽証罪は、宣誓した証人が本人の記憶に反することを陳述することによって成立するので、主観的な心理状態によって違法性の有無が左右されることになるとされるのである。

④領得犯における不法領得の意思は、その存否が領得罪の成否を決定付けるので、主観的違法要素とされることになる。わたくしは、領得犯の観念をみとめるべきではないと考えている。これは、領得犯とされる犯罪の保護法益に関連し、不法領得の意思必要説から要求されるものであるので、ここではこれ以上は触れない。

ところで、主観的違法要素の理論は、「未遂犯における故意」を主観的違法要素であると解している。しかし、既遂犯のばあい、故意は責任要素であって主観的違法要素ではないとされる。結果の発生だけで違法性が基礎付けられるから、故意は何ら違法性に影響を及ぼさないことを理由とする。このような理解が妥当か否か、を改めて検討する必要がある。

目的犯における目的が超過的違法要素であることについて、平野博士は、次のように説明された。すなわち、偽造罪のばあい、「まず、通貨に似たものを作るという客観的要素と、『通貨に似たものを作っていることの認識』という主観的要素とが必要である。この主観的要素は、右の客観的要素と対応しており、いわばそれを行為者の主観に反映したものである。このような主観的要素は『故意』であり、責任要素である。ところが、『行使の目的』というのは『使おう思っている』という主観的な要素であるが、こういう主観的要素があれば犯罪が成立し、これに対応した『使う』という客観的事実が現実に発生することは要件となっていない。このように、目的犯では、客観的要素の範囲を超えた主観的要素が要求される」のであるとされた[41]。ここにおいては、故意はたんに客観的要素を「行為者の主観に反映したもの」であるとされている。つまり、故意は単なる認識的要素であると解されているに止まっているのである。しかし、故意は、たんに構成要件的結果を認識するだけではなくて、さらにそれを「実現する」という「意思的要素」をも包含していることを忘れてはならない。目的犯における目的は、そのような故意とは別個に存在すべき主観的要素であるとされる点において意義を有するのである。逆から言えば、客観的要素を超過するか否か、という観点は重要でないことになる。故意に基づく偽造行為は、行使の目的が付加されることによって法益侵害の危険の程度が高くなるので、当罰性がみとめられるのである。つまり、行使の目的は、処罰に値するだけの違法性をもたらすからこそ、主観的違法要素とされることになる。

目的犯には三種類があるとされる。平野博士は、①後の行為を目的とする犯罪、②結果を目的とする犯罪および③未遂犯を挙げられ、次のように説明された。まず、①は、「通貨偽造のような場合で、目的の内容たる客観的事実は、『行使する』という新たな行為である。それで『後の行為を目的とする犯罪』あるいは『二つの行為が一つにちぢめられている犯罪』などと呼ばれることもある。結婚の目的でする誘拐罪とか、問題はあるが、不法領得の意思でする窃盗罪もこれにあたる」とされる。[42]②は、「『結果を目的とする犯罪』とか『変形された結果犯』とか呼ばれる。たとえば、刑事または懲戒の処分を受けさせる目的で虚偽の申立をしたとき成立する誣告罪の場合、『申立』という行為の結果として刑事または懲戒の処分がなされる可能性がある。そのことが目的の内容となっている。行為者として新たに何かの行為をする必要はない」とされる。[43]③は、「未遂犯である。たとえば、殺人の未遂は、人を殺す意思で、殺人の実行行為をしたとき成立する。死の結果が発生したことは必要でない。結果が発生した場合の故意にあたる『人を殺す意思』は、未遂の場合は主観的超過要素であり、主観的違法要素である。そのなかには、右の目的犯のうちの第一の型のもの（着手未遂）と第二の型のもの（実行未遂）とが含まれる。ただ、第一および第二との違いは、これらの場合は『通貨の偽造』とか……客観的な行為に限定が加えられているのに反し、未遂の場合は、明文上はそれがなく、いわゆる実行行為であればよい、という点にある」とされるのである。そして、③の「未遂は、第一と第二を含んでいる。未遂には、実行未遂と終了未遂とがある。人を殺そうとして、ピストルで『狙いをつけた』ときは、すでに殺人の未遂を認めることができるであろうが、この場合には、さらに『引き金を引く』という次の行為がなされなければならない。それは、『後の行為を目的とした』ものであり、その目的は、主観的違法要素だといえる。すでに『引き金を引いた』ときは、ただ、その『結果（である人の死）を意欲した』だけであり、右の第二の型に属することになる」とされたのである。(44)

右のような三種類の目的犯の分類は、「目的の内容」に基づく区別であると言える。ここでは未遂犯についてのみ検討することにしよう。未遂犯のばあい、故意行為は二段階に分けられている。すなわち、①殺意をもって狙いをつける第一の行為と②「引き金を引く」第二の行為があるとされるのである。着手未遂のばあいは、第一の行為だけで足り、第二の行為を目的とする意思としての故意が主観的違法要素であると解されることになる。終了未遂のばあい、引き金を引く行為の「結果（である人の死）を意欲した」だけで足りるとされる。このばあいには、後の「行為」ではなくて「結果」が意欲されることに特徴があるとされている。このように、「目的の内容」によって目的犯が区別されるが、未遂犯のばあいには故意が超過的要素であることを論証するだけのために、分類されたにすぎないと言える。殺意に基づいて行為客体に対してピストルの狙いをつける行為とピストルの引き金を引く行為は、別個独立に分断されるべきものではなくて、殺意に基づく「一連の殺人行為」として捉えられるべきなのである。つまり、殺人行為が「段階的に遂行」されているに過ぎないのであって、これらはまったく別個独立に評価されるべき行為ではないことになる。これらをあえて目的犯として把握する必要はないのである。「未遂犯における故意」も、構成要件的結果を実現しようとする意思であり、その内容も機能も「既遂犯における故意」とまったく同一である。したがって、故意が主観的違法要素であることは、それが「超過的要素」であることによってではなくて、別の観点から根拠付けられる必要があることになる。この点については、後で論ずることにしよう。

素朴客観主義に由来する物的不法論を支える規範論は、法の機能を「評価」と「命令」とに分け、前者は違法性の問題、後者は責任の問題であるとするものである。わたくしも、規範論に関しては、このような理解に賛同している。しかし、このような規範論から、評価の「対象」の客観性が論理必然的に導き出されるか、については、疑問がある。なぜならば、この規範論は、客観的違法性論として「違法と責任の分離」を基礎付け、行為者の責任能力の問題を違法性論から排除したにとどまり、それ以上の主観的要素については何ら関係を有しないと解しているからである。むしろ規範の「名宛人」を「一般人」と解することによって、この規範論は、人的不法論とも整合的に結びつき得る。むしろ「対象」の客観性の根拠は、規範論ではなくて客観面から主観面へと進む分析順序が刑法の「適正な適用」のための「犯罪認定論」として優れているとする「政策的理由」に求められるべきなのである。この点に関して、平野博士は、端的に次のように指摘された。すなわち、「主観的違法要素というものがありうるとしても、それは決して好ましいものではない。主観的要素は、その存否の認定があやふやになる危険があるし、内心そのものに干渉するおそれもつきまとうからである。このような主観的要素は、客観的要素のほかに要求されるのであるから、右のような危険は案ずるにたりないという人もいるが、主観的要素が要求されるとき、その前提となっている客観的要素は、それ自体では違法でないか、あるいはそれだけでは処罰に価いしない程度にしか違法でないものなのである。主観的要素がつけ加わることによって、はじめて処罰されるようになるのであるから、主観的要素は決定的な意味を持つ。したがって、やはりできることなら、このような主観的要素にたよらず、客観的要素だけで処罰に価いする行為の範囲を画するのが、立法論としてもまた解釈論としてものぞましい」とされたのである。[45]

主観的違法要素の問題は、刑法の適用・犯罪の認定に関わる政策的問題ではないと解すべきである。違法性に影響を及ぼす要素の「属性」が確定されて後に、「適用」の問題として、その要素の「認定方法」が検討されるのである。両者は、次元（オーダー）を異にしている。すなわち、行動の属性の問題が「行為の実体・本質」に関連するのに対して、認定方法の問題は「思考経済」に関わるのである。[46]たしかに、斉一的に認定できるものを先行させ、認定の困難のものを後回しにすることによって認定を迅速化し、無用な手続きから関係者を解放することは有意義であると言える。しかし、同一物を違法性または責任の何れの次元で認定するか、によって「質的な差異」は生じないのである。ここでは、対象の客観性は、「好ましいものではない」とされる主観的要素が排除されるべき三つの理由によって根拠付けられている。その理由とは、①主観的要素の存否の認定があやふやになる危険があること、②主観的要素が「内心」そのものに干渉するおそれを有していること、および③主観的要素の存在の前提となっている客観的要素は、それ自体として違法性がないか、またはその程度が微弱であることである。①および②は、まさしく「認定論」の観点からの主張である。このような危険なものは排除する方が政策的に望ましいとしているに過ぎない。③は、そのような客観的要素に付加されることによって、なぜ違法性が基礎付けられ得るか、の問題である。言い換えると、「例外的に」その存在を肯定せざるを得ないことを論拠付けることを放棄していることになる。ここで、厳密な解釈論的考察が要求されているのであり、それが十分ではない右の主張は妥当でない。

危険性の有無の判断に当たって行為者の主観を考慮に入れる立場に対しては、次のような批判がある。すなわち、①行為者の意思の役割と比重が高まれば、行為の危険は、結果との具体的関連を離れて抽象化され、「意思の危険」に近づくことになる。②極端な主観説も客観説も一方的であるとして、両面の統合を説くだけでは、なぜそれが客観説たり得るのか、不明確である。木村説に象徴されるように、行為無価値論は、十分に主観的客観説と結合し得るものであるとされる(47)。これらの批判について検討しよう。まず、①の点であるが、たしかに、行為者の意思を重視し結果との具体的関連を離れて抽象化がなされれば、「行為の危険」が「意思の危険」に転化するおそれは、あり得る。しかし、それは、極端に抽象化されたばあいに生ずる事態である。この説においては、あくまでも結果に対する具体的影響が考慮されているので、右のような事態は生じないことになる。次に、②の点であるが、具体的な結果発生との連関を問題にするかぎり、客観的要素を重視していることになるので、右のような考察方法は、なお客観説の範疇に属すると言えるのである。したがって、いずれの批判も失当であると言える。

「現実的危険の発生の判定」と「行為者の主観」との関係の問題が客観説の内部において生じたことは、重要である。なぜならば、ここに客観説の「内在的アポリア」が存在するからである。「現実的危険」・「具体的危険」は行為者の「主観」を排除して判断できるのかは、客観主義にとってまさしくアポリアにほかならない。客観的事実を基礎にして判断するばあい、前述のとおり、たんに客観的・外形的・物理的側面だけでは、「いかなる犯罪」の結果の発生の危険性を確定することは不可能である。前に述べたように、行為者の主観をも考慮に入れてはじめて、具体的内容を有する「結果」の発生の危険性の有無が「判定」できるのである。殺人の実行行為なのか、傷害の実行行為なのか、あるいは脅迫の実行行為なのかは、行為者の主観を併せ考えなければ判別できない。主観的違法要素の理論において、未遂の故意が主観的違法要素であるとされるのは、客観的違法要素である客観的危険性の存在は故意を考慮に入れてはじめて判断され得ることを意味する。たしかに、現実的危険性の判断資料として主観的違法要素とされる故意を考慮に入れることは、主観的違法要素の理論によって説明することが可能である。しかし、故意または過失以外の主観的要素を考慮に入れるべきかどうかは、この理論とは直接、関係を有しない。なぜならば、違法性を基礎付けるとされる超過的要素は、故意の存在で足りるからである。したがって、右の点は、主観的違法要素の理論とは別の観点から基礎付けられる必要がある。主観的違法要素の理論は、前述のとおり、違法性の実質を客観的な「法益侵害」に求めるので、故意が違法性の有無・程度に対してはまったく影響を及ぼさないはずであることの例外として、故意を主観的違法要素と解するものである。すなわち、素朴客観主義においては、違法性を基礎付ける「法益侵害」という「結果」が発生しない未遂犯のばあい、客観的要素だけでは違法性を決定できないことになるので、故意が違法性の有無を決すると解せざるを得なくなる。言い換えると、これは、故意を考慮に入れてはじめて、犯罪としての未遂犯たるべき行為の「法的意味」が明らかになることを意味するのである。たとえば、Aが山中で猟銃を発砲したところ、弾丸がBと猪との中間を通り抜けたばあいの発砲行為の「法的意味」は、行為者の主観である故意によってしか決められないのである。すなわち、Aが、Bを殺そうとしていたばあい、つまり、殺人の「故意」が存在するばあいは「違法な殺人未遂」とされ、猪を狙っていたばあい、つまり、殺人の「故意」が存在しないばあいには、狩猟法違反の点は別論にすればまったくの「適法行為」とされることになるわけである。したがって、殺人の故意は、違法性の有無を決定しているので、主観的違法要素であることになる。

ところが、Bに弾丸が当たってBが死亡した既遂犯のばあいには、一転して殺人の故意は違法要素ではなくて責任要素であるとされる。その理由は、「結果」の発生だけによって違法性が基礎付けられるので、故意は違法性に対して何ら意味をもち得ないことに求められている。しかし、既遂犯と未遂犯において、故意の「内容」それ自体にはまったく違いがないのである。それにもかかわらず、結果の発生の有無によって故意に対する法的「評価」が異なるのは妥当ではない。故意の内容が同一である以上、未遂犯について妥当することは、既遂犯についてもまったく同様に妥当すると解しなければならないはずである。そうすると、故意は、既遂犯においても違法性の有無ないし程度に重大な影響を及ぼし得ると解すべきなのである[48]。

この点に関して、中義勝博士は、故意が違法性の有無ないし程度に影響を及ぼす理由を「法益侵害の確実度」という観点から基礎付けられた。すなわち、「因果的知見を利用し、原因を因果律の軌道に設定し、ときに可能かつ必要な起動修正をも施しつつ因果的進行を図って結果を実現しようとする」故意に基づく犯行の方が、「まぐれあたりで結果の惹起をみる」過失に基づく犯行よりも「結果発生の確実度」がはるかに高いので、結果発生の確実度が高い行為の方がそうでない行為よりも、「法益侵害の危険性が高く、したがってまたより違法性が高い」と言えることになるとされたのである[49]。未遂犯における故意が主観的違法要素とされる「実質的理由」は、まさにこの点にあるとされたのであった。このような理解は、きわめて妥当であるとおもう。

この点について、わたくしは、行為者の「犯罪計画」をも考慮に入れるべきであるとする折衷説（個別的客観説）の立場から基礎付けることができると解している。たしかに、通常は、故意の有無によって結果発生の危険が判断され得ることが多いと言えるが、それだけでは十分でないばあいも存在するのである。つまり、故意のほかに実行計画の内容にまで立ち入る必要があるのである。前にも見たように、たとえば、スリが窃盗の故意をもって被害者のポケットに外側から触れるという同じ行為をおこなったばあいであっても、被害者を特定したうえで財布の位置を確認する意図でおこなったときと、被害者を物色する過程でいわゆる「当たり行為」をおこなったときとでは、まったく意味が異なる。すなわち、前者は未遂、後者は予備という結論となるのである。このような判断をするためには、故意とは異なる「実行計画」の内容にまで立ち入ることが必要である。

個別的客観説に対しては、次のような批判がある。第一に、「外形は同じでも、行為者の計画やつもりによって危険に差があり、着手時期が異なるとされる限り、なお客観説とはいいがたい」との批判がある[50]。たしかに、故意よりもさらに内面的である行為者の計画によって「危険」に相違が生ずると解すると、主観をかなり重視することになると言えるであろう。しかし、個別的客観説は、主観説と異なり、「行為者の危険」ではなくて「行為の客観的危険」を問題としているのであり、ただ、その際、行為者の主観を考慮に入れるにすぎないのである。したがって、それはなお客観説に属する。この点については、すでに見た。

第二に、行為者の計画を考慮する点について、実質的客観説の立場から、「実行の着手に当たるかどうかは修正された構成要件に該当するかどうかの類型的判断であるから、実質的判断の対象となる事実は違法性ないし責任の程度を確定する段階で考慮すれば足りる」と批判されている[51]。たしかに、構成要件該当性の判断は、類型的なものでなければならない。しかし、それは、危険発生の有無という「具体的」判断を絶対に許さないわけではないことに留意する必要がある。ここで類型的判断というのは、「定型的な違法性」を問題にすることを意味するに過ぎない。つまり、それは「実質的な違法性」の有無に関わらないことを意味するわけである。未遂は、「構成要件の実現態様」を問題にするものであるから、その限度で構成要件該当性の問題となるに過ぎない。したがって、未遂犯の成否を問題とする構成要件該当性の判断は、なお類型的判断に属する。しかし、それは、違法性判断とは明らかに性質を異にするのである。つまり、法の見地から許されるか否か、という「評価」としての「実質的判断」とは違うのである。「行為」そのものに対する「否定的な価値判断（評価）」は、違法性の問題であり、「行為者」が違法行為をおこなったことに対する「否定的な価値判断」は、責任の問題である。結果発生の危険性の有無の判断は、これらの価値判断とは次元を異にする構成要件該当性の判断の問題に属するのである。仮に行為者の計画を考慮に入れることが実質的判断に当たるとするならば、故意を考慮に入れることもこれと同じこととなって、そこに径庭はないと言えるのである。したがって、右の批判も妥当でないことになる。

第三に、個別的客観説が、行為者の主観を考慮することによって、客観説よりも実行の着手時期を早めることになるとの批判があり得る。しかし、個別的客観説が問題にする客観的側面は客観説におけるそれと同じであって、「外枠」自体が客観説より拡がることはない。むしろ、行為者の故意の不存在が何らかの理由で明らかになったばあいには、客観説の「外枠」の範囲内にあるにもかかわらず不処罰をみとめ得る点で、客観説よりも処罰範囲を狭めることもあり得るのである。(52) したがって、右の批判も妥当でない。

第四に、個別的客観説の立場に立つと、「行為者の計画」があまりにも無限定で、とくに一般人の立場からは通常存在しないと考えられる事実を行為者だけは存在すると誤信したようなばあいまで、危険性判断の対象となるので、不能犯論において主観説または抽象的危険説を採らざるを得なくなるとの批判がある。しかし、この批判も妥当でない。なぜならば、個別的客観説と具体的危険説は矛盾しないからである。個別的客観説も、客観説と同様な行為の外形を要求するうえ、その行為が構成要件を一部実現したものであるか、ないし法益に対する現実的危険を惹起したものであるか、という判断は、行為者の主観を考慮に入れるとしても、一般人を基礎とする判断である。したがって、一般人が認識しないような事実を行為者だけが誤信したばあいは、判断対象からはずされるので、具体的危険説を採ることも可能なのである。

第五に、行為者の主観が実行の着手を決定する要素にされると、その主観面が立証されないばあい、未遂犯がみとめられなくなるし、また行為者の主観面を知り得ない者を現行犯逮捕することもできなくなると批判される。これに対しては、次のような反論がなされている。すなわち、前段の問題については、外形上、実行の着手と見られても仕方がないような行為をした者は、故意がないときはその旨を立証しようと努力するであろうし、仮にその点の立証ができないばあいには、事実認定の問題として、客観説と同じ結論となる。後段の問題についても、現行犯逮捕は、四囲の状況下、行為者の故意が推定されることが前提となっているので、個別的客観説の立場においてもそれだけで十分である。したがって、この点でも一般のばあいには客観説と異ならず、客観説と異なるのは、四囲の状況のみから実行の着手を認定せざるを得ないのに、行為者の計画が犯罪と関係のないことがはっきりしているばあいを除外し得る点であるとされている。この反論は、妥当である。そうすると、個別的客観説に対する批判は、いずれも失当であることになる。

このようにして、わたくしは、個別的客観説を妥当なものとして支持して来たのである。しかし、それは、行為者の行為計画を危険判断の基礎資料として組み入れるべきであるとする限度においてである。そこで判断される「危険」そのものは、「行為の危険」ではなくて、行為によって惹起される「外在的な」事態としての危険であると解する点において、従来の個別的客観説とは異なるのである。このような違いは、未遂犯を具体的危険犯と解することに由来する。最後に、この点を明らかにすることにしよう。

法益侵害の危険は、あくまでも「行為によって惹起される法益侵害の可能性」である。これは、「行為」そのものの属性ではなくて行為の「結果」なのである。抽象的危険犯において危険が擬制されたものであるとされるのは、当該行為によって危険が発生したものとみなされるのであって、実行行為そのものが危険を包含していることを意味するのではない。危険の擬制は、実行行為とは独立別個の観念である。たとえば、現住建造物に放火する行為も自己所有物に放火する行為も、火を放つ行為それ自体としては全く同じである。ただ、後者のばあいは現実に公共の危険という結果が発生する必要があるのに、前者のばあいはその必要がないのである。ただ、公共の危険の発生が擬制されているに過ぎない。したがって、両者の違いは、行為そのものではなくて具体的な「危険という結果」の発生の有無にあるのである。したがって、一般的危険を実行行為の属性とするのは妥当でない。危険の有無が犯罪の成否を決することは、行為反価値を違法性の非独立的要素であることを意味するわけではない。二元的人的不法論においては、行為反価値および結果反価値があってはじめて不法が基礎付けられるのである。両者は「併存的な独立要素」であるから、行為反価値が存在するだけでは不法は基礎づけられないことになる。従前の二元的人的不法論は、行為無価値および結果無価値が不法にとって併存的な構成要素であることを主張するにとどまり、「両者の関係」についてはは論及していなかった。つまり、不法にとって行為反価値も結果反価値も必要であると述べられていたにとどまる。それは、両者をたんに「並列関係」にあると解していたことになる。しかし、これでは不法の実質の把握としては不十分である。そこで、わたくしは、第一次的に結果反価値が不法の本質的要素であり、第二次的に行為反価値が結果反価値に対して「法的意味」を付与する要素であると解すべきことを主張して来たのである。

第四款　判例

一　大審院の初期の判例

実行の着手に関する大審院の初期以降の判例を網羅的に渉猟して緻密に分析し、本格的な研究の先鞭を付けられた大塚仁博士は、まず、その検討の対象について次のように述べられた。すなわち、「本来、それぞれの具体的事案に対する解決を第一の任務とするものであるとはいえ、その背景における理論的不徹底さや、各個の判決相互間の矛盾撞着は極力避けられねばならない。本稿では、判例の根本的な客観説的立場は一応肯定しつつ、具体的場合におけるその適用の是非を主たる検討の対象としたいとおもう」とされたのである[53]。ここにおいては、具体的事案の解決を本来の任務とする裁判ではあっても、ある程度の理論的徹底がみとめられるのであり、判例の根本にある客観的立場は肯定されるべきであることが出発点とされている。そのうえで、当該研究は、客観的立場が具体的事案において適切に適用されているか、を検討するものであるとされているのである。そして、判例における実行の着手の一般的概念について、「もと個々的な事案の具体的解決を任務とする判例に、抽象的な一般理論を期待することの困難なことはいうまでもない。ここにも、判例の示す言辞のはしはしから、間接的にその意図を推測するばあいが少なくないことを御了解願わねばならない」と指摘されている。[54] すなわち、判例に「抽象的な一般理論」を期待することは困難であるから、判決文の「言辞のはしはし」から間接的にそれを見出そうとされたのである。これは、判例研究の方法として正当な態度であるとおもわれる。

右のような研究のための分析概念として、大塚博士は、実行の着手の「形式的意義」と「実質的意義」を提示されている。形式的意義の実行の着手とは「実行の意図をもつて、実行行為を開始すること、すなわち犯罪構成要件に該当する行為を始めること」であり、「判例も一応かような立場を基調とするものとおもわれる」とされる。[55] その例証として、旧刑法の詐欺取財罪（旧刑法三九〇条）に関する二つの判例が挙げられている。第一の判決は、次のように判示している。すなわち、「犯罪ノ予備トハ犯罪構成ノ要素タル行為ニ着手スル以前ノ行為ナルカ故ニ苟クモ其要素タル行為ニ着手シタル以上ハ如何ナル程度ニ於テ事発覚スルモ常ニ犯罪ノ未遂ヲ以テ論セサルヲ得ス而シテ刑法第三百九十条ニ所謂欺罔トハ偽言詐術ヲ用ヒテ人ヲ錯誤ニ陥ラシムルノ謂ナレハ偽言詐術ハ詐欺取財罪ノ構成要素タルコト勿論ナリ故ニ苟クモ人ヲ錯誤ニ陥レ財物ヲ騙取スル目的ヲ以テ偽言詐術ヲ用フルニ於テハ之カ為メ錯誤ニ陥リタルト否トヲ問ハス既ニ犯罪ノ構成要素タル行為ニ着手シタルモノナレハ茲ニ詐欺取財ノ未遂罪ヲ構成スルコト論ヲ俟タス」と判示されている（大判明三六・一二・二一刑録九輯一九〇五頁）。この判決は、予備との対比において詐欺取財罪のばあいに、「偽言詐術ヲ用フル」時点で実行の着手をみとめたものである。すなわち、予備は「犯罪構成ノ要素タル行為」に着手する前の行為であり、犯罪構成要素である行為の着手が基準であるとされている。その行為が犯罪構成要件に該当する行為にほかならないのであり、ここに判例の基本的立場がみとめられるわけである。第二の判決は、「詐欺取財罪ハ人ヲ欺罔シテ財物ヲ騙取スルニ因リテ成立スル犯罪ナルヲ以テ犯人カ犯罪構成ノ要件タル欺罔ノ所為ニ着手シタルトキハ即チ詐欺取財罪ノ着手シタルモノナルヘキヲ以テ……」と判示している（大判明四〇・二・二一刑録一三輯一二四頁）。この判決は、「犯罪構成ノ要件タル欺罔ノ所為ニ着手シタルトキ」に実行の着手を肯定したものである。すなわち、「犯罪構成ノ要件」である欺罔行為に着手するという形で構成要件的行為の開始が実行の着手と解されていることになる。大塚博士は、第一の判例における「犯罪構成ノ要素タル行為」および第二の判決における「犯罪構成ノ要件タル欺罔ノ行為」という文言に判例の基本的立場の根拠があるとされているわけである。そのうえで、「判例の中には、直接構成要件に該当しない行為であっても、これに密接する行為がなされたときには実行の着手をみとめようとするものもみうけられる」のであり、「とくに窃盗罪に関してはこの趣旨の判例がすくなくないのである」と指摘されたのである。[56] この指摘は、きわめて重要であるとおもう。なぜならば、それは、その後の判例の展開の予言的な指摘であったと言えるからにほかならない。

次に、実質的意義における実行の着手は、「どのようなばあいに、構成要件に該当する行為の開始が見出されるであろうか」ということであり、「これは各個の構成要件のそれぞれについて考えられるべき問題である。ただ、ここに一般論としていいうることは、本来、構成要件的行為には、その内容として、予定された結果の発生に対する定型的な因果的可能性（或は、相当因果関係的な考慮がなされるばあい、といってもよい。）、すなわち法益の侵害について、これを惹起すべき現実的危険性が含まれねばならぬという点である。行為が実行の着手に到達したといいうるためには、そこには当然にかような実態が具備されるにいたったことを要するであろう」とされる。[57] 言い換えると、実質的意義における実行の着手は、「構成要件に該当する行為の開始」が「各個の構成要件のそれぞれについて」どのようなばあいにみとめられるか、を問題にするものであるとされていることになる。それとの関連で、「一般論」として指摘されている点に重要な意義が存在すると言える。すなわち、「構成要件的行為」には「結果の発生に対する定型的な可能性」が包含されているのであり、それは法益侵害を惹起すべき「現実的危険性」であるとされているのである。そして、次の判例は、「その用語はともかく、一応この趣旨を明らかにしている」とされたのである。[58]すなわち、本判決は、「通行人カ懐中物ヲ所持スルカ如キハ普通予想シ得ヘキ事実ナレハ之ヲ奪取セントスル行為ハ其結果ヲ発生スル可能性ヲ有スルモノニシテ実害ヲ生スル危険アルヲ以テ行為ノ当時偶々被害者カ懐中物ヲ所持セサリシカ為メ生セサリシニ過キスシテ未遂犯ヲ処断スルニ妨ケナキモノナルヲ以テ……」と判示したのであった（大判大三・七・二四刑録二〇輯一五四六頁）。ここにおいて、本判決は「結果ヲ発生スル可能性」が「実害ヲ生スル危険」であることを明言しているのである。このことは、判例理論上、特筆すべき展開であるとおもう。なぜならば、それは、未遂犯における「危険」概念を提示することになるからである。つまり、ここで判例上、「危険」概念が生成されたのである。そして、「普通予想シ得ヘキ事実」を基礎にして「実害ヲ生スル危険」を判断している点に、まさしく結果発生の「定型的可能性」がみとめられるわけである。そうすると、この判決は、結果発生の「具体的危険」ではなくて、定型的な危険、つまり「抽象的危険」を問題にしていると解されることになる。この点に関して、判例の一般的立場について、大塚博士は、「一般的・抽象的には、行為が予定されていた結果の発生に対する定型的な因果的可能性を帯び、法益の侵害を実現すべき危険性を具備するにいたったばあいに、構成要件に該当する実行行為の開始、すなわち実行の着手があるとするのが判例の立場であるといえよう」という結論に到達されている。[59]このような判例の立場は、形式的客観説の考え方にほかならない。

大塚博士の研究成果を承けて大沼邦弘教授は、大審院の判例について次のように述べておられる。すなわち、「大審院の判例は、当初、実行の着手時期を決定する判断基準を、形式的客観説の立場に求めていることが窺われるのであり、以後の大審院判例においても、その主旨を明示したものは少ないが、結論的に、形式的客観説の立場に従っていると解されるものが大勢を占めていたといってよいようである」と総括されている。(60) ここにおいては、大審院の判例は、当初から後期に至るまで形式的客観説の立場に立っていたと解されていることになる。

右のような理解に対して平野博士は、「わが国の判例は、右に述べた実質的客観説的な規準をとっているといえる。しかし、なかには形式的客観説に傾いているものも見られる。いずれにせよ、その判断基準はかなり厳格である。この点、やや穏かであり、主観説に傾いてさえいるドイツやフランスなどの判例とは、若干趣を異にしている」と指摘された。(61) ここにおいては、判例が原則として実質的客観説による規準を採っているが、例外的に形式的客観説によるものも存在することがみとめられている。しかし、必ずしも実質的客観説による立場が確立されていたとはされていないことに注意する必要がある。すなわち、通説の理解とは異なり、平野博士は、判例が実質的客観説の立場に立っているものが多いと評価されたが、それは必ずしも確立した判例として是認されたわけではなかったのである。そこで、判例上、例外的に実質的客観説を採っているか否か、が問題とされる余地が生じていたのである。これが実際に問題とされるに至ったのは、窃盗罪における実行の着手であったと言える。これについては、後で個別判例との関連において検討することにする。この点に関して大沼教授は、「大審院判例は、とくに窃盗罪に関しては、『窃取』行為という構成要件行為でなくても、これに密接する行為がなされたときに実行の着手を認めうるとする立場を一貫して示している」としたうえで、(62)「窃盗罪に関して、他人の財物に対する『事実上の支配を侵すに付密接なる行為』をなすことも実行の着手として認めようとする大審院判例については、それは形式的客観説に立つものであるのか、それとも実質的客観説に立つものであるのか、という点をめぐって見方がわかれている」とされる。[63]このように、窃盗罪に関しては、構成要件的行為に「密接する行為」の観念をみとめることによって形式的客観説の「拡張的適用」がなされたため、その理解が問題となったわけである。すなわち、構成要件的行為そのものの開始ではなくて、「構成要件的行為」に「密接する行為」の開始を問題にしたのである。ここに形式的客観説の拡張がみとめられることになる。この点について、大沼教授は、「思うに、窃盗罪の着手時期に関する大審院判例は、構成要件行為の開始を基準とする本来的な形式的客観説の有無を基準とする本来的な実質的客観説によるものと速断することもできない。なぜなら、その判断形式は、密接行為に該当するかを問うにとどまるものであり、結果発生の危険があるとき密接行為であり、とするような実質的判断形式をとることはなんら示されていないからである。窃盗罪の実行の着手に関する大審院の判例は、結果的には……実質的客観説の延長線上にあると解すべきであろう」とされたのである。[64]この問題は、判例の基本的立場を理解するために重要であり、検討しておく必要がある。

そこで、まず一般論として判例の立場を確定するに当たって「判断形式」がきわめて重要な意義を有することを確認しておかなければならない。なぜならば、一定の判断形式に従ってこそ、同一の結論が得られて法則性がみとめられることとなり、そこに判例としての規範性がみとめられるからである。たしかに、裁判においては個別的事案の解決としての観点から具体的妥当性を有する結論をみとめているか否か､が重要であると言える。したがって、あくまでも当該結論の具体的な妥当性だけが重視されるべきことになる。そこでは「一般的な命題」ではなくて、結論が問題となるのである。しかし、「判例」としての意義は、「一般的な命題」によって示される当該判決の有する一般的な「規範」性の中に存在するのである。すなわち、一般的な命題が具体的事案に適用されることによって、同一の結論が得られるばあいに、法則性がみとめられ、それが「規範性」を獲得することになるのである。つまり、法則性が規範性の基礎なのである。その意味において、大沼教授の主張は正当であるとおもう。判例においては、構成要件的行為に密接する行為に当たるか否か、という形式的な判断がなされているのであって、当該事案に即して結果発生の危険の有無という実質的な判断がなされているわけではない。ここでは、「形式的判断形式」が採られているのである。そこで、大沼教授は、結論として、「実行の着手時期を決定する判断基準に関する大審院の判例の立場は、構成要件該当性に密接する行為がなされれば実行の着手を認めるというかたちで、形式的客観説を若干拡張する方向に向かっていたといえよう」とされたのである。[65] この結論は妥当であり、支持されるべきであるとおもう。

二　大審院の中期以降の判例

大審院の中期以降の判例は、周知のとおり刑事判決録ではなくて刑事判決集に収録されている。その中から実行の着手に関する判例を取り上げて個別的に見て行くことにする。

1　大正一一年七月四日判決［常習賭博被告事件］（刑集一巻三八五頁）

本判決の判示事項は、「賭博罪ノ成立ト輸贏関係――骨牌ニ依ル博戯ノ實行ト賭博罪ノ既遂」とされている。本件の事実関係は、以下のとおりである。賭博常習者である被告人は、大正一一年四月九日夜、大垣市内のA方において、AおよびBと被告人所有の骨牌（カルタ）を用いて内八枚を場に出し賭者二人に八枚宛配りその余りを場に伏せ、手札と場札の絵を合せ標準目数一一五の多寡によって勝敗を決する俗に「大阪ムシ」と称する賭銭の博奕をおこなった。Bが親になり、「札ヲ切リテ配ラントシ居リタル際巡査ニ發見」されたものである。

右の事実について弁護人は、上告趣意において次の二点を主張した。第一点は、「将ニ賭博ヲ爲サントシタルニ止マリ賭博行爲ヲ為シタルノ事實アルコトナシ」というものである。すなわち、「原審カ前掲ノ如ク『俗ニ『大阪ムシ』ト稱スル賭錢博奕ヲ爲シタルモノナリ』恰モ既遂状態ニアル如キ斷定ヲ爲セルハ不法ナリト云ハサルヘカラス」と主張したのである。これは、賭博行為が存在しないにもかかわらず、それを認定したものであるから、事実誤認があると主張していることになる。

第二点は、「將ニ賭博行爲ヲ爲サントセシ際ニ發覚シタルモノニシテ所謂未遂犯ニ屬ス而シテ刑法ノ規定ニ依レハ未遂罪ヲ罰スル場合ハ各本條ニ於テ之ヲ定ムトアリ而カモ同法第二十三章ノ賭博ニ關スル罪ニ付テハ未遂ヲ罰スヘキ規定アルコトナシ」というものである。これは、仮に右の事実がみとめられるとしても、賭博罪の不可罰的な未遂にとどまるものにすぎないと主張するものである。そうすると、「本件ノ如キ賭博未遂ハ法律ニ罰スヘキ正條ナキカ故ニ畢竟無罪タルコトニ寔ニ明瞭ナリトス然ルニ原審カ此ノ明白ナル法理ヲ無視シテ被告ニ科刑ヲセルハ擬律ニ違法アルヲ免レス」と主張したのである。つまり、右の事実は不可罰的未遂であるから、これを処罰するのは法律の擬律の違法であるというのである。そして、この点について以下のように敷衍している。

まず、これを処罰するのであれば、賭博罪の既遂をみとめなければならず、次のような考えを前提とせざるを得ないとされるわけである。すなわち、「或ハ賭博罪ニアリテハ著手ト同時ニ既遂トナルモノニシテ未遂罪ナルモノアルコトナシ單ニ豫約ヲ爲シタルノミニテモ猶且賭博罪ノ成立ヲ妨ケス」とされる。「然レトモ之非ナリ蓋シ決意豫備著手未遂既遂ト稱スル何レモ行爲ノ進行ニ關スル階段ニシテ如何ナル犯罪行爲ト雖モ決意ニ始マリ既遂ニ至ツテ完成スルモノナルコトニ例外アルコトナシ唯法カ其ノ行爲ノ階段ノ如何ナル程度ニ達スルトキニ罪トシテ之ヲ罰スルヤニ付テ相異ナルノミ而シテ賭博ハ未遂ノ程度ニ於テハ未テ罪トシテ之ヲ罰セサルコト法文ニ照シテ明白ナリ此ノ意味ニ於テ賭博ニ未遂罪ナシトノ義ナレハ吾人モ亦是認スル處ニシテ本件事實モ亦罪トナラサルナリ」と主張したのである。つまり、犯罪にはすべて決意から既遂に至る「段階」があるのであり、どの程度に至ったばあいに処罰すべきかは法が決めるのである。そして、賭博罪のばあい、未遂の段階では不可罰とされているのは、法文上、明らかであるから、本件は罪とならないとされる。

次に、「賭博ニ未遂罪ナシテフ語ヲ以テ賭博行爲ニ未遂ノ階段ナシトノ義ナリトセハ其ノ非ナルコト言ヲ俟タス御院判例中未遂ノ場合ニモ亦既遂ト等シク之ヲ罰ストノ旨趣ノ判示ナキニ非スト雖是學者ノ所謂欽效未遂ノ場合ニ付判示セラレタルモノニシテ本件ノ如キ所謂著手未遂ノ場合トハ自ラ其ノ案件ヲ異ニスルカ故ニ彼此同一ニ論スルコトヲ得サルナリ況ヤ豫約スルモ猶且犯罪ノ構成ストノ如キ暴論ニ於テオヤ」と主張した。その理由は、「何トナレハ甲乙兩者カ來週何曜日某所ニ於テ幾程ノ金錢を賭シテ弄花ヲ爲サント約スルモ之ノミヲ以テ直ニ賭博罪ナリトシテ罰スルノ不法ナルコトハ何人モ疑ハサル處ナリ而モ來週ト言ヒ明日ト言ヒ次ノ瞬間ト云フモ畢竟程度問題ニシテ質ノ相異ニ非ス故ニ來年來週ノ豫約ニシテ罪ニ非ラストセハ明日乃至次ノ瞬間ニ於ケル豫約モ亦犯罪タラサルコト理ノ當然ナレハナリ」ということに求められている。

ここにおいて、注目すべき主張がなされている。まず、賭博罪に未遂罪が存在しないということは、「賭博行為」に未遂の段階が存在しないことを意味しないとされる。法文上、未遂罪を処罰する規定が存在しないことは、賭博行為それ自体にも諸段階があり、未遂にとどまる段階が存在することまで否定するものではないとされるのである。たしかに、大審院の判例において賭博罪の未遂に相当するばあいを既遂と同等に評価して処罰したものもあるが、しかし、それは実行未遂・終了未遂に関するものであるから、着手未遂のばあいとは事案を異にすると主張した。したがって、本件は着手未遂の事案であるので、不可罰となるべきであると主張したのである。ここで提起されている問題は、賭博罪においては実行未遂と着手未遂とで取扱いを異にすべきか否か、である。言い換えると、実行未遂のばあいは既遂と同等の評価をしてもよいが、着手未遂のばあいは不可罰とされるべきであるか、ということにほかならない。次に、本件は、賭博の単なる「予約」にすぎないとされる。しかし、本件事実を賭博の予約にすぎないと評価するのは、いかにも行き過ぎと言うべきであるとおもう。なぜならば、当事者が一定の場所においてすでにカルタを配ろうとしていたので、単なる予約の段階を越えているからである。したがって、この点は、重要な主張とは言えないことになる。

大審院は、右の上告趣意に対して次のように判示してこれを斥けている。すなわち、「賭博罪ハ財物ノ得喪ヲ目的トシテ偶然ノ事情ニ由リ輸贏ヲ決スヘキ賭事又ハ博戯ヲ爲スニ因リ成立シ賭事又ハ博戯ノ結了ニ因リ輸贏ヲ決シタルコトヲ必要トセス故ニ金錢ヲ賭シ骨牌ヲ使用シテ爲ス博戯ニ在リテ賭者ノ間ニ於テ輸贏ヲ決ルノ方法ヲ協定シタル上現ニ金錢ヲ賭シ又ハ骨牌ノ配付ニ著手シタルトキハ偶然ノ輸贏ニ關スル賭博ノ實行ノ範圍ニ入リタルモノトシテ其ノ所爲ヲ賭博罪ニ問擬スルコトヲ妨ケス而シテ上叙ノ場合ニ於テ事發覚シタル爲博戯ヲ繼續シ若ハ輸贏ヲ決スルコト能ハサルニ至ルモ賭博罪ハ未遂ノ状態ニ了リタルモノト謂フヘカラス然ラハ原判決ニ於テ所論ノ如キ證憑ヲ援引シ所掲判示賭錢賭奕ヲ爲シタル事實ヲ認定シ被告人ノ所爲ヲ處罰シタルハ相當ナリ各論旨ハ孰レモ理由ナシ」と判示したのである。本判決は、本件を賭博罪の未遂ではなくて既遂として処断した。その理由は、次のとおりである。すなわち、賭博罪は、「賭事」または「博戯」をなすことによって「成立」し、賭事または博戯の「結了」により勝敗が決したことを必要としないとしたのである。言い換えると、賭け事または博戯を開始すれば足り、それが完了することを要しないとされるわけである。そして、本件のようにカルタを使用するばあいには、行為者間で勝敗を決する「方法」を「協定」したうえで、実際に金銭を賭け、またはカルタの「配付」に着手した時に「博戯ノ實行ノ範圍ニ入リタルモノ」であるから、その「所為」を賭博罪に問擬することを妨げないとされるのである。

これは、博戯の開始があれば賭博罪が成立すると解するものにほかならない。言い換えると、実行の着手があれば賭博罪は既遂犯となると解されることになる。そこで、本判決は、実行の着手がなされた時点で発覚したため、博戯を「継続」できず、または勝敗を決することができなかったばあいであっても、賭博罪は「未遂ノ状態」に終わったとは言えないとしたのである。これは、上告趣意における主張に対して、賭博罪のばあい、実行未遂と着手未遂の区別なく、博戯が開始されればただちに犯罪が成立することをみとめるものである。本判決は、大審院の大正二年一二月一九日判決（刑録一六輯九五九頁）を踏襲するものである。その判決は、学説によっても是認されており、これを前提にして、賭博罪は「実行行為があれば直ちに既遂に達するという特種な犯罪」であると解されているのである。

2　大正一一年一二月一三日判決［詐欺・詐欺未遂被告事件］（刑集一巻七五七頁）

本判決の判示事項は、「未タ訴追ヲ受ケサル共犯者ノ證人資格──實行未遂ト實行行為ヲ分擔セサル共謀者ノ責任」であるとされている。本件の事実関係は、以下のとおりである。第二審は、被告人Xと共犯関係にあったが起訴猶予を受けたAを証人として尋問し、その供述を証拠に引用したうえで、次の事実を認定した。すなわち、被告人Xは、大正九年八月初め頃、Aを山形県酒田市内の旅館付近に誘致して、Bに対して贋造紙幣二万円を金一千円で売却する者がいるので、売主（被告人X）に面会して買い取ることをAに勧誘させた。しかし、Bが詐欺であることを看破し勧誘に応じなかったので、被告人Xは金円騙取の目的を遂げなかった。

上告趣意において弁護人は、次の二点を主張した。第一点は、手続き上の論点であり、第二点は、詐欺罪の未遂罪の成否という論点である。第一点は、Aは「本件ニ付起訴猶豫ヲ受ケ居ル者ニシテ多大ノ利害關係ヲ有シ證人タル資格ナキモノナルニ原審カ同人ヲ證人トシテ訊問セル供述ヲ採用シタルハ不法ナリ」というものである。これは、もっぱら訴訟法上の問題であるから、ここでは触れないことにする。第二点に関しては、二つの論点が提示されている。まず、「被告人カBヲ欺罔シ騙取セントシタル事實ヲ認ムルコトヲ得ス」と主張した。これは、事実誤認の主張である。事実誤認の理由は、「蓋本件ノ場合ニ於テ被告人Aニ對シ贋造紙幣ノ賣却周旋ヲ依頼シタル行爲ハ單ニ犯意ノ表示シタルニ止リ之ニ對シ刑事上ノ責任ヲ負擔セシムヘキ理由ナキハ洵ニ明白ナルヘク従テ被告人ノ右行爲カ刑事上責任ヲ負フ爲ニハBニ對スルAノ行爲ト被告人ノ右行爲トカ其ノ意思ノ連續アルノ外共同關係ニ立チ其ノ價値ニ於テ同一ナル場合ナラサルヘカラサルヤ論ナシ」ということに求められている。そして、「Aノ行爲ハ毫モ被告人ノ所爲ト共同ノ關係ニアラサルノミナラス何等意思上ノ連續ナキハ勿論其ノ價値ニ於テ同一ニ非ラサルヲ知ルニ充分ナリト信ス」とされたのである。つまり、偽造紙幣の売却の周旋を依頼する行為は、たんに「犯意」を「表示」したものにすぎず、処罰の対象とはなり得ないのであり、それが処罰されるためには、①被告人の所為とその行為の間に「意思ノ連續」があること、②「共同關係」にあって「同價値」であることが必要であるとされる。しかし、「原判決カ被告人ノ右依頼アリタル事實ヲ以テ直ニ被告人ヲ詐欺罪ノ未遂ニ問擬シタルハ失當ニシテ法則違背ノ不法アリト信ス」とされたのである。

次に、「AノBニ對スル詐欺的行爲カ被告人ノ右依頼ニ基クモノナリヤ否ハ本件ニ於ケル極メテ重要ナル論點ニシテ被告人ノ刑事上ノ責任ノ分ルルトコロナレハ原審ニ於テ被告人ヲ有罪ト爲スカ爲ニハ必ス此ノ點ニ關シテ證據ヲ擧示シ理由説明ヲ附加セサルヘカラス原判決ハ事茲ニ出テスシテ漫然認定シ單ニAノ供述ニヨリAノ行爲ノ結果ニ付被告人ニ對シ刑事上ノ責任ヲ負擔セシメタル理由不備ノ違法アルヲ免レスト信ス」と主張されている。これは、詐欺罪が成立するためには、被告人の依頼行為とAのBに対する詐欺的行為との間に因果関係が存在する必要があることを主張するものにほかならない。

大審院は、右の上告趣意における第一点について次のように判示した。すなわち、「縦令事實上共犯關係アル者ト雖未タ訴追ヲ受ケス而モ刑事訴訟法第百二十三條、第百二十四條ニ抵觸セサル以上ハ之ヲ證人トシテ訊問スルハ違法ニ非ス而シテ所論Ａハ訊問當時共犯人トシテ訴追ヲ受ケス且證人資格ニ欽クル所ナキヲ認メ證人トシテ訊問セラレタルモノナレハ其ノ供述ヲ罪證ニ供スルヲ得ヘク論旨ハ理由ナシ」と判示されている。これは、純粋に手続法上の問題であり、その判示内容は妥当であるが、ここではこれ以上は触れないことにする。

大審院は、第二点について次のように判示した。すなわち、「原判決ヲ通讀スレハ原審ニ於テハ被告人Ｘカ贋造紙幣賣渡名義ノ下ニ金圓ヲ騙取センコトヲ企テ通謀關係アルＡヲシテＢニ對シ所論判示行爲ヲ爲サシメタルモ遂ケサリシ事實ヲ認定シタル趣旨ナルコト明ニシテ即被告人Ｘハ所論ノ如ク單ニＡニ對シテ犯意ヲ表示シタルニ止ラスシテ同人ノ手ニ依リＢニ對シ自己ノ犯意實行ニ著手シタルモ遂ケサリシモノニ外ナラサレハ原判決カ被告人Ｘヲ詐欺未遂罪ニ問擬シタルハ相當ナリ而シテ右判示證據ヲ綜合スレハ之ヲ認定スルニ難カラサルヲ以テ原判決ニハ所論ノ如キ違法ナク論旨ハ孰レモ理由ナシ」と判示したのである。本判決は、被告人の行為がたんに「犯意ヲ表示」したにとどまらず、Ｂに対して「自己ノ犯意實行ニ著手」したがそれを遂げなかったので、詐欺未遂罪を構成することをみとめたのである。これは、被告人の行為が犯意の表示を超えて自己の犯意の実行に着手したことをみとめたものである。すなわち、本判決は、Ａに働きかけた時点で被告人がＡの手を通してＢを欺罔する行為を開始したものであると解したことになるわけである。共謀共同正犯関係にある者の一人が、詐欺罪の実行行為である「欺く行為」を開始すれば、他の者にとってもその時点で詐欺罪の実行の着手がみとめられるべきはずである。ところが、本判決は、Ａに働きかけた時点で実行の着手を肯定しており、その判断は妥当でないと言える。これは、間接正犯の法理を類推して事案を処理しようと図ったために生じた結論であると解される。因果関係については、まったく問題にならないとしたことになる。

3　大正一二年四月二日判決〔賭博被告事件〕（刑集二巻二九五頁）

本判決の判示事項は、闘鶏による賭事における賭博罪の既遂時期であり、本件の事実関係は、次のとおりである。すなわち、被告人Xは、大正一一年三月下旬に、神奈川県内の竹林において、被告人Yらは、同年四月中に、同県内の杉林内において、それぞれ軍鶏を闘わせその勝敗に金銭を賭し俗に軍鶏の「蹴合」と称する賭銭博奕をおこなった。

弁護人は、上告趣意において次のように主張した。すなわち、大正一一年三月下旬杉林内において軍鶏を闘わせた勝負は、「日没ニ至リタル爲勝敗ヲ決スル事能ハスシテ引キ分ケトナリタルコト爭フヘカラサル事實ニシテ各被告人等ハ其ノ勝負ニ若干ノ金錢ヲ賭シタルモ引キ別トナリタル爲各自損益ナク終リタルモノ」であるから、「被告人八名ノ所爲ハ犯罪ノ手段ニ關スル不能犯ナリトシ日没ニ際シ勝敗ヲ波シ結果ヲ發生セシムルコト不能ニ至リタルモノナルヲ以テ法律上無罪」と主張したが、第二審は、「此ノ點ニ關シ何等ノ判決ヲ爲ササルハ違法且不親切ナリト論シタルニ不拘原審カ前示ノ如ク判決シ去リタルハ擬律ニ錯誤アル違法ノ裁判ナリ」としたのである。弁護人は、本件においては日没に際し勝敗が決しなかったので、被告人らの行為は不能犯であると主張したわけである。

右の上告趣意に対して、大審院は、次のように判示した。すなわち、「軍鶏ヲ闘ハシメ之カ勝敗ニ金錢ヲ賭スル行爲ハ偶然ノ輸贏ニ關シ財物ヲ以テ賭事ヲ爲スモノニシテ苟モ其ノ賭事ノ實行ヲ開始シタル以上タトヒ闘鶏ノ結果勝敗ハ決セサリシトスルモ賭博罪ハ既遂トシテ完成スルモノニシテ又此ノ方法ニ依ル賭事カ勝敗ノ結果ヲ生スルコトハ決シテ不能ニ非サルヲ以テ上叙ノ如ク勝敗ノ結果ヲ生セサリシ場合ヲ指シテ不能犯ナリト論スルハ中ラス又原判決ニハ被告ノ賭博罪ニ關シ犯罪事實ヲ判示シ被告ノ行爲カ其ノ犯罪ヲ構成スル所以ヲ説示シテ欠クル所ナキヲ以テ縦シ辯護人ノ辯論事項ニ對シ精細ニ説明ヲ加ヘサリシトスルモ判決理由ノ不備ヲ成スモノニ非サルハ論ナク擬律ニ於テ何等ノ錯誤ナキモノトス故ニ論旨ハ理由ナシ」と判示したのである。本判決は、①賭事の「實行ヲ開始」した以上、賭博罪は既遂として完成すること、および②軍鶏の闘争による賭事が勝敗の結果を生ずることはけっして「不能」ではないことをみとめたものである。①は、前に見た判例1と同旨であると言える。②は、理由を示していないが、絶対不能・相対的不能説の立場からは、当然の結果ということになる。これについては、不能犯に関する章において検討することにする。

4　大正一二年一一月二日判決〔放火未遂被告事件〕（刑集二巻七八一頁）

本判決の判示事項は、「住家燒燬ノ目的ニ出テタル物置ノ放火ト刑法第百八條放火罪ノ著手」であり、本件の事実関係は、次のとおりである。すなわち、被告人は、かねてよりAに恨みを抱いていたので、その恨みを晴らすため、大正一一年一一月三〇日夜一一時過ぎ頃、Aの住宅に接する草葺物置から僅かに七尺位の距離を有するにすぎない草葺二階建て物置の藁に所携の燐寸（マッチ）で放火してその住宅に延焼させようと図ったが、当該物置の一部を焼燬しただけで数人の者によって消し止められ、所期の目的を遂げなかった。

弁護人は、上告趣意において次のように主張した。すなわち、原判決は、刑法第一〇八条および第一一二条に問擬したが、「同法條ハ火ヲ放チ現ニ人ノ住居ニ使用シ又ハ人ノ現在スル建造物等換言セハ現實ニ人ノ住居ノ用ニ供シツツアルカ又ハ現實ニ人存在セル建造物等ヲ燒燬セントシタル場合ノミヲ所罰スルノ規定ナリトス従テ同法條ニ問擬センニハ右ノ意義ニ於ケル建造物等ヲ燒燬セントシタルコトヲ明カニセサルヘカラス然ルニ原判決ニ於テハ右判示物置ハ右ノ意義ニ於ケル建造物ナリヤ否全然之ヲ知ルニ由ナシ」と言えるので、「原判決ハ理由不備若ハ擬律錯誤ノ違法アリ」と主張したのである。右の主旨は、第一〇八条の罪については客体が現住建造物であることを明示すべきであるにもかかわらず、放火の客体となった物置が現住建造物に当たるか否かは、原判決から判断できないとするものである。

右の上告趣意に対して、大審院は、次のように判示した。すなわち、「人ノ住居ニ使用スル建物ヲ焼燬スルノ目的ヲ以テ他ノ建物ニ放火シ其ノ燃焼作用ニ依リ同住宅ヲ焼燬シ得ヘキ状態ニ措キタルトキハ未タ同住宅ニ延焼セサルトキト雖住宅焼燬罪ノ未遂犯ヲ構成スルモノトス原判決ノ確定セル事實ニ依レハ被告人ハ判示住宅ヲ焼燬スルノ目的ヲ以テ住宅ノ屋根ニ接スル草葺物置ヨリ僅ニ七尺ヲ隔ツル草葺二階建物置内ノ藁ニ所持ノ燐寸ヲ以テ放火シ其ノ住宅ニ延焼セシメント計リタルモ他人ノ爲ニ消止メラレ該物置ノ一部ヲ焼燬シタルニ止リ所期ノ目的ヲ遂クルニ至ラサリシモノナレハ其ノ所爲ハ前段説示ノ理由ニ依リ住宅焼燬罪ノ未遂犯ヲ構成スルモノトス然レハ此ノ趣旨ニ出テタル原判決ノ擬律ハ正當ニシテ理由不備ノ違法アルモノニ非ス論旨ハ理由ナシ」と判示したのである。本判決は、現住建造物を焼燬する意図で他の建造物に放火してその「延焼作用」によって現住建造物を焼燬し得る状態に置いたばあいには、当該建造物に延焼しなくても現住建造物放火罪の「未遂犯ヲ構成」するとしたものである。本判決は、現住建造物放火罪の未遂の成立について、媒介物とされた非現住建造物に放火してその「焼燬作用」によって現住建造物たる住宅を「焼燬シ得ヘキ状態ニ措キタルトキ」は、その住宅に延焼しなくても現住建造物放火罪の未遂罪を構成することをみとめている。これは、行為客体を焼燬する可能性を生じさせた時点を実行の着手と解するものである。ここに、法益侵害の可能性を惹起する時点が実行の着手時期とする立場が明示されている。そして、本件事案においては、住宅の屋根に接する草葺物置からわずかに七尺を隔てた別の草葺物置に放火してその一部を焼燬したにとどまったものである。このばあい、物置は、草葺きで、燃焼し易い建造物であったので、住宅を焼燬する可能性がきわめて高かったと言える。したがって、この時点で実行の着手をみとめた本判決の結論は妥当であると解される。

5　大正一五年九月二八日判決［放火被告事件］（刑集五巻三八三頁）

本判決の判示事項は、「住宅焼燬ノ目的ヲ以テ住居ニ使用セル建物ニ放火シタル場合ノ擬律」とされている。本件の事実関係は、次のとおりである。すなわち、被告人は、かねて被告人の居宅内の動産に対してA保険会社と金一二〇〇円の火災保険契約を締結していたので、被告人が居住していた四戸建ての長屋に近接する空家に放火して長屋に延焼させて自己の動産を焼いたうえで右保険金を騙取しようと企て、犯意を継続し、①大正一五年一月二六日午後一〇時頃、前記四戸建て長屋の西端から南方約一間を隔てて当時、人が現在していなかったB所有の木造平屋建て家屋の八畳の間の押入れ内に所携のマッチで空俵に点火して、右空家の押入れの内部および天井屋根など約二坪を焼き、②同年二月一日午後一二時頃、被告人が居住していた四戸建て長屋から南方約二間を隔てて建設してあるB所有の空家で木造戸建二階家中の右長屋に近い一戸の二階六畳間の押入れに障子四枚を外して所携のマッチでこれに点火して、右二戸建て長屋の二階全部を焼燬した。

弁護人は、上告趣意において次のように主張した。すなわち、「被告ノ所爲ハ場合ニ依リ或ハ刑法第百十二條第百八條第五十五條ニ該當スヘク或ハ人ノ現在スル家屋焼燬ニ付テハ其ノ位置構造天候其ノ他ノ事情ニ因リ不能犯タルヘク或ハ第百九條第一項第五十五條ト刑法第百十三條第五十五條トニ該リ刑法第五十四條第一項ニ從ヒ重キニ從テ處斷セサルヘカラサルヘシ然ルニ原判決ハ以上孰レノ場合ナルヤヲ判定セスシテ輙スク刑法第百九條第一項第五十五條ニ問擬シタルハ理由齟齬若ハ擬律錯誤ノ違法アルヤモノニシテ原判決ハ破毀ヲ免レサルモノトス」と主張したのである。右の主張によれば、被告人の行為は、場合によって、現住建造物等放火罪の未遂罪の連続犯、現住建造物等の放火罪の不能犯、または非現住建造物等放火罪の連続犯、一〇八条・一〇九条の予備罪の何れかに該当するにもかかわらず、原判決は、右の何れであるかを判定せずにたやすく第一〇九条第一項の連続犯に問擬したので、理由齟齬または擬律錯誤の違法があるとされたのである。

右の上告趣意に対して大審院は、次のように判示した。すなわち、「人ノ住居ニ使用スル建物ヲ焼燬スルノ目的ヲ以テ之ニ接近セル人ノ住居ニ使用セス又ハ人ノ現在セサル建物ニ放火シ其ノ火勢猶未タ人ノ現住セサル建物焼燬罪ノ未遂犯ヲ構成スルニ過サルトキト雖其ノ燃焼作用ニ依リ住宅焼燬ニ至ルヘキ状態ヲ惹起シタルモノナルヲ以テ住宅焼燬罪ノ豫備ノ程度ヲ超エ住宅焼燬罪ノ未遂犯ヲ構成シ人ノ現在セサル建物焼燬罪ノ未遂罪ヲ構成スルモノニ非ス又其ノ火勢既ニ右人ノ現在セサル建物焼燬罪ノ既遂犯ノ程度ニ達シタルトキト雖右建物ハ住宅焼燬ノ媒介タルニ過サルヲ以テ住宅ニ延焼シ且之カ焼燬ノ程度ニ至ラサル限ハ猶住宅焼燬罪ノ未遂罪ヲ構成スルニ過スシテ人ノ現住セサル建物焼燬罪ノ既遂罪ヲ構成スルモノニ非ス……其ノ所爲ハ前段説示ノ理由ニ依リ住宅焼燬未遂ノ連續犯ヲ構成スルモノトス然レハ原判決カ右事實ニ對シ刑法第百九條所定ノ罪ノ連續犯ヲ構成スルモノトシテ擬律シタルハ失當ニシテ論旨ハ結局理由アリ」としたのである。

本判決は、現住建造物等放火罪の未遂罪の成立を二つの観点から肯定している。第一の観点は、予備罪との対比である。現住建造物を焼燬する意図で非現住建造物に放火してその火勢が非現住建造物の未遂犯にとどまるばあい、その「燃焼作用」によって現住建造物の「焼燬ニ至ルヘキ状態ヲ惹起」したものであるから、現住建造物の「豫備ノ程度ヲ超エ」てその未遂犯を構成するとされたのである。ここで決定的意義を有するのは、焼燬に至るべき状態の惹起という観念である。これは、法益侵害の発生の危険性を意味するのであり、すでに前記判例4において明示されていたのであった。このような危険性を生じさせた行為は、予備の段階を超えて未遂を構成することになる。このようにして本判決は、放火予備と放火未遂とを区別する基準として焼燬に至る可能性を有する状態の惹起を明らかにした点において、判例としての意義を有すると言える。

第二の観点は、非現住建造物等の「既遂犯」との対比である。前記と同様のばあい、火勢がすでに非現住建造物放火罪の「既遂犯ノ程度」に達した時、当該建造物は現住建造物の「焼燬ノ媒介」にすぎないから、現住建造物放火罪の未遂犯を構成するに過ぎないとしたわけである。したがって、このばあいには非現住建造物放火罪の既遂犯は成立しないとされることになる。本判決は、原判決が既遂犯の成立を肯定し連続犯としたのは妥当でないとして、この点に関する上告をみとめたのである。

6　大正一五年一〇月一九日判決〔常習賭博被告事件〕（刑集五巻四六〇頁）

本判決の判示事項は、「骨牌ニ依ル賭博罪ノ成立」であるとされている。本件の事実関係は、次のとおりである。すなわち、被告人らは、大正一五年四月三〇日、八王子市内のA方においてBほか一名とともに骨牌を使用して金銭賭の「素倒し」と称する賭博を常習としておこなった。

弁護人は、上告趣意において、次のように主張した。すなわち、「被告ハ札ヲ配ラレタルモ手カ悪クテ降リ未タ輸贏ヲ決スル行爲ヲ爲サザリシモノニシテ其ノ行爲ハ未遂ナリト謂ハサルヘカラス然ルニ之ヲ既遂行爲トシテ處斷セラレタル原判決ハ不法也」と主張したのである。これは、花札を使用する賭博のばあい、札を配られて手が悪くて降りただけでは勝敗を決する行為をおこなったことにはならず、未遂にとどまり不可罰であると主張するものである。すなわち、賭博行為は勝敗を決する行為を意味するのであるから、その行為を開始する時点が賭博罪の実行の着手であると主張したことになる。

右の上告趣意に対して大審院は、次のように判示した。すなわち、「花札ヲ使用スル骨牌博戲ノ當時者間ニ花札配付セラレタルトキハ既ニ博戲ノ開始アリタルモノナレハ當事者カ單タ花札ヲ手ニ爲シタルニ過キサル場合ト雖又其ノ配付ヲ受ケタル或者カ花札ヲ檢閲シ自己ニ不利ナリトシテ数回連續シテ行ハルヘキ博戲ノ當事者タルコトヨリ一時脱退シタル場合ト雖苟モ右博戲カ金錢ノ得喪ヲ目的ト爲セルモノナル以上ハ博戲ニ着手シタル者トシテ其ノ所爲ヲ論スヘキモノトス然ラハ原判決ニ於テ證據理由ニ於テ被告人等カ配付ヲ受ケタル花札カ有利ナラサルヲ認メ博戲ノ當局ヨリ脱退シタル旨又ハ花札ノ配付ヲ受ケタルノミニテ勝敗ヲ争フニ至ラサリシ旨ノ供述ヲ援キ之レヲ他ノ證據ニ綜合シ以テ被告人等カ賭博罪ノ實行ニ着手シタル事實ヲ認定シ之レヲ同罪ニ問擬處斷シタルハ相當ナリ本論旨ハ理由ナシ」としたのである。

本判決は、「博戯ノ開始」があった時に賭博罪の成立がみとめられると解している。したがって、花札が配布された時にはすでに博戯の開始があったのであるから、「博戯ニ着手」した者として賭博罪に問擬されるべきであると処断したのである。これは、従来の判例の立場と同じであると言える。

7　昭和四年一一月一日判決〔業務上横領・詐欺・印章不正使用未遂被告事件〕（刑集八巻五五七頁）

本判決の判示事項は、印章の盗捺と印章不正使用罪の成否であり、本件の事実関係は、次のとおりである。すなわち、被告人は、弁護士の業務に従事中に、①昭和三年六月一八日、長崎県島原町内の自己の法律事務所において、訴訟依頼人Aから仮差押命令申請のために供託すべき保証金として金五〇円を、同年七月二四日頃、訴訟依頼人Bから訴訟に要する費用として金一二円三六銭および競売手続停止命令申請のために供託すべき保証金として金六〇円をそれぞれ預かって占有中、その頃、右島原町その他において擅に生活費など自己の用途に費消横領し、②昭和三年一二月二〇日頃、長崎市内の旅館に宿泊した際、その隣室に投宿中のCその他がCの債権者と貸金請求訴訟事件について示談交渉中であることを聞知し、同人などを自室に招致し右交渉方を引き受け、右Cから示談のうえ債権者に弁済すべき金三五〇円を交付されると、これを占有中、その頃数回にわたり同市その他において擅に遊興費など自己の用途に費消横領し、③東京市の弁護士D方に被雇中、同弁護士の委任に基づいてEから債権者Fに対する動産強制執行事件に立ち会ったことを利用して、同日、千葉県内のF方において示談の権限がないにも拘わらずこれがあるかのように装って、同人に示談を勧告して欺罔したうえで、同人から示談金名義の下に金二五〇円を騙取し、④沼津市弁護士G方に被雇中、昭和四年四月二一日に、G方においてG名義の金員領収書を偽造行使する目的で罫紙数枚に擅に印章を盗捺し、尚領収書用紙一通に同人の印章を盗捺し、同日被告人がGとともにHから訴訟並和解の委任を受けていたHから債権者Iに対する貸金請求事件に付き和解をし、その結果Iから金二〇円を受け取り、これを占有中、その頃擅に旅費など自己の用途に費消横領し、同月二二日、Gが予めJから訴訟の委任を受けていたJから債権者Kに対する手形金請求事件について、Kから示談金名義の下に金員を騙取することを企て、その際、Kに交付する目的でGの印章が押捺してある前記領収証用紙の金額欄の下に「但J対貴殿間約束手形金請求事件ノ示談金」および原告代理人Gの署名ならびにKの宛名を冒書してG名義の金額の記載のない領収書一通を偽造した。そして、翌二三日、電話でKに対して自分はGであるが右手形金請求事件に付き示談に応じないかと申込み、あたかも当該事件に関して和解の権限があるかのように欺いて、同日、同家を訪問したところ、予め張り込んでいた警察官に捕えられたため、騙取の目的を遂げなかった。右横領詐欺の所為は、それぞれ犯意継続に出たものであった。

弁護人は、上告趣意において次のように主張した。まず、「文書僞造ト印章不正使用トハ刑法上僞造罪ト稱スル一群ノ犯罪類型ニ屬シ其ノ罪責ヲ同フスルカ故ニ兩犯罪ヲ累行シタルトキハ刑法第五十五條ノ所謂連續犯ヲ構成スヘク併合罪ヲ構成スヘキニアラス然ルニ原判決カ之ヲ以テ併合罪ナリト斷シタルハ擬律錯誤ノ違法アリ」とした。これは、文書偽造と印章不正使用を累行したばあい、罪責を同じくするので併合罪ではなくて連続犯を構成するにもかかわらず、併合罪の成立をみとめた原判決には法律の適用を誤った違法があると主張するものである。次に、「未遂犯ハ既遂罪ニ至ル過程ニ過キサレハ犯人ニ於テ一定ノ犯罪ヲ完成セントスル意圖アルニ拘ラス之ヲ完成セサリシ場合ノ犯罪態様ナリ本件ニ於テ被告人ハGノ印章ヲ押捺セル用紙ヲ其ノ儘使用スルノ意思ナク却テ之ニヨリテ一定ノ文書ヲ作成セントスル意圖ナリシコト明ナリ即Gノ印章押捺ハG名義ノ文書作成ノ未遂ニシテ印章使用ノ未遂ニ該當セス而シテ刑法ハ文書僞造罪ノ未遂ヲ認メサルカ故ニ結局被告人カ白紙ニGノ印章ヲ押捺シタル事實ハ罪トナラス然ルニ原判決カ之ヲ印章不正使用ノ未遂罪ト斷シタルハ擬律錯誤ノ違法アリト信ス」と主張したのである。ここでは、未遂犯は、「既遂罪ニ至ル過程」にすぎないので、犯罪を完成させようとする「意図」があるにもかかわらずこれを完成させなかった「犯罪態様」であると性格付けがなされている。これは、現在でも通用する理解である。わたくしも、未遂犯を犯罪の「実現態様」の一つとして説明している。弁護人は、印章不正使用罪のばあい、無権限で他人の印章を押捺した用紙をそのまま使用する意思で押捺する行為が必要であり、本件においては、その意思は存在せず、むしろ他人名義の文書を作成するために他人の印章を盗捺したにとどまるので、文書偽造の未遂にすぎず、印章不正使用罪の未遂ではないと主張した。したがって、印章不正使用罪の未遂罪の成立をみとめた原判決には擬律錯誤の違法があると主張されたわけである。文書偽造罪の未遂は不可罰であるが、印章使用罪の未遂は犯罪を構成し可罰的であるので、本件では未遂犯の成否が争点とされた。

右の上告趣意に対して大審院は、次のように判示した。すなわち、「原判決第四ニ説示セル被告人カG名義ノ金員領収証ヲ僞造行使スルノ目的ヲ以テ罫紙數枚ニ擅ニGノ印章ヲ盗捺シタル行爲ハ印章不正使用未遂罪ヲ構成スルモノニアラス蓋シ印章不正使用罪ハ擅ニ他人ノ印章ノ影蹟ヲ事實證明ノ爲ニ使用スルニ依リ成立スルモノナレハ本件ノ如ク印章ヲ盗捺シタルニ止ル行爲ハ同罪ノ豫備ニ過キサレハナリ然レハ原判決ニ於テ之ニ對シ刑法第百六十七條第二項第一項第百六十八條ヲ適用シタルハ擬律錯誤ノ違法アルモノニシテ論旨ハ理由アリ原判決ハ破毀ヲ免レス……右ノ理由ナルヲ以テ刑事訴訟法第四百四十七條第百四十八條ニ依リ原判決ヲ破毀シ本院ニ於テ直ニ判決スヘキモノトス」と判示したのである。そのうえで、尚書きで「尚被告人カ昭和四年四月二十一日不正使用ノ目的ヲ以テ罫紙数枚ニGノ印影ヲ盗捺シタリトノ公訴事實ハ罪ト爲ラサルヲモツテ刑事訴訟法第四百五十五條第三百六十二條ニ依リ無罪ノ言渡ヲ爲スヘキモノトス」と判示している。

本判決は、印章不正使用罪は擅に他人の印章の影蹟を「事實證明ノ爲ニ使用スル」ことによって成立するものであるとする。したがって、印章を盗捺したにとどまる行為は、本罪の「予備」に過ぎないことになる。そこで、本件においては印章不正使用罪の予備に過ぎないのにもかかわらず、本罪の未遂罪の成立をみとめた原判決には違法があるとしてこれを破棄して無罪を言い渡している。印章の不正使用罪の未遂罪が成立するためには不正「使用」行為の開始が必要であるので、それが存在しないばあいには不可罰的な予備にとどまるから、本判決の処断は妥当であると言える。

8　昭和七年四月三〇日判決〔放火被告事件〕（刑集一一巻五五八頁）

本判決の判示事項は、「放火罪ノ連續犯――放火未遂罪ノ構成」であり、本件の事実関係は、次のとおりである。被告人は、昭和五年五月以来、A所有の茨城県内所在の木造トタン葺平屋二棟を借り受けて、その表側の一棟を店舗に充てて他を住宅としてその妻子および従弟らとともにこれに居住し、和洋家具商を営んでいたところ、借家内に存在する自己所有の家具商品その他の動産類について、A火災保険会社との間に金額五〇〇〇円、B動産火災保険会社との間に金額一〇〇〇円の火災保険契約をそれぞれ締結していたことを想起し、付近の建造物に放火して自宅に延焼させて右二口合計一五〇〇〇円の保険金を利得しようと企てた。そこで、被告人は、①昭和六年二月二二日午前五時半頃、三尺の路地を隔てて前記住宅と相対するCの居宅北東隅の下見板に石油を注いだうえ、北側下見板に接着して築造されたD所有の物置内に収納されていた枯松の粗朶類に、携行した燐寸（マッチ）で放火した。しかし、他人が消止めたため当該粗朶および下見板の一部を燻焦させたに止まり所期の目的を遂げるに至らず、②右放火の直後、さらに右借家焼燬の意思を継続して前記住宅と店舗との間に設造された炊事場の一隅にあった木箱中の鉋屑に燐寸で放火したが、これもまた、発火後他人にただちに発見されて消火活動がなされたため右鉋屑を焼いて鎮火し、焼燬の結果を見るに至らなかった。

弁護人は、上告趣意において次の二点を主張した。すなわち、第一に、本件は、「單ニ自己ノ借宅燒燬ヲ目的トシタル一箇ノ行爲ヲ爲サンカ爲メ其ノ方法トシテ二箇所ニ點火シタルニ過キス左レハ單一ナル放火未遂ノ一罪ニ止マリ二箇ノ放火行爲カ繼續シテ行ハレタルモノト謂フヲ得ス」としたのである。ここにおいては、本件の行為は一個であるから、単一の放火未遂罪が成立するに過ぎないにもかかわらず、二個の放火未遂罪の成立をみとめて連続犯とした原判決には、法律適用の誤りがあると主張されている。弁護人は、その理由として「例へハ一棟ノ家屋ヲ燒燬セントスルニ當リ同一家屋ノ東隅ト西隅トニ於ケル或部分ニ點火シ以テ其ノ目的ヲ達シタル場合ニ於テハ是明ニ單一行爲ト云フ可ク二箇ノ連續シタル行爲ナリト謂フコト能ハサルト同シク本件ニ於テハ其ノ目的ヲ達セントシテ點火シタル場所ハ異ルモ燒燬スヘキ目的物件ハ同一ナルヲ以テ單一ノ放火行爲ナリト謂フヘキモノト信ス」と主張したのである。ここにおいて弁護人は、同一客体に向けられた放火行為は、点火場所が異なっていたばあいであっても放火行為としては単一であると主張したわけである。そうであるにもかかわらず、「原判決ハ唯其ノ點火場所ノ二箇アルコトヲ認メ放火ノ連續犯ナリトシテ刑法第五十五條ヲ適用シタルハ法律ノ適用ヲ誤リタル不法ノ判決ナリ」と主張したのである。

第二に、弁護人は、さらに次のように主張した。すなわち、本件行為は「放火ノ豫備行爲ニ過キサルモノト認ムヘキモノトス然ルニ法律適用ヲ見ルモ第一ノ放火未遂ト連續シタル未遂犯ト認メ刑法第百十二條第百八條及第五十五條ヲ適用シタルハ是又法律適用ヲ誤リタル不法ノ判決ト謂フヘキモノトス」とした。右の主張の理由は、次の点に求められている。すなわち、「若シ夫レ斯ル事實ヲ以テ住宅焼燬ノ未遂罪ト認メントスルニハ少クトモ右鉋屑ニ放火シ以テ其ノ儘消止メスシテ放置シタリトセハ住宅ニ延焼スルモノナルコトノ事實ヲ具體的ニ判示セサルヘカラス然ルニ斯ル事實ヲ認定セスシテ漫然住家焼燬ノ未遂罪ニ該當スル刑法ノ法條ヲ適用シタルハ一面ニ於テハ事實上ノ理由不備ナルカ又ハ理由齟齬セル不法ノ判決ナリト謂ハサルヘカラス」とされたのである。ここにおいては、第二の行為は放火罪の未遂罪ではなくて放火罪の予備にすぎないと主張されている。これが未遂罪となるためには、鉋屑に放火してそのまま消し止めずに放置したとすれば住宅に「延焼」するものであることが必要であるが、原判決にはその事実が具体的に認定されていないという理由不備があるとされたのである。そして、予備罪ではなくて未遂罪を構成するためには、客体への「延焼」の可能性が必要であるとされている。

右の上告趣意に対して大審院は、二点にわたって判示している。まず、第一点については、「建造物焼燬ノ目的ヲ以テ其ノ手段トシテ目的物ノ二以上ノ方面ニ放火スルニアラスシテ一旦其ノ手段タル放火行爲ヲ終リタルモ他人ニ妨ケラレ未遂ニ終ルヤ否直ニ繼續犯意ヲ以テ同一目的物ニ對シテ放火手段ヲ施ストキハ犯意ハ一ナルモ放火行爲ハ別箇ニ之ヲ觀察スヘク犯意ノ一ナルノ故ヲ以テ包括的ニ之ヲ觀察スヘキモノニアラス原判決ハ判示事實ニ對シ刑法第五十五條ヲ適用シタルハ所論ノ如ク法律ノ適用ヲ誤リタルモノニ非ス論旨理由ナシ」とした。ここにおいて、注目すべき判断が示されている。すなわち、同一客体に対して放火行為を終了したが他人に消火されて未遂に終わると、すぐに継続した犯意に基づいて同一目的物に対して放火の手段を施したばあいには、「犯意」が一個であっても

「放火行為」は別個に観察して二個とすべきであるとされたのである。つまり、犯意が継続しているばあいには、同一客体に対する放火行為は連続してなされても二個と評価できるとされているのである。

次に、第二点については、「間接ニ導火材料ノ燒燬作用ヲ籍リテ其ノ目的トセル住宅燒燬ヲ企テ該材料ニ點火シテ其ノ燃燒作用ノ繼續シ得ヘキ状態ニ措キタル以上ハ則チ犯罪ノ著手アリタルモノニシテ未タ該住宅ニ延燒セサルトキト雖放火罪ノ未遂罪ヲ構成スルモノトス……間接ノ導火材料タル鉋屑ニ點火シテ燃燒作用ヲ繼續シ得ヘキ状態ニ措キタルモノト解スヘキヲ以テ放火豫備行爲ニ非スシテ放火未遂罪ニ該當スルコト洵ニ明ナリ原判決ニハ理由不備又ハ理由齟齬ナク又法律ノ適用ヲ誤リタル不法アルコトナシ論旨理由ナシ」としたのである。本判決は、ここにおいて現住建造物等放火罪の実行の着手を予備との関係で明確に判示している。すなわち、同罪の目的物を焼燬する意図で間接的に「導火材料ノ燒燬作用」を利用して焼燬するために当該材料に点火してその「燃焼作用」の「繼續シ得ヘキ状態」に置いた時点で実行の着手があるので、放火予備ではなくて放火未遂罪が成立するとしたのである。本判決は、「導火材料の燃焼作用が継続し得る状態の惹起」を実行の着手の基準とした点で重要な意義を有する。なぜならば、導火材料の燃焼作用の継続可能性があるばあいには、目的物の焼燬の可能性が生ずるので、その時点で「法益侵害の可能性」がみとめられることになるからである。したがって、これを基準にして実行の着手を判断するのは、従来の判例の立場からも妥当であると言える。

9　昭和七年一二月一二日判決［殺人未遂被告事件］（刑集一一巻一八八一頁）

本判決の判示事項は、毒物による殺人の着手時期であり、本件の事実関係は、次のとおりである。すなわち、被告人Xの妹Aは、二回他へ嫁したが不縁となり、さらに昭和六年一二月一四日、愛知県内に在住のBに嫁し、爾来同棲したが、僅々二〇余日の昭和七年一月五日頃、格別の理由がないにも拘わらず離別させられ、復縁を求めたけれども、Bは、これに応じないだけでなく、前記婚嫁に際し結納としてAに贈与した衣類の大部分を取り戻した。この事実を聞き知ったXは、Aの不遇を憐れむと同時に、Bの態度が冷酷であると憤激し、Bおよびその同居人の家人らを殺害して怨みを晴らそうと決意し、同年二月六日、饅頭七個を買い求めたうえ、自宅において毒薬黄燐を含有する「猫イラズ」と称する殺鼠剤の三分の一を饅頭七個にそれぞれ混入してこれを携えて、同日午後六時過頃、B方に赴き、前記饅頭七個をBおよびB方家人が食するであろうことを認識しながらBに交付した。その後、Bはこれを食しなかったが、家人らがこれを食したところ、その量がきわめて僅少であったため、誰も死亡するに至らず、結局、殺害の目的は遂げられなかった。

弁護人は、上告趣意において次のように主張した。すなわち、「Bハ縦令被告人Xカ其ノ饅頭ニ依リテ同人ヲ殺サントトシテ交付シタルモノナリトスルモ何等之ヲ口ニセントシタルコトナカリシヲ以テ……Bニ對スル殺人未遂ノ犯行毫モ之アルコトナキニ拘ラス法律適用ノ部ニ於テ『最モ重キBニ對スル殺人未遂ノ刑ニ從ヒ所定刑中有期懲役刑ヲ選擇シ』ト判示シタル原判決ハ不法アルヲ免レサルモノトス」と主張したのである。これは、XがBを殺害する意図をもって猫イラズ入りの饅頭をBに交付したけれども、Bがこれを食したわけではないので、Bに対する殺人未遂罪は成立しないと主張するものである。ここでは、毒物の量が少なかったことは問題とされておらず、殺害の客体たるBがこれを食しなかったので、「殺人未遂の犯行」はまったく存在しないと主張されている。つまり、「殺人行為の不存在」は行為客体の摂食行為の不存在に依存すると主張したわけである。

右の上告趣意に対して大審院は、次のように判示した。すなわち、「特定人ヲ殺ス目的ヲ以テ人ヲ殺スニ足ル毒物ヲ含有セル饅頭ヲ其ノ者ノ家ニ持参シ毒物含有ノ事實ヲ秘シテ其ノ者ニ交付シタル場合ニ在リテハ犯人ニ於テ毒殺ノ實行手段ヲ盡シタルモノナレハ其ノ者カ未タ現實該饅頭ヲ食セントスルモ既ニ殺人ノ著手アリタリト謂フヘク從テ本件ニ於テ原判決カ被告人カ毒薬黄燐ヲ含有スル『猫イラス』ト稱スル殺鼠剤定價十錢ノモノノ約三分ノ一ヲ饅頭七箇ニ混入シB方へ赴キB及其ノ家人ノ食スルコトアルヘキヲ認識シナカラ之ヲBニ交付シタルトコロBカ之ヲ食セサルニ先チ事發覺シテ同人殺害ノ目的ヲ遂ケサリシ事實ヲ認定シ被告人ノ行爲ヲ刑法第二百三條第百九十九條ニ問擬シタルハ正當ニシテ旨論ハ理由ナキモノトス」と判示したのである。本判決は、実行の着手に関して「一般的命題」と本件における「その適用」について判断を示している。まず、一般的命題として、特定人を殺害する意図で、人を殺害するに足りる毒物が含有されている饅頭を対象者に対して毒物含有の事実を秘して交付したばあいには、行為者において毒殺の「実行手段」を尽くしているので、対象者が当該饅頭を食しなくても、すでに殺人の実行の着手があることを明示している。これは、毒殺の意図で殺害可能の分量の毒入りの饅頭をその情を知らない行為客体に交付した以上は、行為客体が当該饅頭を食しなくても、殺人罪の実行未遂がみとめられるとするものである。つまり、殺人可能な毒物を行為客体に対して交付した時点で殺人罪の実行の着手が肯定されるのであり、行為としてはそれで完了しているので、相手方が毒入り饅頭を食しなくても殺人未遂罪が成立するとされるわけである。このような思考が一般的命題として意義を有するのは、形式的客観説の立場においては、毒殺行為は、毒物の供与がなされそれを被殺者が食して死亡したことにより完了するものであるから、殺人未遂がみとめられるためには、被殺者が毒物を食する行為の開始を必要とするか否か、を問題にしなければならなくなる点にある。弁護人の主張においては、そのことは明言されていないが、それゆえにこそ、本判決は、被告人の「供与行為」があれば毒殺の「実行手段」を尽くしていると積極的に判示したものと解し得るのである。形式的客観説の立場をとったとしても、「毒物の供与行為」の開始が実行の着手時期であり、供与行為が終了すれば実行行為は完了し、結果が発生しないばあいには実行未遂となることを肯定できるのである。この点に、殺人未遂に関する一般的命題としての意義がみとめられることになる。

次に、本件事案に対する右の一般的命題の適用については、次のように判断されている。すなわち、被告人は、行為客体の自宅に赴き、人を殺害するに足りる毒物を含有する饅頭を本人および家人が食する可能性を認識しながら、これをその者に交付したが、その者がこれを食しないうちに事が発覚して殺害目的を遂げていないので、殺人未遂罪が成立するとされているのである。ここにおいて、被告人が家人も毒薬入り饅頭を食する可能性を認識していた事実を認定しているが、それは殺人の故意の内容とはされていないので、殺人未遂はあくまでも当初の行為客体についてのみ肯定されている。それは、上告趣意において、故意の内容は争点とされていなかったので、その点について判断する必要がなかったからに過ぎない。また不能犯であるとの主張もなかったので、毒物の分量も問題とされていない。これも事案の処理としては当然のことであると言える。

10　昭和八年四月一七日判決〔賭博被告事件〕（刑集一二巻四五三頁）

本判決の判示事項は、骨牌による博戯の実行と賭博罪の既遂であり、本件の事実関係は、次のとおりである。すなわち、被告人Xらは、昭和七年八月九日午後三時半頃、静岡市内の被告人Y方居宅二階において、Xが親となりメンコを賭銭計算の具として花札をYに配って十枚の目勝「馬鹿花」と称する博戯に着手して賭銭博奕をおこなった。

被告人Xは、上告趣意において次のように主張した。すなわち、被告人Y方へ立寄り自分と都合三人で雑談の結果、弄花という花札の手なぐさみでもおこなおうとしてY方の二階六畳の間に行って、弄花である花札を取り出した時に警察官に踏み込まれたものであり、「元來本條ノ賭博罪ノ成立要件ハ（一）偶然ノ輸贏ニ關シテ爲シタルコト（二）財物ヲ以テ爲シタルコト（三）博戯又ハ賭事ヲ爲シタルコト三トシテ其ノ現行タルト否トヲ問ハサルモノト知ルヘシ然ルニ額モ決メス花札ヲ一回モ受取ラス又一回モ手ニセサルモノヲ前科者カ居ル故ニ詐リヲ云フテ事實ハヤリタル如ク認定シタルハ原審タル區裁判所ノ訴訟手續ハ法令ニ違反スルモノナリ」と主張したのである。上告趣意は、賭博罪の成立要件として、①偶然の勝敗に関してなされたこと、②財物を賭したこと、③博戲または賭事をなしたことを挙げた。そして、本件では、額も決めず、花札も受け取っていないので、これらの要件を具備していないと主張したのである。

右の上告趣意に対して大審院は、次のように判示した。すなわち、「被告人Xニ於テ親トナリ花札及メンコヲ配付シタル上賭錢ノ額ヲ定ムヘキコトヲ申合セ同人カ既ニ被告人Yニ花札及メンコヲ配付シタルニ止マリ未タ被告人Yニ配付ヲ終ラサルニ先チ事發覺シタル爲該博戲ノ勝敗ニ依リ金錢ヲ得喪シタル事實ナキハ勿論未タ賭金額モ確定セサリシコトヲ認ムルニ足レリト雖判示事實ノ存スル以上ハ賭金額ノ確定前ニ於テモ該賭博ノ實行ノ著手アリタルコトヲ認ムヘク而シテ賭博カ既ニ實行ノ範圍ニ入リタル以上ハ縱令未タ勝敗ノ結果ヲ見ルニ至ラス事發覺シタリトスルモ賭博罪ノ成立ニ付欲クルトコロナキモノトス然レハ則原審カ右事實ヲ以テ同罪ニ問擬シ刑法第百八十五條ヲ適用シタルハ正當ナリ更ニ記録ヲ精査スルモ原判決ニ重大ナル事實ノ誤認アルコトヲ疑フニ足ルヘキ顯著ナル事由ヲ發見セス所論ハ畢竟自己ノ見解ニ基キ原審ノ專權ニ屬スル證據ノ取捨判斷延イテ事實ノ認定ヲ非難スルニ外ナラス原判決ニ所論法令ノ違背ナシ論旨孰モ理由ナシ」と判示した。本判決は、賭博罪の実行の着手に関して、博戲の勝敗による金銭の得喪はもとより、賭金額も確定していなかったばあいであっても、賭金額を決めることを申し合わせ、花札およびメンコの配布を開始した以上、賭博の実行の着手があると解している。つまり、博戲が既に「實行ノ範圍ニ入リタル」ことがあれば足り、勝敗の結果を見るに至らなくても賭博罪の成立に欠けるところはないとしたのである。これは、従前の判例と同じ立場であると言える。本判決の判例としての意義は、賭金の額の確定前であっても、花札の配布が開始された時点で賭博罪の実行の着手をみとめた点にある。

11　昭和八年七月八日判決〔放火未遂被告事件〕（刑集一二巻一二〇四頁）

本判決の判示事項は、住宅焼燬の目的を以て住居に使用していない建物に放火したばあいの擬律である。本件の事実関係は、次のとおりである。すなわち、被告人は、昭和七年一一月二三日午後四時三〇分頃、かねて不仲となっていた山口県内のAの住宅を焼燬しようと決意し、A方住宅に延焼させる目的で、同住宅にA方納屋およびB方住家を隔てて隣接するB方納屋の壁際に古俵黍殻麥藁などを重ねその上に板を置いて、所携のボロ切れに燐寸（マッチ）で点火してこれを右黍殻の中に差し込んで放火したが、B方納屋へ燃え移る前にBの家人に発見されて消し止められたため、焼燬の目的を遂げなかった。

弁護人は、上告趣意において次のように主張した。すなわち、「原判決ハ刑ノ量定不當ナルヲ以テ破毀スヘキモノト信ス」と主張したのである。これは、量刑不当の主張に過ぎないが、その根拠に関して法律問題があるとして、その理由が次のように述べられている。すなわち、「本件犯行ニ對シ原判決ニ於テ刑法第百八條ヲ適用シテ處斷シタルハ法ノ適用ヲ誤リタルモノト信ス本件被告人カ火ヲ放タントシタル建造物ハ納屋即チ現ニ人ノ住居ニ使用セス又ハ人ノ現在セサル建造物ニシテ被告ノ犯罪ニ對シテハ刑法第百九條ヲ適用スルヲ至當ト認メラル」のであるが、「原判決ニ於テハ被告ハAノ住家ヲ燒燬スル意思ヲ以テ前掲建物ニ放火セントシタル故ヲ以テ直チニ刑法第百八條ニ該當スルモノトシテ判決セルハ失當ナルモノト思料セラル」のであり、「同條ノ刑ハ第百九條ニ比シ重刑ヲ科セラレアル法律ノ精神ハ放火ニ因リテ建造物其ノ他ノ財産ノ燒燬ノミニアラス現ニ人ノ住居ニ使用シ又ハ人ノ現在スル建造物其ノ他ノモノナル場合ハ人ノ身體生命ニ害ヲ及ホス虞レアルヲ以テニ外ナラス」としたのである。これは、現住建造物を焼燬する意図で非現住建造物に放火したが未遂にとどまったばあいに、法定刑が非常に重くなっている現住建造物放火罪の未遂罪の刑を科するのは、「法律ノ精神」に反する、と主張するものである。すなわち、その法律の精神は、現住建造物放火罪においては当該建造物その他の財産の焼燬だけではなくて、人の生命身体に害を及ぼす虞があるので、刑を重くしたことにあるとされたわけである。そのうえで、弁護人は、本件には非現住建造物放火罪の未遂罪の適用をみとめた原判決は不当であるとも主張したのである。これは、法令適用の誤りの主張としての意義を有することになる。

右の上告趣意に対して大審院は、次のように判示した。すなわち、「人ノ住居ニ使用スル建造物ヲ焼燬スル目的ヲ以テ人ノ住居ニ使用セサル附近ノ建造物ニ放火シタルトキハ右兩建造物ノ間ニ二、三ノ建造物介在スルモ孰レモ互ニ相隣接スル場合ニ於テハ犯人焼燬ノ目的タル人ノ住居ニ使用スル建造物ノ延焼ヲ惹起シ得ヘキ状態ニ置キタルモノニ外ナラサレハ其ノ行爲ハ刑法第百八條放火罪ノ實行ニ著手シタルモノト謂フヘキヲ以テ縱令犯人意外ノ障礙ニ因リ人ノ住居ニ使用セサル建造物スラヲモ焼燬スルニ至ラサルモ同條ノ放火未遂罪ヲ構成シ同法第百九條第百十二條ヲ適用處斷スヘキモノニ非ス原判決ノ認定シタル事實ニ依レハ被告人ハ判示Aノ住家ヲ焼燬センコトヲ決意シA方住家ニ延焼セシムル目的ヲ以テ同家ニA方納屋及B方住家ヲ隔テテ隣接スル右B方納屋ノ壁際ニ古俵黍殼麥稾等ヲ重ネ其ノ上ニ板ヲ置キ所携ノ襤褸切ニ燐寸ヲ以テ點火シ之ヲ右黍殼ノ中ニ差込ミ放火シタルモ右B方納屋ヘ燃エ移ル前同家家人ニ發見セラレ消止メラレタル爲焼燬ノ目的ヲ遂ケサリシモノナリト云フニ在リテ被告人ノ行爲ハ人ノ住居ニ使用スル建造物ノ焼燬罪ノ實行ニ著手シ遂ケサリシモノニシテ刑法第百八條ノ放火未遂罪ヲ構成スルコト前顯ノ説明ニ照シ明ナルヲ以テ原判決カ刑法第百八條第百十二條ヲ適用處斷シタルハ正當ニシテ所論ノ如ク法ノ適用ヲ誤リタルモノニ非ス」と判示したのである。

本判決は、現住建造物を焼燬する意図で、それに相隣接する二、三の非現住建造物が介在するばあい、その非現住建造物に放火した時に現住建造物の「延焼ヲ惹起シ得ヘキ状態」に置いたことになるので、現住建造物放火罪の実行に着手したものと解した。したがって、介在した非現住建造物さえも焼燬しなかったばあいであっても、現住建造物放火罪の未遂罪が成立することになるわけである。そこで、本件において被告人の行為は第一〇八条の未遂罪を構成するので、原判決が第一〇八条および第一一二条を適用処断したのは正当であって法の適用を誤ったものではないとされたのである。本判決は、弁護人が主張した「法律の精神」にはまったく触れることなく、もっぱら「目的物たる現住建造物の延焼を惹起し得る状態」を作り出したことに現住建造物放火罪の実行の着手をみとめている。その状態が作り出された根拠として、介在する非現住建造物がそれぞれ隣接していたことを挙げており、これは「法益侵害の具体的危険の発生」を意味しているとも解され得る。つまり、放火行為それ自体の有する抽象的危険ではなくて、「外在的な具体的危険の発生」を問題にしていると解される余地を残しているのである。しかし、判決文にはそのことは明言されていない。ただ、そのような理解への発展可能性が秘められていたと言える。

12　昭和八年七月二七日判決［放火未遂被告事件］（刑集一二巻一三八八頁）

本判決の判示事項は、「住宅ノ焼燬ノ目的ヲ以テ之ニ接近セル便所ニ放火シタル場合ト刑法百八條ノ犯罪ノ著手」であるとされている。本件の事実関係は、次のとおりである。すなわち、被告人Xは、A所有の鹿児島市内所在の家屋の一部を借り受けて理髪業を営み、昭和七年五月頃、理髪道具その他の動産についてB火災保険会社に対し、保険金五〇〇円の火災保険契約を締結していた。営業不振のため百数十円の負債を生じその支払いおよび日々の生活にも困窮するに至ったので、Xは、昭和七年八月一四日頃、Xの理髪師匠であった相被告人Yが来訪すると、同人に対し前記窮状を訴えた末、右家屋に放火し前記動産を焼燬して保険金を騙取することを謀ったところ、Yは、当時、失業し生活に窮していたため、前記家屋を焼燬して受領する保険金中から金百円を得ることを欲してこれを承諾し、焼燬の方法は自己に一任されたい旨を申し入れた。そして、Yは、同年九月二日午前一時頃、当該家屋と約三尺を隔てた便所内の屋根裏にC所有のズボンを突っ込んでこれに点火して同便所から当該家屋に延焼させようとしたが、Cらに発見消火されたため、右便所屋根裏の一部および桁、梁などを燻焼したにとどまり、所期の目的を遂げなかった。

弁護人は、上告趣意において、「原判決ハ犯罪構成要件タル事實判斷ヲ逸脱シタル違法アリ」と主張し、その理由について次のように述べた。すなわち、「住宅燒燬ノ未遂犯ヲ以テ處斷スルニ當リテハ其ノ燒燬作用ノ程度如何ハ犯罪構成要件ニ外ナラサレハ單ニ人ノ現在セサル又住居ニ使用セサル建物燒燬作用ノ具體的事實關係竝被告人ノ犯意ノミヲ擧示シタルノミニテハ足ラス該燒燬作用ニ依リ住宅燒燬ニ至ルヘキ如何ナル狀態ヲ惹起シタルヤ該火勢ハ如何ナル程度ニ於テ延燒ノ危險性アルヤノ客觀的ノ具體的事實ヲモ説示スルヲ要スルモノト云ハサルヲ得ス蓋シ然ラサレハ何ヲ以テ住宅燒燬未遂犯ナリヤヲ觀念シ能ハサレルナリ」としたのである。右の主張における特徴点は、現住建造物放火罪の未遂罪の構成要件の要素として「燒燬作用ノ程度如何」を提示していることである。そして、犯罪事実を判示するに当たっては、①その「燒燬作用」によって「住宅燒燬ニ至ルヘキ如何ナル狀態ヲ惹起」したか、②その「火勢」は「如何ナル程度ニ於テ延燒ノ可能性」があるか、という「客觀的ノ具體的事實」をも説示する必要があるとされたのである。ここにおいては、現住建造物放火罪の未遂罪の成立要件として当該客体への「延焼可能性」という「法益侵害の可能性」が要求されていることになる。

本件においては、「單ニ共同便所タル人ノ現在セス又人ノ使用セサル建物ノ燒燬作用ノ具體的事實及被告人Yノ犯意ノミヲ擧示スルノミニテハ足ラス更ニ進ンテ該燒燬作用ニヨリ住宅燒燬ニ至ルヘキ如何ナル狀態ヲ惹起シタルヤ又該火勢ハ住宅ニ對シ如何ナル延燒ノ危險性ヲ有スルモノナリシヤノ具體的事實ヲ説示スヘカリシナリ然ラサレハ即チ本件カ何故ニ住宅燒燬ノ未遂罪ナリヤヲ觀念シ得サレハナリ然ルニ事茲ニ出テス單ニ延燒ノ主觀的方面ノミヲ説示シタルニ止リ延燒ノ客觀的危險性アル具體的ノ説示ヲ看却シタル原判決ハ畢竟犯罪構成要件ヲ遺脱シタル違法アルニ歸シ破毀ヲ免レサルモノト信ス」と主張したのである。すなわち、非建造物の焼燬作用による「延燒ノ客觀的危險性アル具體的ノ説示」が欠落している原判決は「犯罪構成要件ヲ遺脱シタル違法」があるとされたのである。ここで注目されるのは、「構成要件の遺脱」が指摘されていることである。

右の上告趣意に対して大審院は、次のように判示した。すなわち、「人ノ住居ニ使用スル家屋ヲ燒燬スル目的ヲ以テ之ニ接近セル便所ニ放火シ其ノ燃燒作用ニヨリ前者ノ延燒ヲ惹起スヘキ狀態ヲ作爲シタル以上刑法第百八条ノ放火罪ノ實行ニ著手シタルモノニ該當シ最早其ノ豫備ノ問題ヲ生スル餘地ナク而カモ斯ル場合ニ於ケル犯人ノ行爲トシテハ便所ニ放火スルコトニヨリテ終了シ爾後ハ其ノ行爲ニ因ル結果發生ノミノ問題トナリ延燒ヲ惹起スレハ其ノ既遂トナリ之ヲ惹起セサレハ其ノ未遂トナルモノトス原判決ノ判示事實ニ依レハ原審相被告人Xハ被告人ニ對シ生活ノ窮狀ヲ訴ヘ自己ノ借受ケ居ル住家ニ放火シテ理髪道具其ノ他ノ動産ヲ燒燬シ以テ右動産ニ對スル火災保險金五百圓ヲ騙取セムコトヲ謀リタル處被告人モ當時失業シ生活ニ窮シ居リタルニヨリ該家屋竝動産ヲ燒燬シ因リテ得タル右保險金中ヨリ百圓ヲ得ムト欲シテ之ヲ諾シ且燒燬ノ方法ヲ自己ニ一任セラレ度旨申シ向ケ判示年月日午前一時頃被告人ハ右家屋ト約三尺ヲ隔ツル便所内ノ屋根裏ニC所有ノズボンヲ突込ミ之ニ點火シ以テ同便所ヨリ該家屋ニ延燒セシメムトシタルモC等ニ發見消火セシメラレタル爲右便所屋根裏ノ一部及桁梁等ヲ燻燒シタルニ止マリ所期ノ目的ヲ遂ケサリシモノナレハ之ヲ前段ノ説明ト對照セハ刑法第百八条ノ放火未遂罪ノ判示トシテハ其ノ要件遺脱ノ違法ナキコトヲ知ルヲ得ヘシ論旨理由ナシ」と判示したのである。

本判決は、現住建造物放火罪の未遂罪に関して、①実行の着手、②未遂と予備および既遂の関係について判断を示している。まず、①について、現住建造物を焼燬する意図でこれに近接する非現住建造物に放火して、その「燃焼作用ニヨリ前者ノ延焼ヲ惹起スヘキ状態ヲ作爲シタル以上」、第一〇八条の罪の実行に着手したものであるとしている。これは、介在する非現住建造物の燃焼作用によって「目的物の延焼を惹起する可能性」が発生した時点で実行の着手がみとめられるとするものである。つまり、「法益侵害の可能性」を作出したことが実行の着手と解されたことになる。ここで、放火行為それ自体ではなくて、「法益侵害をもたらす可能性」のある「状態ヲ作爲」したことが重視されている点に、判例としての意義がみとめられる。

次に②については、現住建造物放火罪の実行の着手がみとめられる以上、その罪の予備の問題を生ずる余地がないこと、および、犯人の「行為」としては非現住建造物に放火することによって「終了」し、後はその行為による「結果発生」のみの問題となり、延焼を惹起すれば既遂となり惹起しなければ未遂となることを判示したのである。そして、このことと本件事実とを対照すると、原判決には第一〇八条の未遂罪の判示としてはその「要件遺脱ノ違法」はないとされている。

13　昭和九年一〇月一九日判決〔強盗傷人・住居侵入被告事件〕（刑集一三巻一四七三頁）

本判決の判示事項は、家宅侵入と窃盗の着手であり、本件の事実関係は、次のとおりである。すなわち、被告人は、大工職であり親方Aから日給二円の手間賃を支給され辛うじて一家四名の生計を立てていたが、五〇円余りの負債を生じ、ますます困窮に陥ったため、その窮境を脱しようとして、昭和八年五月二日夜、Aから受け取った手間賃一五円で賭博をしたところ、かえって内金一四円余りを損失し、いよいよ金策が途絶えた結果、ついに妻の遠縁の横浜市内の薪炭商B方に侵入して金員を窃取しようと決意し、同月四日午前零時半頃、日本刀一口を携えてB方裏手から屋内に忍び入り、Bおよびその妻Cが就寝していた同家六畳間に到り、金円を物色のためその北東隅の三重箪笥に近寄った際、Bが目を覚ましたので、逮捕を免れる目的で所携の日本刀でBに斬り付け、物音に目を覚まし起き上がって蒲団を被せて被告人を捕えようとしたCにも、また同様の目的で斬り付けて、それぞれ、Bの顔面その他数か所に治療約八〇日を、Cの頸部その他数か所に治療約六〇日を要する切創を負わせた。

弁護人は、上告趣意において、「被告ニ對シ強盜傷人ノ罪アリト認メタルハ不當ナリ」として、次の諸点を指摘した。すなわち、まず第一に、「竊盜ノ目的ヲ以テ家宅ニ侵入スル場合ニ於テ侵入ノ行爲ハ同時ニ竊盜ノ著手ニ非スシテ家宅侵入ト竊盜行爲ハ刑法第五十四條第一項後段ニ於ケル牽聯犯タルヲ以テ竊盜行爲ハ家宅侵入ノ外更ニ其ノ行爲ヲ爲スヲ要ス」としたうえで、「竊盜行爲ハ財物奪取ノ行爲ニシテ他人ノ支配ヲ犯シ之ヲ自己ノ支配ニ移スノ行爲ナレハ他人ノ支配ヲ犯スノ所爲ニ直接ナル行爲ヲ爲ス場合ニ於テ竊盜ノ著手トナル」と主張した。これは、住居侵入窃盗のばあい、牽連犯であるから、住居侵入行為の外に財物奪取行為たる窃盗行為をおこなう必要があり、財物に対する「他人ノ支配ヲ犯スノ所爲ニ直接ナル行爲」をなす時に実行の着手があるとするものである。

そして、第二に、「被告カ右六畳ニ在ル箪笥ノ中ヨリ金員ヲ奪取スルタメ之ニ向テ歩ヲ進メタルハ未タ金員奪取ノ直接ナル行爲ナリト云フヲ得サルノミナラス是家宅侵入ノ延長ニ過キサルモノトス」とした。その理由として、「若シ右ノ如キ事實ヲ以テ竊盜ノ著手ナリト云フヲ得ハ寧ロ家宅侵入ノ行爲ハ同時ニ竊盜行爲ノ著手ナリト論セサルヲ得サルニ至ルヘシ何ントナレハ竊盜ノタメニ家宅ニ侵入スル場合ニ於テハ其ノ侵入ハ同時ニ財物奪取ノ第一歩ナレハナリ」と主張したのである。これは、箪笥の中から金員を奪取するために箪笥に向かって歩を進めただけでは「金員奪取ノ直接ナル行爲」とは言えないとするものである。このばあいに実行の着手をみとめると、住居侵入行為は「財物奪取ノ第一歩」であるから、窃盗罪の実行の着手とせざるを得なくなるとされる。

第三に、「本件ニ於ケル竊盜著手行爲ハ少ナクトモ被告カ六畳間ノ三重箪笥ニ手ヲ觸ルルノ時ナリト論スルヲ至當ト信ス果シテ然ラハ被告ハ未タ竊盜行爲ニ著手セサル間ニB夫婦ニ傷害ヲ加ヘタルモノナルヲ以テ刑法第二百四條ニ該當スヘキ單ナル傷害罪ニ過キス從テ之ヲ準強盜傷害罪トシテ所罰セル原判決ハ不當ナリ」と主張した。これは、本件において窃盗罪の実行の着手と言えるためには、少なくとも「箪笥ニ手ヲ觸ルルノ時」であるとするものにほかならない。

第四に、被告人は「金員竊取ノ目的ヲ以テB方ヘ侵入シ金員ハ六畳間箪笥内ニ仕舞置カルルモノト信シ右箪笥ノ方面ニ歩ヲ移シタルモノナレハ被告カ箪笥ニ近寄リタル行爲ハ家宅侵入ノ時ヨリノ繼續行動ナルコト明ナリ從テ被告カ右箪笥ニ近寄リタル事實ハ竊盜ノ著手ト見做スヘキ特種ノ行爲ニ非サルモノトス」と指摘したのである。ここでは、箪笥に近寄る行為は、家宅侵入の時点からの「繼續行動」であるから、窃盗の着手とみなすべき「特種ノ行爲」ではないことが主張されている。そこで、以上の「理由ニ由リ被告ニ對シ竊盜ノ著手アリト認メ之ヲ準強盜傷人罪ト論シタル原判決ハ明ニ不當ナリ」と主張したのである。本件では窃盗罪の実行の着手がみとめられないので、準強盗傷害罪は成立しない。したがって、その成立を肯定した原判決は不当であると主張されたわけである。

右の上告趣意に対して大審院は、次のように判示した。すなわち、「家宅侵入ノ行爲ハ竊盜罪ノ構成要素ニ屬セス單ニ其ノ遂行手段ニ外ナラサルカ故ニ家宅ニ侵入シタルノ一事ヲ以テ竊盜罪ノ著手ト謂フ能ハサルハ勿論ナリト雖竊盜ノ目的ヲ以テ家宅ニ侵入シ他人ノ財物ニ對スル事實上ノ支配ヲ犯スニ付密接ナル行爲ヲ爲シタルトキハ竊盜罪ニ著手シタルモノト謂フヲ得ヘシ故ニ竊盜犯人カ家宅ニ侵入シテ金品物色ノ爲箪笥ニ近寄リタルカ如キハ右事實上ノ支配ヲ侵スニ付密接ナル行爲ヲ爲シタルモノニシテ即チ竊盜罪ノ著手アリタルモノト云フヲ得ヘク其ノ隣家人ニ誰何セラレ逮捕ヲ免ルル爲人ヲ傷ケタルトキハ準強盜傷人罪ヲ以テ論スヘキコト更ニ絮説ヲ要セス原判示ニ依レハ被告人ハ金員竊盜ノ目的ヲ以テB方ニ忍入リ同人及其ノ妻Cノ就寢セル同家六畳間ニ到リ金圓物色ノ爲其ノ北東隅ノ三重箪笥ニ近寄リタル際Bカ眼ヲ覺マシ誰何シタルヨリ逮捕ヲ免ルル爲ノ其ノ場ニ於テ日本刀ヲ以テ右兩人ニ斬付ケ各切創ヲ負ハシメタル趣旨ナルヲ以テ準強盜傷人罪ニ該當スルコト洵ニ明ナリ論旨理由ナシ」と判示したのである。

本判決は、窃盗罪の実行の着手について二つの事項を明らかにしている点で判例として重要な意義を有する。第一点は、住居侵入行為は、「竊盜罪ノ構成要素」ではなくて、たんにその「遂行手段」に過ぎないので、窃盗罪の実行の着手とは言えないとされるわけである。これは、上告趣意における弁護人の主張をみとめたものであると解される。

第二点は、財物の事実上の支配を侵すにつき「密接ナル行爲」をおこなった時点で窃盗罪の実行の着手があると判示したことである。これは、上告趣意において実行の着手に関して主張された占有侵奪行為に「直接ナル行爲」の必要性を否定するものである。そして、本件において、「金品物色ノ爲箪笥ニ近寄リタルカ如キ」は、「事實上ノ支配ヲ侵スニ付密接ナル行爲」をなしたものであるから、実行の着手があると判断されている。

14　総括

大審院の中期以降の判例において、実行の着手がたびたび問題とされた犯罪類型は、賭博罪と放火罪であった。賭博罪のばあい、未遂犯の処罰規定がないので、弁護人は被告人の行為が未遂にとどまり不可罰であると争ったのである。しかし、大審院は、実行の着手をみとめ、「実行の着手があれば賭博罪はただちに既遂になる」とする判断を示した。このような賭博罪の性質についての見解は、爾後、確立され学説によって支持されている。放火罪のばあい、実行の着手の問題は、法定刑の軽い予備罪または非現住建造物放火罪の既遂が成立するのではないか、という形で争われた。この点について大審院は、現住建造物放火罪の故意で媒介物としての非現住建造物への放火がなされたばあい、「現住建造物の焼燬の危険性が存在するに至った時に、現住建造物放火罪の未遂罪が成立する」という立場を堅持したのである。

その他、詐欺罪、強盗罪、殺人罪や印章不正使用罪の実行の着手について判断を示した。それぞれの犯罪類型に即して実行の着手に関する基準が提示され、その後の実務に影響を与えたのであった。

三　最高裁判所の判例

1　昭和二三年四月一七日判決〔住居侵入窃盗未遂、銃砲等所持禁止令違反各被告事件〕（刑集二巻四号三九九頁）

本判決の判示事項は、「窃盗罪の着手」および「左官が職業用として使用していた匕首と銃砲等所持禁止令第一條」である。本件の事実関係は、次のとおりである。すなわち、①被告人XおよびY同は、Aと共謀のうえ、昭和二二年七月一七日午前一時過頃、鳥取県東伯郡内のB方で馬鈴薯その他食料品を窃取しようと企て、Aは屋外で見張りをし、XおよびYは、同家養蚕室に侵入し懐中電灯を利用して食料品を物色中、警察官および住民に発見されたため その目的を遂げず、②Xは、同日同所において法定の除外事由なくして刃渡り約一六糎余りの匕首一本を所持した。

弁護人は、上告趣意において「原判決は擬律錯誤の違法なる判決なり」と主張した。その理由は、次の点に求められている。すなわち、被告人らは密造酒を窃取する意思を有し、その目的を遂げるために養蚕室に侵入したが、被告人らが窃盗行為に着手する寸前に犯行が発覚したので、窃盗行為に着手するに至っていない。「凡そ窃盗とは領得の意思を以て他人の財物の上に不正な支配的實力を行使することであるから犯人が家宅に侵入した丈でまだ何物の上にも支配的實力をしなければ着手とは謂へない」のである。ここにおいて、窃盗罪の実行の着手に関する一般的命題が提示されている。すなわち、窃盗罪は、不法領得の意思をもって特定の財物に対する支配的実力を行使するものであるから、その「実力的支配を開始する行為」がなされた時に実行の着手がみとめられるのである。そして、「本件は被告人が右養蚕室に侵入した許りで未だ窃盗行為に移行する餘裕のない裡に發覺して仕舞つたのであるから窃盗行為は構成する暇がなかつたのである況んや被告人の目的は密造酒の窃盗に在つたから密造酒以外の物が何程あらうとも夫等の物を窃取する意思はないから密造酒が同所に無い限り他人の財物に對する不正支配が起らないので本件は寧ろ不能犯でもある」とされる。

本件に右の一般的命題を当てはめると、被告人の窃盗の意思、つまり故意は、密造酒の占有を奪取することを内容とするのであり、密造酒以外の財物を窃取する意思は存在しないので、養蚕室に侵入しただけでは、窃盗行為はみとめられないとする。しかし、「或は窃盗犯人が財物窃取の目的で家宅に侵入すれば侵入行為夫れ自體で窃盗の着手にもなると謂ふ者があるかも知れないが斯様な場合は犯人が何にかに問はず手當り次第其場所に在る他人の財物を盗取する目的を有し又之を實行するからであ」る。ところが、「本件の様に目的物を特定した場合は其の特定物に實力を及ぼさなければ窃盗の着手とは謂へないし又其處に其特定物が無ければ窃盗は遂に不能に終らざるを得ないから不能犯であると謂ふべきであらう然るに原判決が被告人の前記所為を窃盗未遂として處斷したのは擬律錯誤の違法を犯したもので破毀を免れない」とされる。すなわち、目的物を特定したばあいには、その物が存在しない場所への侵入行為は窃盗罪の「不能犯」であるとされるのである。

右の上告趣意に対して、最高裁判所は、次のように判示した。すなわち、「原判決の認定するところによれば、被告人等は、共謀の上馬鈴薯その他食料品を窃取しようと企て、B方養蚕室に侵入し、懐中電燈を利用して、食料品等を物色中、警察官等に發見せられて、その目的を遂げなかつたというのであつて、被告人等は、窃盗の目的で他人の屋内に侵入し、財物を物色したというのであるから、このとき既に、窃盗の着手があつたとみるのは當然である。從つて、如上判示の事實をもつて、住居侵入、窃盗未遂の罪にあたると判斷した原判決は正當である」とした。本判決は、「馬鈴薯その他の食料品」が被告人の窃取の対象であると認定したうえで、養蚕室に侵入し食料品などを「物色中」に警察官などに発見されたのであるから、その時にすでに実行の着手があるとしたのである。故意の認定に当たって「故意の内容」が「抽象化」されているため、「窃取の対象」が広くなっている点に注意する必要があるとおもう。本判決は、財物の物色行為があれば実行の着手があるとするものであるから、形式的客観説の立場を採ることになる。

2　昭和二三年六月二六日判決〔強盗未遂恐喝被告事件〕（刑集二巻七号七四八頁）

本判決の判示事項は、強盗未遂の成立と相手方の意思の自由抑圧の存否である。本件の事実関係は、次のとおりである。すなわち、被告人は、酒を好み浪費して準禁治産者とされたが、昭和二二年三月、家屋敷も売って飲んでしまい、生活費に窮した結果、生きる気分を失って自殺を決意し、妻子のために残す金銭を得る目的で、①同年四月八日、飲酒のうえ、午後七時頃、盛岡市内のA方に赴き、同人に対し所携の庖丁を突き付け「五千円を借せ」と申し向けて脅迫し、金銭を強取しようとしたが、同人が応じなかったので、その目的を遂げず、②次いで、その頃、同所付近のB方に赴き、同人に対し自己所有の懐中時計を示し「之を五千円で買え」と申し向け、もし要求に応じないときは如何なる危害を加えるやも知れない態度を示して同人を畏怖させて現金四七八円を自己に交付させた。

弁護人は、上告趣意において次のように主張した。すなわち、「被告人の第一の行為を強盗未遂、第二の行為を恐喝なりと認定し夫々の法條を適用して處斷した」原判決は不当であるとしたのである。その理由は、第一および第二の行為の相手方である「兩人とも被告人の用ひた威嚇の手段に依つて抗拒不能に陥り機械的に被告人のなすがま、に行動した事實はない、しからば兩行為とも恐喝罪を以て論ずべきものである」にもかかわらず、「第二の行為と同種同一の行為である第一の行為に對し強盜未遂罪の法條を適用處斷した」原判決には、「擬律に錯誤あり破毀すべきもの」であるとされた。その主旨は、被告人の行為は恐喝未遂であるのに、強盜未遂罪の成立をみとめたのは違法であるとするものであると言える。

右の上告趣意に対して、最高裁判所は、次のように判示した。すなわち、「原判決が被告人に對して認定した（一）の事實は、被告人は昭和二十二年四月八日飲酒の上午後七時頃盛岡市……A方に赴き、同人に對し、所携の庖丁を突付け、五千圓を借せと申向けて脅迫し金錢を強取しようとしたが、同人が應じなかつたため、その目的を遂げなかつたと云うのであるが、この判示事實を判示證據に照合してみるに、被告人の右脅迫の所爲たるや、相手方たるAの意思の自由を抑壓するに足るものであつたことが明らかであるから、同人が偶々被告人の要求に應ぜず、從つて意思の自由を抑壓されなかつたとしても、被告人の判示所爲は強盜罪の實行をもつて目さなければならない。それ故、右脅迫の結果金員を強取するに至らなかつた被告人は、強盜未遂の刑責に服すべきこと固より論なき所である。してみれば、原判決が右事實に對し刑法第二百三十六條第一項第二百四十三條を適用して被告人を處斷したのは、まことに、その所であり、毫も擬律錯誤の廉はない。所論は畢竟獨自の見解たるに過ぎない。從つて論旨は理由なきものと云わなくてはならない」とされたのである。本判決は、被告人の行為が被害者の意思の自由を抑圧するに足りるものであるから、強盗行為に当たることをみとめ、それをおこなえば強盗罪の実行の着手がみとめられるとするものである。これは、形式的客観説の立場に立つものと解される。

3　昭和二三年七月八日判決〔常習賭博被告事件〕（刑集二巻八号八二二頁）

本判決の判示事項は、①判決に公判関与の検事と異なる検事の氏名を記載した違法と上告理由、②賭博罪の判示と博戯の方法、③賭博罪の着手と既遂の時期、④賭博罪の成立と勝敗の未決である。本件の事実関係は、次のとおりである。被告人は（一）昭和一六年八月二〇日、上諏訪裁判所で賭博罪により罰金一二〇円に、（二）昭和一八年三月一三日、同裁判所で常習賭博罪により懲役六月に、（三）昭和二一年五月二日、東京控訴院で常習賭博罪により懲役八月にそれぞれ処せられ、その刑の執行を終えた。その後、被告人は、昭和二二年八月六日午後二時頃、長野県内のA方二階座敷でB、C、DおよびEらと先ず賭銭をその場に出し、次に花札を取り、俗に「飯田花」という博戯に着手し常習として賭博した。

弁護人は、上告趣意において数点の主張をした。そのうち第三点として、「原審判決には賭博の方法が判示されていない」ので、「『先づ賭銭を出し次に花札を取り俗に飯田花といふ博戯』といふ丈でも不十分であるのに上告理由第二點で論じたやうに『次に花札を取り』といふ事實が證據で認められなくなると『先づ賭銭を出し俗に飯田花といふ博戯』といふことになるが、これでは全く飯田花が如何なる方法で偶然の輸えいを争ふものかどうかも不明である。飯田花といふ博戯がどんな方法でなすものであるか一般公知の事實でない」ので、「證據に依らずして罪となるべき事實を認めた違法がある」と主張した。これは、博戯の方法を具体的に叙述する必要があることを主張するものである。

第四点として、「原判決は明らかに『博戯に着手し』と判示してゐるが着手と認めることは誤りである」と主張した。その理由として「博戯は財物を博し偶然の輸えいでその得喪を決することである以上親を定めることはその豫備に過ぎないから判示事實は罪とならない」ことを挙げている。

第五点は、親を定めるだけでは偶然の輸贏を決定する段階ではない以上、単純賭博としては未遂であり、「單純賭博に未遂罪がみとめられてゐない現行刑法では常習賭博も單純賭博の既遂が習癖によつて爲されて初めて常習賭博となるのであるから判示事實は罪とならない」というものである。これは、親を定める行為は、賭博罪の予備でなく未遂であるとすれば、本件は犯罪とならないと主張するものである。

第七点として、従来の判例が財物を賭し偶然の輸贏によって財物を争うため「花札を配ることが博戲の着手で而も實行の程度に達したものだから勝敗を決しなくても賭博の既遂だとしてゐるのは社會通念と經驗則に反する」と主張した。その例証として百人一首カルタ遊びと対比している。すなわち、「茲に百人一首カルタを遊ぶ青年男女が讀手を定め源平に別れ取札を分ち之を配列して將に戰はんとした際偶然火事騒が起つてそのまま解散したと假定する。その青年男女や社會の人が之をカルタ遊をしたと言ふであらうか、偶然の輸えいを決する爲めに花札を配つたとしてもそのまゝ、勝負を決しなかつた場合に賭博をしたといふことは社會通念に反する、社會が嘲笑する、況んや本件の如く飯田花を知らざる被告人が親を定める爲め花札を配られ未だ花札を見ない中に手入れがあつて親も定まらず勝負の爲めに花札を配つたこともない事實を賭博罪に問ぎすると被告人が納得しない、本件上告人の眞の訴はこゝにあるのである」と主張したのである。これは、賭博の実行の着手があればただちに既遂となるとするのは社会通念と経験則に反すると主張するものにほかならない。

第八点は、原判決が「賭博の着手を賭博の實行で之を既遂とすることは罪刑法定主義に反する」というものである。すなわち、「賭事、博戲とは財物を賭し得喪を決することが即ち財物を賭し偶然の輸えいに因つて其の得喪を決する事が賭博であるから少くとも勝負を決する域に達しなければ既遂でないと解すべき」であり、「花札を配つた丈けで實行であり既遂だといふこと特に本件の如く親を定める爲めに花札を配つた丈けで既遂とするのは極端な擴張解釋で賭博罪が他の自然犯と異る立法趣旨から考へても間違つたことで罪刑法定主義に反する」とされる。これは、賭博罪の実行の着手があればただちに既遂であると解するのは罪刑法定主義に反すると主張するものである。

第九点は、原判決が社会規範の変化を無視したものであって妥当でないとする。すなわち、「花札の配布丈けで賭博罪だといつても社會が不思議にしなかつた時代と今日とは隔世の感がある、人道と文化を理念とした共同社會的理想が社會規範であつた明治時代から大正、昭和の初期には博徒に對する批判もしゅん厳であつたが遺憾にも敗戦後の日本社會は自由と平等を理念とする利益社會的理念が規範となつてゐる悲しむべき現状ではあるが刑罰はこの社會規範を超越してはならない、又人民の自由と権利を保證することに急な新憲法の精神にも反する、この現代社會に於て本件の如く親を定める爲めに花札を配り而も配り終らず親の定まらぬ状態でたとへ賭博の前科七犯でありといへども賭博の既遂として懲役八月に處罰することは妥當ではない」とされるのである。これは、花札の配布だけで賭博罪の成立をみとめるのは、新憲法がみとめる社会規範に違反するという主張を意味する。

右の上告趣意の諸点に対して、最高裁判所は、それぞれ次のように判示した。

第三点について「原判決において『先づ賭錢をその場に出し、次に花札を取り俗に飯田花という博戯に着手し』た旨判示する以上、花札を使用し偶然の事情により財物の得喪を争う方法のものであること自ら明らかであるから、特に該博戯の方法を詳細に説示しなくとも、所論のような違法があるとは言えない。論旨は、理由なきものである」と判示した。この判旨は、判決文における博戯の方法の説示としては、花札を使用して偶然の事情によって財物の得喪を争う方法のものであることを叙述していれば足りるとするものである。これは、妥当な結論であると言える。

第四点および第五点について「金錢を賭け花札を使用してする博戯において、當事者が既に賭錢をその場に出し花札を配布（たとえそれが、親を決めるためであつても）したときは、その博戯は實行の範圍に入つたものであつて賭博罪に該當するものと言わなければならない」と判示した。これは、本件博戯においては賭銭をその場に出し花札を配布した時点で「実行の範囲」に入ったのであるから、賭博罪に該当すると判断したものである。「又原判決は、所論のように『博戯は未遂であるが習癖がみとめられるから常習賭博と斷定した』ものではなく、『博戯に着手し』實行の範圍に入つたことを認めると共に習癖が認められるから常習賭博と斷定したものであることは、判文上明白に窺い知られるところである。されば、論旨は何れも理由がない」と判示している。本判決は、前述のとおり、賭博行為の既遂をみとめると同時に常習性を認定した原判決を是認するものである。

第七点、第八点および第九点について「賭博罪は、偶然の勝敗に關し財物をもつて賭事又は博戯をするによつて成立し、その結果として勝敗の既に決したことは賭博罪の成立に必要な事柄ではない。これは、國民の健全な風教維持のため賭博を刑罰制裁をもつて禁止せんとする立法の趣旨から見て明らかなところである。所論のように、勝敗の決しない場合を總べて未遂とし無罪とすべきものとすることこそ、むしろ社會の通念に反し賭博禁止の法の精神に戻るものと言わなければならぬ。それ故、賭博の着手をもつてその實行の範圍に入つたものと解しこれを既遂とすることは、賭博罪の性質から由來するところであつて、所論のごとくこれを罪刑法定主義に反するものと説くのは適當でない。さらに又、新憲法の下において國民の自由と権利は尊重せらるべきは言を待たないが、さればといつて國法において定める犯罪の構成要件を具備する者を既遂として處罰し、また賭博常習犯を加重的に處罰することは、法律上當然の處置であつて、論旨のように賭博罪を寛大に處罰すべき新憲法の理念は、何處にも存在していない。かかるが故に、論旨は何れも理由なきものと言うべきである」と判示している。本判決においては、賭博罪に関する「立法の趣旨」および「新憲法の理念」が説示されている。前者について、賭事または博戯をおこなうだけで成立し勝敗が決する必要はないとされるのは、立法の趣旨および社会通念に合致するとされる。そのような処罰は、「賭博罪の性質」に由来するものであるから、罪刑法定主義に違反しないとされる。後者について、「犯罪の構成要件を具備する」ものを既遂犯として処罰すること、および常習賭博罪を加重処罰することは、「新憲法の理念」に反しないとされる。本判決が罪刑法定主義および合憲性の問題について明示的に判断している点は、判例上、重要な意義を有する。

4　昭和二五年九月二八日判決［関税並びに貿易等臨時措置令違反被告事件］（刑集四巻九号一八二〇頁）

本判決の判示事項は、「不能犯でない一事例」である。しかし、未遂犯および実行の着手に触れているので、ここで見ておくことにする。本件の事実関係は、次のとおりである。すなわち、被告人は、東京都新宿区内で喫茶店を経営していたが、昭和二三年一〇月下旬、アルコール、硫安などを積載し朝鮮元山港を出港し、同年一一月三日頃、富山県新湊港に到着した被告人Xを船長とし相被告人Yらを機関長その他の船員とする朝鮮平壌所在A商事会社の発動機船B丸を利用して、同船により貨物を日本から朝鮮へ密輸出しようと企て、Xらと共謀のうえ、税関の免許を受けず法定の除外事由がないにも拘わらず、自動車部品などの貨物を右B丸に積載してこれを朝鮮釜山へ輸送するため、昭和二三年一二月六日午前六時頃、前記新湊港を出港し以て密輸出しようとした。

弁護人は、上告趣意において次のように主張した。すなわち、「B丸は普通の状態の儘では冬期荒天を冒して朝鮮へ渡航することは不可能であつて、特に周到なる用意と其の上天候に恵まれた場合は特定の条件の下に於てのみ渡航可能を認められたに過ぎない。鑑定書は此の点につき特に『右は噸数船体構造機関の能力より認定したものであつて』と断つて居り又『船体構造により考へるとは冬期荒天を冒して一路長航海には不適当なるため』とも断つて居る。原判決は茲でも亦、慢然鑑定書冒頭の片言雙句のみを捉えて、B丸が冬期荒天を冒して朝鮮渡航可能の如く判示したのであ」り、「鑑定人Cの鑑定書に依れば、B丸が新湊港を出港した儘の状態では到底釜山へ渡航することは不可能であるとの結論に帰着するのである。然るにも拘はらず原判決が之を可能なるものの如く判断したのは採証の原則に反し虚無の証拠を断罪の資料とした違法あると共に審理不尽、理由不備、理由齟齬の違法あり破毀を免れない」としたのである。これは、悪天候のため朝鮮への渡航可能性がないので不能犯であることを主張するものであると言える。

右の上告趣意に対して、最高裁判所は、次のように判示した。すなわち、「所論鑑定人Cの鑑定の趣意が、原判決適録の通り、判示B丸を以てすれば冬期においても周到なる注意に依つて天候を見定めて出航すれば新湊港より朝鮮への渡航は可能であるとするにあること、その鑑定書の記録自体によつて明瞭である。犯人が客観的に犯罪の遂行に可能な手段を以てその実行に着手すれば、犯行実現の危険性あること勿論であるから、偶犯人の用意に欠くるところがあつてその目的を遂げ得なかつたとしても、それは障碍未遂を以て論ずべきであり、不能犯とみるべきではない。原審が前示Cの鑑定の結果を採つて判示関税法違反罪の成立を肯定する資料に供したとしても原判決に所論のような違法があるとはいい得ない。論旨は理由なきものである」とされたのである。本判決は、「客観的に犯罪の遂行に可能な手段」でその「実行に着手」すれば「犯行実現の危険性」があるから、不能犯ではないと注目すべき判断を示している。つまり、本判決は、行為手段に「客観的な遂行可能性」を要求し、さらに「犯行実現の危険性」を要求しているわけである。未遂犯の本質を「犯行実現の危険性」に求めている点に、本判決の判例上の重要性がみとめられる。

5　昭和二八年三月一三日判決〔強姦未遂被告事件〕（刑集七巻三号五二九頁）

本判決の判示事項は、「地方検察庁検察事務官の告訴受理権」とされており、これは刑事訴訟法に関するものである。しかし、本判決は、未遂犯に関しても判示しているので、この論点に搾って見ていくことにする。本件の事実関係は、次のとおりである。すなわち、被告人は、昭和二三年五月一日頃の夜、東京都千代田区有楽町日本劇場の看板を見ていたA女（当時三一歳）に話し掛け、映画を見せるなどして言葉巧みに誘惑して郊外に連れ出し、同日午後一〇時過ぎ頃、東京都北多摩郡調布町内所在の寺院の境内に連れ込み、同所で同女を強姦しようと企て、突然同女の首を締めながら「大きな声をするな殺して逃げてしまえばそれまでだ」と申し向けて脅迫し、強いて同女を姦淫しようとしたが、同女に逃げられたため、その目的を遂げなかった。

弁護人は、上告趣意において、「原判決は刑法第一七七條及び同法第四三條本文の解釈、判断につき、最高裁判所の判例と相反する判断をし、且亦大審院の判例と相反する判断をしたものにして、刑訴法施行法の一部を改正する法律による旧刑訴法事件の控訴審及び上告審に於ける審判の特例に関する規則第二〇条第一項第二号、刑訴法第四〇五条第一項第二号第三号に該当するものであつて、破毀を免れない」と主張した。強姦未遂罪について「強姦罪に於ては単に暴行又は脅迫に著手した時を以て強姦の未遂を成立すべき起点とは為し得ないものにして少くとも猥褻行為の一端につき開始せられて居ることを必要とするものである」とした。本件のばあい、「原判決事実認定の如く（被告人は姦淫の意思及び被害者の首を締めた点は極力否認するも）仮に脅迫の言を弄し且被害者の首を締めたとするも、その程度の行為を以ては未だ姦淫行為は絶対に出来得ないものであり、少くもその場に押倒した上更に例えば被害者の陰部附近一帯に手を出す等姦淫行為を為すと認められ得る程度の具体的行為が表現されていなければならないものである」と主張したのである。ここにおいて、強姦罪のばあい、その未遂罪が成立するためには、姦淫行為の一部を開始する必要があると主張されている。これは、形式的客観説の見地から構成要件的行為の開始を要求するものである。

右の上告趣意に対して最高裁判所は、次のように判示した。すなわち、「原判決の摘示する事実とその挙示する証拠とを彼此対照して検討するに、被告人は婦女を誘惑して郊外に連れ出し、午後一〇時過頃、人家も稀れなお寺の境内に連れ込み、同所で同女を強姦しようと企て、突然同女の首を締めて境内の方へ押すようにしながら『大きな声をするな殺して逃げてしまえばそれまでだ』と申し向けて脅迫したというのであるから、たとい被告人に所論の如くいまだ猥褻行為に出でんとした直接の姿態がなかつたとしても、これを以て強姦の実行に着手したものというに妨げない。原判決が被告人の右の如き所為に対し強姦未遂罪を以て問擬したのは正当である。所論引用の各判決は、本件に適切な判例ではない。論旨は理由がない」としたのである。本判決は、強姦罪においては、脅迫行為の開始が実行の着手であり、猥褻行為に出ようとした「直接の姿態」がなくても支障はないとの判断を示している。本判決は、一般的命題を提示していないので、事例判例としての意義を有するに過ぎないことになる。しかし、構成要件的行為としての姦淫行為の開始を必要としないと判示した点において、結合犯のばあい、手段となる行為の開始を実行の着手と解する立場を明示したと言える。

6　昭和二九年五月六日決定〔窃盗同未遂被告事件〕（刑集八巻五号六三四頁）

本判決の判示事項は、「窃盗の実行に着手したと認められる一事例」である。本件の第一審は、次のように事実を認定し無罪判決を言い渡した。すなわち、被告人は、昭和二八年二月七日呉市内においてAのズボン右ポケット在中の現金を窃取しようとして、同ポケットに手を掛けたが、Bに発見されてその目的を遂げなかった。このような本件事案においては、「単にポケットの外側に手を触れた程度では、その行為が、他人の事実上の支配を侵すについて密接な程度に達しているものとは解し難いので、いまだ窃盗の実行に着手してその目的を遂げなかつたものと認めることはできない」とされたのである。検察官からの控訴に対して、原審は次のように判示した。すなわち、「各個の事件について具体的に如何なる方法行為によつて犯罪を遂行するかを広く観察し、行為が結果発生のおそれある客観的状態に到つたかどうかを考慮し、如何なる段階までは準備行為即ち、予備と認むべきか、如何なる段階に達した場合構成要件に該当する行為の開始即ち実行の着手と認め得るかを決定するのである。これを本件について見るに、原判決が公訴事実第二の窃盗未遂に対する判断中に指摘する証拠によると、被告人Ａのズボンの右ポケット内に金品のあることを知りこれを窃取しようとして右手を同ポケットの外側に触れたが、Ｂに発見されてその目的を遂げなかつたことが認定できるから更に進んでポケット内に指先を突込む等の程度に至らなくとも、右は窃盗罪の実行に着手したと解するのが相当である」と判示した。さらに「尤もすり犯人が普通人込み中において予め犯行の相手方を物色するため犯人のポケット等に手を触れ金品の存在を確めるいわゆる『あたり』行為は、普通に家屋に侵入して金品を物色するのとは異り、単にそれだけでは未だ実行の著手とは解し難い場合もあろうけれども、本件は右『あたり』行為と解することはできない。然るに原判決が単にポケットの外側に手を触れた程度では未だ犯罪の実行に著手したものとは解し難いとしてこれに対し無罪を言渡したのは法令の解釈適用を誤つた違法がある」として、原判決を破棄したのであった。

弁護人は、上告趣意において、次のように主張した。すなわち、控訴審判決は大審院大正六年の判決例と相反する判断をしていて、法律の解釈を誤っているから破棄されるべきであるとしたのである。つまり、大審院の判決例は「他人の財物を領得する意思に出づる行為と雖も、未だ他人の事実上の支配を侵すにつき、密接の程度に達せざる場合は窃盗罪に着手したるものと謂ふべからず」とするものであるとされる。弁護人の主張によれば、被告人の行為は他人の財物に対する事実上の支配を侵すにつき「密接の程度」に達していないので、窃盗罪の未遂罪を構成しないことになる。

弁護人の判例違反の主張に対して、最高裁判所は、所論判例は本件に適切でなく、結局事実誤認または単なる法令違反の主張にすぎないとしたうえで、カッコ内において、次のように判示した。すなわち、「原判決認定のように、被害者のズボン右ポケットから現金をすり取ろうとして同ポケットに手を差しのべてその外側に触れた以上窃盗の実行に着手したものと解すべきことというまでもない」と判示したのである。本決定は、本件の事実関係の下において実行の着手をみとめるものであって、本件犯行は「当たり」行為ではないと判示したのである。すなわち、行為者は、被害者のズボン右ポケット内に現金が存在することを知ったうえで、そのポケットの外側に触れているので、現金に対する「占有侵奪の危険性」をみとめたことになるわけである。

7　昭和四〇年三月九日決定〔窃盗強盗準強盗強盗未遂強盗致死傷被告事件〕（刑集一九巻二号六九頁）

本決定の判示事項は、「窃盗の着手があつたものと認められた事例」である。本件の事実関係は、次のとおりである。すなわち、被告人は、昭和三八年一一月二七日午前〇時四〇分ころ、電気器具商A方店舗内に窃盗目的で侵入し、真っ暗な店内を懐中電灯で照らしてあたりを見渡したところ。電気器具類が積んであり、電気器具店だと分かったが、なるべく現金を盗りたいので、現金が置いてあると思われる同店舗内東側隅の煙草売場に近づこうとした際、帰宅したAに発見され騒ぎ出されたので、逮捕を免れるため、所携の果物ナイフでAの胸部を突き刺して失血死させたうえ、Aの妻Bに対し、顔面を手拳で強打するなどの暴行を加えて傷害を負わせた。

前記事実につき、窃盗の実行の着手がみとめられると、強盗致死傷罪が成立するのに対して、それが否定されると傷害罪と傷害致死罪が成立するにとどまることになる。この点について第一審は、「被告人が金員窃取の目的を有している以上、判示のように懐中電燈で店内を探り、現金を置いてあると思われる煙草売場の所在を確め、これに近づく行為は、仮に所謂物色に該当しないとしても、被告人の意図する金員窃取に極めて密接な行為であって、窃取の実行の着手があったものと認めるのが相当」であると判示した。原審たる第二審も、「窃盗の目的で他人の家屋に侵入し懐中電燈で屋内を見廻し、現金のおいてあると思われる場所を確かめてその方へ近づく行為は窃盗行為に密接な行為であって、犯罪の実行の着手であったものと解するのを相当である」と判示した。

弁護人は、上告趣意において、「原判決には判決に影響を及ぼすべき法令の違反がある」と主張した。その根拠は、以下のとおりである。すなわち、第一に、「本件は前述の如く『近づく行為』があつたか否かが実行の著手の成否を決定するものである。そして実行の著手の成否は無期懲役という大事を決するものである。かかる場合、前記の如き二義的な表現を用い『近づく行為』と『物色行為』の双方をこれから『しようとしていた』のか、『近づく行為』は終つていたのか、これを読む者の主観にかからしめる如き判決理由は『罪となるべき事実』を示したとはいえず、かかる点を漫然看過した原審判決は刑事訴訟法第三九七条第一項、同第三九二条二項、同三七八条四号に違反するものである」とされた。第二に、「前記第一審判決判示の如く二義的表現がなされた場合は刑事訴訟法の精神より見て被告人に有利に解すべきものである処、右判決を『(まさに)煙草売場に近づ……こうとしていた』と判読するときは、原審判決の理由中、前記『近づく行為は、窃盗行為に密接な行為であつて犯罪の著手があつた』と判示したことは前項同様、刑事訴訟法第三九七条第一項、同第三九二条第二項、同第三七八条第四号に違反するものである」とされる。第三に「原審判決判示の如き情況の下に近づく行為が、窃盗行為に密接な行為であるとの解釈も又法令の解釈を誤つて適用したものであり、法令の違反に帰する」とされた。

最高裁判所は、上告趣意は違法な上告理由に当らないとして上告を棄却し、なお書きで次のように判示した。すなわち、「被告人は昭和三八年一一月二七日午前零時四〇分頃電気器具商たる本件被害者方店舗内において、所携の懐中電燈により真暗な店内を照らしたところ、電気器具類が積んであることが判つたが、なるべく金を盗りたいので自己の左側に認めた煙草売場の方に行きかけた際、本件被害者らが帰宅した事実が認められるというのであるから、原判決が被告人に窃盗の着手行為があつたものと認め、刑法二三八条の『窃盗』犯人にあたるものと判断したのは相当である」と判示したのである。

本件においては、事後強盗致傷罪の成否を決定付ける窃盗罪の実行の着手時期が争点となった。なぜならば、二三八条の主体たる窃盗犯人と言えるためには、行為者が窃盗罪の実行に着手していた必要があるからである。つまり、判例・通説によれば、事後強盗罪は、真正「身分犯」であり、本罪が成立するためには「窃盗犯人」という身分を必要とする。そして、少なくとも窃盗罪の実行に着手した時に窃盗犯人という身分を取得することになる。窃盗罪における実行着手時期に関して、大審院の判例は、住居侵入窃盗につき、「他人ノ財物ニ対スル事実上ノ支配ヲ犯スニ付密接ナル行為ヲ為シタルトキ」に実行の着手をみとめて来た（大判昭九・一〇・一九刑集一三巻一四七八頁）。本件の第一審および原審は、被告人の行為が窃盗行為に「密接な行為」に当たるとして実行の着手を肯定したのであった。本決定は、原審の結論を是認しているが、その理由については明言していない。本決定の評価に関して、学説上、見解が分かれているが、一般に実質的客観説の立場に立つものであると解されている。たしかに、実質的客観説の見地からこれと同じ結論をみとめることも可能であるが、しかし、土蔵への侵入窃盗のばあいと同様に解して、電気器具商の店舗内に侵入した時点で実行の着手をみとめることもできるのである。なぜならば、Xは、電気器具の窃盗目的で店舗内に侵入しているので、店舗内にある電気器具に対する占有侵奪の危険性は、その時点で生じているからにほかならない。すなわち、現金がなければ、「電気器具を窃取する危険性」は十分にあったのである。

8　昭和四五年七月二八日決定［強姦致傷被告事件］（刑集二四巻七号五八五頁）

本決定の判示事項は、「自動車により婦女を他所へ連行したうえ強姦した場合につき婦女を自動車内に引きずり込もうとした時点において強姦罪の実行の着手があるとされた事例」であるとされている。本件の事実関係は、次のとおりである。すなわち、被告人Xは、昭和四三年一月二六日午後七時三〇分頃、ダンプカーに友人である少年Yを同乗させ、ともに女性を物色して情交を結ぼうとの意図のもとに徘徊走行中、通行人のA女をみとめ、「車に乗せてやろう」などと声をかけながら約一〇〇メートル尾行したものの、相手にされないことにいら立ったYが、下車してAに近づいて行くと、付近の空地に車を止めて待ち受けた。Yが、Aを背後から抱きすくめてダンプカーの助手席前まで連行して来ると、Xは、YとAを姦淫する意図を相通じたうえ、必死に抵抗するAをYとともに運転席に引きずり込み、発進して約五キロメートル離れたS川大橋北方の護岸工事現場に至り、同所において運転席内でAの反抗を抑圧して、YそしてXの順にAを姦淫したが、Aを引きずり込む際の暴行によりAに全治約一〇日間の傷害を負わせた。Xは、Yとともに強姦致傷罪の共同正犯として起訴された。第一審は、Xにつき強姦致傷罪の共同正犯をみとめて懲役三年（Yは少年院送致）に処し、原審はこの判決を維持した。

弁護人は、上告趣意において、次のように主張した。すなわち、本件において、「負傷の程度が頗る軽微であったことは明で此程度の負傷は医学上は負傷であることには争はないが、之を法律上も負傷であると断定することは刑法第百八十一条の適用を誤つた違法の判決であると言はざるを得ない」と主張したのである。これは、強盗致傷罪における傷害の意義について論及したものである。次に、「本件は前述の負傷が尚刑法上も傷害であるとしても被告等が強姦に着手前の負傷である本件は傷害罪と強姦罪の併合罪として認定処断すべきものであるに拘らず第一審、第二審共に此主張を退けて強姦致傷として処断したのは、法律の適用を誤つたものである」と主張した。これは、強姦に着手前の負傷は強姦致傷罪を構成しないとするものである。最後に、「強姦の犯意が成立し之に着手した時点は被告人等の主張する通りS川原におり立つた後で特にXとしてはYの犯行の後、犯意を生じたものと認定するのが至当である。仍つてAの負傷がダンプカー乗車の時に受けたもので、強姦罪着手前の負傷であるから強姦罪と傷害罪との併合罪を以つて処断すべきに拘らず強姦致傷罪を以つて処断したことは法の適用を誤つた違法の判決とは言はざるを得ない」と主張した。ここでは、強姦の犯意、つまり強姦の故意の発生時期が問題として提起されている。これが問題とされたのは、強姦の故意が生じてはじめて強姦致傷行為が存在し得るからにほかならない。

弁護人の上告趣意に対して、最高裁判所は、上告を棄却して次のように判示した。すなわち、「かかる事実関係のもとにおいては、被告人が同女をダンプカーの運転席に引きずり込もうとした段階においてすでに強姦に至る客観的な危険性が明らかに認められるから、その時点において強姦行為の着手があつたと解するのが相当であり、また、Aに負わせた右打撲症等は、傷害に該当することが明らかであつて（当裁判所昭和二八年六月二五日第三小法廷決定、裁判集刑事一四七号五〇七頁参照）、以上と同趣旨の見解のもとに被告人の所為を強姦致傷罪にあたるとした原判断は、相当である」と判示したのである。

本件においては、表面的には、強姦致傷罪一罪が成立するのか、それとも強姦罪と傷害罪が成立し併合罪となるのか、という罪数の問題が争われた。しかし、強姦致傷罪が成立するためには、少なくとも強姦罪の実行に着手していなければならないので、実質的には強姦罪における実行の着手が問題となったのである。強姦罪における実行の着手に関して、判例は、前に見たとおり強姦の手段としての脅迫の開始の時点と解して来たのであり、判例5が事例判例としてその結論をみとめていたのである（最判昭二八・三・一三刑集七巻三号五二九頁）。暴行・脅迫行為と姦淫行為が時間的・場所的に接着してなされる形態においては、その時点で法益侵害の危険性がみとめられるので、その立場には合理性が肯定され得る。次に、強姦致傷罪における傷害の結果は、女子に対する姦淫行為自体によって生じたばあいばかりでなく、姦淫の手段である暴行によって生じたばあいも含むと解されている（最決昭四三・九・

一七刑集二二巻九号八六二頁）。本件においては、XとYが強姦の共同実行の意思でAをダンプカー内に引きずり込もうとした行為によってAに傷害を負わせており、これが姦淫の手段である行為と言えるか、が問題となる。なぜならば、ダンプカーの運転席に「引きずり込む行為」は、「場所移転のための手段」としてなされたのであって、「姦淫をおこなうための直接的な手段」ではないからである。自動車を利用した強姦に関する従来の下級審判例は、形式的客観説の立場から、自動車に引きずり込む行為は「強姦の手段としての定型性」を有せず「その準備行為」に過ぎないとして実行の着手を否定するもの（大阪高判昭四五・六・一一判タ二五九号三一九頁）と「犯意の遂行性及び遂行の確実性」を全事情から判断して車内に引きずり込もうとした時点で実行の着手をみとめるもの（大阪高判昭三八・一二・一九高検速報昭和三九年一号四四頁）とに分かれていた。この点に関して、本決定は、車内に引きずり込む時点で実行の着手をみとめている。その時点で「強姦に至る客観的な危険性」が明らかにみとめられることが理由とされているので、これは実質的客観説の立場に立つことを意味する。

本決定は、下級審の見解が分かれていた「自動車利用形態」の強姦罪における実行の着手時期について明示的な判断を示している点において、判例としてきわめて重要な意義を有する。強姦の意思で相手方をダンプカーに引きずり込む行為は、「強姦に至る客観的な危険性」がみとめられるから、「強姦行為の着手」があるとされている。判例5が、強姦行為の一部である「脅迫」行為の開始を以て強姦罪の実行の着手と解したのに対して、本決定は、その行為の前段階である引きずり行為の開始をもって同罪の実行の着手をみとめている。ここでは、結合犯における第一の行為の開始は問題とされておらず、その前の段階の行為を実行の着手としてみとめていることになる。そして、その理由を「強姦に至る」客観的な危険性の存在に求めているのである。これは、法益侵害をもたらす「強姦行為」に至る「危険性」を問題にするものであって、実行の着手の時期を従来の立場よりも早めるものであると言える。

9　昭和五四年一二月二五日判決［窃盗、詐欺、加重逃走未遂被告事件］（刑集三三巻七号一一〇五頁）

本判決の判示事項は、①「拘禁場又は械具の損壊による加重逃走罪における実行の着手」および②「拘禁場又は械具の損壊による加重逃走罪につき実行の着手があつたとされた事例」とされている。本件の事実関係は、次のとおりである。すなわち、被告人は、第一、昭和四八年一〇月三一日ころから同四九年三月一日ころまでの間、前後七回にわたり、東京都新宿区内A方ほか二か所において、Aほか二名に対し返済の意思および能力もないのにこれがあるもののように装い、虚構の事実を申し向けて同人らをその旨誤信させて、その都度、同所において同人らから寸借名下に現金合計七二一万六〇〇〇円の交付を受けてこれを騙取し、第二、Xと共謀のうえ、昭和四九年四月下旬ころの午前一時ころ、千葉県柏市内B社二階事務室において、同社代表取締役C所有にかかる約束手形二通（額面合計四五〇万円）および現金八〇、九〇〇円を窃取し、第三、第二の事実の窃盗罪により昭和五〇年二月一三日千葉地方裁判所松戸支部に求令状で追起訴され、松戸拘置支所に未決の囚人として勾留され、同年五月二四日より右松戸拘置支所第三舎第三一房に収容されていたところ、同房の未決囚人であるDほか二名と共謀のうえ、同拘置支所から逃走しようと企て、同年六月二一日午後二時ころ、拘禁場である右第三一房北側の便所の換気孔周辺のモルタル壁をドライバー状に研いだ蝶番の鉄製芯棒を使用して削り取るなどして穴を開け、同所から房外に脱出しようとしたが、脱出可能までの穴を開けることができず、その目的を遂げなかった。

弁護人は、上告趣意において、「判決に影響を及ぼすべき重大な事実の誤認」があると主張した。その理由として次のことを述べたのである。すなわち、「被告人はXの窃盗の実行行為に加担せず、単に自動車を運転して同人を犯行現場に案内したにすぎないから共同正犯ではなく、幇助犯と認定すべきである」とした。にもかかわらず、第一審および原審はXの供述を採用して被告人を窃盗の共同正犯とした誤りがあると主張した。ここでは共犯の問題が提起されている。さらに、「原判決は被告人の所為について加重逃走未遂罪の成立を正当とした法令適用の誤りがある」と主張した。この点については、未遂犯の問題が詳述されているので、それを見ることにしよう。弁護人の主張によれば、「加重逃走罪は加重収賄罪に比すべきもので、加重収賄罪において賄賂を収受する意図で不正の行為をなし、又は相当の行為を為さなかつたとしても、それだけでは加重収賄罪の実行に着手したといえないように損壊等の行為に着手しただけでは加重逃走罪の実行に着手したとはいえない。加重逃走罪においては逃走することが拘禁作用に対する具体的に侵害になるのであるから逃走行為に着手しないかぎり本罪の実行に着手したとはいえない」とされる。つまり、加重逃走罪においては、逃走行為に着手してはじめて拘禁作用に対する具体的侵害の危険が生じ、本罪の実行の着手がみとめられるのであるから、拘禁場または械具の損壊などの行為の開始だけでは実行の着手とは言えないとされるのである。そして、「原審は通謀にとどまる場合には拘禁場又は械具の損壊若しくは暴行・脅迫（以下損壊等という）は別異に取り扱い、それだけでは加重逃走罪の実行の着手ありとはしていない。しかし、通謀も同一構成要件内で損壊等と同列に位置して加重逃走罪の要素をなしているのであるから別異に取り扱うのは不合理である。通謀の場合を別異に取り扱わざるをえなかつたのは、通謀だけでは予備の段階であることが明白であり、拘禁作用に対する侵害が具体的に発生していないからに他ならない」ので、「損壊等に着手しただけでは拘禁作用に対する侵害が具体的に発生したとはいえず『逃走』に着手したと評価できる段階において本罪の実行の着手ありとすべきものであ」り、本件においては、拘禁場に「穴を開けたが脱出可能なまでの穴を開け」ておらず、「本拘禁場の構造等からして逃走は不可能であり、いまだ拘禁場の損壊には至らないものであつて、逃走行為に着手したとは到底いえず、未遂にもならない予備の段階にとどまっている」とされる。すなわち、通謀によるばあいは、通謀だけでは予備にすぎないとされるのと同様に、拘禁場などの損壊のばあいもそれだけでは予備とされるべきであると主張したのである。

最高裁判所の本判決は、右の上告趣意に対して憲法三八条三項の解釈の誤りをいう三八条三項所論は理由がなく、その余は、事実誤認、単なる法令違反の主張であって適法な上告理由に当らないとしたうえで、なお書きで次のように判示した。すなわち、「なお、所論にかんがみ、職権により判断すると、刑法九八条のいわゆる加重逃走罪のうち拘禁場又は械具の損壊によるものについては、逃走の手段としての損壊が開始されたときには、逃走行為自体に着手した事実がなくとも、右加重逃走罪の実行の着手があるものと解するのが相当である。これを本件についてみると、原判決の認定によれば、被告人ほか三名は、いずれも未決の囚人として松戸拘置支所第三舎第三一房に収容されていたところ、共謀のうえ、逃走の目的をもつて、右三一房の一隅にある便所の外部中庭側が下見板張りで内側がモルタル塗りの木造の房壁（厚さ約一四・二センチメートル）に設置されている換気孔（縦横各役一三センチメートルで、パンチングメタルが張られている。）の周辺のモルタル部分（厚さ約一・二センチメートル）三か所を、ドライバー状に研いだ鉄製の蝶番の芯棒で、最大幅約五センチメートル、最長約一三センチメートルにわたって削り取り損壊したが、右房壁の芯部に木の間柱があつたため、脱出可能な穴を開けることができず、逃走の目的を遂げなかつた、というのであり、右の事実関係のもとにおいて刑法九八条のいわゆる加重逃走罪の実行の着手があつたものとした原審の判断は、正当である」と判示したのである。本判決は、弁護人が提起した論点に対して判断を示さずに、結論だけを示すにとどめている。拘禁場または械具の損壊の開始の時点で実行の着手がみとめられ、逃走行為の開始は必要ではないとされている。損壊の開始があれば、拘禁作用の侵害の危険が発生すると解されていることになる。

10　平成二〇年三月四日決定〔覚せい剤取締法違反、関税法違反被告事件〕（刑集六二巻三号一二三頁）

本決定の判示事項は、「船舶から海上に投下し回収する方法により覚せい剤を輸入しようとした行為につき、覚せい剤取締法四一条の輸入罪及び関税法（平成一七年法律第二二号による改正法のもの）一〇九条一項、三項の禁制品輸入罪の実行の着手があったとはいえないとされた事例」である。本件の事実関係は、本決定の判断の決定的な前提となっているので、詳細を見ておくことにする。事実関係は、次のとおりである。すなわち、被告人らは、北朝鮮において覚せい剤を密輸船に積み込んだうえ、日本国近海まで航行させ、同船から海上に投下した覚せい剤を小型船舶で回収して日本国に陸揚げするという方法で覚せい剤を輸入することを計画し、平成一四年六月および同年一〇月の二回にわたり、美保関灯台から北北東二五キロメートル日本海海上において覚せい剤を投下してこれを回収、陸揚げし、覚せい剤を輸入していた。被告人らは、再び右の方法で覚せい剤を輸入することを企て、同年一一月二五日、覚せい剤を積み込んだ密輸船を北朝鮮から出航させ、一方で、日本国側の回収担当者において、同月二六日から同月二八日までの間に陸揚げを実行するよう準備した。

前記密輸船は、同月二七日、島根県沖に到達したが、同日は荒天で風波が激しかったことから、被告人らは、日本国側の回収担当者と密輸船側の関係者との間で連絡を取り、覚せい剤の投下地点を、当初予定していた前記同様の日本海海上から、より陸地に近い内海の美保関灯台から南西約二・七キロメートルの美保湾内海海上に変更し、遅くとも同日午前七時ころ、一個約三〇キログラムの覚せい剤の包み八個を、ロープでつなぎ、目印のブイを付けたうえ、簡単に流されないよう重しを付けるなどして、密輸船から海上に投下した。回収担当者は、投下地点などの連絡を受けたものの、悪天候のため、GPS（衛星航法装置）を備えた回収のための小型船舶を境港中野岸壁から出航させることができず、同日午後三時過ぎころ、いったんは出航したものの、同岸壁と投下地点との中間辺りまでしかたどり着けず、覚せい剤を発見できないまま、同岸壁に引き返し、結局、同日、再度出航することができなかったものである。

密輸船から投下された覚せい剤八個のうち四個は、遅くとも翌二八日午前五時三〇分ころまでに、右投下地点から二〇キロメートル程度東方に位置する美保湾東岸に漂着し、さらに、その余のうち三個が、同日午前一一時頃までに、同海岸に漂着し、これらすべてが、そのころ、通行人に発見されて警察に押収された。一方、回収担当者は、そのことを知らないまま、同日午後、覚せい剤を回収するため、再度、前記境港中野岸壁から小型船舶で出航したが、海上保安庁の船舶が照会するなどしていたことから、覚せい剤の発見、回収を断念して港に戻った。その後、被告人らは、同日中に、本件覚せい剤の一部が前記のとおり海岸に漂着して警察に発見されたことを知って、最終的に犯行を断念した。

検察官は、事件受理申立てをおこない、申立て理由書において次のように主張した。すなわち、原判決が第一審判決判示の事実に代えて認定した罪となるべき事実について、覚せい剤取締法四一条の輸入罪および平成一七年法律第二二号による改正前の関税法一〇九条一項、三項の禁制品輸入罪の各実行の着手をみとめず、被告人らの行為がいずれの犯罪についても予備にとどまると判断した原判決は、本件各輸入罪の実行の着手に関する法令の解釈適用を誤ったものであるから、原判決を破棄して相当の裁判を求める、と主張したのである。

検察官の事件理由申立てに対して、最高裁判所は、次のように判示した。すなわち、前に述べた「事実関係に照らせば、本件においては、回収担当者が覚せい剤をその実力支配の下に置いていないばかりか、その可能性にも乏しく、覚せい剤が陸揚げされる客観的な危険性が発生したとはいえないから、本件各輸入罪の実行の着手があったものとは解されない。これと同旨の原判断は相当であり、所論は理由がない」としたのである。本件は、密輸船舶から海上に投下した覚せい剤を回収担当者が小型船舶で回収して日本国に陸揚げする方法で覚せい剤を密輸入するばあいにおける実行の着手の肯否を問題にしたものである。本件事案においては、悪天候のため、回収のための小型船舶は、出航港の岸壁と投下地点との中間辺りまでしかたどり着けなかったという事実が、決定的な意義を有する。なぜならば、この時点では、回収の可能性はまったく存在しなかったので、実行の未遂はみとめられないからである。次に、翌日、すでに覚せい剤は海岸に漂着し、警察に押収されていたが、このことを知らずに回収担当者が、再度、小型船舶で回収のために出港したが、海上保安庁の船舶が照会するなどしていたので、覚せい剤の発見、回収を断念して港に戻った事実も、回収・陸揚げの可能性を否定する決定的な根拠となったのである。これらのばあいにおいて、本決定は、覚せい剤が陸揚げされる「客観的な危険性」が発生したとは言えないので実行の着手をみとめないとしたのであり、この判断は妥当である。本決定が法益侵害の「客観的危険性」の発生を実行の着手時期の基準として明示したことは、判例上、きわめて重要な意義を有すると言える。

11　平成二六年一一月七日判決〔関税法違反被告事件〕（刑集六八巻九号九六三頁）

本判決の判示事項は、「関税法一一一条三項、一号の無許可輸出罪につき実行の着手があるとされた事例」である。本判決は、事例判決の形を取っているので、事実関係が重要な意義を有するため、その詳細を見ておく必要がある。本件の事実関係は、次のとおりである。Aは、平成一八年二月頃から、氏名不詳者より、日本から香港へのうなぎの稚魚の密輸出を持ちかけられ、報酬欲しさに、これを引き受け、繰り返し密輸出をおこなっていたが、その後、被告人Xらを仲間に勧誘した。

本件当時の成田国際空港における日航の航空機への機内預託手荷物については、チェックインカウンターエリア入口に設けられたエックス線検査装置による保安検査がおこなわれ、検査が終わった手荷物には検査済みシールが貼付された。また、同エリアは、当日の搭乗券、航空券を所持している旅客以外は立ち入りできないよう、チェックインカウンターおよび仕切り棚などにより周囲から区画されており、同エリアに入るには、エックス線検査装置が設けられた入口を通る必要があった。そして、チェックインカウンターの職員は、同エリア内にある検査済みシールが貼付された荷物については、保安検査を終了して問題がなかった手荷物と判断し、そのまま機内預託手荷物として預かって航空機に積み込む扱いとなっていた。一方、機内持込手荷物については、出発エリアの手前にある保安検査場においてエックス線検査をおこなうため、チェックインカウンターエリア入口での保安検査はおこなわれていなかった。

Aらによる密輸出の犯行手口は、①衣類在中のダミーのスーツケースについて、機内預託手荷物と偽って、同エリア入口でエックス線検査装置による保安検査を受け、そのスーツケースに検査済みシールを貼付してもらった後、そのまま同エリアを出て、検査済みシールを剝がし、②無許可で輸出が禁じられたうなぎの稚魚が隠匿されたスーツケースについて、機内持込手荷物と偽って、前記エックス線検査を回避して同エリアに入り、先に入手した検査済みシールをそのスーツケースに貼付し、③これをチェックインカウンターで機内預託手荷物として預け、航空機に乗り込むなどというもので、被告人Xらは、Aの指示で適宜役割分担をしていたものである。

本件当日、Aおよび被告人Xを含む総勢六名は、ダミーのスーツケースを持参して成田国際空港に赴き、手分けして同エリア入口での保安検査を受け、検査済みシール六枚の貼付を受けてこれを入手した。そして、被告人Xらは、同空港で、氏名不詳者から本件スーツケース六個を受け取り、一個ずつ携行して機内持込手荷物と偽って同エリア内に持ち込んだうえ、手に入れていた検査済みシール六枚を本件スーツケース六個にそれぞれ貼付した。その夜、AおよびBは、本件スーツケースを一個ずつ携え、日航のチェックインカウンターに赴き、Bの航空券購入の手続きをしていたところ、張り込んでいた税関職員から質問検査を受け、本件犯行が発覚した。

検察官から上告がなされ、上告趣意は、「原判決は、無許可輸出の未遂罪の成立を認めなかった点において最高裁判所の判例に相反するとともに、無許可輸出の未遂罪の成立を否定して予備罪の成立を認めたにもかかわらず免訴としなかった点において判決に影響を及ぼすべき重大な法令の違反があり、これを破棄しなければ著しく正義に反するものとみとめられる」というものである。その理由は次のように主張されている。すなわち、本件の「事実関係に照らせば、少なくとも税関職員による質問が行われた時点では、被告人らが行った行為は、航空機への積載行為に密接するとともに、本件スーツケース六個が航空機に積載される客観的な危険性が発生していたことは明らかである。実行の着手に関する最高裁判所の判例に照らせば、被告人らが行った行為が構成要件該当行為に密接し、あるいは、既遂に至る客観的な危険性が発生していたことは明白であ」り、「被告人らの行った行為は、判例において海上での無許可輸出罪の実行の着手があったと認められている、外国仕向け船舶に積み替える目的で貨物を他の船舶に積み込んで積み替え予定地点付近の海上まで運搬したとき、あるいは同海上に至る途中の海上又は港まで運搬したときに比べて、積載行為への密接性や積載に至る客観的危険性の点において、何ら遜色ないものであった」と主張されている。

弁護人からも上告がなされ、上告趣意は、「原判決において認定された罪となるべき事実からすると、原審としては、第一審判決を破棄して被告人に対して免訴の言渡をすべきである。しかるに、原審が有罪の言渡をしており、原判決は法令の適用を誤ったものであることはあきらかであり、この誤りは判決に影響を及ぼし、原判決を破棄しなければ著しく正義に反するから、その破棄を求める」というものである。

最高裁判所は、これらの上告趣意に対して、検察官の上告趣意における判例違反をいう点は、事案を異にする判例を引用するものであって、本件に適切でなく、その余は単なる法令違反の主張であり、弁護人の上告趣意は、単なる法令の違反の主張であって、いずれも刑訴法四〇五条の上告理由に当らない旨判示した。そのうえで、職権で次のように判示した。

すなわち、「上記認定事実によれば、入口にエックス線検査装置が設けられ、周囲から区画されたチェックインカウンターエリア内にある検査済みシールを貼付された手荷物は、航空機積載に向けた一連の手続のうち、無許可輸出が発覚する可能性が最も高い保安検査で問題のないことが確認されたものとして、チェックインカウンターでの運送委託の際にも再確認されることなく、通常、そのまま機内預託手荷物として航空機に積載される扱いとなっていたのである。そうすると、本件スーツケース六個を、機内預託手荷物として搭乗予約済みの航空機に積載させる意図の下、機内持込手荷物と偽って保安検査を回避して同エリア内に持ち込み、不正に入手した検査済みシールを貼付した時点では、既に航空機に積載するに至る客観的な危険性が明らかに認められるから、関税法一一一条三項、一項一号の無許可輸出罪の実行の着手があったものと解するのが相当である」と判示したのである。

本件は、従前の判例が船舶を利用した蜜輸出入に関する事案であったのに対して、航空機を利用する形態による事案である点において新しいものであり、重要な意義を有する。本件において、航空機に積載する手荷物は、検査済みシールを貼付されているものについては、「無許可輸出が発覚する可能性」が最も高い「保安検査」で問題なしと確認されたものとして、「通常」、そのまま航空機内に積載される扱いになっていたものである。このような取扱いがなされた状況において、被告人らが機内持込み手荷物と偽って保安検査を回避してチェックインカウンター内に持ち込んで、不正に入手した検査済みシールを貼付した時点では、すでに航空機に積載する「客観的な危険性」が明らかにみとめられると判断されている。したがって、その時点で無許可輸出罪の実行の着手がみとめられるとされたのである。本件では、航空機への手荷物の積載の通常の手順が決定的な意義を有しているのであり、その手順における一定の段階の行為が無許可輸出の「客観的な危険性」を有することを理由にして「実行の着手」がみとめられている。本件のような積載の手順において、不正に入手した検査済みシールを貼付された手荷物をチェックインエリアに持ち込めば、後は機械的に機内に積載されるわけであるから、無許可輸出の危険が客観的に存在することになる。そうすると、本判決の判断は、きわめて妥当であると言える。本判決が、具体的事実を基礎にして、無許可輸出の「客観的危険性」の存在をみとめて実行の着手を肯定したのは、判例上、重要な意義を有すると評価できる。事例判例としての形を取っているが、その判断方式は、今後、無許可輸出罪の実行の着手の判定に関して一般的な規準を示すものとして重要な役割を果たすことになると解される。

12　総括

この時期における最高裁判所の判例の事案は、多くの犯罪類型に関連している。まず最初に、窃盗罪の着手時期を問題にし、その後もそれぞれが問題になったものがある。窃盗罪の実行の着手に関して、従来、判例は、「密接行為」説の立場を採っていた。すなわち、大審院の判例は、窃盗罪につき「窃盗ノ目的ヲ以テ家宅ニ侵入シ他人ノ財物ニ対スル事実上ノ支配ヲ犯スニ付密接ナル行為ヲ為シタルトキハ窃盗罪ニ著手シタルモノト謂フヲ得ヘシ」と判示し（大判昭九・一〇・一九刑集一三巻一四七三頁）、最高裁の判例は、侵入窃盗のばあい物色行為を始めた時点で実行の着手をみとめ（最判昭二三・四・一七刑集二巻四号三九八頁）、高裁の判例は、「犯罪構成事実に属する行為及びこれに直接密接する行為がなされたときに、犯罪実行の着手がある」と判示したのである（東京高判昭二九・一二・二七高刑集七巻一二号一七八五頁）。しかし、その後、最高裁の判例は、折衷説ないし実質的客観説を採るに至っている。すなわち、「店舗内において、所携の懐中電灯により真っ暗な店内を照らしたところ、電気器具類が積んであることが判ったが、なるべく金を盗りたいので自己の左側に認めた煙草売場の方に行きかけた」時に実行の着手を肯定している（最決昭四〇・三・九刑集一九巻二号六九頁）。判例は、もはや「密接行為」説に立つものとは言えないのである。常習とばく罪に関して判例変更を求めた事案について、最高裁は、従来の立場を堅持している。密輸入罪について客観的危険性の発生を要求するなど注目すべき判断が示されている。

さらに最高裁の判例は、強姦罪（現在の強制性交等罪）につき「被告人が同女をダンプカーの運転席に引きずり込もうとした段階においてすでに強姦に至る客観的な危険性が明らかに認められるから、その時点において強姦行為の着手があつた」と判示している（最決昭四五・七・二八刑集二四巻七号五八五頁）。これは、実質的客観説の立場をより鮮明にしたものと解され得るものである。

第三節　「実行の着手」論の現在と展望

第一款　問題の所在

本節において、実行の着手「論」の「現在と展望」について見ることにする。ここにいう「現在」は、「いま」と「現に在ること」を含意する。前者は、議論の現況を意味し、後者は、議論が有意義に展開されていることを意味する。

未遂犯は、前に見て来たとおり、現象的には構成要件の「実現態様」の問題であるが、究極的には違法性の「基礎付け」の問題である。たしかに、構成要件の実現態様は、構成要件該当性の問題であるが、しかし、当の構成要件は、「違法」行為類型であるから、根底において違法性の本質に関連せざるを得ないのである。そうすると、違法性の基礎付けの問題が未遂犯論に決定的な影響を及ぼすことになる。

右の点に関して、金澤真理教授は、次のように指摘されている。すなわち、「未遂論は、旧くから違法性に関わる学説の争いにおいて主要な争点を形成してきた。未遂犯の処罰根拠論を踏まえた未遂犯と不能犯との区別をめぐる主観的未遂論と客観的未遂論との歴史的な対立から、実行の着手時期を論定する基準をめぐり、行為そのものを取り出して違法評価の対象とすべきか、それとも法益侵害に至る可能性という状態を評価の対象とすべきか、という論争に至るまで、刑法理論における広狭の重点が扱われてきたためである」とされているのである。[66] ここにおいて、歴史的観点から未遂犯論の発展が端的に指摘されていると言える。まず、未遂犯論は、未遂犯の「処罰根拠論」を踏まえたうえで、未遂犯と不能犯との「区別」をめぐる主観的未遂論と客観的未遂論の対立として立ち現れたのであった。その後、「実行の着手時期」を判断する「基準」が問題とされたが、その際の対立点は「違法評価の対象」であったとされる。すなわち、違法評価の対象は、「行為そのもの」なのか、それとも「法益侵害に至る可能性という状態」なのか、が争われたとされるのである。言い換えると、これは、一定の行為が法益侵害の可能性を包含していることを重視するのか、それとも一定の行為によって法益侵害の可能性が客観的に惹起されたことを重視するのか、という対立にほかならない。つまり、前者が行為の「内在的危険」の存否を問題にするのに対し、後者は行為者によって惹起された「外在的危険」を問題にすることになる。すなわち、危険の内容の把握に関して、前者は、行為それ自体が有する「内在的性質」を問題にし、後者は、行為によって発生させられた「外在的事態」を問題にするわけである。この点について、わたくしは、前述のとおり、後者の立場を主張して来たのであり、現在もそれを維持している。

さらに、金澤教授は、次のように述べておられる。すなわち、「近年は、実行行為論の深化とも相俟って、個別の行為に焦点を合わせるのか、それとも行為を一連のものと見て問責行為の対象とすべきかが問われている。争点は、未遂がどの段階から処罰されるかという、その開始時期を問う解釈上の問題ばかりではない。構成要件に該当する行為は行われたが、未だ完全には構成要件が充足されておらず、結局既遂に至らなかったという、未遂の理論構造及び可罰性の実体に焦点を合わせた分析が要請されている」とされているのである[67]。ここでは二つの論点が指摘されている。第一は、「実行行為論」との関連において、問責の対象を「個別の行為」と解するのか、それとも「一連のもの」としての行為と解するのか、という問題である。第二は、未遂がどの段階から処罰されるのか、という「開始時期」を「解釈」論の観点から検討するだけでなく、「未遂の理論構造」および「可罰性の実体」という観点から考察されるべきであるということである。第一の論点は、未遂犯において「実行行為」が重要な意義を有すると解する見地を前提としている。したがって、その見地からは検討の深化が要請されるが、それに反対する見地においては重要性がみとめられないことになる。第二の論点は、未遂犯処罰の根拠を問題にするものであり、すべての立場にとって考察の深化が要請されるものである。

また、金澤教授は、「予備、未遂、既遂へと至る犯罪の発展段階に対応して高まる刑罰の重さの相違は、法理論的観点からの考察のみならず、犯罪抑止施策の機能とその効果という点で刑事政策的考察の対象となる」と指摘されている[68]。ここでの問題は、犯罪の「発展段階」に対応して高まる「刑罰の重さ」を法理論的観点および刑事政策的観点から考察されるべきであるとされている点である。つまり、問題にされているのは、予備から既遂に至るまでの「発展段階」に対応して増加して行く「刑罰の重さ」の理論的基礎付と可罰性の実体の解明である。これは、理論的側面においては違法性の本質との関連の考察を、刑事政策的側面においては刑罰目的論との関連の考察を必要とする課題であると言える。とくに刑事政策的観点からの考察においては、「犯罪抑止施策の機能とその効果」という視点が重要とされるのであり、今後の展開が注目される。

第二款　違法性との連関

第一款において述べたとおり、未遂犯論は、違法性の基礎付けと重要な関連を有する。ここで、改めて未遂犯と違法性の本質論との関連の問題を見る必要が生ずる。この点に関連して「行為の規範違反性」を強調する見解が新たに主張されるに至っている。この見解の提唱者である佐藤琢磨教授は、次のように述べておられる。すなわち、「未遂犯において、既遂結果の予見が要求されるとすれば、その処罰根拠は、既遂構成要件との関係での行為の規範違反性にあると考えるのが自然である。つまり、刑法が各則の既遂構成要件を通じて発している禁止または命令に背いて行為に出たことが、未遂犯の本質だとみるべきである。既遂結果が発生していないにもかかわらず、未遂減軽が任意的なものにとどまるのも、このような未遂犯の性格に基づくものと考えるべきであろう」とされるのである[69]。ここで、未遂犯において「既遂結果の予見」が要求されることを基礎にして、既遂構成要件によって提示された行為規範に違反して行為に出たという「行為の規範違反性」を未遂犯の本質として把握するのが「自然」であるとされていることに注意する必要があるとおもわれる。「論理的必然性」ではなくて「思考の自然さ」が示されている点に何か示唆するものが存在するようである。その点は、ともあれ、各則の「既遂構成要件」を通じて発せられている「命令」または「禁止」という規範に違反する「行為」に出たことが未遂犯の本質とされるのである。そして、未遂減軽が任意的なものとされていることは、このような未遂犯の本質に由来するとされている。たしかに、違法性論との関連において、「行為規範性」が重要な意味を有すると解するのは、きわめて妥当であると言える。しかし、それに尽きるのかは、さらに検討の余地がある。

佐藤教授は、別の角度から規範違反性の視点の重要性を次のように指摘されている。すなわち、「近時、我が国でも、行為者の危険性、およびそこから導かれる処分の必要性という見地から未遂犯の特徴を説明しようとする見解が主張されている。これらの説明は、理論的には一貫したものである。しかし、もし、不法を前提としない責任が処罰を根拠づけるという理論構成が犯罪体系論上不自然だとすれば、また、刑に処分としての側面があることを承認することに躊躇を感じるとすれば、少なくとも未遂犯の処罰根拠の説明においては、規範違反性を中心に据えるのが最も自然だということを認めざるを得ないように思われる」と主張されているのである。[70]ここにおいて、「行為者の危険性」および「処分の必要性」の見地から未遂犯の本質を把握しようとする新たな見解との対比を通して、規範違反性を基礎づけようとされている。不法なき責任という観念によって処罰を根拠づけることの不当性、および、刑罰の処分としての側面の否認が、未遂犯の処罰根拠の説明において規範違反性を中心に据えることこそ「最も自然」であると解する契機にほかならないとされている。そうすると、未遂犯においても「刑罰論」が重要な意味を有することになる。

第三款　主観説と客観説との統合

客観説と主観説との統合を追求する見解が新たに提唱されるに至っている。そこにおける基盤は、「行為の危険」と「結果としての危険」の対立の捉え直しである。まず、小林憲太郎教授は、次のように主張される。[71]すなわち、実行の着手の問題領域には、①実行の着手時期と②不可罰的不能未遂の限界があるとされたうえで、これらの問題領域に取り組む前提として、未遂犯の処罰根拠が議論されることが多かったが、「伝統的な議論の枠組み」として、それが、行為者の危険性に求められるのか（主観説）、それとも「既遂到達の具体的・現実的危険性」に求められるのか（客観説）、という対立は、もはやこれを止揚すべき学説的段階に達しているとされるのである。具体的には、第一に、未遂犯の処罰根拠のベースは、「既遂到達の具体的・現実的危険」を引き起こす故意危険犯の処罰根拠であるとされる。たとえば、殺人未遂の処罰根拠のベースは、被害者の生命に対する具体的・現実的危険のそれであるが、客観説は、このような危険犯の主観面を未遂犯の処罰根拠に含めて来たとされるのである。第二に、未遂犯の主観面は、危険犯の主観面を超過していることであるとされる。つまり、行為者は、既遂到達の具体的・現実的危険を求めるだけでなく、それを超えて「既遂到達そのもの」を求めていなければならないのであり、そのことによって、未遂犯の処罰刑は危険犯に想定される法定刑を超えて、既遂犯の法定刑の任意的減軽という重さにまで及んでいることが基礎付られるとされるのである。つまり、より重大な不法を求めて行為に出る点に現れた行為者の不法に対するより強い「傾向性」が（制裁に対置された）処分の観点から「未遂犯の責任」を危険犯より重いものとするわけである。主観説が未遂犯にとくにみとめる「行為者の危険性」は、この限りにおいてのみ承認できるという。具体的な論点の解決のための基本的な方向性は、このような「統合説」とも称すべき処罰根拠論によって規定されるべきであるとされる。ここにおいては、「危険犯における故意」の内容が危険の表象・認容であるのに対して、「未遂犯における故意」の内容は既遂結果としての「既遂到達そのもの」であることに重要な意義がみとめられている。このように危険犯と未遂犯における「故意の内容」の差異を考察する点において、新たな展開の契機がみとめられる。また、不法結果を求めてなされた行為に現れた行為者の「傾向性」としての「行為者の危険」が承認されている。この観点から新たな統合説が提唱されているのである。このように限られた範囲内ではあるが、「行為者の危険」の再評価がなされている点にも、あらたな展開がみとめられる。

次に、森住信人教授は、「結果としての危険」と「行為の危険」の捉え方について次のように主張されている。[72] まず、「行為の危険」と「結果としての危険」との対立は、「判断対象」の対立として解すべきであり、「行為の危険」が行為自体に内在する法益侵害の危険を意味するのに対して、「結果としての危険」は行為とは切り離された事態の危険性を意味するとされる。それは、「危険判断の基準」についての対立とは論理必然的な関係にはないのであり、未遂犯の処罰根拠についての対立は、未遂犯の危険判断の対立に影響を及ぼすが、それぞれの危険性の判断基準の問題は、別個に考察されるべきであるとされる。未遂犯の処罰根拠として「結果としての危険」が必要であると解したうえで森住教授は、その内容は「切迫した危険」ではなくて「構成要件的結果発生の現実的危険性」であり、「抽象的危険から具体的危険までの範囲」を包含するとされる。法益侵害の危険性が発生した時を実行の着手とする実質的客観説においても、法益侵害の危険性の把握をめぐって、法益侵害の切迫性という意味での具体的危険とする立場と構成要件的結果発生の現実的危険とする立場が対立しているとされる。そして、その判断基準として、行為者の主観を一切排除する見解と、故意・過失を考慮する見解、故意・過失に加えて行為者の所為計画まで考慮する見解が対立しているとされるのである。[73] このことは、すでに詳しく見てきたとおりである。

第四款　形式的客観説の変容

法益侵害の危険性と未遂の処罰根拠としての危険性との関係が問題とされるが、この点について、未遂犯の処罰根拠としての危険性と実行の着手がみとめられる危険性とを同一のものとして捉える立場と両者は異なると解する立場とがあるとされる。この点について、森住教授は、不能犯論において具体的危険説を採用し、「具体的危険説の適用結果と論理的に矛盾しない実行の着手の判断基準」が模索されなければならないとしたうえで、実行の着手の判断基準として「行為者の主観的要素」をどの程度考慮すべきか、に関して、構成要件を「違法・有責類型」と解する見地から、故意・過失は、主観的構成要件要素として考慮されるにとどまり、違法性には影響を及ぼさず、未遂犯において故意・過失を主観的違法要素とは解しないとされる。故意・過失は、構成要件を違法・有責類型として把握することによって、責任要素である故意・過失が構成要件に取り込まれ、未遂犯における主観的要素として考慮されることを基礎付け得るとされている(74)。

右の見地から、森住教授は、実行の着手を「実行行為の開始」として捉えるべきであり、実行行為であるかどうかは、構成要件の規定によって定まるので、「実行の着手とは、構成要件に一部該当する行為である」とする形式的客観説の定義は正しいとされる。構成要件に一部該当する行為の判断は、「構成要件的結果発生の現実的危険性」が生じた時とすることによって解決すべきであり、その危険性はつねに構成要件的結果との関係において論じられなければならないとされる。形式的客観説を維持するかぎり、実行の着手の判断は、構成要件該当性における判断となり、構成要件的故意・過失の存否が確定された後に、危険性の判断がなされるという(75)。しかし、なぜ主観的要素の存否を先に判断すべきか、については触れられていない。構成要件該当性において実質的な危険判断がなされるので、違法性の段階で実行の着手の危険性が否定されることはないとされる。このように、構成要件該当判断と違法性判断を峻別することによって、実行の着手における「法益侵害」の危険の問題が、排斥されている。すなち、実行の着手における危険は、あくまでも「構成要件的結果」の発生の危険であり、法益侵害の危険とはまったく関係ないとされるのである。このようにして、危険の内容は、「形式的」判断を原則とする構成要件該当性判断とすることによって「形式」化されるのであり、構成要件要素としての「実行行為」の開始を実行の着手と解する「形式的」客観説が維持されていることになる。しかし、このように解することが実行の着手における実質的危険性の把握と整合性を有するか、については、あらたな論証が必要とされるであろう。そして、ここにまた新たな展開の契機が存在することになるであろうと言える。

森住教授は、「未遂処罰の理論的構造」について、未遂犯の処罰根拠である事態反価値としての「結果としての危険」が「構成要件的結果発生の現実的危険性」であることを指摘したうえで、不能犯における具体的危険説を採用し、具体的危険説の適用によって肯定される法益侵害の危険性が構成要件的結果発生の現実的危険性を意味するとされる。実行の着手の判断基準は、形式的客観説の定義を維持したうえで、「構成要件に一部該当する行為」を実質的客観説の危険判断によって判断するが、その内容は、構成要件的結果発生の現実的危険性であると解することによって、未遂犯の処罰根拠と不能犯論、実行の着手論とは異なる側面を問題としているが、それらは表裏一体の関係にあると捉えられるのである(76)。ここで、形式的客観説と実質的客観説の統合が図られていることになる。たしかに、これは新たな試みと言えるが、しかし、不能犯論における「法益侵害の危険性」が構成要件的「結果発生の現実的危険性」と同一視される理由については、さらに理論的な基礎付けが必要とされるのではないであろうか。ここにも議論の深化のための契機が存在することになる。

第五款　実質的客観説の変容

実質的客観説の見地からも新たな立場が提示されている。すなわち、「行為重視型実質的客観説」の立場から原口伸夫教授が、次のような見解を主張されているのである。現在の実行の着手論における対立は、原口教授によれば、「未遂の構造」についての理解の相違から生ずるとされる。すなわち、実行の着手に関する近時の学説において「実質的客観説」が幅広い支持を集め、「形式的客観説」は、以前よりも支持を減らしているとされる。そして、実質的客観説は、未遂の構造の理解をめぐって、二つに大別されるという。[77] 一つは、実行の着手を行為者が構成要件において規定する実行行為（ないしそれに密接する行為）に取り掛かることであると解する伝統的な理解を前提にして、「実行行為」を「構成要件実現の危険」という観点から規定する「行為重視型実質的客観説」であるとされる。その代表例として、「実行行為、すなわち、犯罪構成要件の実現にいたる現実的危険性を含む行為を開始することが実行の着手である」と解される大塚仁博士の所説[78]が挙げられている。もう一つは、「問題とされる『危険』が（狭義の）行為とは切り離された、外界に生じた有害な事態として、因果関係判断の両極の一つとして考えられるべき『結果』である」と解する「結果犯説」である。その代表例として、「未遂犯の処罰根拠である既遂の現実的・客観的危険は、未遂犯の独自の結果であり、それが発生することが未遂犯成立のために必要だと解されるべきであり、したがって、未遂犯を一種の結果犯と解することが妥当である」と解される山口厚教授の所説[79]が挙げられている。現在主張されている形式的客観説は「行為重視型実質的客観説」との共通性を多く有していることが指摘されている。すなわち、「修正された形式的客観説」において、危殆化、行為経過の自動性などが実質的観点を考慮しているのであり、「行為（実行行為・密接行為・直前行為）の開始に焦点をあてるアプローチ」として修正された形式的客観説と行為重視型実質的客観説との距離は大きいものではないとされるのである。[80] また、「実行の着手＋危険結果」説は、実行の着手の問題と未遂犯の成立時期の問題を区別し、実行の着手が構成要件実現の一般的（類型的）危険性をもつ行為に取り掛かることを意味するのに対して、未遂犯の成立には、実行の着手（と構成要件的結果の不発生）だけでなく、構成要件実現の具体的危険（危険結果）の発生が必要であると解する。そして、この見解も「未遂の構造」をめぐる対立を前提としたばあいによりよく理解できるとされる。[81]

原口教授は、「実行行為・密接行為に焦点を合わせて未遂の成否を判断する議論状況それ自体が変化しつつあり、実行行為を柱として組み立てられてきたわが国の伝統的な着手論の構想そのものの是非が問われている状況にある」としたうえで、「未遂犯の構造について伝統的な理解を維持する行為重視型実質的客観説の方向が基本的に妥当である」とされる[82]。そして、今後の課題は、いずれの構成を採るばあいも、その構想する「危険結果」や「実行行為」など「概念内容を整理・明確化」し、現行法の解釈として「適切な未遂構造」を解明することであると指摘されている[83]。ここで指摘されている課題は、当を得ており、今後、詳細な検討が要求されるべきものであるとおもう。

このように、実質的客観説それ自体に新たな変容が生じているのは、注目に値する。原口教授は、わたくしが支持して来ている個別的客観説（折衷説）も実質的客観説に組み入れることができると主張されている[84]。そこで、この点について若干触れておくことにしたい。

原口教授は、「行為の危険性や切迫した危険を判断するのに犯罪計画を考慮に入れる立場を折衷説（ないしは個別的客観説）として分類することも可能であり、着手の判断に際して行為計画も考慮すべきことを主張してきた点で重要な意義を有している」としたうえで、次の三つの理由から近時の折衷説は実質的客観説に含めてよいとされる[85]。その理由とは、①「折衷」説という位置づけは、かつての主観説・客観説の対立の中での両者の折衷という点で重要な意味をもっていたが、現在、主観主義が支持を失いつつあること、②「客観」説においても、行為者の主観面を考慮する立場が多数説であり、主観面を考慮する立場を「客観」説と称し得ないとは一般に考えられていないこと、③折衷説に分類されることの多い近時の見解は実質的客観説にも分類できるのであり、現在の学説の状況においては、その実質的客観説の中での「実行の着手の捉え方の相違による下位区分」、または「主観面を考慮する程度による下位区分」の方がより重要な意味をもち得ることである。

個別的客観説に対する原口教授の右の評価は、きわめて妥当なものとして是認され得るとおもう。問題は、これを実質的客観説に組み入れる理由にある。その理由として指摘された①と②は、表裏の関係にある同一問題であり、原口教授の指摘は、学説史的観点から見て妥当である。わたくし自身も、個別的客観説が有する「折衷」説としての意義はもはや失われていると考えており、その名称を積極的には使用しないようにしている。③は、まさしく個別的客観説の存在意義に関わる根本問題を包含しているので、改めて検討する必要がある。

たしかに、「行為計画」を危険判断の基礎に組み入れることに関するかぎり、これをみとめる実質的客観説と個別的客観説との間に本質的相違は存在しない。したがって、その意味において、またその限度において、両者を同様に扱っても構わないことになる。しかし、本質的に異なる局面においては、別異の取扱いをする必要がある。「未遂犯の構造」の捉え方に関して、実質的客観と個別的客観説は、その「出発点」を異にしており、それは、違法性の本質の把握に関して本質的に異なる。すなわち、実質的客観説が物的不法論（結果無価値論）を前提としているのに対して、個別的客観説は二元的人的不法論（二元的行為無価値論）を前提にしているのである。「行為計画」を考慮に入れる点においては共通性があるにしても、その根拠・前提には根本的な相違がある以上、両者をまったく同一視することはできないことになる。その点において、またその限度において、個別的客観説は、なお独自性を有し得るのである。それは、実質的客観説内部における「主観面を考慮に入れる程度による下位区分」という意味を超える相違と見るべきであろう。なぜならば、物的不法論の見地からは、違法性論において主観的要素をみとめるのは、あくまでも例外的であり、特別の理由がないかぎり、みとめられるべきではないことになるのに対して、二元的人的不法論の見地からは、例外的扱いは不要であるからである。しかし、実質的客観説の論者が右の本質的相違をみとめるのであれば、わたくしとしては自説を実質的客観説に分類することに異議をさしはさむまでもないと考えている。むしろ今後、この問題についても議論が進むことを望みたいとおもっている。

第六款　不能犯論との差異

近時、実行の着手論および不能犯論における「危険の意義」は異なると解する見解が、主張されるに至っている。この立場に立たれる佐藤琢磨教授は、次のように述べておられる。すなわち、「未遂犯と不能犯」の区別は、既遂結果の発生があり得たか、という意味での可能性判断であるのに対して、「予備と未遂の区別」は、犯意が生じてから既遂実現に向けて進行する事象経過の中でどこに境界線を引くのか、という問題、つまり、「犯行の進捗度の問題」であり、「構成要件実現の直前段階」に至れば、着手がみとめられるべきであるとされるのである[86]。ここで「直前行為」という観念が提示されており、注目に値する。佐藤教授によれば、不能犯の問題は「時間的な動きを想定しない静的判断」であるのにもかかわらず、これと異なる未遂犯における実行の着手の問題を同一基準で解決しようとすることには無理があるので、実行の着手を「犯罪の進捗度」の問題として捉える考え方が妥当であるとされている[87]。さらに、実行の着手が進捗度の問題であるとする見地からは、実行の着手の「判断の基礎事情」として「犯行計画」を考慮すべきであるとされる。その理由は、故意だけでなく、当該犯罪を「どのように実現しようとしたのか」についての「具体的なプラン」が分からなければ、犯行の進捗度を判断できないことに求められている[88]。このような立場は、個別的客観説と共通の思考基盤を有するものとおもう。両説に共通する観念である「犯行計画」を基礎とすることが具体的に何を意味するのか、については、今後、さらに検討されるべきことになる。

右に述べた「直前行為」の「判断基準」が改めて問題となるが、この点について、佐藤教授は、実行の着手を犯行の進捗度の問題として捉える見地から、①事象経過が妨害されなければ「中間行為」なしに既遂実現に至ると言えるか否か、という基準、および、②時間的場所的近接性の基準が有用であるとされる[89]。そして、「中間行為」は、わが国において塩見淳教授によって提唱され広く承認されている「行為経過の自動性」[90]と同義であるとしたうえで、それがみとめられるための条件を検討されている。[91]これらの問題についても、今後、議論が深められることになるであろう。

さらに、佐藤教授は、時間的場所的近接性の程度は「数量的なもの」であるので、それだけでは「実行の着手の有無という法的問題」を決することはできず、この基準は、「中間行為」の基準との関連で意味を有するにすぎず、両者は「相補的関係」にあるとされる。そして、ドイツの一部の学説によって用いられている「被害者領域への介入」という基準をわが国でも用いるべきであるとする見解も主張されているが、未遂犯処罰規定が置かれている犯罪の中には、このような意味での「領域」を観念し得ないものもあるので、一般的な基準としては用いることができないとされる。しかし、窃盗罪のばあいには、自動性を判断するための「補助基準」としては有用であるとされている。[92]この問題も、今後、さらに議論されることになると考えられる。

(1)　拙著「行為反価値性と結果反価値性」植松正・川端博・曽根威彦・日高義博『現代刑法論争Ⅰ』(昭58年・一九八三年)第二版(平9年・一九九七年)一二〇―一頁)。
(2)　拙著『刑法総論25講』(平2年・一九九〇年)一二七―三〇頁。
(3)　拙著『違法性の理論』刑事法研究第二巻(平2年・一九九〇年)二〇―三頁、六四―六頁。拙著・前掲注(2)一三六―八頁。
(4)　拙著・前掲注(3)六九頁、前掲注(2)一三八頁。
(5)　拙稿・前掲注(1)一一八頁。
(6)　拙著・前掲注(3)六七頁、拙著『刑法総論講義』第三版(平25年・二〇一三年)三〇〇頁。
(7)　拙稿・前掲注(1)一一九―二〇頁。
(8)　拙稿・前掲注(1)一二三頁、拙著・前掲注(3)七三―四頁。
(9)　拙稿・前掲注(1)一二三―四頁、拙著・前掲注(3)七三―四頁。

(10) 牧野英一『刑法総論上巻』全訂版（昭33年・一九五八年）二五四頁。
(11) 宮本英脩『刑法大綱』（昭10年一九三五年）一七九頁。
(12) 木村龜二『新刑法読本』全訂版（昭48年・一九七三年）二五五頁。
(13) 団藤重光『刑法綱要』第三版（平2年・一九九〇年）三五四頁。
(14) 小野清一郎『新訂刑法講義総論』増補版（昭25年・一九五〇年）一八二頁。
(15) 団藤・前掲注（13）三五五頁。
(16) 佐伯千仭『刑法講義（総論）』改訂版（昭49年・一九七四年）二九九頁。
(17) 西原春夫『刑法総論』（昭52年・一九七七年）二八〇頁。
(18) 香川達夫『「ゼミナール」刑法の解釈』（昭60年・一九八五年）一〇一頁。
(19) 西原・前掲注（17）二八〇頁。
(20) 瀧川幸辰『犯罪論序説』改訂版（昭22年・一九四七年）八五頁。
(21) 植松正『刑法概論Ⅰ総論』再訂版（昭49年・一九七四年）三一五頁。
(22) 植松・前掲注（21）三一五頁。
(23) 西原・前掲注（17）二八〇―一頁参照。
(24) 大塚仁『刑法概説（総論）』第四版（平20年・二〇〇八年）一七一頁。
(25) 藤木英雄『刑法講義総論』（昭50年・一九七五年）二五七頁。
(26) 平野龍一『刑法総論Ⅱ』（昭50年・一九七五年）三一三頁参照。
(27) 中山研一『刑法総論』（昭和57年・一九八二年）四一二頁。
(28) 西原・前掲注（17）二八一頁。
(29) 木村龜二『刑法総論』阿部純二増補（昭53年・一九七八年）三四五頁。
(30) 野村稔『刑法総論』補訂版（平10年・一九九八年）三三〇頁。
(31) 西原・前掲注（17）二八二頁。
(32) 八木國之『新派刑法学の現代的展開』（昭59年・一九八四年）増補版（平4年・一九九二年）一〇六頁以下。
(33) 中山・前掲注（17）四一二頁。
(34) 小野・前掲注（14）一八三―四頁。

(35) 平野・前掲注(26)三一三頁。
(36) 大塚・前掲注(24)一七一頁。
(37) 福田平『刑法総論』全訂第五版(平23年・二〇一一年)二二九頁。
(38) 中山・前掲注(27)四一二頁。
(39) 福田平・大塚仁『対談刑法総論(下)』(昭62年・一九八七年)一二六―九頁。
(40) 平野・前掲注(26)三〇九頁。
(41) 平野龍一『刑法総論Ⅰ』(昭47年・一九七二年)一一三頁。
(42) 平野・前掲注(41)一二四頁。
(43) 平野・前掲注(41)一二四頁。
(44) 平野・前掲注(41)一二四頁。
(45) 平野・前掲注(41)一二二―四頁。
(46) 拙著・前掲注(3)九―一〇頁。拙著・前掲注(2)四九頁。
(47) 中山・前掲注(27)四一三頁。
(48) 拙著・前掲注(6)一七九頁。
(49) 中義勝「故意の体系的地位」『平場安治博士還暦祝賀・現代の刑事法』(昭52年・一九七七年)一五六頁。
(50) 中山・前掲注(27)四一三頁。
(51) 大谷實『刑法講義総論』新版第四版(平24年・二〇一二年)三六六頁。
(52) 西原春夫「犯罪実行論[総論]」『法学セミナー』三六〇号(昭59年・一九八四年)三三頁。
(53) 大塚仁「実行の着手」『総合判例研究叢書刑法(3)』(昭31年・一九五六年)六頁。
(54) 大塚・前掲注(53)六頁。
(55) 大塚・前掲注(53)六頁。
(56) 大塚・前掲注(53)八頁。
(57) 大塚・前掲注(53)一〇頁。
(58) 大塚・前掲注(53)一〇頁。
(59) 大塚・前掲注(53)一二頁。

(60) 大沼邦弘「実行の着手」西原春夫・宮澤浩一・阿部純二・板倉宏・大谷實・芝原邦爾『刑法判例研究4未遂・共犯・罪数』(昭56年・一九八一年) 五頁。
(61) 平野・前掲注(26)三一五頁。
(62) 大沼・前掲注(60)五頁。
(63) 大沼・前掲注(60)六頁。
(64) 大沼・前掲注(60)六頁。
(65) 大沼・前掲注(60)六頁。
(66) 金澤真理「未遂の理論構造と中止未遂」川端博・浅田和茂・山口厚・井田良編『刑法学の探究4』(平23年・二〇一一年) 七一頁。
(67) 金澤・前掲注(66)七一―二頁。
(68) 金澤・前掲注(66)七二頁。
(69) 佐藤拓磨『未遂犯と実行の着手』(平28年・二〇一六年) 四〇頁。
(70) 佐藤・前掲注(69)四〇―一頁。
(71) 小林憲太郎「実行の着手について」『判例時報』二二六七号 (平27年・二〇一五年) 三頁。
(72) 森住信人『未遂処罰の理論的構造』(平19年・二〇〇七年) 二一〇頁。
(73) 森住・前掲注(72)二一八頁。
(74) 森住・前掲注(72)二一九頁。
(75) 森住・前掲注(72)二二〇頁。
(76) 森住・前掲注(72)二二一頁。
(77) 原口伸夫『未遂犯論の諸問題』(平30年・二〇一八年) 一一頁。
(78) 大塚・前掲注(24)一七一頁。
(79) 山口厚『刑法総論』第三版 (平28年・二〇一六年) 二八四頁。
(80) 原口・前掲注(77)一二―三頁。
(81) 原口・前掲注(77)一三―四頁。
(82) 原口・前掲注(77)一九頁。

(83) 原口・前掲注(77)一九頁。
(84) 原口・前掲注(77)一三頁。
(85) 原口・前掲注(77)一〇四頁。
(86) 佐藤拓磨「実行の着手について」『研修』八三八号(平30年・二〇一八年)四頁。
(87) 佐藤・前掲注(86)四頁。
(88) 佐藤・前掲注(86)五頁。
(89) 佐藤・前掲注(86)六頁。
(90) 塩見淳「実行の着手について㈢・完」『法学論叢』一二一巻六号(昭62年・一九八七年)一七頁。
(91) 佐藤・前掲注(86)七頁。
(92) 佐藤・前掲注(86)八頁。

第四章　中止未遂（中止犯）論の展開

第一節　中止未遂（中止犯）の意義と問題の所在

第一款　中止未遂（中止犯）の意義

中止未遂（中止犯）とは、犯罪の実行に着手して後、自己の意思によって犯罪の遂行を止めることをいう。中止未遂は、未遂犯の一態様であるから、未遂犯の理論化を目指す本書においては、原則として「中止犯」ではなくて中止未遂という呼称を用いることにする。中止未遂は、刑がつねに減軽または免除される点に実定法上の特徴がある（四三条ただし書き）。すなわち、結果の不発生が行為者の意思に基づかない障害未遂のばあいに、刑が任意的に減軽されるにとどまる（四三条本文）のに対して、必要的に刑の減免がみとめられている点で著しく異なっているのである。中止未遂の特徴とわが刑法の規定の特異性について、平野龍一博士は、次のように指摘された[1]。すなわち、まず「中止犯は、犯罪論の體系からいえば、むしろ傍系に属する。それだけにかえつて、そこには獨自の困難な問題が横わつている」とされたうえで、「中止犯は未遂犯の一態様である。それで又中止未遂とも呼ばれる。フランス刑法二條によると『行爲者の意思から獨立した事情によつて實行が阻止され、又は結果の發生を欠いた』ばあいだけが未遂で、自己の意思により中止したときには、もともと未遂罪は成立しない。これに反して、英米の刑法は大體において中止を考慮に入れない。わが法はこの両極端の中間にあるわけである。わが法に近いのはドイツ刑法四六條であるが、これも、『未遂としては罰せず』(als Versuch straflos) とし、刑の減輕はない點で異つている」とされたのである。このような中止未遂規定は、わが国における中止未遂犯論の展開がドイツにおけるばあいと大いに異なる原因となったと言える。中止未遂犯論は犯罪論の「傍系」に属するという性格付けが、その後の中止未遂論の展開に決定的な影響を与えたのであった。すなわち、これはテーマとして関心をもたれず、二〇〇〇年代に入ってからモノグラムフィーが次々と刊行されるに至ったのである。この点については、後で詳しく見ることにする。

　障害未遂においては、客観的に結果が発生しなかったことだけが問題となり、現実に法益侵害があった既遂と比べ、結果反価値の程度が低いので、その分だけ違法性の程度も減少するから、刑の減軽がみとめられるべきことになる。そうすると、このばあいにも、既遂犯との比較において、刑の減軽は必要的でなければならないはずである。そうであるにもかかわらず、刑法典において任意的減軽とされているのは、結果発生の「危険性の程度」または「行為遂行の態様」による違いを考慮に入れるべきであるとすることによってしか説明がつかない。その点とは別に、中止未遂においては、さらに「行為者の意思」に基づいて結果発生が防止されたことと「刑の必要的減免」との「関係」が問題となる。これは、中止未遂の「法的性格」の捉え方のいかんによって理解が分かれる問題である。中止犯の法的性格をいかに捉えるかは、古くから争われ、今なお争われている根本問題の一つである。

　右のような通説的理解に対しては、近時、根本的な批判が展開されるに至っている。わたくしは、通説を支持しているので、通説の見地からその批判に答える必要があることになる。

　まず、金澤真理教授は、次のように主張される[2]。すなわち、学説が「中止未遂の成否の問題」と「その効果の問題」とを「同一平面で論じてきたこと」に、そもそもの問題があるとされる。たしかに、「犯罪の成否」の問題と「法的効果」の問題は、次元を異にするものである。その意味において、この指摘は重要であると言える。しかし、一定の法的効果が一定の制度の法的性格に由来するばあいには、その効果をみとめられるべき「法律要件」の内容に影響を与えるという事態が生じ得ると解される。その限度で通説の思考にも合理性があるとおもわれる。

さらに、金澤教授は、刑事政策的判断を併合的に取り入れようとする見解は、「中止未遂の二段階の効果」を「犯罪論体系内」で整合的に論証できない部分を政策に委ねる点で妥当でないと指摘されている。すなわち、中止未遂が認容された段階でまず減軽が決定されるのであり、減軽のままとするか、それともさらに免除までみとめるかは「量刑の問題」であるので、これを中止未遂の成否の判断と混同すべきではない。そして、中止未遂と障害未遂とを区別すべきことと、それらに如何なる法律効果を付すべきかとは、異なる次元の問題であるにも拘わらず、「中止未遂であるか否か」という問題と「減軽にとどめるべきかそれとも免除までみとめるのか」という問題は、長い間混同されて来たとされるのである[3]。中止未遂の法的性格に関する法律説が犯罪論体系内で説明できない部分を刑事政策説を併用するのは妥当でないとされるが、この主張は妥当であるとおもう。問題は、その根拠が中止未遂の「二段階の効果」に求められている点にある。第一段階の効果は、中止未遂が成立したばあいに、「減軽」とされることであり、第二段階の効果は、そのまま減軽にとどめるか、「免除」までみとめるか、ということであるとされる。これらの効果の問題は、「量刑」の問題であって「中止未遂の成否」の問題とは次元を異にし、混同されるべきではないとされる[4]。

通説の見地においては、中止未遂の効果は必ずしも二段階に分けて考察する必要はないと解される。中止未遂が成立するとされたばあいには、その法的効果は、必要的な刑の「減軽または免除」であり、両者は、「択一的」なものとして同一平面に属し、段階を異にするものではないと言える。また、「量刑」は、個別的事案における具体的判断の問題である。具体的事案においては、行為者に対して、刑の減軽にとどめるか、それとも刑の免除をみとめるかは、裁判所が判断すべきことになる。しかし、ここにおいて問題にされるべきは、理論的観点から、中止未遂のばあい、刑の減軽か刑の免除かを決定する基準とそれを基礎づけるものは何か、なのである。刑の減・免の選択の基準とその根拠は、中止未遂の成立要件の「要素」の存否と程度に関わり、中止未遂の法的性格に関連することになる。そうすると、通説の立場には、「中止未遂の成否」の問題との「混同」は存在しないと言えるのである。

右のような混同の原因の一つは、金澤教授によれば、現行法が「必要的減軽若しくは裁量的免除」という「特殊な効果」を定めている点にあり、あらゆる法規定の背後に存在する「一般的法政策」が「中止未遂の成否の認定基準」たり得るか否か、が重要問題であるとされる。かりに、諸説のいう政策が一般的なものであるとすれば、その政策を「殊更に無視し得ない」とか、「補充的理由とせざるを得ない」とか、あえて言及する必要はないとされるのである。日本の中止未遂の根拠をめぐる議論が、減軽または免除という効果に目を奪われて政策的理由に依拠する傾向にあるが、それは、学説がこの問題を「何故に中止未遂規定が置かれているか」という規定の「存在理由」を問う形で論じて来たことからも窺知されるという[5]。右の指摘は、正当なものとして高く評価されるべきであるとおもう。なぜならば、政策的理由をあげつらうことは、ドイツにおける議論に依拠することの口実となると考えられているからにほかならない。問題とされるべきは、「刑事政策の内実」が十分解明されないまま、それを「中止未遂を認める際に考慮すべきか」、それとも「量刑の際の考慮すべきか」について、必ずしも共通の理解に基づかずに刑事政策という論拠を無批判に用い、かつそれが「中止未遂の成否の決定」にまで影響を及ぼして来たことであるとされる[6]。刑事政策の内実を明確にしないまま、それを中止未遂の成否の根拠にされて来たという批判は、正当なものとして支持し得る。

さらに、中止未遂が障害未遂と区別して取り扱われることと如何なる法律効果が付与されるべきか、を峻別して論ずべきであるとされる(7)。たしかに、両者は異なる問題である。しかし、両者は、法文上、明確に規定されていることに留意する必要がある。それぞれ一定の法律効果を付与されたものとして、四三条の本文および但し書きにおいて規定されているのである。法律効果を不処罰と規定するか、必要的減軽または裁量的免除と規定するかは、各国の「立法政策の問題」であり、障害未遂と比べて特別の取扱いを受けるという「中止未遂自体の持つ意義」に何ら影響を及ぼさないものであるとされる(8)。たしかに、中止未遂の法的効果を不処罰とするか、刑の任意的もしくは必要的減軽・免除とするかは、各国独自の「立法政策の問題」であると言える。なぜならば、そこにはそれぞれの法秩序内における政策的配慮が必要となるからである。つまり、法秩序の統一性の観点から種々の政策的衡量がなされるのである。しかし、このことは、「法律的効果」の次元における価値決定に関する限度で妥当するに止まる。そのよう法律的効果をもたらす「法律要件」については、別の観点からの配慮が要請される。一定の法律的効果を生じさせる根拠として、法律要件の内容とそれを基礎づける実体が存在しなければならない。それは、当該法律要件の根拠論または法的性格論にほかならない。それは、一般論として、法律的効果論に先行して考察されるべきものである。中止未遂のばあい、中止未遂の成立要件は、法律要件の問題であり、中止未遂の法的性格によって規制されることになる。その意味において、障害未遂に比して特別の取扱いを受けるという「中止未遂自体の持つ意義」に右に見た「立法政策の問題」が影響を及ぼさないとする金澤教授の指摘は、正当であると言える。ところが、中止未遂規定が、条文上、特別の取扱いの内容を法律効果の相違によって示されているばあいには、その相違を明らかにするために、中止未遂自体が有する「意義」を検討する必要に迫られることになる。その点において、立法政策の問題が中止未遂の意義に影響を及ぼすことをみとめざるを得ないのではないかと考えられる。とくに、中止未遂の法律的効果が「不処罰」であるばあいには、不処罰の理由となる「犯罪不成立」の根拠を論証しなければならないのである。

この点に関して金澤教授は、ドイツにおいては、不処罰を規定しているからこそ、法理論的説明において大きな困難に直面し、学説は、中止未遂の成立に慎重な態度を採っており、多種多様な刑事政策的観点を中止未遂の成否の基準に反映させようとしているが、それは、現実に即した妥当な結論を導くためであると指摘されている。これに対して、「中止未遂の成否」の判断に次いで、減軽とすべきか、免除までみとめるべきかという「量刑判断」が可能な日本の法制においては、妥当な量刑への配慮から中止未遂の成否を議論する必要はないばかりか、刑罰論を過剰に持ち込むことによって「解釈論の弛緩」を招来する危険があるとされる。そして、中止未遂が、未遂犯の一態様として、任意性および中止行為を要件としているので、「中止未遂の成否の問題」は、「未遂犯の処罰根拠」との関連において、各要件の存否の検討を通じて「法理論的に解明」されなければならないとされている。[9] ここにおいて二つの立場が提示されている。第一は、中止未遂犯論に刑罰論を過剰に持ち込むことによる「解釈論の弛緩」をもたらす危険を回避すべきであるということである。第二は、中止未遂の成否の問題が「未遂犯の処罰根拠」との関連において、未遂犯の成立要件の各要素の存否を通して「法理論的に解明」されるべきであるということである。金澤教授の右の立場は、いずれもきわめて正当であり、支持されるべきものであるとおもう。これらの論点をめぐって新たな議論が展開されて行くことを期待したい。

次に、ドイツおよび日本における中止未遂犯論の展開の相違とその原因について、野澤充教授は、別の角度から次のように指摘されている。[10] すなわち、ドイツでは、刑法学説は、「中止犯という法制度についての歴史的由来」を踏まえたうえで、「その当時の刑法典」の条文解釈から理論を形成して来たので、理論形成の段階で「中止犯のもつ特殊な問題性」に正面から取り組まざるを得なかったのであり、判例は、具体的事案の問題解決と刑法理論体系の「調和」を図る必要に迫られて理論形成がなされて来たとされる。これに対して日本においては、前提となる「中止犯という制度の由来」について正面から考察されることがほとんどなかったので、[11]「中止犯という制度の独自性・特殊性」が必ずしも理解されず、「誤解」が生じたが、その根本的な原因は、ドイツなどからの刑法理論の継受や中止犯規定の立法に当たって、中止犯制度と酌量減軽などの他の事後事情を考慮する制度との違いを、その「歴史的由来」という観点から明確に意識して継受し、立法したわけではなかったことにあるとされる。そして、中止未遂の議論ないし問題点を解決するためには、前提として、その制度としての由来を明確にすることが必要であるとされている。[12]ここに中止未遂犯論の「歴史研究」の意義があるとされるわけである。

野澤教授が挙げられた中止未遂に関する歴史的研究の成果は、きわめて貴重なものであり、わが国の従来の考察に重要な寄与をなしたものとして高く評価されるべきであるとおもう。しかし、個々の論点については、なお検討の余地があり、批判の対象とされている通説の立場から反論の必要がある。たしかに、中止未遂の制度についての歴史的考察は必要であるが、しかし、その成果が「解釈論」に直結するわけではない。これは、普遍化して言えば、法の「実定性」（Positivität）と妥当性（Geltung）の問題である。明治時代にドイツ刑法典を「継受」して立法されたわが国の現行刑法典は、当時のドイツの刑法典および刑法理論の影響を受けたとされているが、フランス刑法典やフランス刑法理論を踏まえて制定されていた旧刑法典の影響も若干残っている。立法過程において種々の問題が議論され未解決のままであっても、いったん実定法として定立された以上、実定性が生ずるのであり、それに基づいて法の効力が生じ現実に適用されることになる（gelten）。「法の妥当性」としての Geltung は、法の効力をも意味するが、その根拠は内容の「妥当性」（Gültigkeit）である。その意味における妥当性を法理論的観点から解明するのが、法の解釈論にほかならない。法の解釈論の次元においては、法制度の歴史的研究の成果は、沿革的理由として一定の法解釈を支える一つの要素にとどまるので、決定的な拘束力を有するものとは言えない。通説は、このような理解の下に中止未遂規定の法的根拠・法的性格論を考察して来ているのであり、指摘されているような誤解は存在しないと反論することになろう。

さらに、野澤教授は、歴史的研究の成果を踏まえたうえでなされるべき中止未遂犯論の考察視点を、次のように具体的に示されている。[13] すなわち、「そもそも『中止犯制度』とはどのような理論的背景に基づく制度であったのか」、「『中止犯の減免根拠』ないし『法的性格』論は、どのような経緯で議論されるようになってきたのか」、さらには「『刑事政策説』や『法律説』は本来どのような内容をもつものであったのか、それが主張された趣旨はどのような点にあったのか」ということが究明されるべきであるとされるのである。これらは、今後の中止未遂犯論の深化にとって重要な視点であり、多くの論者によって究明される必要があると言える。

未遂犯は、構成要件の実現態様の問題ないし実現段階の問題として構成要件該当性の領域に位置づけられる。しかし、構成要件は、違法行為が定型化・類型化されたものであるから、未遂犯の処罰根拠の問題は、違法性論との関連において議論されるべきである。違法性はもっぱら客観的要素を判断の対象とすべきであるとする物的不法論（修正された客観的違法性説）は、中止未遂にとって重要な意味をもつ行為者の「意思の任意性」という「主観的要素」をどのように取り扱うべきか、という難問に直面せざるを得ない。なぜならば、これを主観的違法要素とするか、それとも責任要素とするか、について決断を迫られ、その理論的根拠を明らかにしなければならないからである。さらに、それとの関連において刑の必要的減免を合理的に説明する必要が生ずるので、法的性格論について見解が分かれることとなる。

中止犯の法的性格の理解の相違により、中止犯の「要件」および「適用範囲」に差異が生ずる。すなわち、要件については「自己の意思により」の内容、中止行為と結果不発生との間の因果関係の要否に違いが生じ、適用範囲については、既遂、予備行為および不能犯に中止犯規定の類推適用の可否、共犯と中止犯との関係、加重的未遂と中止犯の関係をめぐって見解が分かれる。

第二款　中止未遂の法的性格に関する学説の状況

中止犯の法的性格に関して、学説は、「刑事政策説」、「法律説」および「両者を併用する説」（併用説）に大別される。

一　刑事政策説

刑事政策説は、ドイツにおいて通説とされているが、わが国では少数説にとどまっている。いったん成立した未遂犯の犯罪性は、中止行為によって消滅させることはできないが、任意の中止に対する褒賞として刑の減免をみとめることが、犯罪の防止という刑事政策の目的に合致するとされる。中止未遂の処分を緩和する理由は、行為者に対して「退却のための黄金の橋」（リスト）を構築しようとする刑事政策的目的に求められている。

二　法律説

法律説は、刑事政策的考慮だけでは中止未遂の本質を把握できず、犯罪の成立要件との関係という観点から中止犯を理解しようとする見解である。刑事政策説と法律説の併用説は、法律説を刑事政策説によって補充するものであるので、法律説に集約され得ることになる。法律説は、違法減少説、責任減少説および違法・責任減少説に大別される。

1　違法性減少説

違法減少説は、未遂犯においては故意は主観的違法要素であるから、ひとたび故意を生じた後にこれを放棄し、または自ら結果の発生を防止したばあいには、違法性の減少をみとめることができるとする。「違法性も一つの評価であるとするならば、違法性が後に至って消滅することも、また可能である」とされる。このように考える実質的根拠は、責任減少説を採ると、規範意識や真摯さを強調することによって「心情の倫理」を刑事責任に持ち込むこととなり妥当でないことにある。すなわち、平野博士によれば、違法性減少説は刑事政策説を理論的に表現したものであり、違法性の減少は、あくまでも「結果発生の防止」という観点から説明され得るのであり、すでに実行に着手したばあい、結果を防止するためには、刑の免除を条件に本人の意思に頼るほかはなく、この点が刑事政策説によって説明され得ることになる。

違法性減少説は、従来、物的不法論（客観的不法論）の見地から主張されて来たが、人的不法論の見地から、違法性減少説と刑事政策説の併用を主張する立場もある。すなわち、違法性減少の点について、福田平博士は、「『自己の意思による』中止という主観的要素は違法性の評価に影響を与えるものであるから、違法減少説が妥当であろう」とされ[14]、西原春夫博士は、「実害が発生しなかったことに加え、反規範的意思を撤回し合規範的意思を中止行為という外界に表動させたことによる違法性の減少」をみとめられるのである[15]。

2　責任減少説

この説は、刑の減免の根拠を責任非難の程度の減少に求める。責任減少説は、刑の減免の根拠を責任非難の程度の減少に求めるが、その減少理由は、さらに「自己の犯罪の実行の着手を不可なりとする感情即ち自己の行為の価値を否定する意識（規範意識）」、「中止行為に示される行為者の人格態度」、「広義の後悔」、「すでに破つた法的義務に再び合致しようとする意欲」、「自己の行為の価値否定的動機」、「自発的『意思』による犯罪完成阻止」、「『自己の意思により』（＝結果実現意思の放棄）犯罪を完了させなかった（＝未遂の違法性にとどめた）」ことなどに求められている。端的に、障害未遂よりも中止未遂の方が「軽い倫理的非難にしか値しないことは自明である」とする見解もある。責任非難の減少をもたらす根拠について、多彩な表現で説明されているが、わたくしは、「法的義務にふたたび合致しようとする意思[16]」という表現が妥当であると考えている。

問題は、このような意思をそれぞれの責任論の見地からどのように「評価」するか、という点にある。道義的責任論は、この意思が道義的・倫理的責任非難を減少させると解し、人格責任論は、これに人格形成責任の動的変化による減少をみとめ、性格的責任論は、これに反社会的危険性の減少を見出すことになる。責任減少のために「悔悟」を必要とする立場だけが、責任減少説として正当性を有し得るわけではない。したがって、この意欲を「悔悟」と解し、「責任減少説からすれば悔悟を要件とするのが徹底している」との批判は、道義的責任論を基礎とする責任減少説についてだけ当てはまることになるわけである。

3　違法・責任減少説

違法（性）・責任減少説について、高橋則夫教授は次のように説明されている。すなわち、違法・責任減少説は、違法の減少と責任の減少の双方を考慮するが、それぞれの内容をどのように解するかについて一致しているわけではないとされる。「たとえば、中止行為と結果不発生という違法減少と、任意性という責任減少というように、中止犯要件に相応させる見解、主観的違法要素としての故意放棄による違法減少と中止行為による法敵対性の減弱化による責任減少とする見解、違法減少を中核に位置づけ、責任減少を単に付加する見解」などが主張されているのである。[17]

4　諸説の検討

右に見たように、見解が分かれているが、これらを検討することにしよう。ドイツ刑法二四条などは、中止犯を不処罰としているのに対して、わが刑法上みとめられている刑の必要的減免だけでは犯罪防止の目的を達成するには不十分である。刑が減軽されるべきばあいと免除されるべきばあいとを区別する理由を、刑事政策的見地から説明するのは困難である。また、犯罪防止の目的を達成するためには、刑の免除または減軽という特典が事前に行為者に知られている必要があるが、現行法上、それは要求されていない。現行法上、中止行為について刑の免除または減軽の選択は裁量的・事後的であるから、刑事政策的効果は十分に期待されない。したがって、刑事政策説は妥当でない。

従来の理解によれば、この説の中には、違法性減少消滅説も包含されている。中止行為による違法性の減失をみとめる前提には、「刑法が刑の免除といっているばあいその性質は必ずしも同じでない。そのあるものは違法性・責任性を阻却軽減する事由であつて、犯罪を不成立ならしめるものであり、本質上無罪を言渡すばあいと差異がない」とする理解が存在する。この前提に対しては平野博士が次のように批判された。すなわち、「違法性が消滅してしまうならば、犯罪自体が不成立となる筈である。しかるにわが法は、犯罪の成立を認め、刑だけを減軽免除するにとどめる。刑の免除を無罪判決と解する説もないではないが、わが訴訟法のもとでは採用し難い、又刑の免除は一旦犯罪が成立し、後に消滅したばあいだという解釈もあるが、わが法では、一貫してこれを採用することができない。わが法のもとでは違法性の消滅を認めることはできないのである」とされたのである。[18]わが国の刑事訴訟法上、刑の免除は有罪判決の一種であるから、平野博士のこの批判は正当であるとおもう。そうすると、わが国の実定法の解釈論としては、違法性の「減少」をみとめる限度でしか成立し得ないことになる。

違法性減少説に対する批判をいくつかの観点から検討することにしよう。第一に、未遂犯における故意を「主観的違法要素」とみとめない見地から、主観的違法要素の事後的消滅による違法性減少はあり得ないとされる。たしかに、未遂犯における故意が主観的違法要素ではないとすれば、この批判にも相当の理由がある。しかし、通説は、これを主観的違法要素と解しており、わたくしも一般的に故意を主観的違法要素であると解するので、この立場からは主観的違法要素の消滅による違法性減少をみとめることができるので、この批判は妥当とは言えないことになる。つまり、批判の前提それ自体が議論の必要のある別個の問題なのであるから、この批判は決定的とはなり得ない。

第二に、「違法評価の性格」の観点からの批判がある。すなわち、一つの事実に対する違法評価は、固定的なものであるから、変化した事実に対する違法評価は、先のものとは別個のものであって、先の事実に対する違法評価に影響を及ぼし得ないとされるのである。言い換えると、違法性・責任は、実行行為またはそれをおこなったことに対する評価であるから、すでになされた行為の違法性または責任そのものが事後に減少すると考えるのは困難であるとされる。たしかに、実行行為と中止行為とを完全に独立した別個の行為と解したばあいには、違法行為に対する評価に事後的な変更が生じるはずはないであろう。しかし、両者は、内容的に無関係ではあり得ない。なぜならば、中止行為は、「実行行為の実効性」を失わせようとする否定的行為であるからである。つまり、結果発生を意欲してなされた実行行為は、それが完了しただけでは違法評価の対象としては不十分であり、結果を「発生させなかった」という事態のもとで的確に評価されるべきなのである。「結果を発生させなかった」という点において、まさしく実行行為の内実を失わせる「否定的」行為としての中止行為が、違法性評価の対象として重要な意義を有するのである。言い換えると、「未遂行為と後続する中止行為とを孤立した現象ではなくて、統一的な評価対象とみなす」べきなのである。したがって、事後的な中止行為による違法性減少をみとめても、違法性の評価の性質に背反するとは言えない。実行行為と中止行為とを統一的に把握すべきであるとする立場に対しては、「全体的考察」方法を推進するものであるとの批判が加えられるかもしれない。しかし、わたくしは、全体的考察方法を一般論として採用すべきであると主張しているのではない。結果実現に向けられた実行行為とこれを否定する中止行為とを「結果不発生」との関連で内容的に結びつけて理解すべきであると言っているに過ぎないのである。

第三に、違法性減少説は、共犯と中止未遂との関連で矛盾が生ずるという批判がある。すなわち、違法性減少をみとめると、通説である制限的共犯従属性説によるかぎり、正犯の中止行為の効果が共犯者全員に及ぶことを承認せざるを得ないが、これは、中止未遂の「一身専属効果」に明らかに違反すると批判されるのである。つまり、「違法性は連帯的に作用し、責任は個別的に作用する」というテーゼをみとめる以上、結果不発生を理由とする違法性減少は、共犯者全員について肯定されるべきことになる。たしかに、結果不発生という客観的事実を基礎にする違法性減少だけを根拠にするかぎり、この批判は甘受しなければならないであろう。しかし、人的不法論の見地からは、「違法は連帯的に、責任は個別的に」作用するというテーゼは妥当でないことになる。すなわち、人的不法論は、行為者の主観的要素がその者の行為に対する違法評価に重大な影響を及ぼすことをみとめるので、違法要素も個別的に作用し得ることを是認しなければならないのである。つまり、右のテーゼは、人的不法論においては、絶対的な拘束力を有しないことになる。

人的不法論の見地からは、違法性評価も行為者の主観的事情を考慮に入れるべきであるので、共犯関係においても、行為者ごとに主観的事情を考慮したうえで、共犯現象に基づく修正をほどこす必要がある。共犯における中止未遂のばあい、中止行為をおこなった者に対して中止未遂としての効果をみとめれば足り、他の共犯者は障害未遂として処断されるべきであることになる。中止行為者について違法性減少がみとめられるのは、主観的違法要素としての故意（実現意思）の放棄があるからにほかならない。

第四に、違法性減少だけでは中止未遂に対する刑の必要的減免の理由を十分に説明できないとする批判が主張される。すなわち、さらに責任減少の点も加味しないとこれを合理的に説明できないとされるのである。

主観的違法要素としての故意の放棄に基づいて違法性が減少するのは、故意放棄の限度においてである。中止未遂の法的性格が違法性減少にとどまるかぎり、中止行為に「任意」性を要求する必要性は存在しない。なぜならば、任意性の有無に拘わらず、故意の放棄だけで違法性は減少するはずだからである。しかし、法は「自己の意思によ」って中止行為がなされたことを要求しているので、この点は違法性とは別個の観点から説明されるべきである。この点について、人的不法論の見地から、任意性は社会的相当性を基礎づけ、違法性の程度に影響を及ぼし得ると解する余地がないではない。しかし、中止行為の任意性は、行為の遂行態様ではなくて、行為の「決意」、つまり行為の動機に関して問題となるのである。ここでは、違法性の問題としての「法益侵害」の「態様」ではなくて、責任の問題としての「違法行為の決意」に対する法的非難が問題となるのである。中止未遂に任意性が要求されるのは、任意の中止によって責任の量が減少するからにほかならない。「責任」は倫理的なものではなく、あくまでも「法的」責任であり、その実質は、行為者の「法敵対性」の中にあるのである。中止未遂は「違法性減少および責任減少」を理由にして刑が減免されると解する私見は、違法性減少説と責任減少説との併用説として分類されているが、従前の違法性減少・責任減少説とは内容を異にする。すなわち、①中止未遂についてつねに違法性減少と責任減少とをみとめ、②具体的事態に応じていずれか一方だけを重視することはせず、③行為後の行為者の態度の変化による行為に対する社会的評価の寛容化をみとめる説と異なって、結果発生防止行為（ないし結果発生を防止すべき行為）の側面が違法性判断の対象となり、そのような行為の「決意」が責任判断の対象となると解するものである。これらの点において、私見は、従来の違法・責任減少説と内容を異にしており、その違いは、違法性減少と責任減少をみとめる根拠の理解の差に由来する。

中止未遂における任意性を倫理的悔悟と解して、倫理的責任の減少が責任減少をもたらすとする見解は、法的責任と倫理的責任を混同するものであって妥当でない。中止未遂には違法性減少の側面がみとめられるにも拘わらず、これを全面的に否定する責任減少説は妥当でないことになるのである。

「法的責任」としての責任非難は、規範的責任論の見地から決せられるべきであり、その「責任の実質」をなすのは「法敵対性」であると解すべきである。すなわち、違法行為をおこなった行為者に対して、法的責任としての責任非難が加えられるのは、行為者が適法行為の決意が可能であったにもかかわらず、あえて違法行為を決意してこれをおこなった点において、法規範（法秩序）に敵対しこれを侵害したからにほかならない。「法的義務にふたたび合致しようとする意思」は、法敵対性を緩和し弱めるので、責任の実質が減少し、したがって、責任が減少するのである。法的責任は倫理的責任ではないので、任意性の要件として倫理的悔悟は必要でないことになる。故意を主観的違法要素としてみとめるかぎり、中止行為による違法性減少を肯定すべきであり、また、任意性のある中止行為は、「法敵対性」を弱めるので、責任減少も肯定すべきであるとおもう。

結果発生の防止ないしそれを目標とする行為は、主観的違法要素としての故意の「実効性」を失わせ、「法益侵害の現実的危険」を決定的に除去するので、つねに違法性を減少させる。そのような行為の「決意」は、責任非難の観点から検討されるべきである。なぜならば、責任非難の段階では、「行為」ではなくて「行為の決意」が問題とされるからにほかならない。中止行為が、行為者の自由な意思、つまり自発的な意思に基づいて決意されたばあいには、法にふたたび合致しようとする行為者の人格態度が明らかに「法敵対性」を弱めるので、その分だけ責任非難の量が減少し、つねに責任減少をもたらすのである。このばあいには、中止行為に任意性があると評価されるのである。倫理的悔悟の有無にかかわらず、任意性のある中止行為を決意したことによって責任減少がみとめられる。実行行為に出た以上、行為者としては、そのまま法益侵害の事態を生じさせることができたにもかかわらず、あえて自発的にその事態の発生を阻止する行為を「決意」している点において、行為者に対する法的非難としての責任が減少する。これは、中止行為を「決意する」プロセスに重点を置くものであり、責任非難は適法行為を決意することができたにもかかわらず、換言すると、「反対動機」を形成することができたにもかかわらず、あえて違法行為をおこなう意思形成をした点にその根拠が存在する。このように解することによってはじめて、中止未遂における違法性と責任の関係が明確になるとおもう。また、違法性減少および責任減少があってはじめて、中止未遂の法的効果がみとめられるのであるから、共犯の制限的従属性説を採ったとしても、「正犯の中止行為の効果が共犯には及ばないこと」が、いっそう明確になるのである。

違法・責任減少説に対して、違法性減少と責任減少の区別を不明確にし、「責任減少説は、違法が消滅しないことを前提としたものである限り、同時にこれを適用することはできない」との批判がある。そこで、この批判の当否を検討することにしよう。

まず、違法性減少と責任減少の区別は、合理的に区別できると考えているので、さらに私見のように解することに対する批判が可能か否かが、問題となる。次に、違法性減少と責任減少の同時適用の可否についての批判にも疑問がある。違法性減少説によるかぎり、責任の前提となる違法性は存在しているので、その違法性の減少を観念することができる。したがって、違法性減少説と責任減少説との同時適用は可能である。このようにして違法減少・責任減少説は合理的に論証できると考える。

第三款　成立要件

中止未遂の成立要件は、法文上、「自己の意思により」犯罪の遂行を「中止した」ことであるとされている（四三条ただし書き）。これは、「任意性」と「中止行為」の存在を要求するものである。そこで、これらについて見ることにしよう。

中止行為の任意性の内容について、学説は、①主観説、②限定的主観説および客観説の三つに分かれている。

①　主観説

本説は、内部的動機の形成の原因を重視するので、主観説と称される。本説は、内部的動機が外部的障害の表象によって生じたものでないばあいに任意性があるとする。その判断の基準は、フランクの公式である。行為者が中止に当たって、「たとえ為し得るとしても、為し遂げることを欲しない」ばあいに任意性があり、「たとえ欲したとしても、為し遂げることはできない」ばあいには任意性がないと判断されることになる。そして、「為し遂げることができたか否か」の判断は、行為者を基準にしてなされる。

②　限定的主観説

本説は、主観的事情を重視するので、主観説に属するが、主観的事情を限定的に解する点に特徴がある。その内容は、悔改・慚愧・同情・憐愍などの「広義の後悔」であり、これらに基づいて中止するばあいに任意性があるとする。

③　客観説

本説は、外在的事実を重視し、一般の経験上、意思に対して「強制的影響」を与えない事情が動機となって止めたばあいに任意性があるとする。判例は、この立場を採っていると解される。

これらの見解と中止未遂の法的性格に関する見解との関係が、問題となる。限定的主観説が責任減少の根拠を道義的非難・倫理的非難の減少に求めるので、広義の後悔を要件とするのは、当然のことである。しかし、刑法上の責任は、非難可能性を基礎とする「規範的責任」であり、「倫理的責任」である必要はないので、この説はすべての責任減少説と論理的必然的に結びつくわけではない。ここで規範的責任論と法的責任論について見ておく必要がある。

規範的責任論は、心理的責任論を克服するものとして主張されたものである。規範的責任論とは、故意と過失とを統一する「規範的要素」として、行為者における適法行為の「期待可能性」の存在を要求し、責任能力および故意・過失が存在しても、期待可能性がなければ責任がないとする見解をいう。この見解は、行為責任の実質を的確に把握しているので、基本的に妥当である。ただし、期待不可能性は、責任を「消極的に」基礎づけるものと解すべきである。

責任の基礎は「相対的意思自由論」に求めるべきであるから、因果的決定論の見地からあらゆる行為を素質と環境の必然的所産として把握し、行為者に社会的危険性がみとめられるかぎり責任を肯定すべきであるとする社会的責任論は、妥当でない。したがって、責任の観念は、自由の意識を前提とする非難または非難可能性をその内容とするものなのである。これは、道義的責任論とは直接の関係を有しない。「法的責任」と道義的責任・倫理的責任とは区別されなければならない。法秩序によって是認された価値の秩序を破壊する違法行為を理由にして、行為者に対して法的責任としての責任非難が加えられるのである。法的責任論は、人的不法論の見地からも主張され得ることに留意する必要があるとおもう。

刑法上の責任は、法的責任であって「良心に対する責任としての道徳的責任」ではない。そして刑事責任は、構成要件に該当する違法な行為をおこなったことを理由として行為者に対して加えられる「社会的な非難」であり、その根拠は、刑法規範が一定の行為を禁止・命令することにより、行為者に対して規範に適合する意思決定をなすべき義務を課し、義務に違反して適法な行為を決意しないで違法な行為の決意をしたことに求められている。すなわち、責任は、「決意が法秩序の要請に反する」という意味における反価値性・反価値判断を意味する。違法性が「意思の実現としての行為が法秩序に反する」という意味における反価値性・反価値判断であるのに対して、責任は、「実現意思の形成に至る動機決定」についての評価なのである。責任判断において、行為者の意思形成のプロセスが、判断の対象に取り込まれるので、「違法性」の認識が、「法的」責任論の問題として重大な意義を有することになる。「違法性の現実的認識」があるばあいには、通常、適法行為を決意すること（反対動機の形成）が、容易にできる。それにもかかわらず違法行為を決意したときには、その決意についての責任非難が、法秩序の見地から行為者に対して加えられることになる。このばあいは、違法性の現実的認識がなく認識の可能性があるにすぎないばあいよりも重い責任非難が、加えられる。なぜならば、このばあいには、反対動機の形成が、より容易であるにもかかわらず、あえて違法行為を決意しているからである。違法性を認識しているにもかかわらず、あえて違法行為に出るばあいには、責任の実質をなす「法敵対性」ないし「法敵視性」が、強度であるから、それだけ重い責任非難が、課せられるのである。

故意犯と過失犯とを比較したばあい、故意犯の方が「法敵対性の程度」が強いので、より重い責任非難が加えられる。すなわち、過失犯のばあいには、構成要件的結果を実現する意思が存在しないから、「違法性の現実的認識」は存在し得ない。したがって、その限度で、定型的に故意犯より責任非難の程度は軽くなる。また、実現意思がないので、違法性の認識の可能性も相対的に低いから、責任非難の程度は軽くなる。しかし、「違法性の認識の可能性」は、あくまでも具体的に判断されるべきであり、過失犯のばあいが強度であるという事態もあり得るので、そのばあいには、法定刑の枠内でそれぞれに相応する刑量を定めるべきことになる。本説のように解しなければならない根拠はなく、条文において規定されている要件よりも過度の要件を必要とするものである。また、このように解すると、中止未遂の成立範囲を非常に狭めることになるので、実際上も不都合な結果をもたらし、妥当でない。

違法性を減少させる根拠としての主観的違法要素である故意の放棄と解する主観説は、その限度において違法性減少説と密接な関連を有すると言える。当の行為者を基準にして故意の放棄の肯否を判断する点では、責任減少説とも結びつき得る。主観説は、行為者の主観だけで任意性を判断する点に規範論の見地から問題がある。規範論の見地からは、違法性は、客観的違法性説から導かれる「評価規範」としての機能に関わるのである。客観的違法性説は、法を「客観的な評価規範」と解し、違法性をこの客観的な評価規範としての法に違反することと解する見解である。この説によれば、行為が違法であるためには、客観的に見て法に違反していれば足りるのである。つまり、行為者の主観に従って判断されるのではなくて、客観的な基準に従って判断されることになる。その基準となるのが「評価規範」にほかならない。客観的違法性説の見地からは、刑法規範の性格は、次のように解すべきことになる。刑法規範は、第一次的に「評価規範」である。刑法は、まず、ある行為が刑法の見地から価値適合的であるかどうか、を評価し、価値適合的でない行為を違法行為と決定する。そして刑法は、第二次的に「意思決定規範」であり、命令機能（意思決定機能）を有する。違法性は評価規範に違反することを意味し、責任は意思決定規範に違反することを意味すると把握する客観的違法性説が、通説である。なお、刑法の評価規範の側面だけを強調して、違法性の判断の「対象」は客観的なものに限られるべきであるという意味における新たな客観的違法性説が主張されている。しかし、人的不法論の見地からは、これは不当であるが、少なくとも客観的要素が重要な意義を有することはみとめられるべきである。逆に、違法性論において主観的要素だけを重視するのは妥当でないことになる。この点において主観説は不当であると言えるのである。

客観説は、責任減少説とも違法性減少説とも結び付く見解である。任意性の基準に関する見解は、形式的には中止未遂の法的性格に関する諸見解と結び付き得る。したがって、違法性減少または責任減少との関連は、実質的観点から、事後的な合義務的行動と言えるためには、故意の放棄だけでは足りず、一般的には障害となる事情があるにもかかわらず、それを押し切って行動する点に、「法敵対性」の緩和による責任の減少がみとめられるのである。ここに責任減少説と客観説の実質的連関がみとめられ、違法・責任減少説の見地からは、客観説が妥当とされるのである。

次に、「中止した」の意義を明らかにする必要がある。「中止した」とは、犯罪の完成を阻止する行為つまり、中止行為をしたことを意味する。中止行為の内容は、着手未遂と実行未遂とではその内容を異にする。すなわち、着手未遂のばあいは、実行行為を続行しないという「不作為」を内容とするが、実行未遂のばあいには、結果の発生を防止すべき「作為」を内容とする。このように異なるのは、結果不発生への影響に違いがあるからである。着手未遂においては、実行に着手した実行行為の遂行をおこなわないという不作為により結果は発生しないのである。これに対して実行未遂においては、実行行為は完了し、そのまま放置すれば結果が発生し得るので、結果を発生させないための「作為」をおこなう必要がある。このような差異がある以上、両者の区別が重要な意義を有することになる。

最後、中止行為の真摯性が問題となる。判例・通説は、中止行為に「真摯性」を要求する。違法「行為」が終了した後に法的義務にふたたび適合する行為をおこなったと評価できるためには、真剣に結果発生を防止する行為をおこなわなければならない。すなわち、真摯な中止行為により行為者の「法敵対性」が弱まるのである。真摯性は、倫理的なものではなく、結果の発生を真剣に防止しようとしたか否か、なのである。

第四款　中止行為と結果不発生との間の因果関係

中止行為と結果の不発生との間の因果関係の要否が問題となる。これは、真摯な中止行為によって結果の発生が阻止されたばあいにのみ中止未遂がみとめられるのか、という問題にほかならない。このばあいに中止未遂が成立することについては、争いはない。争われるのは、真摯な中止行為がなされたが、他の原因で結果発生が防止されたばあいである。

まず、中止行為と結果不発生との間の因果関係の要否について、違法性減少説は、中止行為を結果不発生の「原因」として把握するので、因果関係の存在を要求するのが筋であり、通説・判例も、因果関係の存在を必要と解している。これに対して責任減少説は、中止行為によって責任非難が減少することをみとめるので、「中止行為の存在」が重要な意味を有し、それを積極的に評価することになる。つまり、中止行為が存在すれば、それだけでも十分に責任の減少を肯定できるわけである。このことは、因果関係が不要であることを意味する。違法・責任減少説は、故意の放棄および法益侵害の不発生による違法性減少をみとめ、さらに中止行為による責任減少をみとめて、中止未遂の成立を肯定する。わたくしは、主観的違法要素である故意を放棄することによって行為反価値が減少するので、その分だけ違法性が減少することをみとめ、ふたたび法的義務に合致しようとする中止行為をおこなった点で「法敵対性」が微弱化するので、その分だけ責任が減少することをみとめるべきであると考えている。この見地からは、因果関係の存在を要求する必要はないと解すべきことになる。そうすると、違法性および責任の減少を基礎にして刑の減軽の限度で、中止未遂規定の類推適用をみとめるべきであるとおもう。刑の免除をみとめない理由は、結果の不発生への寄与がない以上、「恩典の最高限」である刑の免除まで付与する必要は存在しないことに求められるべきであると考えている。

第五款　結果が発生したばあいの取扱い

真摯な中止行為がなされたにもかかわらず、結果が発生してしまったばあいの取扱いが問題となる。これは、このようなばあいにも中止未遂規定の類推適用をみとめるべきか否か、という問題である。このばあい、責任減少説によれば、結果発生の有無とは無関係に「中止行為」の存在によって責任が減少するので、中止未遂規定の類推適用をみとめるのが筋であると言える。主観的違法要素としての故意の存在をみとめない違法性減少説は、結果が発生したことによって違法性の存在が確定されるので、違法性の減少はあり得ず、未遂の問題は生じないと解する。したがって、中止未遂の規定は未遂犯に関するものであるから、中止未遂規定を既遂犯に対して適用する余地はないことになる。しかし、主観的違法要素としての故意の存在をみとめる立場においては、それを放棄することによって行為反価値が減少することに基づいて違法性の減少をみとめることができる。故意放棄による違法性の減少は、結果が発生したばあいにもみとめられることになる。つまり、中止行為による違法性の減少を肯定できるはずなのである。さらに、ふたたび法的義務に適合しようとする真摯な中止行為によって「法敵対性」が微弱化するので、その分だけ責任も減少することになる。このことは、結果が発生したばあいにも妥当する。そうすると、既遂犯についても、違法性および責任の減少がみとめられるので、両者を考慮して刑の減軽の限度で、中止未遂規定を類推適用する必要があると言える。刑の免除をみとめるべきでないのは、前述したところと同じである。

第六款　予備と中止未遂規定の類推適用

予備と中止の問題は、行為者が予備の段階で任意に実行の着手に出ることを止めたばあいに、四三条ただし書きの類推適用をみとめ得るか否か、という問題である。予備罪は、実行の着手前の犯罪であるから、着手後の中止未遂の問題は生じ得ないはずである。また、予備行為があればただちに犯罪として成立するので、予備罪は、いわば既遂犯形態であり、予備の「中止」を論ずる余地がないはずである。たしかに、予備行為をそれ自体として切り取って考えると、その行為をおこなえば、予備行為として「完成」したと見ることができる。その意味において、予備罪を即成犯と同様に「既遂犯」として観念することが可能となる。しかし、予備行為は、既遂に至るまで発展して行く段階的な継起を内包する「発展的行為」であるから、その行為を開始した後に遂行を取り止めることもできるものなのである。そして、遂行を取り止めたばあいには、その限度において予備行為としては完成していないので、犯罪の「未完成」形態としての未遂罪と同様の性質を有し得ることになる。そうすると、「予備の中止」を観念することは、十分に可能である。

さらに、予備罪は、「修正された構成要件」であるから、その限度で、予備罪についても構成要件的行為としての「実行行為性」をみとめて実行の着手を観念することができる。したがって、その限度で「予備の中止」を議論する余地がみとめられることになるのである。このように予備行為について構成要件の修正形式という制限付きであっても実行行為性をみとめることに対しては、根強い反発が存在する。すなわち、構成要件が有する定型性の観点からは、広汎な予備行為に実行行為性を付与するのは、実行行為の「枠付け機能」を軽視することになるという強い懸念が提起されるのである。たしかに、実行行為概念を拡張するのは、実行行為の内包を稀薄化することとなり、枠付け機能が損なわれるおそれが強いと言えるであろう。しかし、予備行為が有する「準備行為」としての性質を基礎にして、類型化・定型化することは可能であり、その限度で枠付け機能は担保され得ることに注意する必要がある。現に独立予備罪においては、明確に当該犯罪の準備行為として類型化・定型化された予備行為が構成要件化されていることが、そのことを示している。その例として通貨偽造等準備罪（一五三条）を挙げることができる。本罪においては、予備行為のうち、「器械・原料の準備」行為だけが独立罪として規定されているのである。このように、一定の予備行為を「準備行為」性を有する構成要件的行為として定型化・類型化することが実定法でみとめられている以上、他の犯罪類型の予備行為についても定型化・類型化がみとめられ得ると言えることになる。

実行の着手によって法益侵害の危険を生じさせた未遂について中止未遂の恩典が与えられるのであるから、未遂の前段階で法益侵害を発生させないようにしたばあいには、なおさらより強い理由に基づいて恩典が与えられるべきことになるはずである。かりに未遂犯についてのみ中止未遂規定による恩典をみとめ、予備罪の中止行為に恩典をみとめないとすると、刑の不均衡が生ずる。すなわち、法益侵害を阻止することが法秩序にとって大事であるとする観点からは、法益侵害の可能性が高い実行の着手がなされた後の中止行為よりも、予備の段階における中止行為の方がより確実に法益侵害を防ぐことができるので、より厚い保護を受けるべきことになる。そうであるにもかかわらず、予備の中止をみとめないのは、当然、受けるべきはずの恩恵を否定することとなって、刑の不均衡をもたらすのである。したがって、予備罪についても、中止未遂規定の類推適用をみとめるのが妥当であると言える。

予備罪について中止未遂規定の類推適用をみとめるばあい、どの範囲の予備罪についてその類推適用をみとめるべきか、が問題となる。現行法上、予備罪のうち放火予備罪（一一三条）および殺人予備罪（二〇一条）のばあい、情状により刑を免除できる規定があるので、とくに予備の中止について四三条ただし書きの類推適用をみとめる必要は生じない。しかし、強盗予備罪（二三七条）や通貨偽造等準備罪（一五三条）については刑の免除がみとめられていないので、四三条ただし書きの類推適用をみとめないと刑の権衡を失することになる。したがって、これらの予備罪についてのみ類推適用をみとめるのが妥当である。

刑の減軽・免除をみとめるばあい、その「基準とすべき刑」について、通説は、既遂犯に対する法定刑を基準とすべきであると解している。これに対して、予備罪に対する法定刑を基準とすべきであるとする見解もある。従属予備罪に対して規定されている法定刑は、「基本犯」の法定刑を「法律上減軽したもの」と解すべきであるので、さらに中止未遂として刑の減軽をみとめると、二重に「法律上の減軽」を加えることとなって許されない（六八条参照）。そうすると、予備罪の中止については、既遂犯に対する刑を基準にしたうえで刑の免除のみをみとめる見解が妥当であると解される。

第七款　共同正犯の中止未遂

中止未遂の規定が共同正犯に適用され得るのか、が問題となる。「一部実行の全部責任」の原則がみとめられる共同正犯は、未遂犯との関係において、「共同者の誰かが未遂に終わったとしても、他の者が犯罪を完成させれば、全員が既遂の責任を負わなければならない」ことになる。そうすると、共同正犯者全員が既遂犯として扱われるので、いわば連帯して結果の帰属を負わされることになる。これは、「違法の連帯性」をみとめるものであると解する余地がある。このような共同正犯について中止未遂の規定の適用をみとめると、個々人の未遂を個別的に考慮せざるを得なくなって、違法の連帯性を否定する結果となり「共同正犯をみとめる実益」がなくなると批判される。

たしかに、中止未遂の規定と共同正犯の規定の文言を形式的に解するかぎり、右の批判にも一理あると言える。なぜならば、中止未遂規定における「自己の意思により」は、行為者個人の意思が個別的に考慮されるべきことを意味するので、連帯性を否定して「個別性」をみとめることになるからにほかならない。中止未遂の個別性を承認すると、共同正犯規定における「すべて共犯とする」という文言が含意する共同正犯の「連帯性」と明らかに矛盾する。しかし、共同正犯の本質をなす「一部実行の全部責任」の原則の論理的根拠を実質的観点から見たばあいには、必ずしもこのように解すべき必然性がないことに留意する必要がある。そこで、この問題を検討することにしよう。

まず、わが国の刑法における共同正犯の本質は、個人を最大限に尊重すべきであると憲法の理念に基づいて「個人主義的原理」に基づいて把握されなければならない。ここにいう個人主義的原理は、共同正犯の犯罪現象を個々の行為者の行為に還元したうえで各行為者の共同関係として理解すべきであるとする原則である。この原則によれば、共同正犯は、個性を有する複数の個人が一定の役割を担うことによって犯罪を遂行する「分業形態」による犯罪の完成をめざす協力関係として把握される。言い換えると、個人主義的原理は、独立の人格を有する行為者が、他の共同正犯者と「協同関係」を作って犯罪行為をそれぞれ分担して遂行する犯罪現象として共同正犯を把握しているわけである。

このような個人主義的原理に基づいて、「一部実行の全部責任」の原則は、以下のように基礎づけられ得る。共同正犯関係において人的結合によって強化された個々人の行為は、それ自体を取り出して形式的に見たばあいには格別の意味をもたなくても、それぞれの分業・分担を一つの「合同力」として統一的な観点から実質的に見たばあいには、重要な意味を有するのである。この観点からは、個々人の行為は、その部分だけを切り離して形式的に捉えられるべきではなくて、あくまでも「全体との関連」において「実質的に」評価されなければならないことになる。部分と全体との関連について言えば、部分は全体との関係において「有機的な意味」を有し得るので、人的結合に加わった者は、全体の一部を遂行したにすぎないばあいであっても、発生した結果の全体に対して責任を負うべきことになる。有機的な連関においては、部分と全体は相互的に作用するのであり、その作用を通してそれぞれ独自の意義を有するのである。この立場から言えば、「一部実行の全部責任」における責任は、個人を超越する者の責任を「代位」して負担するものではなくて、あくまでも各共同正犯者の分業・分担によって統一的に実現された結果に対して負担する「自己責任」なのである。このようにして、「一部実行の全部責任」の原則は、個人主義的原理から合理的に基礎付けられる。

個人主義的原理に基づく共犯理論の観点からは、共同正犯の本質は、次のように解される。すなわち、共同正犯関係にある個々の構成員の「心理内容」の中核を成すのは、それぞれ相手の行為を利用することによって、犯罪を容易に、かつ、確実に遂行・実現しようとすることである。共同正犯者間に存在する「相互的利用関係」こそが、共同正犯の本質を成すのである。この利用関係を「全体として」見れば、犯罪の「分業・分担」にほかならない。このように解することによって、「行為共同説との理論的整合性」が得られることに注意する必要がある。なぜならば、行為を共同するばあい、行為者の「心理内容」としては、他人の行為を「相互的に利用」することとなるからにほかならない。

ここで、対立する犯罪共同説との対比において行為共同説の正当性について明らかにしておく必要が生ずる。数人の者が協力して犯罪を遂行する社会心理学的現象に対して、刑法上いかに規制すべきか、を問題とする共犯論において、共犯の社会心理学的現象の中核として何を捉えるのか、をめぐって対立するのが、犯罪共同説と行為共同説なのである。犯罪共同説は、「特定の犯罪」を数人の者が共同して実現する現象として共犯を把握する。これに対して、行為共同説は、数人の者が行為を共同にして「各自の犯罪」をそれぞれおこなう現象として共犯を把握する。学説上、共同正犯を犯罪共同説は「数人一罪」と解し、行為共同説は「数人数罪」と解するものであるとされている。この点に関して、わたくしは、両説の対立は、共犯現象を、共犯者の「集団的な協同行為」と見るか、それとも共犯者相互間の「個別的な利用関係」と見るか、の争いとして解されるべきであるとおもう。前者の立場が犯罪共同説であり、後者の立場が行為共同説である。この観点から見ると、犯罪共同説は、一個の「特定の犯罪」を複数の人間が実現するために、相互に協力し合う人的結合としての「集団」を形成し、その集団の協同行為の遂行によって当該犯罪を完成させる犯罪現象として共同正犯を理解する見解と言える。この見地からは、共同正犯は、共同正犯者が特定の犯罪をいわば「一心同体」となって全員で遂行するものとして把握される。ここにおいては、各人は、特定の犯罪を実現するための集団の一員であるにとどまり、個性を有する人格としての側面を重視されない存在である。その結果、各人の行為も集団の犯罪を実現するための一部であるにとどまり、行為者の意思も独自の意義を有せず、集団の犯罪意思の中に吸収されてしまうことになる。これに対して行為共同説は、各行為者が「各自の犯罪」を実現するために、その手段となる一定の構成要件的行為を共同して遂行することによって「各自の犯罪」を完成させるものとして共同正犯を把握する。この見解によれば、各行為者は、当該構成要件的行為を共同して遂行することを通して「各自の犯罪」を実現するのである。ここで各行為者の「相互的利用関係」がみとめられるが、それは、あくまでも「各自の行為」を相互に利用し合う限度においてである。その限度で共同するのであるから、行為者の意思内容も相互に「独自性」を有し得ることになり、異なる意思を有しつつ、一定の行為を遂行する点だけで意思が共通していれば足りるのである。

わたくしは、行為共同説が妥当であると考えている。共同正犯を社会心理学的現象の観点から見ると、そこに集団力学（グループ・ダイナミックス）が存在することが明らかとなる。そして、共同正犯者は、犯罪組織「団体」的な一心同体として結合しているのではなくて、あくまでも「個人」の集合体として結合しているのである。そこにおいては、各個人が各自の目的をもち、その目的を確実に実現するために集合することによって形成された「合同力」を利用し合っているという集団現象が存在しているのである。各行為者は、犯罪を単独では実現できなくても、分業形態・合同力または相互的な精神的強化によって、これを遂行して実現することができる。この事態が「一部実行の全部責任」という語によって表現されていることの内実である。このようにして社会心理学的観点から、共同正犯の成立と処罰に関する「一部実行の全部責任」の原則が基礎づけられ得る。この観点から見ると、「犯罪の共同」は、特定の「一個の故意犯」だけを共同することを意味しない。したがって、「数個の故意犯」についても「共同」正犯の成立が肯定され得るのである。さらに、それは「故意」の共同を意味しないので、過失行為の共同もあり得るのである。したがって、過失犯についても共同正犯がみとめられることになる。

ところで、従前の行為共同説は、共同正犯において共同すべき「行為」を「前構成要件的」な社会的事実としての行為と理解し、そのような行為の共同で足りると主張した。そのような行為の共同で足りるとする根拠は、犯罪者の危険性の徴表がみとめられることに求められていたので、行為共同説は、主観主義刑法学からの帰結であると解され、批判されて来たのであった。しかし、行為共同説は、主観主義刑法学とは無関係に基礎付けられ得るものである。行為共同説の真意は、「構成要件の外部的・客観的要素を実現する限度における実行行為」の共同を要求することにあるのである。したがって、この見解は、共同すべき行為が構成要件該当の実行行為であることを要求するにとどまり、共通する一個の故意に基づく行為であることを要求しない。各共犯者が「自己の犯罪」を実現するために、他人の構成要件該当行為をそれぞれ利用する点にこそ、行為の共同の本質があることになるのである。そうすると、行為共同説に対して加えられて来た従来の批判、すなわち、「構成要件を離れた行為の共同をみとめるのは構成要件論の見地から不当である」とする批判は、当たらないことになる。現在では、行為共同説は主観主義刑法学だけから導かれるものではないとする認識が一般化している。

次に、共同正犯の本質を的確に表現する「一部実行の全部責任」の原則は、共同者各人が加功することによって、結果の実現が「確実化」されることを根拠にしてみとめられていることにも注意する必要がある。なぜならば、結果実現の確実化という視点は、結果発生に対する因果力・因果関係を問題にすることを意味するからである。すなわち、結果実現を確実にするためには、共同正犯者の行為を相互に利用し合うことによって生ずる合同力が「結果発生の原因」となり得ることを、共同正犯者が認識していなければならない。言い換えると、合同力に基づく結果発生への原因力があるからこそ、共同正犯者は、結果実現を確実にするために合同力を形成しそれに依存することになるのである。ここにおいて、因果性が重視され、因果関係の存否を問題とすることが確認される。そうすると、共同正犯のばあい、自己の行為と因果関係が存在しない結果についてまで責任を負う必要はなく、他の共同正犯者を媒介とした因果性が存在する範囲についてのみ罪責を負うと解すべきことになる。ここに「個別化」がみとめられるのである。このことは、「共同正犯の未遂犯」についても当てはまるのであり、とくに「自己の意思」を重視する中止未遂について妥当する。中止未遂における個別化がみとめられることによって、「違法の連帯性」は否定されるのである。

わたくしは、共同正犯の正犯性の根拠を行為の共同に求める「行為共同説」を採り、さらに違法性の本質論に関しては、行為者の主観を考慮に入れる「人的不法論」を採っているので、私見においては、個別化をいっそう容易に基礎付けることが可能となる。そこで、わたくしは、共同正犯について中止未遂規定の適用をみとめるべきであると主張して来ているわけである。

さらに、共同正犯における中止未遂規定の適用が、共同正犯の特殊性の影響を受けることに注意しなければならない。まず、共同正犯の結果が発生しなかったばあい、共同正犯者の各人が未遂の罪責を負うが、各人についてそれぞれ中止未遂と障害未遂とが問題となる。共同正犯者の全員が任意に結果の発生を防止したばあいには、全員について中止未遂が成立する。なぜならば、このばあいには共同者全員の中止行為がみとめられるからにほかならない。次に、共同正犯者の一部が任意に結果の発生を完全に阻止したばあいは、それらの者についてのみ中止未遂が成立し、他の者については障害未遂が成立する。なぜならば、共同者の一部によって結果発生を阻止された者にとっては、障害によって結果が発生しなかったこととなり、障害未遂にほかならないからである。このように、共同正犯における中止未遂について、個別的な効果を理論的に根拠付けることを可能にする点に、人的不法論に基づく違法性・責任減少説の特長があると言える。

第二節　大審院および最高裁判所の判例

本款において、大審院刑事判例集に登載されている中止未遂（中止犯）に関する判例の発展を個別的事案を通観しながら明らかにすることにする。

第一款　大審院の判例

1　大正一一年一二月一三日判決〔詐欺未遂被告事件〕（刑集一巻七四九頁）

本判決の判示事項は、「意外ノ障礙ニ因ル訴訟ノ取下ト詐欺未遂」であり、本件の事実関係は、次のとおりである。弁護士である被告人Xは、被告人Yおよび被告人Zが所持する各手形のA名義の譲渡裏書がいずれもBの偽造に係り、かつその情を知って、YおよびZが取得したものであることを察知していたので、同人らからCに対し何ら右手形上の債権を有していないことを知りながら、その旧友であったZの利を図り、同人の紹介でYとも会見し、一面自己の訴訟代理の報酬を得るため、YおよびZにそれぞれ前示訴訟による詐欺を遂行させる意思で、同人らと犯意連絡のうえ、前示の各手形金請求訴訟を大阪地方裁判所に提起した。前示Yの一万五千円請求の訴訟については大正五年八月二五日の同庁口頭弁論期日、六千五百円請求の訴訟については同年一一月七日の同庁口頭弁論期日に、それぞれその訴訟に係る右約束手形のC名義裏書は何れもCにおいてなした旨、Zの七千三百円請求の訴訟については大正六年二月二三日の同庁口頭弁論期日に当該訴訟の右約束手形におけるC名義の裏書は同人自らなしたか、もしくはBに代筆させたか、または同人に裏書を代理させたかにある旨、それぞれ虚偽の主張をなしたが、右訴訟は、いずれも訴訟代理人が争うところとなり、かつその訴訟進行中にYは、Cから偽造手形行使詐欺の所為があるとして告訴され取調べを受けるに至っていたため、示談の末、請求を放棄するの止むなきに至り、Zも、また到底勝訴の見込みがないため、示談により訴訟を取り下げざるを得なくなり、結局、被告人三名は、右詐欺の目的を遂げなかった。XおよびYの右犯行は、それぞれの犯意継続に係るものであった。

Xの弁護人は、上告趣意において次のように主張した。すなわち、原判決は被告人Xに対して刑法第四三条但書を適用しその刑を減軽または免除しない不法があるとした。そして、その理由として次のように主張したのである。すなわち、「被告人カ本件犯行タル訴訟ヲ取下ケ又ハ請求ヲ抛棄シタルハ其ノ任意ニ出テタルモノニシテ犯人意外ノ障礙ニ因リ其ノ實行ヲ遂行シ得ルニ拘ラス任意ニ之ヲ中止シタルモノト云フヲ得ス蓋中止犯ハ犯人意外ノ障礙ニ因ラスシテ其ノ實行ヲ遂行シ得ルニ拘ラス任意ニ之ヲ中止シタル場合ニ存ス被告人YハCヨリ告訴ヲ受ケタリトスルモ本件犯行タル訴訟行爲ハ之ニ拘ラス進行シ得ヘキモノナルニ自ラ進ンテ請求ヲ抛棄スルハ之レ犯罪ヲ遂行シ得ヘクシテ任意ニ遂行セサリシモノナリ被告人Zニ於テハ勝訴ノ見込ナキモノト思惟シ自由意思ニ基キ訴訟ヲ取下ケタルモノナレハ何等外部障礙ノ存否ヲ問ハス犯人ニ於テ其ノ犯行ヲ遂ケ得ヘクシテ之ヲ遂ケサルモノナルヤ否ヤヲ以テ區別ノ標準ト為スヘク従テ本件被告人等ノ行為ハ所謂中止犯トシテ當然其ノ刑ヲ減輕又ハ免除セラルヘキモノナルニ原判決ハ事茲ニ出テス單ニ刑法第二百五十條ヲ適用處斷シタル擬律錯誤ノ不法アリ」と主張したのである。弁護人は、中止未遂においては「任意の」中止の有無が基準となるのであり、意外の外部的障害によらずに犯人において犯行を遂行できるにもかかわらず、これを遂行しなかったばあいに、中止未遂として扱うべきであると主張したわけである。つまり、請求の放棄または訴訟の取下げは自由意思に基づき任意になされたので、中止未遂となると主張したことになる。

右の上告趣意に対して大審院は、次のとおり判示した。すなわち、「所論請求ノ抛棄又ハ訴ノ取下ハC訴訟代理人カ被告人等ノ主張事實ヲ爭ヒYハCヨリ告訴セラレ取調ヲ受ケタル等意外ノ障礙ニ因リ該訴訟ヲ維持スルヲ得サル為已ムヲ得スシテ請求ヲ抛棄シ又ハ訴ヲ取下クルニ至リタルモノニシテ斯ノ如ク意外ノ障礙ニ因リ已ムヲ得スシテ抛棄又ハ取下ヲ為ス場合ニ在リテハ任意ニ實行ヲ中止シタルモノト為スヘキモノニ非ス論旨ハ理由ナシ」と判示して、上告を棄却した。大審院は、請求の放棄・訴訟の取下げが意外の障害によりやむを得ずになされたものであるので、「任意」の中止ではないとした。これは、任意性を問題にするものとして、判例上、重要な意義を有する。

2　大正一二年七月二日判決〔恐喝未遂被告事件〕（刑集二巻六一〇頁）

本判決の判示事項は、「共謀者ノ一人カ犯罪ノ著手後犯意ヲ翻シタル場合ト共犯關係ノ成立」である。本件の事実関係は、次のとおりである。被告人Xは、Yとともに Aから金員を喝取しようと企て、大正一二年三月二八日、大阪市内においてAの実子であるB子に対して、Aがかつて店員であった女性と私通したとの事実に関する新聞記事の原稿を示してAの醜行を新聞紙上に掲載することを告知したところ、B子が当該記事を掲載しないことを要求するのに乗じ、金五百円を交付すればそれを掲載しない旨を告げた。被告人らは、B子から以上の顛末を聞知したAに、もし被告人らの申入れに応じないで出金しないばあいには、必ずや紙上に当該記事の掲載を見るに至るとの危惧の念を抱かせ、翌二九日、和歌山市内において右金五百円の内金をYに交付させようとしたが、その際、巡査に発見されたため恐喝取財の目的を達しなかった。

Xの弁護人は、上告趣意において、Xは、金を貰うことが恐ろしくなってそのまま自宅に帰り、YだけがB子とともに和歌山に行ったのであるから、中止未遂として扱われるべきであると主張した。すなわち、「被告XハB子トノ間ニ金銭授受ヲ約シタル後恐怖ノ念ニ驅ラレタル為自己ノ意思ニ因リテ金銭受領ヲ中止シタルコト明カナリ故ニ假令被告Xカ同Yト共ニ恐喝ニ著手シタル事實アリトスルモ被告Xハ犯罪ノ目的ヲ遂ケサル以前ニ於テ自ラ其ノ犯行ヲ中止シタルモノナレハ被告Xノ所為ハ刑法第四十三條但シ書ノ適用ヲ受クルヘキモノニシテ共犯者タリシYノ其ノ後ノ行為ニ因リテ當初豫見シタリシ結果ヲ惹起シタリトスルモ其ノ結果ニ付罪責ヲ負擔スヘキモノニ非ス然ラハ原判決ハ重要ナル事實ニ關スル證據判斷ヲ誤リ事實ヲ誤認シタル違法アリ」と主張したのである。弁護人の主張には、次の二つの論点が包含されている。①被告人は、実行の着手後、結果発生前に「恐怖の念」に駆られて自己の意思により金銭受領を中止したから、中止未遂として扱われるべきこと、②共同正犯者が結果を惹起したばあいにも、被告人に中止未遂をみとめるべきことが主張されているのである。

右の上告趣意に対して、大審院は次のように判示した。すなわち、「被告ハ犯行ニ著手シタルモ恐怖ノ餘リ之ヲ遂行スルコトヲ思ヒ止リタリトスルモ本件ハYトノ共謀ニ係ル犯罪ニ外ナラサルヲ以テ共謀者ノ實行ヲ防止スヘキ手段ヲ講シタル事跡タモ認ムヘキモノナキ場合ニ於テハ其ノ為シタル行為ノ結果ニ付責ヲ免ルルヲ得サルモノニシテ右證據ニ依リ被告ノ犯行中止ノ事實ヲ認メサリシハ正當ニシテ論旨ハ理由ナシ」と判示したのである。大審院は、②の問題を先行させて判断を示している。論理的に見たばあい、結果が発生すれば既遂となって中止未遂規定の適用をみとめる余地がないとされ得るので、先行して議論する必要があると言える。しかし、本判決は、この点には触れずに、共同正犯者の「実行を防止すべき手段」を講ずる必要があることのみを明示したのである。しかし、ここにおいて、共犯者による結果発生の防止が強調されているのは、判例上、きわめて重要な意義を有する。

3　大正一三年一〇月一〇日判決〔明治三十八年法律第六十六號違反被告事件〕（刑集三巻六一〇頁）

本判決の判示事項は、「外國ニノミ流通スル貨幣、銀行券、證券ノ偽造變造準備罪ノ成立ト偽造變造行為ノ中止」である。本件の事実関係は、次のとおりである。被告人Xは、原審相被告Y、Zらと岡山県内のYの住居または神戸市内のAの住居において、流通させる目的をもって中華民国において流通する銀行券を偽造することを共謀し、大正一二年六月、神戸市内において右偽造の用に供するために、その銅版彫刻に必要な銅版、拡大鏡、セルロイド紙、パラフィン、針、硝酸、ビンなどの器具原料を収集準備した。原審は、被告人らの所為は外国に於いて流通する貨幣紙幣銀行券証券偽造変造に関する明治三八年法律第六六号第四条にそれぞれ該当するとして刑法施行法第一九条第一項第二条第二〇条を適用して有罪とした。

弁護人は、上告趣意において、「假ニ中華民國ニ流通スル銀行券偽造ノ目的ヲ以テ器具原料ヲ集蒐シタルモノトスルモ尚試驗ノ結果技術拙劣ニシテ成功セサルヲ以テ其ノ儘犯行ヲ中止シタル事實ヲ證據ニ依リ原審ニ於テ認メ得ラルルモノト為シタルコト前示ノ如クナル以上ハ明治三十八年法律第六十六號第四條ノ犯罪ハ成立セサルヘシ」と主張した。そして、その理由として「同條ノ規定ニ依レハ準備行為ノミノ状態ニ於テモ之ヲ處罰スルモノノ如シト雖之ハ犯罪ヲ實行スル意圖ヲ有シ其ノ意圖目的ニ向ツテ進行ノ道程タル準備ノ程度ニ於ケル場合ヲ處罰シ得ヘキ旨ヲ定メタルニ過キス既ニ犯罪實行ノ意圖ヲ全ク拋棄シ單ニ一度蒐集シタル物件ヲ所持スルニ過キサル本件ノ如キ場合ハ其ノ所持ノ状態ハ何等犯行ノ目的ナク主觀的ニハ全然連鎖ヲ有セサルモノナレハナリ」としたのである。そのうえで、「原審ニ於テ須ク無罪ヲ宣スヘキニ之ニ對シ有罪ノ判決ヲ與ヘタルハ法令ニ違反シタルモノニシテ破毀セラルヘキモノト信ス」と主張したのであった。弁護人の主張には、偽造準備罪と「犯罪実行の意図」の放棄との関係の問題が提起されている。つまり、犯罪実行の意図に向かった「進行の道程」としての「準備の程度」に至った行為のみが処罰の対象であるから、その意図が放棄されたばあいには、偽造準備罪は成立しないとされたのである。

右の上告趣意に対して、大審院は、次のように判示した。すなわち、「明治三十八年法律第六十六號第四條ハ同法第一條所定ノ外國ノミニ流通スル金銀貨幣紙幣銀行券ノ偽造又ハ變造ノ用ニ供シ若ハ供セシムル目的ヲ以テ器械又ハ原料ヲ製造シ授受シ若ハ準備スル等ノ行為ニ因リテ成立シ偽造又ハ變造ノ目的ヲ遂行シタルト否トニ因リ本罪ノ消長ヲ來スコトナケレハ縦令被告人等カ銀行券ノ偽造ヲ中止シタリトスルモ之カ右銀行券製造ノ目的ヲ以テ偽造ノ用ニ供スル器械原料ヲ準備シタル犯罪ノ成立ヲ阻却スヘキニ非ス本論旨ハ理由ナシ」と判示したのである。ここで大審院は、行使の目的をもって偽造の準備行為をすれば偽造準備罪が成立するので、「偽造を中止」してもその成立に影響しないことを明言していることになる。本件は、直接的には中止未遂に関する判例とは言えない。なぜならば、偽造の「中止」という文言が使用されているので、中止未遂に関連する判例として扱われたにすぎないからである。しかし、予備行為の終了後になされた中止未遂の成立をみとめないことを明示した判例としての意義を有するとされ得る。

4　昭和二年六月二五日判決［詐欺未遂被告事件］（刑集六巻二三一頁）

本判決の判示事項は、「詐欺ノ目的ニ出タル訴訟ト中止犯」である。本件の事実関係は、次のとおりである。被告人は、大正一〇年一二月三一日、Aに対してBを連帯借主とし金三〇〇円を利息月二分五厘決済期債権者入用次第の定めで貸し付けるに当たって、貸借当事者間において、当時、Aが、那覇市内に新築中の家屋一棟を落成のうえ右債務の抵当に差し入れると同時に、Bに債務を免脱させることを契約して連帯借用証書を授受し、大正一一年一月二五日、右約旨に基いてAより前示家屋を抵当とした金三百円の登記済借用証書を受領した際、連帯借用証書をAに返戻すべきはずであったが、これより先、Aが授受後において同證書中借用金額を記載してある傍に、Bの承諾を得ずに記入した被告人に対する前記金三百円と別途の時借金五〇円を返済しなかったため、同證をそのまま被告人の手元に保留しておいたところ、B死亡後に、裁判所を欺罔してB相続人未定遺産中から金員を騙取しようと企て、大正一三年一月一七日、情を知らない弁護士Cに、B相続人未定遺産に対し同人遺妻を遺産特別代理人として前記金三百円およびこれに対する貸付当日以降年一割二分の利息ならびに金五〇円およびこれに対する貸付当日以降年一割五分の利息につき、那覇区裁判所に支払命令を申請させ、B遺妻の異議申立てにより、通常訴訟手続きにおいて繋属すると、同弁護士またはその複代理人に、前記三百円は前記三百円とはまったく別個の貸金にしてBは前記三百円の債務を免脱されたことがなく、また五〇円もBの連帯借用したものである旨主張し、その立証として証第一号を提出させて、前記三百円および五〇円の元利金を騙取しようとしたが、大正一四年六月一一日、敗訴の言渡しを受け、当該判決が確定したため、その目的を遂げなかった。

弁護人は、上告趣意において次のように主張した。まず、本件は、被害者に実害が生じておらず、被告人も何ら利得していないので、財産罪である詐欺罪として処罰するに値しないとした。次いで、被告人は「智力體力減弱シ頑迷妄覺思慮分別ノ退耗セル老人」であるから「刑ノ減輕免除又ハ不罰」とされるべきであるとした。そのうえで「假リニ数歩ヲ譲リ犯罪ナリトスルモ其ノ所行未遂ニ終リ實害ノ生セサリシモノナルノミナラス民事訴訟ニ於テ第一審ノ判決ニ對シ任意ニ上訴ヲ為サスシテ確定セシメタル點ハ中止未遂ト認ムへ」きであるにもかかわらず、「原判決カ實刑ヲ科シ刑ノ執行ヲ猶豫セサリシハ刑ノ量定著シク不當ナリト思料スヘキ顯著ナル事由アリト謂ハサルヘカラス原判決ハ破毀ヲ免レサルモノナリ」と主張したのである。中止未遂に関する弁護人の主張は、訴訟詐欺において民事訴訟の第一審判決に対して「任意に上訴をしないで確定させたこと」が中止未遂に当たるとするものである。

右の上告趣意に対して、大審院は、次のように判示した。すなわち、「苟モ民事訴訟手續ニ依リ財物ヲ騙取セントト企テ既ニ第一審ニ於テ敗訴ノ言渡ヲ受ケタル以上其ノ判決ニ對シ上訴ヲ為サスシテ確定セシムルニ至リタリトスルモ此ノ一事ヲ以テ任意其ノ犯行ヲ中止シタルモノト稱スヘキモノニ非ス原判決ハ敗訴ノ言渡ヲ受ケ該判決確定シタル為目的ヲ遂ケサリシト云フニ在リテ障碍未遂ノ事實ハ認定セサル所ナルヲ以テ被告人ノ本件行為ヲ以テ中止犯ト目スヘキニ非ス記録ヲ査スルニ原判決ノ被告ニ對シ刑ノ執行ヲ猶豫セサルハ量刑甚シク失當ナリト思料スヘキ顕著ナル事由ナキヲ以テ論旨ハ理由ナシ」と判示したのである。大審院は、積極的に中止未遂に当らないことを説示しないで、消極的に判断を示すにとどめている。すなわち、上訴しないで敗訴判決を確定させたという「一事」をもって任意に犯行を中止したとすることはできないのであり、また原判決が障害未遂の事実を認定していないことは、中止未遂をみとめることにはならないとしたのである。本判決は、上訴の取下げに関する事例判決としての意義を有する。

5　昭和四年九月一七日判決〔放火未遂被告事件〕（刑集八巻四四六頁）

本判決の判示事項は、「中止犯ト結果ノ防止」である。本件の事実関係は、次のとおりである。被告人は、大正一三年中、千葉県内所在の三階三戸建て長屋一棟に対して同年一二月三一日、A火災保険会社と保険金四千円、さらに昭和二年一一月一八日、B火災保険会社と保険金五千円何れも同日から満一カ年の火災保険契約を締結し、爾来各年右合計金九千円の保険契約を更新継続してきた。当該家屋の貸借人であるC、DおよびEが賃料を滞納し、その他に所有する貸家数戸の家賃もまた延滞が多くて取立ても意のままにならず、しかもこれら貸家の経営に当たっては主として借人資金に因っていたため、多額の負債を残しその償却に苦慮していたので、前記三戸建長屋を焼燬して保険金を不法に領得しようと企て、昭和三年一二月七日午後一一時頃、借家人Cおよびその家族が居住する三戸建て長屋北端の一戸階下物置の床下に鉞力製菓子空き缶に古新聞紙、大型および通常のマッチ箱三個、麻縄を挿入したものに石油を注ぎ、右麻縄の一端約二寸位を外部に現出させてこれに点火すれば火が床板などに移るように装置した。そして被告人は、同月一七日午後六時過ぎ頃、右物置の裏手に到り所携の燐寸で前示麻縄の一端に点火したので、火が当該装置物件に燃え移り、当該家屋の一階物置の東北隅の床板の裏面および床桁の各一部などを燻焦もしくは炭火したが、Cがこれを発見してただちに消し止めたため、右住宅を焼燬するに至らなかった。原判決は、被告人が、一旦、放火した後、自ら悔悟の念に駆られ、まもなく点火した麻縄を揉み消して任意に犯行を中止した旨主張したけれども、「本件ノ如ク被告人ノ犯行ノ任意的犯行ノ中止カ結果發生ノ防止ニ影響ナク別ニ外部的障碍ニ因リテ未遂状態ヲ現出シタル場合ニハ刑法第四十三條但書ノ中止犯ヲ以テ目スヘキニアラ」ずと判示して、同条但書きの適用を否定した。

弁護人は、上告趣意において、「原審判決ハ法律ニ依ル刑ノ減輕ヲ為ササル違法アルカ故ニ破毀ヲ免レサルモノナリ」と主張した。その理由について次のように主張した。すなわち、「本件被告人ハ一旦放火ヲ為シタレトモ前非ヲ悔イ自ラ其ノ放火材料タル麻縄ニ著キ居ル火ヲ拈リテ之ヲ消止メタルモ偶其ノ火カ消エサル為本件家屋ノ床板カ燻燒スルニ至リタルモノナレハ被告人ノ行為ハ中止犯トシテ刑法第四十三條但書ノ規定ヲ適用シ法律上其ノ刑ノ減刑ヲ為スヘキモノナルニ原審判決カ同條項ヲ適用セサルハ洵ニ違法ナリ」としたのである。そのうえで、「中止犯ニ關シテハ結果ノ發生ヲ現實ニ防止シタルコトヲ必要トスル學説アルカ如キモ斯ノ如キハ客觀的刑法學説ニ累セラレタル謬説ニシテ採ルニ足ラス既ニ被告人ニ於テ結果ノ發生ヲ防止スルニ足ル行為ヲ為シタル以上偶々其ノ效ヲ奏セスシテ結果發生セリトスルモ被告人ノ意思ノ方面ヨリ見ルトキハ結果カ發生セサリシ場合ト全ク異ル所無キカ故ニ此ノ場合ニ於テモ亦中止犯ヲ以テ論スルヲ相當ト認ム」と主張したのである。弁護人は、中止行為と結果発生との関係について新たな問題を提起したと言える。すなわち、中止未遂がみとめられるためには、「結果の発生」を中止行為によって「現実に防止した」ことを必要とせず、「結果の発生を防止するに足りる行為」がなされれば足りるとされるのである。これは、自覚的に主張されているわけではないが、今日の責任減少説と同じ内容を主張するものと評価できる。

右の上告趣意に対して、大審院は、次のように判示した。すなわち、「刑法第四十三條但書ノ自己ノ意思ニ因リテ之ヲ止メタリシトテ刑ノ減輕又ハ免除ヲ為サンニハ犯人自ラ犯罪ノ完成ヲ現實ニ妨害シタル事實ノ存スルコトヲ必要トスヘク原判示ノ如ク被告人自ラ點火シタル麻縄ノ揉消ヲ試ミタルモ消火ノ效ナク被告人以外ノ者ニ於テ犯罪ノ完成ヲ現實ニ妨害シタル場合ニ在リテハ同條但書ヲ適用スルヲ得サルヲ以テ原判決ニ所論ノ如キ違法存セス論旨ハ理由ナシ」と判示したのである。大審院は、中止未遂が成立するためには、犯人自らが「犯罪の完成を現実に妨害したこと」を必要とすることを明示した。これは、中止行為と結果発生阻止との間の因果関係を要求するものであり、重要判例である。

6　昭和六年一二月五日判決［放火未遂被告事件］（刑集一〇巻六八八頁）

本判決の判示事項は、「結果防止ニ對スル犯人ノ協力ト中止犯ノ不成立」である。本件の事実関係は、次のとおりである。被告人は、昭和二年一二月から旭川市内の薬種商Aに店員として雇われていたところ、同五年頃から雇主であるAの信用を失い、かつAの親族で同店の帳場掛のBと反目し、右両名に対し漸次不快の念を抱くようになり、同六年三月中頃、雇主に対し、薬種商の考試を受けて将来は独立営業したいので同年末に退店したい旨申し出た。その際、Bが即時退店して専心受験準備をした方がよいと告げたので、それでは不利になるのでBにただちに解雇されないように取計い方を懇請したが、Bは、これに応じず、同月二二日Aから同月二五日限り解雇する旨申し渡された。そこで、被告人は、憤怒に耐えずついに同日午後九時三〇分頃、A方店舗を焼燬して鬱憤を晴らそうと決意し、同日午後一〇時頃、マッチを携えて同店舗二階薬品置き場に到り、同所東南隅柾屋根裏側の一部を損壊しその裂け目に点火したマッチ箱を差し入れて放火したが、居合わせた他の店員などが発見し消し止められたため、右放火部分を燻焼したにとどまり店舗焼燬の目的を遂げなかった。被告人および弁護人が、本件は被告人が犯行着手後自己の意思により消火に努めたものであるから「刑ノ減輕又ハ免除」をなすべき旨を主張したが、原判決は、「本件出火ハ他ノ店員ニ於テ之ヲ發見シ被告人ハ其ノ消火ニ協力シタルニ過キサル事實ナルヲ以テ斯ル場合ニ於テハ中止犯ヲ以テ論スヘキモノニアラス」と判示して右主張を採用しなかった。

弁護人は、上告趣意において、「原判決ハ適用スヘキ法律ヲ適用セサル違法アリ」と主張した。その理由として次のことが述べられている。すなわち、「本件上告人ノ犯罪ハ放火ノ中止未遂ニシテ障碍未遂ニ非ス即一應實行ニ著手シタルモ任意ニ之ヲ止メテ實行ヲ終了セサルモノナリ尚換言スレハ任意ニ因果關係進行ヲ遮斷シ犯罪ノ結果ヲ擴大セシメサル様自己ノ眞心ニ基キ力ヲ效シタルモノナリ」と主張したのである。そのうえで、「抑々中止未遂ハ犯人ノ恐怖悔悟嫌厭或ハ斷念等其ノ動機ノ如何ヲ問フコトナク苟モ自己ノ信念ニ依リ中止スルコトヲ正當ナリト決心シ其ノ犯罪結果ノ進行ヲ中斷スレハ以テ中止未遂トナル然ルニ原判決カ本件被告人ノ行為ヲ意外ノ障碍ニ原因スル中止未遂ナリト斷シ毛頭本人ノ眞意ヲ觀察スルコトナク唯他人ノ介在セル消火状況ノミヲ中心トシテ本罪ヲ肯定セラレタルハ正ニ中止未遂ナルモノノ刑事政策上ニ於ケル甚大ナル眞價ヲ沒却シタルモノニシテ刑法第四十三條ノ但書ヲ適用セサル違法アリト云ハサルヘカラス要スルニ中止犯ノ根據ハ犯人ノ任意中止ト云フコトニ存ス故ニ苟モ任意ト云フコトヲ其ノ結果中斷ノ上ニ發見セラルル以上ハ假令他人カ如何ニ之ニ協力イルト否トハ固ヨリ問フ所ニアラス」と述べたのである。

さらに、中止未遂の根本との関連において、「原判決ハ未タ中止未遂ノ眞諦ニ觸レス唯他人ノ消火先著手或ハ協力ナル事實ヲ主眼トシ全然客觀的方面ノミヲ判斷シテ舊時ノ報復主義及犯罪必罰主義ノ見地ニ於テノミ之ヲ處斷シテ他人ソノモノノ主觀的方面及現代ニ於ケル刑罰ノ目的主義ナル立場ヲ看過シタル失當ノ判決ナリ」と主張したのである。弁護人は、中止未遂規定の「刑事政策目的」を提示したうえで、その観点から中止未遂が成立するとしている。すなわち、その刑事政策目的は、「任意の」中止未遂が成立するとしたのである。その刑事政策目的は、「任意の」中止行為によって「因果関係進行を遮断」して「犯罪の結果を拡大させない」ことであり、中止行為は、「動機の如何」を問わず、いやしくも「自己の信念」に基づいていれば足りると主張されている。

右の上告趣旨に対して、大審院は、次のように判示した。すなわち、「他人ニ於テ犯罪ノ完成ニ要スル結果ノ發生防止ニ著手シタル上犯人ニ於テ之ニ協力シ因テ右結果ノ發生ヲ防止シ得タル場合ニ於テハ右結果ノ發生防止ハ犯人ノ自發ニ出タルモノニ非スシテ他人ノ發意ニ基クモノニ外ナラサルニ依リ犯人ノ協力ハ最早障礙未遂犯ノ成立ヲ阻却スルノ效力ナク中止犯ヲ以テ論スルコトヲ得ス原判決カ其ノ判示事實ニ於テ被告人ハ雇主タルA方店舗ヲ燒燬センコトヲ企テ同店舗二階東南隅柾屋根裏側ノ一部ヲ損壊シ其ノ裂目ニ放火シタルモ居合セタル他ノ店員等ノ發見スル所トナリ消止メラレタルタル為放火部分ヲ燻燒シタルニ止マリ店舗燒燬ノ目的ヲ遂ケサリシモノナル旨判示シタルハ本件放火罪ノ完成ニ必要ナル結果ノ發生防止ヲ企圖シタル發意ノ方面ヨリ觀察シテ他ノ店員等ニ於テ之ヲ發見シ之ヲ消止メタルニ歸スル旨ヲ記述シ原判決ノ末段ニ於テ本件出火ハ他ノ店員ニ於テ之ヲ發見シ被告人ハ其ノ消火ニ協力シタルニ過キサル旨説示シタルハ本件消火行為カ被告人ノ發意ニ基ク行為ニ原因スルモノト見ルヲ得サル所以ノ事實ノ方面ヨリ記述シタルモノニ外ナラス故ニ兩者互ニ齟齬スル所ナク且原審カ判示事實ニ對シ刑法第四十三條但書ノ規定ヲ適用セサリシハ毫モ違法ニ非ス論旨ハ理由ナシ」と判示したのである。本判決は、他人が結果発生防止に着手した後、犯人がこれに協力したばあいに限定したうえで、中止未遂と結果発生防止について判示している。この点について本判決は、中止未遂の要件として中止行為の「犯人の自発」性を要求し、「他人の発意」に基づくばあいには、これに協力して結果発生を防止しても中止未遂とはならないとしたのである。これは、明言こそしてはいないが、後の判例における「真摯性」要件の先駆をなすものと解することができるとおもう。

7　昭和七年四月一八日判決［放火未遂被告事件］（刑集一一巻三八〇頁）

本判決の判示事項は、「放火犯人ノ消火行為ト中止犯」である。本判決の事実関係は、次のとおりである。被告人は、Aが所有する東京府内所在の木造亜鉛葺平屋一棟を借り受けて昭和二年二月一日から球戯場を経営して来たが、昭和五年春頃から営業不振に陥り、昭和六年三月分以後の家賃の支払いに窮するとともに、税金滞納のため撞球台一台を差押えられ、同年四月五日までに税金を納付しなければならず苦慮していた折、かねてB海上火災保険株式会社と右居宅内に在る撞球台二台およびその付属品一式に対して火災保険契約を締結していたことを想起し、当該居宅とともに撞球台などを焼燬して保険金を獲得することを企てた。そして被告人は、木片、渦巻き蚊取り線香、マッチ棒、日本紙でハタキ様に作った物などを縛り合わせた物三筒および新聞紙を油紙で包み筒状にした物約六個を作り、これらに石油ベンジン油と揮発油とを各一合宛混ぜたものを準備したうえ、昭和六年三月二五日午前一時頃、これらを携え被告人居宅の羽目板およびこれに隣接するB方およびCの板囲いに取り付け、その間を前記新聞紙を油紙で包んだ筒状のもので連絡し、さらに古手拭およびタオルなどをこれに纏絡し、これらに前記油を注いで何れかから発火して自宅に延焼するように装置したうえで、所携のマッチで右三箇の蚊取り線香に点火して放火し、同日午前三時頃に至りC方に取り付けたものから発火したが、隣人などに発見されて消し止められ、C方板囲いの一部を燻焦したに止まって、所期の目的を遂げなかった。

弁護人は、上告趣意において次のように主張した。すなわち、「被告人ハ放火ノ意思ヲ以テ點火コソシタレ其ノ後直ニ不安ヲ感シ良心ノ苛責ニ堪ヘス苦悩顛束シ寝ニ就キタリトハ謂ヘ『マンヂリ』トモセス火事タトノ騒キヲ耳ニスルヤ直ニ現場ニ馳セ付ケ『バケツ』ヲ以テ水ヲ注キ消火ニ努メタル事跡ノ見ルヘキモノアリ」としたうえで、このような「既ニ隣人等ニヨリ消火後ト雖換言スレハ被告人ノ消火行為即チ防火ハ縦シ其ノ結果ヨリ観テ奏效ナカリシトスルモ其ノ犯情ニ至ツテハ正ニ中止犯ヲ以テ論スヘキコト刑法カ殊ニ中止未遂ヲ認メタル立法ノ趣旨精神ニ恰當スルモノト謂ハサルヘカラス然ルニ原判決ハ此ノ事實ヲ漫然觀過シ障碍未遂ヲ認メタルハ重大ナル事實ノ誤認アルコトヲ疑フニ足ルヘキ顯著ナル事由アルモノニシテ破毀ヲ免レサルモノト信ス」としたのである。弁護人の主張内容の中核は、放火に着手後、他人による消火行為に被告人も加わって努めたばあい、「結果から観て」消火に奏功していなくても、その「犯情」においては中止未遂規定の適用をみとめるのが「立法の趣旨精神」に合致するというものである。この主張も、判例のばあいと同様、現在の責任減少説の内容を先取りするものと評価され得る。

右の上告趣意に対して、大審院は、次のように判示した。すなわち、「原判決ニ依レハ被告ハ判示ノ如ク放火ヲ為シタルモ隣人等ニ於テ之ヲ發見シテ消止メタル為燒燬ノ目的ヲ遂ケサリシモノナルカ故ニ障礙未遂罪ヲ以テ論スヘキコト當然ナリトス而シテ所論ノ如ク假ニ被告カ隣人等ノ所為ニ因リ消火シタル後ニ於テバケツヲ以テ水ヲ注ク等ノ行為ヲ為シタルトスルモ自己ノ意思ニ因リ實行ヲ止メタルモノト謂フコトヲ得サルカ故ニ中止犯ヲ以テ論スヘキ限ニ在ラス記録ヲ精査スルモ此ノ點ニ關シ原判決ニ重大ナル事實誤認アルコトヲ疑フニ足ルヘキ顯著ナル事由ナク論旨理由ナシ」と判示したのである。本判決は、まず、他人が消火したため目的を遂げなかった以上、当然、障害未遂になるとしたうえで、消火後に被告人がバケツで水を注ぐなどの行為をしたとしても、「自己の意思に因り」実行を止めたものとは言えないとしたわけである。これは、中止未遂と言えるためには、中止行為の「自発性」を要求するものと解され得る。そうすると、外在的に他人の行為が存在するばあいには、自発性が否定されて中止未遂の成立も否定されることになる。

8　昭和七年一〇月八日判決［放火被告事件］（刑集一一巻一四四四頁）

本判決の判示事項は、「中止犯ノ成立要件」である。本件の事実関係は、次のとおりである。すなわち、被告人は、

Aが所有する大阪市内所在の木造瓦葺二階建六戸建一棟のうち西端の一戸および西端より三軒目の一戸をAから借り受け、右西端から三軒目の一戸には住宅として内縁の妻および子供とともに居住し、西端の一戸は之を店舗とし雇人Bらを居住させて飲食店を営業していたところ、営業不振のため、千四百余円の債務を負うに至りその返済に窮した結果、かねて右店舗備付けの自己所有営業用什器、畳建具などに対してC簡易火災保険株式会社と火災保険契約を締結していた当該店舗に放火してこれとともに右営業用什器などを焼燬して保険金を取得しようと企てた。そして被告人は、昭和六年一一月二二日午前零時過ぎ頃、懐炉灰三本を二三十本のマッチとともに新聞紙に包み右懐炉灰の中の一本の一端に点火したうえこれを携帯して右店舗に赴き、当該家屋の板壁に接着して設けてあった物置小屋の内に入って壁穴から挿入し、その周囲に焚き付け用の木屑に引火し延いて家屋に燃え移るように装置して当該家屋に放火し、同家屋の西外側壁板約二坪および物置の床板裏面約半坪を焼き、Bらが居住する当該家屋を焼燬した。

弁護人は、上告趣意において、以下のように主張した。すなわち、「被告人ハ一旦放火行為ヲ為シタルモ氣ニ懸リ暫時ノ後放火現場ヲ見ニ行キタルニ火ハ燃エ上ラス消エテ居ル様子ナリシ故燃エスニヨカツタト思ヒ歸宅シ安心シテ就寝シタルモノナリ故ニ放火ノ結果ニ對スル當初ノ認識ハ後刻見ニ行キタル際消滅シ居ルヲ以テ本件ヲ故意犯トシテ刑法第百八條ニヨリ處斷シタル原判決ハ違法ナリ」と主張したのである。つまり、「本件ハ當初ノ放火装置ト後刻自然消火シタルモノト誤信シ消火セサリシ過失ト相俟ツテ失火罪ヲ構成スルモノト信スル次第」であると主張したのである。これは、被告人が放火後、暫くして現場を見に行き自然消火したものと「誤信」したことにより、当初の故意が消滅したので故意犯を構成せず、「誤信して消火しなかった過失」と相まって失火罪を構成するに過ぎないとするものにほかならない。

大審院は、右の上告趣意に対して次のように判示した。すなわち、「苟クモ一定ノ犯意ヲ以テ之カ實行行為ニ出テタル以上爾後犯意ヲ飜スコトアリトスルモ自己ノ意思ニ因リテ犯罪ノ實行ヲ中止スルカ又ハ結果ノ發生ヲ防止スルニ非スンハ行為者ノ責任ニ何等ノ消長ヲ來スモノニ非ス原判決認定ノ事實ニ依レハ被告人カ放火ノ意思ヲ以テ本件犯行ニ及ヒタルコト極メテ明白ナレハ被告人カ所論ノ如ク放火後其ノ現場ニ到リ火ハ既ニ消エタルモノト信シテ消火行為ニモ出テス其ノ儘歸宅シタル事實アリトスルモ之ヲ目シテ犯罪ノ實行ヲ中止シ又ハ結果ノ發生ヲ防止シタルモノトス為スコト能ハサルハ勿論其ノ消火セルモノト誤信シタルノ點ニ過失ヲ認メ失火罪ノ成立ヲ云為スルカ如キニ至リテハ全ク謂ハレナキノ言ト云ハサルヘカラス論旨ハ理由ナシ」と判示したのである。これは、中止未遂がみとめられるためには、実行の着手後、故意の放棄だけでは足りず、自己の意思による「実行の中止」または「結果発生の防止」が必要であるという一般的命題を提示したうえで、本件においてはこの命題が充足されていないとするものである。そして、消火したと誤信した点は、過失犯を問題とするに値しないとしたのである。故意の中止未遂がみとめられないばあいは、障害未遂となるのは当然であり、その後、過失犯が成立する余地はないので、判旨は正当である。

9　昭和九年二月一〇日判決〔変造有価証券行使詐欺同幇助被告事件〕（刑集一三巻一二七頁）

本判決の判示事項は、「豫備ノ所為ニ依ル變造有價證券行使詐欺罪ノ従犯――幇助行為後ニ於ケル正犯ノ犯行中止ノ詐言ト従犯ノ成否」である。本件の事実関係は、次のとおりである。被告人Xは、株式の取引きに失敗し金円に窮する余り、変造株券を入手しこれを行使して他から金円を騙取することを企て、昭和八年四月頃、大阪市内において被告人Yに変造株券入手の世話方を依頼し、被告人Yは、右の事情を知りながらこれに応じて同年五月初旬、被告人Zにこれを謀り、被告人Zも、右事情を知りながら、原審相被告人Aが変造株券を調達し得るものであることを知って、同月九日頃、同市内においてAを被告人Yに紹介し、さらに同月一二日頃、被告人Yとともに同人の居宅においてAを被告人Xに面会させた。その結果、Aの手で変造株券を調達してもらうこととなり、XおよびYは、同夜、Aとともに同市内の旅館に投宿してAと互いに往来し、Xは、AからB製糖株式会社の一株券（額面五〇円）を五〇株券（額面二五〇〇円）に変造したもの二枚を調達し得る旨を聞知すると、その言に従って、同月二〇日、長野県内においてAから同人の依頼に基づき原審相被告人CがDに変造を完成させ入手した前記変造株券二枚の交付を受け、これを尾道市に持ち帰り、原審相被告人Eとこれを担保に差し入れ他より金円を騙取することを共謀したうえ、同月二四日、Eにおいてこれを同市内のF方に持参し、同人に対し虚無人Gの代理人であると称して右株券を担保としての金借方を申込み、当該株券を真正なものとして担保に差し入れて行使し、Fにその旨誤信させたうえ、即時同所において、Fから借用名義の下に金六五〇〇円を受け取って騙取したものであり、YおよびZは、右の所為によりXおよびEの右変造株券の行使および詐欺をそれぞれ幇助した。

被告人Yの弁護人は、上告趣意において、「刑ノ量定甚シク不當ナリ」と主張した。まず第一点として、「被告人Yカ他ノ被告人等ヨリ除外サレ一切ノ犯罪行為ヨリ斷然絶縁シ昭和八年五月中旬、某旅館ニ投宿セシ以後ニ於テハ共犯者ノ行為ニ何等關與スル所ナク」、「被告人ノ主觀的見地ヨリスレハ中止犯ノ形式ヲ備ヘタリト言フヲ得ヘキニ拘ラス殆ント之ヲ無視シタルカ如キ態度ヲ以テ處罰セラレタル失當アリ」と主張した。これは、Yにつき、客観的にはいわゆる共犯関係からの離脱を、主観的には中止未遂の成立を、それぞれ主張するものである。次に第二点として、「元來本件被告人Zヲ除キ利得セシ者等ハ辨償ノ方法ヲ講シタル為結果ニ於テハ既ニ被害ニ對シ訴フル者ナキ状態ニ進ミ居ルヲ以テ被告Yノ如ク不完全ナカラ中止犯ノ形式ヲ備ヘ自己ノ行動ニ付徹底的ノ悔悟ヲ為シ再犯ノ虞ナキ者ニ對シテハ特ニ御寛大ナル御處分アランコトヲ希フ」と主張した。これは、Yにつき再犯の虞がないので、情状酌量されたい旨を主張するものである。そして第三点として、「被告人Eハ他ノ被告人等ニ何等關係ナキ單獨ノ犯罪行為ヲ為シ居リ且被告Y以外ノ者ハ同種ノ犯行ヲ繼續シ居タルカ如キ實状ヲ示シ居タルニ拘ラス被告Yハ本件發生マテハ全然未知ナリシ被告人Y其ノ他トノ接觸ニ依リ知ラス識ラス誘引セラレ行キ遂ニ幇助罪ノ責ヲ負フニ至リタルモノニシテ……毫モ自發的ニ犯罪ヲ企圖スルカ如キ性質アリト見エス」と主張したのである。これは、Yにつき共同正犯ではなくて幇助罪が成立するに過ぎないとするものである。

右の上告趣意に対して、大審院は次のように判示した。すなわち、「被告人Yハ被告人X等ノ判示變造株券行使詐欺ノ實行ニ直接關與セサルモ被告人Xカ右變造株券行使詐欺ノ犯罪用ニ供スル物件タル變造株券ヲ入手スルニ付一ノ便宜ヲ與ヘタルモノナレハ所謂豫備ノ所為ヲ以テ被告人Xノ本件變造株券行使詐欺ノ犯罪ヲ幇助シタルモノニ外ナラサルニヨリ縦令右Yノ所為後所論ノ如クXカ判示變造株券ヲ入手スル以前ニ於テ被告人Yニ對シ變造株券買入方ヲ中止スル旨詐リ申出テ關係ヲ絶チタリトスルモ被告人Yニ於テ自己ノ行為ニ因リXノ變造株券行使詐欺ノ實行ヲ阻止シ之ヲシテ右犯罪ヲ實行スルニ至ラシメサリシ場合ハ格別被告人Yニ於テ何等實行阻止ノ手段ヲ講スルコトナク被告人Xニ於テ判示變造株券行使詐欺ノ實行ヲ阻止シタル本件ニ於テハ被告人Yハ變造株券行使詐欺罪ノ從犯タル責ニ任スヘキモノニシテ叙上兩者關係ノ斷絶ハ被告人Yカ前示幇助行為遂行後ノ事ニ屬スルヲ以テ正犯タル被告人Xニ於テ任意ニ變造株券行使詐欺ノ犯行ヲ中止セサル限リ被告人Yニ對シ中止犯ニ依ル刑ノ減免ヲ為スヘキモノニアラサルヤ疑ヲ容レス然ラハ原判決カ被告人Yハ被告人Xノ判示變造株券行使詐欺ヲ幇助シタルモノト認メ之カ證據トシテH辯護人論旨第二點所携ノ被告人Xノ原審公廷ノ供述ヲ引用シタルハ正當ニシテ所論ノ如キ理由ノ不備若ハ齟齬ノ理由ト證據理由ト相齟齬スル違法アルコトナキノミナラス原判決カ被告人Yヲ變造有價證券偽造行使詐欺罪ノ従犯ヲ以テ處斷シタルハ正當ニシテ所論ノ如キ擬律錯誤ノ違法アルモノニ非ス尚記録ヲ精査シ犯情其ノ他諸般ノ事情ヲ斟酌スルモ原判決カ被告人Yヲ懲役六月ニ處シ刑ノ執行ヲ猶豫セサルヲ目シテ刑ノ量定甚シク不當ナリト思料スヘキ顕著ナル事由アリト認メ難キヲ以テ論旨ハ孰レモ理由ナシ」と判示したのである。これは、Yにつき X の変造旅券行使詐欺の犯罪の幇助罪の成立をみとめたうえで、Xとの共犯関係の断絶が、Yの幇助行為がなされた後のことであるので、Yについて中止未遂の成立をみとめることができないとするものである。情状酌量すべき事実もないとした。本件において、共犯関係からの離脱を中止未遂との関係の問題に論及されているのは、重要な意義を有する。

10　昭和九年九月一七日判決［詐欺未遂私文書偽造行使被告事件］（刑集一三巻一一七八頁）

本判決の判示事項は、「配當要求ノ抛棄ト詐欺未遂」である。本件の事実関係は、次のとおりである。被告人は、その業務の関係上、しばしば裁判所に出入りし訴訟手続き、強制執行手続きなどに精通していたところ、昭和八年一〇月二八日、知合いのAがBから延滞家賃金債権に基づく強制執行として動産の差押えを受け、競売期日が迫っていることを聞きその対策を相談されると、即座に先取り特権のある他人名義の虚偽の債権に基づく配当要求を申し立て、配当名義で買取金を騙取することを企てた。そこで被告人は、行使の目的で代理資格を冒用し、被告人がCの代理人としてCのAに対する金九三円五四銭の飯米代金債権に基いて、右強制競売について配当要求をなす旨の同日附仙台区裁判所執達吏D宛配当要求申立書一通と、Aに対するCの債権の執行委任申立の件を被告人に委任する旨の委任状一通を偽造し、これらを一括し競売のため臨場した執達吏Dの代理人に対して交付行使して、関係人などを欺罔し、買得金を騙取しようとした。ところが、被告人は、右債権が虚構のものであるとして被告人に対する告訴をする模様であることを聞知したので、犯行の発覚を怖れ已むを得ず昭和九年三月六日付で、当該配当請求を放棄するに至り、配当金騙取を遂げなかった。原審において弁護人が「配當要求ヲ抛棄シタルハ所謂自己ノ意思ニ因リテ犯罪ノ完成ヲ止メタル場合ニ該當シ中止犯ヲ以テ論スヘキモノナリ」と主張したのに対して、原判決は、次のように判示してこれを排斥した。すなわち、「被告人カ本件配當要求ヲ拋棄シタルハBヨリ告訴セラルルニ於テハ其ノ犯行ノ發覚ヲ免レ難ク到底配當金騙取ノ目的ヲ遂クルヲ得サルカ為已ムナク其ノ拋棄ヲ為シタルコト明白ナリトス左レハ中立ノ拋棄ヲ為スニ至リタルハ意外ノ障礙ニ因リタルモノニ外ナラスシテ之ヲ目シテ中止未遂ナリト解スルヲ得サルカ故ニ辯護人等ノ右主張ハ採用セス」と判示したのである。

弁護人は、上告趣意において、次のように主張した。すなわち、まず一般論として、「刑ノ減免事由タル中止未遂ノ要件トスル所ハ犯人カ犯意ヲ翻シ且自己ノ意思ニ因リ犯罪ノ實行行為ヲ中止スルカ又ハ其ノ終了後ニ於テハ結果ノ發生ヲ防止スルコトヲ要スルト同時ニ其等ノ事實アルヲ以テ足リ其ノ動機遠因ノ如何等ハ之ヲ問ハサルモノナルコトハ學説判例ノ一致スル所ナリ従テ犯人カ衷心ヨリ一旦著手シタル犯行ヲ悔悟シテ自ラ之ヲ中止シ又ハ結果ノ發生ヲ防止シタル場合ナルト將又將來犯行ノ發覚スヘキコトニ付危惧ノ念ヲ起シ自ラ之ヲ遂行スルコトヲ思ヒ止マリタルモノナルトヲ問ハス均シク中止未遂タルヲ失ハサルモノト謂ハサルヘカラス」と主張した。そして、犯行の発覚に対する危惧に基づく中止行為と中止未遂の成否に関して、次のように述べてそれが成立すべき旨を主張した。これは、中止未遂の要件として①犯意の放棄、および②自己の意思による実行行為の中止または結果発生の防止があれば足り、これらについての「動機遠因の如何」を問わないとするものである。すなわち、「刑法ノ示セル規範ニ對シ初メヨリ之ヲ遵守シテ犯行ヲ敢テセサルハ國民トシテ又社會ノ一員トシテ當然ノ義務ニ屬スルト同時ニ人トシテ踏ムヘキ當然ノ道ナリト雖一旦其ノ規範ヲ犯シタル後ニ於テモ未タ既遂ノ状態ニ至ラス又ハ結果ノ發生ヲ見サル間ニ犯人自身ノ意思ニ基キ犯行ヲ中止シ又ハ結果ノ發生ヲ防止スルハ是亦犯罪著手後ニ於ケル規範ノ遵守ニ外ナラサルヲ以テ其ノ動機カ犯行ノ發覚ニ對スル危惧ニ基クト否トヲ問ハス之カ取扱ヲ未遂罪ト區別シ減輕セル科刑又ハ刑ノ免除ヲ以テ臨ムハ刑事政策ノ當ヲ得タルモノト謂フヘク而テ犯行ノ中止ハ其ノ發覚ニ對スル危惧ノ念ニ基ク場合最モ多キニ居ルヘケレハナリ」と主張した。すなわち、刑事政策的観点から、行為者自身の意思に基づく中止行為または結果発生の防止は、実行の着手後における「規範の遵守」にほかならないので、「犯行の発覚」に対する危惧に基づくばあいにみとめられるべきものであるとされるわけである。

大審院は、右の上告趣意に対して次のように判示した。すなわち、「原判示ニ依レハ所論配當要求ノ抛棄ハ差押債権者Bヨリ告訴セラルルニ於テハ被告人ノ犯行發覚シ到底配當金騙取ノ目的ヲ遂クルヲ得サル為已ムヲ得ス抛棄スルニ至リタルモノニシテ斯クノ如ク意外ノ障礙ニ因リ已ムヲ得スシテ抛棄シタル場合ニアリテハ任意ニ實行ヲ中止シタルモノト為スヘキモノニ非ス然ラハ所謂障礙未遂ヲ以テ論シタル原判決ハ正當ニシテ所論ノ如キ擬律錯誤ノ違法アルモノト謂フヘカラス論旨理由ナシ」と判示したのである。本判決は、弁護人が提示した一般的命題については触れずに、本件における配当要求の放棄が「犯行発覚」により詐取の目的を達成できなくなるため止むを得ずになされたのであるから、「意外の障害」による障害未遂であるとした。ここで「意外の障害」と「任意の」実行中止が対比されているが、外在的事実の存在が「自己の意思に因る」ことの否定要因とされて来た従来の判例の思考形式が転換されている点に、判例上、重要な意義がみとめられる。なぜならば、中止未遂の要件として「任意性」の観点が導入されたことによって新たな転回をもたらす契機がみとめられるからにほかならない。

11　昭和一〇年六月二〇日判決〔賭場開帳被告事件〕（刑集一四巻七二二頁）

本判決の判示事項は、「犯意ヲ飜シタル共謀者ノ一人ト中止犯ノ成否」である。本件の事実関係は、次のとおりである。被告人Xは、相被告人Yと共謀のうえ、昭和九年七月二五日、新潟市内所在のA方三階十畳の間に骨子壺代用などの諸具を備えて賭場を開設し、B外十数名に対して俗に丁半と称する賭銭博奕をさせて同人らから寺銭名義の下に金五〇銭につき金二銭五厘の割合による金員を徴収して利を図った。

Xの弁護人は、上告趣意において、「本件ニ於ケルカ如ク上告人カ特ニY等ノ行為ヲ阻止セス單ニ消極的ニ其ノ行為ヲ共同ニセサルト共ニ其ノ犯意ヲ遂行スルノ意思ヲ飜シタル時ハ又中止犯トナルヘキナリ」と主張した。その理由として、「犯意ヲ飜ス事ハ必スシモ積極的決意ヲ要スルモノニアラス只單ニ第三者ノ為ニ其ノ實行ヲ阻止セラレタル場合ニアラサレハ消極的行為ノ中止又ハ自ラ中止犯トナルナリ果シテ然ラハ本件ノ如キ一件記録上上告人カ賭場ニ赴カサル事寺銭ノ定メニ關與セサル事賭事ヲ為ササル事カ凡テ上告人ノ消極的意思ニヨリテ中止セラレタルハ明カニシテ刑法第四十三條但書ノ場合ニ該當スル事實ヲ陳述セルモノニ外ナラスシテ刑事訴訟法第三百六十條第二項ノ所謂法律上ノ減免ノ原由タル事實上ノ主張ヲ為シタルモノナルニ不拘原判決カ其ノ點ニ關スル判斷ヲ示ササル事ハ明カニ同法第四百十條第二十號ニ該當スル違法アリ」と主張したのである。ここにおいては、たんに消極的に実行行為をしないで犯意を放棄すれば、それだけで中止未遂として扱われるべきであることが主張されている。

大審院は、右の上告趣意に対して次のように判示した。すなわち、「原判示ニ依レハXハ原審相被告人Yト共謀ノ上昭和九年七月二十五日判示A方三階十畳ノ間ニ骨子壺代用等ノ諸具ヲ備ヘテ賭場ヲ開設シ十数名ヲシテ賭銭博奕ヲ為サシメ寺銭ヲ徴収シテ利ヲ圖リタリト云フニ在リテ假令被告人ニ於テ右犯罪實行行為ノ一部ニ著手シタル後自己ノミ犯意ヲ飜シテ爾餘ノ實行行為ニ關與セサリシトスルモ共謀者タル原審相被告人ノ共同犯意ニ基ク實行行為ヲ阻止セサル限リ被告人ノミニ付中止犯トシテ論スルコトヲ得サルヲ以テ其ノ共犯者ノ行為ニ依リテ遂行セラレタル犯罪ノ責任ヲ免ルルヲ得ス加之記録ヲ精査スルモ被告人カ中途其ノ犯意ヲ飜シタル事實ハ之ヲ認ムルニ由ナク且被告人ハ原審公判ニ於テ只其ノ犯行ヲ否定スルニ止マリ所論ノ如キ中止犯ニ該當スル事實ヲ主張シタル事跡ナキヲ以テ原判決カ此ノ點ニ關スル判斷ヲ示ササルハ當然ニシテ毫モ所論ノ如キ違法アルコトナシ論旨理由ナシ」と判示したのである。本判決は、共同正犯者の中で被告人だけが犯意を放棄して実行の着手後の実行行為に関与しなくても、中止未遂とはならないとして、他の共犯者の犯行を阻止することを中止未遂の要件と解するものである。これは、従来の判例の立場を維持するものと言える。

12　昭和一二年六月二五日判決［放火未遂被告事件］（刑集一六巻九九八頁）

本判決の判示事項は、「中止未遂」である。本件の事実関係は、次のとおりである。被告人は、家業の農業を手伝い、父A、祖母、妻子と同居していた。被告人は、鍛冶職を営みたいとしてAに対してその資金の調達を依頼したが、不調に終わったため、Aに不満をつのらせて遊興にふけるようになり、遊興費をAと祖母にせびることとなった。昭和一一年一二月午後八時頃、営業資金と家出に必要な資金を同夜一〇時頃までに提供するようにAに要求したが、Aはこれに応じなかった。そこで被告人は、浅慮にも、Aが所有し同人等が現に住居に使用していた木造瓦葺平屋建本屋に放火しこれを焼燬してその忿怨を晴らそうと決意し、同日午後一〇時三〇分頃、台所土間の籠と東側出入り口板戸との間に長さ約四、五尺周囲一抱えの枯松枝束三束および藺草一束を積み重ねマッチでこれに点火して放火し、即時その場を立ち去り、当該居宅裏手にある被告人の叔父B方門前に差し掛った際、屋内から炎上する火勢をみとめてにわかに恐怖心を生じ、Bに対し「放火したので、宜敷頼む」と叫びながら走り去った。Bらがただちに現場に駆け付けて消火したため、右松枝および藺草のそれぞれ一部を焼燬したに止まり、住宅の焼燬の目的を遂げなかった。

弁護人は、上告趣意において、本件は放火の中止未遂であって障碍未遂ではないと主張し、その理由について、次のように述べた。すなわち、「抑モ中止未遂ハ犯人ノ恐怖、悔悟、嫌厭或ハ斷念等其ノ動機ノ如何ヲ問フコトナクイヤシクモ自己ノ信念ニ依リ中止スルコトヲ正當ナリト決心シ其ノ犯罪結果ノ進行ヲ中斷スレハ以テ中止未遂トナルノミナラス自己ノ信念ニ依リ中止スル以上直接之ヲ為スト将第三者ヲシテ自己ニ代ツテ之ヲ為サシムルトヲ區別スヘキモノニ非ス」としたのである。ところが、「原判決ハ本件上告人ノ所為ヲ意外ノ障碍ニ原因スル中止未遂ナリト斷シ毛頭本人ノ眞意ヲ觀察スルコトナク唯他人ノ介在セル消火状況ノミヲ中止トシテ本罪ヲ肯定セラレタルハ正ニ中止未遂ナルモノノ刑事政策上ニ於ケル甚大ナル眞價ヲ没却シタルモノニシテ刑法第四十三條ノ但書ヲ適用セサル違法アリト謂ハサルヘカラス蓋中止犯ノ根據ハ犯人ノ任意中止ト云フコトニ存スルカ故ニ任意ト云フコトヲ其ノ結果中斷ノ上ニ發見セラルル以上ハ假令他人カ如何ニ之ニ協力スルト否トハ固ヨリ問フ所ニ非サレハナリ」とした。つまり、「要スルニ中止未遂ハ犯人ノ眞意ニ基キ所謂任意ニ中止シタルモノナルヤ否ヤニ存スルモノニシテ他人ノ介在又ハ助力ニ因ル結果ノ中斷ヲ標準ト為スヘキモノニ非サルヤ勿論ナリ」としたのである。弁護人の主張の中核は、中止未遂が成立するためには、動機の如何を問わず、「自己の信念」により「決心」して犯罪結果の「進行を中断」すれば足り、その中止行為を直接、自らおこなおうが、第三者におこなわせようが構わないということにある。したがって、「他人」の介在または助力による結果発生の進行の中断は、重視されるべきではないとされるわけである。

大審院は、右の上告趣意に対して次のように判示した。すなわち、「刑法第四十三條但書ニ所謂中止犯ハ犯人カ犯罪ノ實行ニ著手シタル後其ノ繼續中任意ニ之ヲ中止シ若ハ結果ノ發生ヲ防止スルニ由リ成立スルモノニシテ結果發生ニ付テノ防止ハ必スシモ犯人單獨ニテ之ニ當ルノ要ナキコト勿論ナリト雖其ノ自ラ之ニ當ラサル場合ハ少クトモ犯人自身之カ防止ニ當リタルト同視スルニ足ルヘキ程度ノ努力ヲ拂フノ要アルモノトス今本件ヲ觀ルニ原判決ノ確定シタル事實ニ依レハ被告人ハ本件放火ノ實行ニ著手後逃走ノ際火勢ヲ認メ遽ニ恐怖心ヲ生シ判示Ｂニ對シ放火シタルニ依リ宜敷頼ムト叫ヒナカラ走リ去リタルト云フニ在ルヲ以テ被告人ニ於テ放火ノ結果發生ノ防止ニ付自ラ之ニ當リタルト同視スルニ足ルヘキ努力ヲ盡シタルモノト認ムルヲ得サルカ故ニ被告人ノ逃走後該B等ノ消火行為ニ依リ放火ノヲ防止ノ結果發生ヲ防止シ得タリトスルモ被告人ノ前示行為ヲ以テ本件犯罪ノ中止犯ナリト認ムルヲ得ス原判決ニハ所論ノ違法ナク論旨理由ナシ」と判示したのである。本判決は、中止未遂がみとめられるためには、「任意の」中止または結果発生防止があれば足り、中止行為は犯人自身によることを必要としないとしたうえで、自ら中止行為をおこなわないばあいには、犯人自身がこれをおこなったのと「同視するに足るべき程度の努力」が必要であると解した点で重要な意義を有する。すなわち、結果発生防止に第三者が介在したばあいについて、犯人自らが中止行為をおこなったことと「同視できる程度の努力」という新たな基準が提示されたことが評価されるのである。これは、後の「真摯性」要件の萌芽と言える。

13　昭和一二年九月二一日判決「未遂犯ノ例」［放火未遂被告事件］（刑集一六巻一三〇三頁）

本判決の判示事項は、「未遂犯ノ例」とされているが、中止未遂が問題となったので、ここで見ることにする。本件の事実関係は、次のとおりである。被告人Xは、かつて相当の資産を有していたが、近年多額の負債を生じ、家運衰退の挽回に焦慮し、昭和一〇年一二月五日、その所有に係る住居の木造瓦葺二階建住家、同厩舎兼物置、同倉庫計三棟および家財道具、衣類など一切に対して、A火災海上運送保険株式会社との間に火災保険契約を締結してあったのを奇貨として、当該住家などを焼燬して保険金を獲得しようと企て、同日実家の農事に雇っていた被告人Yに右意図を打ち明け、かつ報酬金を与えることを約束して、その実行担任方を懇請しその賛同を得て、共謀のうえ、被告人Yにおいていずれも被告人X方住家に延焼させる目的で、

第一、昭和一一年一〇月二二日午前五時半頃、①Xの住家の北側に隣接するB所有の杉皮葺平屋建て薪小屋内にある枯れ割木に石油入り竹筒を立て掛けその上端にこれと割木との間に線香一束を中途から半折したものを架し、

その上に桑の枯れ小枝を積み重ねマッチで右線香に点火し、②次いでXの住家の南側に接着するCの住家に近接するDの家屋の庇先に点火した線香の束を差し込んで放火したが、①の部分については、Xが放火の時刻が遅いため犯行の発見を恐れて媒介物を取り除き消し止め、②の分は、線香から僅かに藁屋根に延焼したものの未だ独立燃焼の域に達しない間にCなどが発見消火するところとなり、何れも初期の目的を遂げず、

第二　同月二四日午前二時頃、さらに点火した線香一束を竹筒に詰め込みC方住家の北側藁屋根に投げ付けてこれに放火したが、独立燃焼の域に達しないうちにCが発見して消火したために当該部分を燻焼するに止まり、所期の目的を遂げなかった。

弁護人は、上告趣意において中止未遂の成立を主張した。すなわち、被告人が「隣家B方薪小屋内ノ放火ヲ知リテ放火材料ヲ取除キテ消止メタ」行為は、「右ノ場所其ノ場合ニアリテ被告人カ如何ニ放火行為ヲ遮断スヘク努力シタ」ことを示すものであり、「前記被告人ノ行動ハ『被告人Xニ於テ放火ノ時刻遅キ為犯行ノ發覺ヲ恐レテ前記媒介物ヲ取除キテ消止メ』タルニ止マラスシテ其ノ前日ヨリ企圖シタルY放火行為ヲ遮斷セシムル目的ヲ以テ意思發動シ阻止シ中斷セシメタルモノト云フヘク所謂犯罪ノ中止ニ該當スヘキモノト信ス故ニ原判決ハ事實ノ誤認アルモノト云ハサルヘカラス」と主張したのである。弁護人の主張の核心は、次の点にある。すなわち、「放火材料」を取り除いて消火する行為は、「犯行の発覚」を恐れてなされたにとどまらず、企図した放火行為を「遮断」させる目的でなされた「中断」行為であるから、中止未遂の成立がみとめられるべきであるとされるのである。

大審院は、右の上告趣意に対して次のように判示した。すなわち、「原判決擧示ノ證據ニ徴スレハ原判示ノ如ク被告人Xカ放火ノ媒介物ヲ取除キ之ヲ消止メタルハ放火ノ時刻遲ク發火拂曉ニ及フ虞アリシ為犯罪ノ發覺ヲ恐レタルニ因ルモノナルコトヲ認ムルニ足ルヘク犯罪ノ發覺ヲ恐ルルコトハ經驗上一般ニ犯罪ノ遂行ヲ妨クルノ事情タリ得

ヘキモノナルヲ以テ右被告人ノ所為ハ障礙未遂ニシテ之ヲ任意中止ヲ以目スヘキモノニアラス而シテ記録ヲ精査スルモ原判決ノ右事實認定ニ誤謬アルコトヲ認メ難ク論旨理由ナシ」と判示したのである。本判決の要点は、次のことである。すなわち、被告人の中止行為は、「犯罪の発覚」を恐れたことによるものであり、「犯罪の発覚」を恐れることは、「経験上一般に犯罪の遂行を妨げる」事情となり得るものであるから、「任意」に中止したものと解すべきではないとされるのである。ここに中止行為の「任意性」の有無の判断基準として「一般的強制力」を提示する客観説を採る立場が登場したのである。このことは、判例上、きわめて重要な意義を有するとおもう。

14　昭和一二年一二月二二判決［放火未遂被告事件］（刑集一六巻一六九〇頁）

本判決の判示事項は、「同一家屋ノ数ケ所ニ放火シタル場合ノ中止犯」である。本件の事実関係は、次のとおりである。土木建築請負業者である被告人は、昭和一一年一六日、その建築請負に係る工事現場において、鍬入式をおこない飲酒の後、同日午後七時頃から、数名の者とともに料亭に登楼し、同家三階大広間において遊興中、同夜一〇時ころ、たまたま二階便所に降りた際、興に乗じて二階茶室などに放火することを思い立ち、三階大広間の酒席に立ち戻り、芸妓から燐寸を受け取って再び二階に降りて行き、（一）二階茶室内に積み重なっていた蒲団および新聞紙、（二）二階道具部屋入口の通路北側の古新聞紙貼りの板壁、（三）同道具部屋北側窓下の椀箱、（四）同道具部屋西南隅の膳箱などに放火すると人の現住する右料亭を焼燬するに至ることを認識しながら、前示燐寸で（一）および（二）の箇所においては其の新聞紙に、（三）および（四）の箇所においては各その中にある紙屑に順次点火して放火したが、（二）は、被告人が自ら消し止めたためその板壁を、（三）および（四）は、自然鎮火したため、（三）においては、その椀箱および椀を、（四）においては、膳箱の蓋および膳をいずれも燻焦したに止まった。なお、（一）は、その放火した火が蒲団および畳などに燃え移り大事に至ろうとしたが、右料亭の使用人Aらが、駆けつけ消火に努めた結果、右蒲団畳などを燻焦したに止まり、結局、同料亭を焼燬するに至らなかった。被告人は、右犯行当時心神耗弱の状態にあった。

弁護人は、上告趣意において次のように主張した。「(一) ノ點ハ中止未遂ナルコト明白ニシテ又 (三) (四) ノ點ハ自然鎮火ト云フノミニテ此ノ點ニ付テハ原審ハ不能犯ナリヤ障礙未遂ナリヤヲ明白ニ記載シ居ラサルモ此ノ點ハ不能犯ナリ」と主張したのである。これは、中止未遂犯論を展開する前に、被告人にとって最も有利となるように不能犯としての不可罰性を主張しておこうとするものにほかならない。不能犯であることの理由として次のことを挙げている。すなわち、「偶々アリタル紙屑ニ點火シ之カボート燃ヘタルノミニシテ消火セルコトヲ知ルニ充分ナリ斯ル椀箱又ハ膳箱ノ中ノ紙屑ニシテ『ボー』ト燃ヘテ直チニ消火スル程度ノモノニ於テハ絶對ニ豫見シタル結果ヲ惹起セシメ能ハサルモノナリ……若シ原審カ此ノ點に付障礙未遂ト云フナラハ法律ノ適用ヲ誤リタルノミナラス審理不盡ノ違法アリ」とした。次に、「(一) ノ點ニ於テハ原審ハ消火シタルヲ以テ中止未遂ナラスト判示スルモ……放火シタルモ漸ク火勢カ熾ナルヲ見テ恐怖シ自ラ他人ト共ニ鎮火セシメタル場合ハ之ヲ中止未遂ト目スヘキハ御聽ノ判例トスル所ナリ (同趣旨御聽大正十四年 (れ) 第一六六一號同十五年三月三十日判決判例拾遺一巻刑事二十一頁) 然ラハ本件ノ如キハ勿論中止未遂ナルコト明白ナリ然ルニ原審ハ被告人カ消火セルコトヲ無視シテ之ヲ中止未遂ニ非スト判示セルモノナルコト明白ナリ」と主張した。これは、放火後、火の勢いに恐怖して他人とともに鎮火したばあいには中止未遂となることを主張するものである。

大審院は、右の上告趣意に対して次のように判示した。まず、第一点について、「原判示 (三) 及 (四) ノ如キ場所ニ置キアリタル椀箱及膳箱内ノ紙屑ニ放火スルモ原判示家屋焼燬ノ結果ヲ生スル危険絶對ニナシト断スルヲ得サルコト原判決擧示ノ證人Aニ對スル豫審訊問調書ニ於ケル同人ノ供述記載ニ徴シ之ヲ推認シ得ヘキカ故ニ被告人カ右椀箱及膳箱内ノ紙屑ニ放火シタルヲ目シテ不能犯ナリト謂フヲ得ス原審亦此ノ趣旨ニ於テ右二ケ所ノ放火ヲ不能犯ニ非スト認メタルモノナルコト原判文上自ラ明カナリトス」と判示した。これは、不能犯性を否定するものであり、この点については、不能犯の判例の個所で見ることにする。次に、第二点について「被告人ハ原判示（一）ノ室ニ在リタル蒲團上ノ新聞紙ニ放火シ因テ既ニ燻燒シ居リタル右蒲團ノ火ヲ踏ミ消サントシテ其ノ擧ニ出テタルモ未タ全ク消火セシムルニ至ラスシテ同室ヲ去リタルモノニシテ其ノ後右證人カ該室ニ到リタル際右蒲團ハ燃燒シツツアリ滿室煙ヲ以テ蔽ハルルノ状態ニ至リ居リタルヨリ同人ニ於テ該蒲團ヲ引出シ消火シタルニ因リ辛ク大事ニ至ラスシテ止ミタルコトヲ認ムルヲ得ヘキカ故ニ被告人ノ右所為ハ中止犯ヲ以テ論スヘキニ非ス正ニ未遂犯ニ該當スルコト明カナリ而シテ被告人カ原判示（二）ノ個所ノ板壁貼付ノ新聞紙ニ放チタル火ヲ自己ノ發意ニ基キ全ク消シ止メタルコトハ原審ノ認定シタル所ナリト雖原判決ニ依レハ被告人ハ原判示家屋ヲ燬燒スルニ至ルヘキコト認識シナカラ右板壁貼付ノ新聞紙ニ放火シタル外尚原判示（一）（三）（四）ノ個所ニモ放火シタルモノニシテ斯ノ如ク一個ノ意思發動ニ基キ同一家屋ニ對シ數ケ所ニ放火ヲ爲シタル場合ニ於テハ其ノ放火行爲ハ包括一罪ヲ成スモノナルカ故ニ其ノ數ケ所中ノ一ケ所ニ放チタル火ヲ消シ止メタリトテ犯罪全體ヲ中止犯ト爲スニ足ラサルコト多言ヲ俟タス而シテ原判示（一）ノ個所ニ放チタル火ハ他人ニ依リテ消シ止メラレ同（三）及（四）ニ放チタル火ハ自然ニ消火シタルモノナレハ被告人ノ所為ハ全體トシテ一個ノ放火未遂罪ヲ構成スヘキヤ勿論ニシテ之ト同旨ニ出テタル原判決ニハ所論ノ如キ違法アルコト莫シ又記録ヲ精査スルモ原判決ニ重大ナル誤認アルコトヲ疑フニ足ルヘキ顯著ナル事由ハ之ヲ發見スルヲ得ス尚記録ニ現ハレタル諸般事情ニ照スモ原審ノ科刑ヲ甚シク不當ナリト思料スヘキ顯著ナル事由アルモノト認ムルヲ得ス論旨孰レモ理由ナシ」と判示したのである。これは、中止犯の成立を否定して障害未遂とするものであるが、包括的一罪に当たる数個の放火行為に関する中止未遂について注目すべき判断を示している。すなわち、同一家屋の数個所に放火したばあいには、その数個所のうちの一個所を消火したとしても、これらの行為は、包括一罪を構成するので、「犯罪全体」を中止未遂とすることはできず、「全体として一個の放火未遂罪」の成立をみとめるべきであると判断したのである。包括一罪は、数個の構成要件的行為を「一個の犯罪」として評価するものであるから、中止未遂犯の成否についても「一個の犯罪」全体との関連において考察されるべきであり、本判決の結論は妥当であると解される。罪数論との関連で中止未遂犯の成否について判示したものとして、本判決は、判例上、重要な意義を有する。

15　昭和一二年一二月二四日判決［恐喝背任被告事件］（刑集一六巻一七二八頁）

本判決の判示事項は、「共犯ト中止犯」である。本件は、数個の恐喝・背任事件であるが、中止未遂が問題となった恐喝事件の事実関係は、次のとおりである。被告人X、同Yおよび同Zは、A、B、Cらと相互に共謀したうえ、DおよびEらを恐喝して金円を交付させることを企て、御所組BおよびC名義でDに宛てDとEの不倫問題およびDが経営する会社の不当広告問題に関する事実を内容とする「警告」と題する印刷物を作成したうえ、BおよびCが、昭和七年一二月一三日頃、東京市内のDの会社に赴きDに面会を求めたが不在であったため、同会社取締役支配人Fに対して右印刷物を交付してこれに回答することを求めて暗に金円を要求し、もしこれに応じなかったばあいには、当該事実を社会に発表しDおよびEと会社の名誉信用等に危害を加えるかのように装い、Fを右会社およびその社長などのため畏怖させてFに、同年同月一五、六日頃、公表中止料名義の下に右会社所有の金三〇〇円をBらの手に交付させてこれを喝取した。

弁護人は、上告趣意において、被告人Xは「自己ノ意思ニ因リテ犯罪行為ヲ中止シタルモノナルヲ以テ」「刑法第四十三條但書ヲ適用シ被告人ノ該行為ニ對シテハ其ノ刑ヲ減輕又ハ免除セサルヘカラサリシニ拘ラス事茲ニ出テサリシハ失當ナリ」と主張した。その理由として、「被告人Xハ、B、C等ニ於テ實行行為ヲ完了シタルコトヲ知ラス且單ニ自ラ犯意ヲ飜シタルニ止ラスBニ對シテ『一切手ヲ引クカラ承知シテ呉レ』ト申聞ケタルハ少クモ被告人ニ於テ結果ノ發生ヲ防止スルノ擧ニ出テタルモノト謂フヘキヲ以テ被告人ノ行為ハ中止犯ヲ以テ論セサルヘカラサルモノナリ然ルニ此ノ事實ヲ看過シ被告人ノ前記行為ニ對シ刑法第四十三條但書ヲ適用セサリシ原判決ハ破毀ヲ免レサルモノナリト信ス」と主張したのである。弁護人の主張の要点は、次のとおりである。すなわち、被告人は、他の共同正犯者が恐喝行為を完了したことを知らずに犯意を翻したにとどまらず、他の共犯者の一人に「一切手を引くから、承知してほしい」旨申し向けたことは、「結果の発生を防止する」挙に出たものであるので、中止未遂が成立するとされたのである。ここにおいて、共犯関係からの離脱と共犯における中止未遂が問題とされている。しかし、両者の関係については、自覚的に問題化されているわけではない。

大審院は、右の上告趣意に対して、次のように判示した。すなわち、「犯罪ノ實行ニ著手シテ之ヲ遂ゲザルコトガ犯人ノ意思ニ因リタル場合ニ於テ、中止犯ノ成立スルヤ疑ナシ。而シテ中止犯ノ成立スルニハ、實行ノ著手アルモ未ダ行為完了前ニ在リテハ、行為者ガ單ニ行為ヲ止ムルノ不作為ニ出デタルコトヲ以テ足ルモ、既ニ行為完了後ニ在リテハ、行為者ガ進ンデ結果ノ發生ヲ防止スルノ作為ニ出デ、而カモ現實ニ結果ノ發生ヲ防止シ得タルコトヲ要ス。サレバ二人以上共同シテ犯罪ノ實行行為ニ出デ、而カモ其ノ行為既ニ完了セルガ如キ場合ニ於テ、共犯者中ノ一人ニ中止犯ノ成立ヲ認メムニハ、少クトモ其ノ者ニ於テ共同犯行ニ因ル結果ノ發生ヲ防止スルノ作為ニ出デ、而カモ其ノ結果ノ發生ヲ防止シ得タルコトヲ要スルモノト解セザルベカラス。今原判決擧示ノ證據ニ依レバ被告人ガX、Y、B等ト共謀ノ上判示第四ノ如クD、E等ヲ恐喝シテ金三百圓ノ交付ヲ受ケタルノ事實誤認ノ疑ナキノミナラズ、被告人ガ所論ノ如ク犯意ヲ飜意シテ共謀者ノ一人Bニ對シテ『一切ノ手ヲ引クカラ承知シテ呉レ』ト申聞ケタルノ事實アリトスルモ、之ヲ目シテ結果ノ發生ヲ防止スルノ眞摯ナル努力ニ出デタルモノト為スコト能ハザルハ勿論、亦結果ノ發生ヲ防止スルノ實效ナカリシノ事跡ニ徴スレバ、原判決ガ被告人ニ恐喝罪既遂ノ成立ヲ認メ、中止犯ノ規定タル刑法第四十三條但書ヲ適用セザリシハ固ヨリ當然ノコトニシテ毫モ異ムニ足ラズ。論旨ハ理由ナシ」と判示したのである。本判決の核心は次の点にある。すなわち、共犯者中の一人について中止未遂が成立するためには、共同犯行による「結果の発生を防止する」作為に出て、しかもその「結果発生を防止」できたことを必要とするのであり、本件においては、「結果の発生を防止するの真摯なる努力」がなされたとは解し得ず、また「結果の発生を防止するの実効」性がなかったので、中止未遂の成立はみとめられないのである。ここで「真摯性」の要件が要求されており、このことは、判例上、重要な意義を有する。

16　昭和一三年四月一九日判決〔殺人被告事件〕（刑集一七巻三三六頁）

本判決の判示事項は、「結果防止ノ努力ト中止未遂」である。本件の事実関係は、次のとおりである。被告人は、電気機械製作品の販売仲介業を営んでいたところ、大正一五年四月頃から同年一〇月頃までの間に、洋服仕立職Aに対して数回にわたって合計金九〇〇円を利息は百円につき一カ月五円の約束で貸し付けた。同人から右貸付後一カ年間、確実に利息の支払いを受けたに留まり、その後は、元金は勿論利息の支払いも滞りがちであったため、被告人は、毎月、同人から元金を加算した金額の約束手形を徴して来たが、同人には担保に提供できる財産もなく、且つ保証人もなかったので、昭和八年一二月末頃において元利合計が金三二〇〇余円に達するに至った。日頃比較的病弱であったAが、万一死亡するばあいには、右債権が回収不能となることを虞れ、これを確保するため、昭和九年二月一七日、被告人は、Aの承諾を得てB生命保険会社との間に、被保険者をAとして保険契約者および保険金受取人を被告人とする保険金額五〇〇〇円一カ年の保険料金一八五円五〇銭、保険期間三〇カ年の普通養老保険契約を締結し、かつその頃右保険料の支払いに関しＡとの間に最初の保険料は被告人において一時立替え支払いをしたが、その後の分は、Ａが確実に前記貸金の利息を被告人に支払いその一部を以てこれの支払いに充てることを約した。しかし、Ａは、被告人の立替えた最初の保険料を支払っただけで、その後、まったく支払わなかった。被告人は、生活が窮迫するに至ったため、Ａが病弱であることに乗じて同人に青酸カリを服用させてＡを毒殺し、表面は病死のように装い保険金を取得しようと決意し、昭和一一年四月二七日午前七時頃、居宅において、胃腸薬にかねて入手した青酸カリ約〇・三瓦を混入したものを準備し、同日午前一一時頃、Ａ方に赴き胃腸薬と欺いてこれをＡに交付し、真実胃腸薬の薬と誤信したＡは、同年五月三日午前九時頃、これを嚥下し青酸カリの中毒により死亡した。

被告人は、上告趣意において次のように主張した。まず、本件犯行の動機は、「被害者本人カ厭世的自殺ノ口吻ヲ洩シテ毒殺ノ有無ヲ私ニ質シ暗ニ投薬ヲ希望セシカ如ク談話シ私ニ十分自殺ノ意思アリト信セシメタル」ことにあるとする。そして、「一旦私ハ薬ヲ與ヘマシテカラ良心ノ苛責ニ堪エス之ヲ取リ戻シニ參リマシタ然ルニ被害者本人ハ既ニ飲ンタ黒イ便通カ有ツタトサヘ申シマシタノテ無事濟ンタ事ト私ハ内心安心致シテ居リマシタ所夫レカラ數日ヲ經テ五月三日使用シタノテアリマス私カ薬ヲ取戻シニ參リマシタ時未タ飲マスト申セハ私ハ之レヲ完全ニ取戻シテ犯罪ヲ犯サスニ濟ンタ事ト信シマス」と述べたうえで、「私ノ大犯行ハ或意味ニ於テ自殺ヲ幇助セシ事ト相成リ且亦犯罪ノ中斷ノ行為モ十分御認メ願ハレマス事ト確信致シマスレハ私ハ減刑相願ハレルモノト確信致シテ居リマス」と主張したのである。被告人の主張の骨子は、自殺幇助行為をしたが、「良心の呵責」に耐えられずに、交付した青酸カリの返還を求めたところ、「すでに飲んだ」旨言われたので、取戻さなかったに過ぎず、「犯罪の中断行為」は中止未遂に当たるというものである。

大審院は、被告人の上告趣意に対して次のように判示した。すなわち、「原判決ニ擧示セル各證據ヲ綜合スレハ優ニ判示事實ヲ證明スルニ足リ被告人ノ行為ハ自殺幇助ニ非サルコト洵ニ明ナリ記録ニ徴スルモ原判決ニ重大ナル事實ノ誤認アルコトヲ疑フニ足ルヘキ顯著ナル事由アルヲ認メス而シテ縦シ所論ノ如ク被告人カＡニ青酸加里ヲ交付シタル後被告人自ラ犯意ヲ飜シＡ方ニ至リ該薬品ヲ取戻サントシタルニＡカ詐ツテ既ニ服用シタリト告ケタル為同人ニ異狀ナカリシニ安ンシテ敢テ之ヲ取戻ササリシニ數日後同人カ服用シテ死亡シタル事實ナリトスルモ右ハ結果發生前結果ノ發生ヲ現實ニ防止シタルモノニアラサルカ故ニ中止未遂ニ當ラサルモノトス蓋シ苟モ青酸加里ノ如キ毒物ヲ服用シテ激變ナカリシカ如キハ輙ク首肯スヘキ事柄ニ非ス被告人ニシテ眞ニ結果ノ發生ヲ防止セントセハ宜シク其ノ嚢ニ交付シタル薬品カ毒物ナリシコトヲ告白スルノ眞摯ナル態度ニ出テサルヘカラサルヲ以テ被告人カ單ニＡノ言ニ依リテ其ノ儘放任シ置キタルハ未タ結果ノ發生ヲ防止スル行為ヲ為シタリト云フヲ得サレハナリ故ニ被告人カＡニ右薬物ヲ交付シタル行為トＡノ死トノ間ニ因果ノ関係アリ被告人ハ該結果ノ發生ヲ現實ニ防止セサリシ以上最早ヤ中止犯ノ存在ヲ認ムルニ由ナキナリ尚又記録中諸般ノ情狀ヲ斟酌スルモ原判決ノ被告人ニ對スル刑ノ量定ニハ甚シク不當ナリト思料スヘキ顯著ナル事由アリト認メ難シ論旨理由ナシ」と判示したのである。本判決は、被告人の行為を自殺幇助ではなくて殺人行為であるとしたうえで、本件において被告人は、結果発生を「現実に防止」しておらず、「真に」防止しようとするのであれば、交付した薬物が毒物であることを「告白」するという「真摯な態度」に出るべきであるにもかかわらず、そのまま放置したのであるから、中止未遂とはならないとしている。ここにおいて本判決も、「真摯性」の要件を提示しており、具体的事案における真摯な態度の内容が示されている点で、判例上、重要な意義がみとめられる。

17　昭和一三年六月一四日判決〔徴発令違反獣医師法違反被告事件〕（刑集一七巻四三八頁）

本判決の判示事項は、「徴發令ニ於ケル規避罪――規避罪ト中止犯」である。本件の事実関係は、次のとおりである。被告人Xは、荷馬車運送業を営み、被告人Yは、獣医師として開業していた。Xは、昭和一二年四月頃、運送業用の馬四一頭を所有し馬籍簿に登載していたが、その後、馬四九頭を順次に買い入れたが、この部分については馬籍簿に登載しなかった。同年七月二七日、日支事変に対する動員のため、所轄陸軍官署から徴発命令があり、町長から所有馬一一頭を提出すべき旨の徴発告知書が送達されると、Xは、徴発を免れる目的で、①同年同月二九日、徴発施行の準備として同町役場より馬匹の下検査を受けた際、係員に対し右徴発命令を受けた自己所有馬のうち四頭はすでに他に売却し自己の手元に存在しない旨不実の申立てをして、馬籍に虚偽の事項を記載させて除籍処分を受け、遂にその差出しを免れ、②さらに右徴発告知書を受けた馬四一頭のうち一頭の徴発を免れようと考え、同月二九日夜、Yに対して徴発を免れるためであることを告げて、警察署の証明を求めるのに必要な疾病審査証明書の作成方を依頼し、虚偽の審査証明書を作成させてこれを受け取り、翌三〇日、馬匹応徴不能証明願書とともにこれを警察署に提出して馬匹五頭の徴発を規避した。

被告人Yは、①昭和一二年四月上旬頃から同年質月中旬頃までの間、Xの馬の踏創ノ診察をしたにも拘わらず、その診察簿を備えず、②同年七月二九日夜、被告人Xから徴発を免れるためであることの情を告げられ、これに要する診査証明書の作成の依頼を受けると、徴発を免れる目的で虚偽の診査証明書を作成してXに交付し、翌三〇日、これを応徴不能証明願書とともに警察署に提出させてXとともに徴発を規避した。

弁護人は、上告趣意において次のように主張した。すなわち、被告人Xが被告人Yの作成に係る「診査証明書」を当該警察署へ提出したことは、ただちに徴発を規避するための手段ではなくて、当該警察署から応徴不能の証明書の下付けを受けるための手段にすぎないのであり、仮に応徴不能証明書の下付を受けたとしても、これだけで規避の手段全部と見ることはできず、またこれだけで規避の目的を遂げ得るものでもないとした。そして、そのことについて、次のように詳述した。「本件ノ如ク應召不能證明書ヲ利用シ徴發ヲ規避スルカ為ニハ其ノ手段トシテ先ツ當該警察署ヨリ應召不能證明書ノ下付ヲ受ケ亞ニ之ヲ現在地ノ市町村長宛届出ツヘキ二個ノ段階ヲ經サル可ラス故ニ原判決カ被告人等カ右手段タル可キ行為ノ一段階ニ著手シタルコトノミヲ以テ大草號ノ徴發ヲ免レントシ以テ規避シタリト斷シタルハ矛盾シタル觀方ニシテ實ハ規避セントシテ應召不能證明書下付ヲ願ヒ出タルモノナルニ過キスト觀ル可キモノナリ即チ本件此ノ點ニ關スル事實ハ所謂中止未遂ニシテ規避ノ既遂ニ非ス而シテ本罪ノ未遂ハ之ヲ罰スルノ規定ナキヲ以テ原判決ハ右點ニ關シ擬律錯誤ノ法令違反ト重大ナル事實ノ誤認アルコトヲ疑フニ足ルヘキ顯著ナル事由アリ」と主張したのである。弁護人の主張の要点は、馬匹応徴不能証明書の下付を受けただけでは規避罪は既遂とはならず、本件では中止未遂がみとめられるべきであるということである。

大審院は、右の上告趣意に対して次のように判示した。すなわち、「苟モ馬匹ノ徴發ヲ免ルル意圖ノ下ニ獸醫師ノ虚偽ノ診斷書ヲ添ヘ警察官署ニ馬匹應徴不能證明願書ヲ提出シタルニ於テハ假令之ニ對スル證明書ノ下付カ警察官署ノ診査ノ結果ニ繫ルトハ云ヘ既ニ規避ノ犯意ハ確定的ニ外部ニ徵表セラレタルモノト解スベキヲ以テ原判決ガ右事實ヲ認メテ徴發令第五十一條ノ規避罪ニ問擬シタルハ相當ナリ而シテ同罪ノ成立スルニハ現實ニ徴發ヲ免レ得タルコトヲ要セサルハ勿論應徴不能證明書ノ下付ヲ受ケタルコトヲモ要セサルモノトス然ラハ判示ノ如ク馬匹應徴不能證明書下付願ヲ提出スルノ所為ニ出テタル以上規避罪ハ完全ニ成立シ爾後其ノ遂行ヲ思止リタリトスルモ規避罪ノ中止ヲ以テ目スヘキニ非ス論旨ハ理由ナシ」と判示したのである。本判決は、馬匹応徴不能証明書下付願を提出する行為に出れば規避罪が成立するので、爾後、その「遂行」を思い止まったとしても同罪の中止未遂はみとめられないとするものである。これは、規避罪が既遂となるため、中止未遂の成立はあり得ないと判示しただけであり、本罪を規定する特別法が失効した以上、事例判例としての意義を有するにとどまる。

18　昭和一八年一〇月二二日判決〔戦時強姦未遂被告事件〕（刑集二二巻二七〇頁）

本判決の判示事項は、「戰時刑事特別法第四條ト刑法第四十三條但書ノ適用」であり、本件の事実関係は、次のとおりである。被告人Xは、戦時燈火管制中であった昭和一七年一一月二四日午後七時半頃、大阪府内において女店員A（当時一八年）および同B（当時一七年）をみとめると、同女らを強姦することを相被告人Yと共謀し、密かにこれを追尾して先回りして待ち伏せた。そして通りかかった同女らを襲い、Xは、Aに対して「声を出すと殺すぞ」などと申し向けて脅迫したうえで強いて姦淫したが、Yは、Bに対して「言うことを聞かないと殺すぞ」などと申し向けて脅迫したうえで強いて姦淫しようとしたが、妊娠を恐れて姦淫を中止した。

なお、戦時刑事特別法第四條一項は、「戰時ニ際シ燈火管制中又ハ敵襲危險其ノ他人心ニ動揺ヲ生ゼシムベキ状態アル場合ニ於テ刑法第百七十六條若ハ同條ノ例ニ依ル同法第百七十八條ノ罪又ハ此等ニ關スル同法第百七十九條ノ罪ヲ犯シタル者ハ三年以上ノ有期懲役ニ處シ同法第百七十七條若ハ同條ノ例ニ依ル同法第百七十八條ノ罪又ハ此等ニ關スル同法第百七十九條ノ罪ヲ犯シタル者ハ無期又ハ七年以上ノ懲役ニ處ス」と規定していた。

弁護人は、上告趣意においてYについては中止未遂がみとめられるべきであると主張した。その理由として次のように主張した。すなわち、原審判決は「妊娠ヲ怖レテ姦婬ヲ中止シタルモノ」と事実を認定しているが、これは中止未遂に該当するものであり、「刑法四十三條ノ法意トスル所ハ犯罪者ヲシテアラユル機會ニ反省セシメソノ良心ノ目覚メヲ促進シ犯罪ノ發生ヲ可及的減少セシムル」ことにあるからにほかならない。そのうえ、「最後迄目的ヲ達成セル被告Yト對照シテ同様五年ノ懲役ヲ言渡サレタ原審判決ハ此點ヨリスルモ刑ノ量定著シク不當ナリト顕著ナル事由アルモノ」であるとしたのである。弁護人の主張の要点は、被告人が「妊娠」を怖れて姦淫行為を中止したので、中止未遂が成立するということにある。

大審院は、右の上告趣意に対して次のように判示した。すなわち、「戰時刑事特別法第四條第一項後段ハ刑法第百七十七條ノ未遂罪タル同法第百七十九條ノ罪ヲ獨立ニ處罰スルコトト為シ無期又ハ七年以上ノ懲役ヲ以テ之ニ莅ムコトト定メタル結果右ノ未遂罪ニ付テハ同法第四十三條但書ノ規定ノ適用セラルル餘地ナケレハBニ對スル犯行ニ付中止未遂トシテ刑ノ減輕又ハ免除ヲ為スニ由ナク記録ニ付仔細ニ調査ヲ遂ケ被告人両名ノ性行犯罪ノ動機、犯行ノ状況、犯罪ノ影響其ノ他アラユル事情ヲ考察スルモ原判決カ被告人両名ヲ各懲役五年ニ處スル言渡ヲ為シタルヲ目シテ刑ノ量定著ク失當ナリト思料スヘキ事由アリト做シ難ケレハ論旨ハ何レモ理由ナキモノト謂ハサルヘカラズ」と判示したのである。本判決は、戦時刑事特別法四条一項後段が刑法一七九条の罪を独立に処罰することを規定したものであるので、刑法四三条但書を適用する余地がないとして、中止未遂の成立を否定したのである。同法は廃止されているだけでなく、中止未遂について何ら判示していないので、本判決は判例としての意義を有しない。

19　昭和二一年一一月二七日判決［建造物侵入窃盗未遂被告事件］（刑集二五巻五五頁）

本判決の判示事項は、「目的物不發見と窃盗未遂罪の成立――目的物不發見後の飜意と窃盗中止犯の不成立」である。本件の事実関係は、次のとおりである。被告人らは、被告人Xと共謀のうえ、石鹸を窃取する目的で、昭和二一年一月三一日、進駐米軍が看守する青森県所在の元第九三部隊兵舎内物置に侵入して、その内部を物色捜索したが、目的物を発見することができなかったため、窃取の目的を遂げなかった。本判決は、戦時刑事特別法四条一項後段が刑法一七九条の罪を独立に処罰することを規定したものであるので、刑法四三条但書を適用する余地がないとして、中止未遂の成立を否定したのである。同法は廃止されているだけでなく、中止未遂について何ら判示していないので、本判決は、中止未遂に関しては判例としての意義を有しないと言える。

弁護人は、窃盗の目的物が犯行現場に不存在のばあいは不能犯として扱われるべきであると主張した。すなわち、被告人らが、石鹸窃盗の意思をもって物置内において目的物を物色捜索したが、それを発見できなかったために、目的を遂げなかった本件のようなばあいは、「絶対的不能」であるから、「不能犯」をもって論ずべきであると主張したのである。さらに、弁護人は、仮に未遂犯が成立するとしても、中止未遂とされるべきであると主張した。すなわち、「本件窃盗は未遂犯でなく中止犯である被告人等は犯罪の遂行を中止したこと明かである。被告人等があくまで窃取の目的を貫徹せんとする意思があつたならば、更に進んで他の方面を物色するのが當然であるのに、事茲に出でなかつたのは犯罪を中止した為である。然るに原審が之を未遂犯として處斷したのは擬律錯誤である」と主張したのである。弁護人の主張の要点は、①窃盗の目的物の不存在のばあい、絶対的不能による不能犯とされるべきである、②不能犯でないとしても、窃取意思を貫徹するのであれば、他の場所を物色するはずであるにもかかわらず、それをしなかったので、中止未遂が成立するというものである。

大審院は、右の上告趣意において提示された二点について次のように判示した。まず、第一点①について、「窃盗犯人が窃盗現場で窃盗の目的物を物色捜索すれば、それは窃盗に着手したのであり、その結果目的物不發見のため窃取をとげなかつたと云ふならば、それは正に窃盗未遂罪を構成する。さうしてこのことはその目的物不發見と云ふことが目的物の不存在に原由すると、将又其の他如何なることに原由するとを問ふ必要はないのであるから、本件の場合に於ける目的物の不發見がたとへ原判決後段に於て説明する如く目的物の不存在に原由してゐたとしても、更にその不存在なる事實が如何なる事情に基くかとか、或は何時からの事實であるかと云ふが如き點に至つては、尚のこと究明するの必要はない。本件の場合の目的物不存在をもつて所謂絶對的不能と観そのことの故に被告人等の所為を目して不能犯をもつて論ずべしとする所論は、要するに獨自の見解たるにすぎないので、採用するわけにはいかぬ、原判決には審理不盡擬律錯誤等の違法はない。論旨は理由がない」と判示したのである。本判決は、窃盗の目的物を「物色捜索」すれば実行の着手がみとめられ、「目的物不発見」のため窃取できなかったばあいには、窃盗未遂であって不能犯ではないと解している。このばあい、目的物不発見の原因が「目的物の不存在」であるかどうかは、問題にならないとされる。これは、不能犯固有の問題であるので、不能犯論の節において検討する。

第二点②について、大審院は、「抑も中止犯は犯人が自己の任意の行為によつて結果の發生を防止した場合であつて、之を本件竊盜の事實について見るに、竊盜と云ふ結果の不發生は目的物の不發見と云ふことに原由して居り、その目的物不發見と云ふことは到底被告人等の任意的行為による原因事實とは謂ひ得ないので、所詮これは中止犯を以て論ずべき筋合ではない。況んや、被告人等の盗取の斷念が目的物不發見の後の事實であると云ふに至つては、尚更のことである。辯護人Aの所論中に、被告人等があくまで窃取の目的を貫徹せんとする意思があつたならば、更に進んで他の方面を物色したであらうに、事茲に出でなかつたのは犯罪を中止した為である、と主張してゐるが、この主張たるや證據によらないで事實を想定し、その想定した事實に對して法律上の判斷を下さうとするものに外ならず、固より採用に値しない。原判決には既に説明したように重大なる事實の誤認もなく、又、擬律錯誤の違法もない。從つて各論旨はいづれも理由なきものと謂はなくてはならない」と判示したのである。本判決は、中止未遂の成立に関して、犯人が「自己の任意の行為」によって「結果発生を防止」したばあいにみとめられるという一般論を提示し、本件において「目的物不発見」は、被告人の「任意的行為」によるものではないので、中止未遂とはならないとしたのである。これは、行為者の任意的行為の存在を要求するものである。ここで「任意性」要件が提示されているが、その内容については触れられていない。

20　総括

ここまで中止未遂が問題となった大審院の判例を見て来た。まず、罪種別に見てみると、詐欺罪、恐喝罪、放火罪、偽造罪、賭博罪、背任罪、窃盗罪、殺人罪および強姦罪などがある。その中で詐欺罪と放火罪が多いことに特徴が見られる。放火罪において、放火行為が遂行された後、何らかの形で消火行為のなされるばあいが多く生ずる。その消火行為について中止未遂規定の適用が争われることになる。実行の着手のばあいと比べると、財産罪が多い点に特異性がみとめられる。とくに詐欺罪においては、欺罔行為と被害者による財物の交付などの財産的処分行為との間に時間的懸隔が存在するので、中止行為について中止未遂規定の適用の可否が問題になるのである。また放火罪が多いのも、特徴的である。放火罪において、放火行為がなされた後、何らかの形で消火行為がなされるばあいが多い。その消火行為について中止未遂規定の適用の可否が争われることになる。

殺人罪においては、殺害行為開始後に結果実現のための行為を「続行」することを止めたばあいに、中止未遂の成立をみとめてよいか否か、が問題とされている。窃盗罪のばあいにも、窃取行為に着手後に、当初意図した客体以外の財物を奪取する行為の「続行」をしなかったことが問題となり得る。強姦罪のばあい、暴行・脅迫後に姦淫行為に出なかったときに、中止未遂規定の適用の可否が問題となったのである。

次に、判示事項別に見てみると、共同正犯、予備、既遂のばあいの取扱いに関するものが多い。まず、共同正犯のばあい、共同正犯関係にある者の一部が実行行為の遂行に参加しないときに、中止未遂の成否が問題とされる。従来、学説においては「違法の連帯性」の原則の見地から、「共犯者全員について罪責を問題とすべきであって、個別的考察を加えるまでもない」とする思考が支配的であったため、共同正犯者の一部の者について中止未遂の成立を問題とするまでもないと解されて来たと言える。判例においても、これと同様の思考が採られたと解され得るが、そのばあい、違法性論の観点はまったく考慮されていない。その理由は、判例上、中止未遂の法的性格についての議論が従前からなされておらず、刑事政策的理由が当然の前提とされていたと考えられることに求められるとおもう。にもかかわらず、弁護人の主張においては、中止未遂規定の適用がみとめられるためには、違法性における「個別性」を論証する必要があったのであり、個別性を基礎づける特殊的事情の摘示を迫られたのであった。しかし、その点についての自覚的展開はなく、たんに中止行為者にとっての特殊事情を考慮すべきことが主張されたに過ぎなかった。ところが、それが、将来の中止未遂の法的性格論における責任減少説の登場への萌芽となり得たのは、判例上、重要な意義を有する。

予備罪については、独立予備罪としての通貨偽造準備罪が、中止未遂規定の適用の可否という論点を提供したのであった。また、特別法における独立未遂罪についても、これと同様の問題が生ずる。すなわち、特別法として規定された未遂罪について中止未遂規定の適用が排斥されるか否か、が問題となったのである。

「故意の放棄」や「訴訟の取下げ」・「上訴の取下げ」の評価、結果防止に対する行為者の協力の程度、中止行為の原因となる「犯行発覚の恐れ」、結果発生防止のための「真摯な努力」などの中止未遂の要件が論議されている。これらがその後の中止未遂犯論に決定的な影響を与えていることに留意する必要があるとおもう。

第二款　最高裁判所の判例

本款において、刑事判例集に登載されている中止未遂（中止犯）に関する最高裁判所の「判例の発展」を個別的事案を通観しながら明らかにすることにする。

1　昭和二四年七月九日判決［強姦致死被告事件］（刑集三巻八号一七四頁）

本判決の判示事項は、①「暴行脅迫によつて婦女を心神喪失抗拒不能ならしめて姦淫した場合の擬律」、②「驚愕によつて犯行を中止した場合と中止未遂」、③「強姦の點が未遂に終つた強姦致死罪の擬律」および④「死因の確實性につき程度の差のある鑑定の結果を綜合して死因を確定することの適否」である。中止未遂に関するものは、②の事項である。本件の事実関係は、次のとおりである。昭和二一年一〇月一八日午後六時三〇分頃、外出先からの帰途、大阪府内の近鉄奈良線のＩ駅近くの墓地付近の道路上を通行中、たまたま前方に学校から帰宅途中の高等女学校生徒Ａ（当時一五歳）の後姿をみとめ、にわかに劣情を起こして同女を強いて姦淫しようと企て、突然、同所でＡの右後ろ側から両手でその咽喉部を絞扼して人事不正に陥れ、Ａを引きずって墓地内へ連れ込んで仰向けに寝かせて、Ａのスカート腹部の辺りまで巻き上げズロースを脱ぎ去り、左手でＡの陰部を探り人差し指と中指とを陰部に挿入したりしたうえ、姦淫を遂げようと試みた。その際、Ｉ駅に到着した電車の前燈の光の直射で左手の指二指に血痕が付着しているのを見て驚いて、ただちに逃げ帰ったため、その目的を遂げなかったが、絞扼によってＡを翌一七日午前二時過ぎ、遷延性窒息死に至らせた。

原審において、弁護人は、本件強姦行為が中止未遂である旨主張したが、この点について原判決は、次のように判示した。すなわち、「被告人は本件強姦行爲の實行に着手した後電車の前燈の光の直射で左手の二指に血痕が附着しているのを見て驚いて直ちに逃げ歸つた爲所期の目的を遂げなかつたものである以上右の實行中止は所謂障碍未遂と解すべきで中止未遂と目すべきでないばかりでなく強姦行爲が假令未遂に終つた場合でも強姦行爲に著手し之に因つて被害者たる婦女を死に到らしめたときとは刑法第百八十一條の罪を構成するものであつて其の未遂犯を以つて論ずべきでないことは同條の規定の解釋上明らかであるから被告人が被害者Ａを強姦しようとして實行に着手し之に因つて同女を死に到らしめた以上被告人の右強姦行爲の實行中止が假令辯護人主張のように所謂中止未遂であつたとしても前記法律適用の箇所に示したように被告人が同法第百八十一條の罪責を負ふべきものとの結論を左右するに足らぬ」と判示して弁護人の主張を排斥したのである。

弁護人は、上告趣意において次のように主張した。すなわち、①「原判決ハ其ノ法律理由ニ於テ強姦ノ決行未遂ナリト判示スルモ事實理由ニ判示スル所ハ正ニ中止未遂ノ事實ナリ則チ理由ニ齟齬アルモノナリ」、②「原判決ノ事實認定ヲ強姦ノ決行未遂ニ在リト假令セハ犯罪事實ノ判示不備ナルノミナラス判示決行未遂ヲ證明スル證據ナシ」と主張したのである。②の中止未遂となる理由に関しては、次のように述べている。すなわち、「被告人が二指に血痕の附着しているのを見たのは大阪行の電車が來て其の前燈の光が直射したに因るけれど、此の直射に因り犯行の發覺を恐れて止めたのではない此の直射に因り自己の犯した所爲のあまりに酷なるに驚いて此の驚愕即ち内心的作用の爲めに犯行を中止したのである」としたのである。弁護人の主張の要点は、被告人が犯行を中止したのは、「犯行の発覚」を恐れたからではなくて、自己の所為の「あまりに酷なる」ことに驚いたからであり、「驚愕」という「内心的作用」のために中止したので、中止未遂がみとめられるということである。ここでは、「内心的作用」としての「驚愕」が中止の原因である以上、中止未遂が成立するとされている。つまり、中止の原因が外発的であることが強調されていることになる。

右の上告趣意に対して、最高裁判所は次のように判示した。すなわち、「論旨はいづれも所論強姦未遂の點について、原判決がこれを障礙未遂と判斷したことは誤りであつて、理由不備又は理由齟齬の違法があり、且つその違法は原判決の刑の量定に影響を及ぼしたものであるというに歸す。

しかし、被告人が所論強姦の所爲を中止した原由として原判決の認定したるところは、これを原判決摘示の事實と、これが證據として擧示されたところについて見れば、當夜は一〇月一六日の午後六時半過ぎて、すでにあたりはまっくらであり、被告人は人事不省に陥つている被害者を墓地に内に引摺り込み、その上になり、姦淫の所爲に及ぼうとしたが被告人は當時二三歳で性交の經驗が全くなかつたため、容易に目的を遂げず、かれこれ焦慮している際突然約一丁をへだてたＩ驛に停車した電車の前燈の直射を受け、よつて犯行の現場を照明されたのみならず、その明りによつて、被害者の陰部に挿入した二指を見たところ、赤黒い血が人差指から手の甲を傳わり手首まで一面に附着していたので、性交に經驗のない被告人は、その出血に驚愕して姦淫の行爲を中止したということがわかる。かくのごとき諸般の情況は被告人をして強姦の遂行を思い止まらしめる障礙の事情として、客觀性のないものとはいえないのであつて被告人がＢ辯護人所論のように反省悔悟して、その所爲を中止したとの事實は、原判決の認定せざるところである。また驚愕が犯行中止の動機であることは、Ｃ辯護人所論のとおりであるけれども、その驚愕の原因となつた諸般の事情を考慮するときは、それが被告人の強姦の遂行に障礙となるべき客觀性ある事情であることは前述のとおりである以上、本件被告人の所爲を以て、原判決が障礙未遂に該當するものとし、これを中止未遂にあらずと判定したのは相當であつて何等所論のごとき違法はない」と判示したのである。本判決は、出血による驚愕が「強姦の遂行を思い止まらしめる障礙の事情」として「客観性」のないものとは言えないのであり、「反省悔悟」により中止した事実は認定できず、中止未遂はみとめられないとしたわけである。ここで、中止未遂の要件として、犯行の「遂行」を中止させるに足りる「客観的」事実の存在が要求されており、中止の「強制性」を必要とする客観説を採ることが明言されていることになる。その意味において、最高裁判所の判例は、大審院の判例を踏襲していると言える。

2　昭和二四年七月一二日判決〔強姦致傷、不法監禁各被告事件〕（刑集三巻八号一二三七頁）

本判決の判示事項は、①「数名共謀による強姦致傷罪と共犯者の一人の犯行の中止」、②「数名が共謀して強姦しちいずれの者の行爲により傷害を與えたか不明な場合と強姦致傷罪の共同正犯の成立」および③「不法監禁罪と強姦致傷罪とは牽連犯となるか」である。中止未遂に関するものは、①であり、その事実関係は、次のとおりである。すなわち、被告人X、同Yおよび同Zは、他二名の不良仲間と街頭を徘徊していた折、AがB子とともに鉄道従業員休憩所に入るのをみとめ、同所二階の部屋からAを階下に引き下ろして監禁したうえでB子を強いて姦淫することを共謀した。X、Y、Zらは、共謀どおりにAを脅迫して監禁したうえで、二階の部屋でXがB子を脅迫して強いて姦淫し、その後、Yらが順次、強姦して、B子に処女膜裂傷の傷害を負わせた。なお、Zは、同様に強姦しようとしたが、B子から哀願されたため、姦淫を止めたのであった。

原判決は、被告人Zの弁護人がZにつき中止未遂の成立がみとめられるべき旨を主張したのに対して、「被告人Zがその意思によつてB子に對する強姦の所爲を中止したことは判示のとおりであるが、同被告人は他の相被告人等とともにB子を強姦することを企て、右相被告人等はそれぞれ判示のように強姦を遂げたものであるから被告人Zのみこれを中止したとしても同被告人に對し右強姦の中止未遂を以て論ずることはできない。從つて、辯護人の主張はいずれも理由がないから採用の限りではない」と判示して、右主張を排斥した。

弁護人は、上告趣意において、まず、原判決の認定した第一のAに対する逮捕監禁罪は、第二のB子に対する強姦致傷罪の手段としておこなわれたものであるから、両罪は牽連犯であるのに、原判決は、「刑法第五〇條を適用せず刑法第四五條第四七條第一四條を適用し結局過當不法に重い刑期範圍内に於て刑期を量定した不法がある」と主張した。次に、原審において弁護人の主張した中止犯論について原判決が共犯論により上告人らの各自の立場を全然個別的に考察していないのは、「犯罪事實判示不十分の飛躍的不當がある」としたのである。ここにおいて、共同正犯における中止未遂の成否については、共犯者各自の立場を個別的に考慮すべきことが主張されていることになる。

最高裁判所は、上告趣意に対して次のように判示した。すなわち、「強姦に際し婦女に傷害の結果を與えれば、姦淫が未遂であつても強姦致傷罪の既遂となり、強姦致傷罪の未遂といふ觀念を容れることはできない。原判決の認定した事實によれば、被告人等はB子を強姦することを共謀して同女を強姦し、且つ強姦をなすに際して同女に傷害を與えたというのであるから、共謀者全員強姦致傷罪の共同正犯として責を負わなければならない。原審被告人Zは、同女を姦淫しようとしたが同女が哀願するので姦淫を中止したのである。しかし他の共犯者と同女を強姦することを共謀し、他の共犯者が強姦をなし且つ強姦に際して同女に傷害の結果を與えた以上、他の共犯者と同様共同正犯の責をまぬかれることはできないから中止未遂の問題のおきるわけはない。従つて所論未遂に關する論旨は採用できない」と判示したのである。本判決は、共同正犯者が強姦致傷の結果を生じさせた以上、全員強姦致傷罪の「既遂」の罪責を負うので、中止した者について中止未遂の問題は起こらないと解したのである。ここでは、「一部実行の全部責任」の原則が適用されて既遂犯となるばあいには、中止未遂を論ずる余地がないとする従来の判例の立場が踏襲されている。

3　昭和二四年一二月一七日判決〔強盗被告事件〕（刑集三巻一二号二〇二八頁）

本判決の判示事項は、「共犯者の中一人は自己の意思に因り犯行を中止し他の者が犯行の目的を遂げた場合中止未遂の規定の適用の有無」である。本件の事実関係は、次のとおりである。すなわち、被告人Xは、多額の借財のために窮した結果、原審相被告人Yと共謀のうえ、昭和二三年一二月二日午後一〇時半頃、愛知県内のA方に侵入し、Aおよびその妻Bと子供が寝ていた部屋において、Yは、所携の刺身包丁をAに突き付けて「あり金を皆出せ、一万や二万はあるだろう」と申し向け、Xは、ジャックナイフを手に持って「大きな声を出すな」と申し向けて脅迫して、その反抗を抑圧したうえ、Bがタンスの中から出して渡した現金九〇〇円を強取した。原審において、弁護人は、現金九〇〇円をBが差し出した時、Xは、これを受け取ることを断念してA方から立ち去ったので、中止未遂が成立し、その刑を減軽されるべきであると主張した。弁護人の右の主張に対して、原判決は、被告人は、判示現金九〇〇円を見た時、これを受け取ることを差し控えたが、共犯者Yが、これを強取することを阻止せずに放任し、共犯者と共に右金九〇〇円を遊興費に費消したことがみとめられるから、本件犯行は中止未遂でなく、強盗既遂と解すべきものであって、弁護人の右主張は採用することができない旨判示した。

弁護人は、上告趣意において「原判決には審理不盡の違法がある」として、原判決は、被告人に対する本件事案を強盗の既遂と認定しているが、「被告人に対する本件が強盗未遂か中止未遂かについては原審で審理が十分に盡くされていない憾みがある」と主張した。すなわち、「被告人が共犯者Yに対し判示現金九百円に手をつけることなくそのまゝ被害者方より立去るべきことを勧告した事実は前述の通り明かなところであり、これはとりも直さず被告人に於て共犯者Yが金銭を強盗するのを阻止したものと認めて何等差支えないものと思う」と主張したのである。弁護人の主張の核心は、被告人が他の共犯者に対して、供与された金銭を受け取らずに立ち去るべきことを「勧告」したので、共犯者が強取することを「阻止」したこととなって中止未遂がみとめられるべきであるということである。

最高裁判所は、右の上告趣意に対して次のように判示した。すなわち、「被告人がAの妻Bの差し出した現金九百円を受取ることを断念して同人方を立ち去つた事情が所論の通りであるとしても、被告人において、その共謀者たる一審相被告人Yが判示のごとく右金員を強取することを阻止せず放任した以上、所論のように、被告人のみを中止犯として論ずることはできないのであつて、被告人としても右Yによつて遂行せられた本件強盗既遂の罪責を免れることを得ないのである。してみればこれと同一の見解に立つて、原審弁護人の中止犯の主張を排斥し被告人に対し本件強盗罪の責任を認めた原判決は相当であつて所論の違法はない」と判示したのである。本判決は、被告人について共犯者が金銭を「強取することを阻止せず放任した」と認定したうえで、中止未遂の成立を否定し強盗罪の罪責を肯定している。これは、被告人の行為が共犯者の犯行を「阻止」したことにはならないとした点で事例判例としての意義を有する。

4　昭和二九年一月二〇日判決［強盗同予備窃盗被告事件］（刑集八巻一号四一頁）

本判決の判示事項は、①「予備罪と中止未遂の関係」、および、②「第一審判決の不定期刑を第二審が定期刑にする場合と旧刑訴第四〇三条」である。本件の事実関係は、次のとおりである。被告人X、同Y、同ZおよびUは、Aと相談して大阪市内のB方で強盗をしようと企て、同月一九日午後八時三〇分頃、被告人Xは出刃包丁を、被告人Yは縄をそれぞれ携えて四名でB方に赴いて強盗の予備をした。

被告人の上告趣意は、次のとおりである。すなわち、仲間から「風呂敷を預りました。後でお調べの結果『ドス』が一振入つて居たのですが私として口実ではなく、まさかそんな恐しい物が入つて居るとは夢にも知らず、Xが××家の表戸を叩き『警察署の者だが』と言つて家人を起して居る様子を私はこちらから眺めて、余りにも自己の罪業の深さに気付き無意識に一目散自宅へ不自由な足を引つ張つて帰へりました。強取の意志のない妾、只案内しただけで刑法第二三七条の適用、一銭の配当もなく、第四三条の中止未遂として処断して戴き度いのです」と主張した。弁護人の上告趣意は、次のとおりである。すなわち、原判決は、旧刑事訴訟法第四百三条の所謂「不利益変更禁止」の規定に違背して被告人に対し第一審言渡刑の短期二年六月以下の刑に処すべきに拘らず、被告人を懲役四年に処したので、破毀を免れないと主張したのである。被告人としては、強盗予備となるドスを預かったのはそれと知らずにしたのであり、他の共犯者が被害者の家人を起こすのを見て自己の罪業の深さに気付いて逃げ帰ったのであり、強取の意思もなかったのであるから、中止未遂の成立がみとめられるべき旨を主張したことになる。

最高裁判所は、被告人の上告趣意に対して次のように判示した。すなわち、「原判決挙示の証拠によれば、被告人が強盗しようとして原審相被告人等と共に判決第四摘示の強盗予備の行為をした事実は十分これを認めることができる。故に強盗の意思がなかつたとの主張は理由なく、又予備罪には中止未遂の観念を容れる余地のないものであるから、被告人の所為は中止未遂であるとの主張も亦採ることを得ない」と判示したのである。本判決は、強盗予備の行為をした事実がみとめられる以上、「強盗の意思」がなかったとの主張は理由がなく、また、予備については「中止未遂の観念」を容れる余地がないとして、被告人の主張を排斥している。これは、予備罪については中止未遂の観念を「容れる余地のないもの」であると明言した点において、判例上、重要な意義を有する。理由を示していないが、「中止未遂の観念を容れる余地がない」という強い表現の中に、中止未遂規定は未遂犯についてのみ適用されるべきである」とする意味が込められていると解される。

5　昭和三二年九月一〇日判決〔尊属殺人未遂被告事件〕（刑集一一巻九号二二〇二頁）

本判決の判示事項は、「障がい未遂と認むべき一事例」であるとされている。本件の事実関係は、次のとおりである。被告人Xは、昭和二八年一〇月一八日午前零時頃、横浜市内の自宅六畳間において就寝中の実母Aを殺害する目的でその頭部を野球用バットで一撃したが、これによって死亡したものと思って隣接する三畳間の自室に入ったところ、間もなくAの呼ぶ声に再び六畳に戻ってみると、Aが頭部の傷口から血を流しているのを見て、にわかに驚愕恐怖の余り、犯行を続行することができず、所期の殺害の目的を遂げるに至らなかった。被告人は、右の一撃によりAに全治約一週間の頭部挫傷を負わせたに止まったものである。

弁護人は、上告趣意において次のように主張した。すなわち、「被告人は自らの良心に叱咤され自己の行為の結果に愕然として反省するに至つたものである。而して被告人の精神を常軌に復さしめた原因は被害者である母親の流血と痛苦である。凡そ斯る罪を犯すべく決意せる程の者が被害者の流血を見たればとてその犯行を中止すべき筈なく寧ろ被害者が流血し痛苦することはその予期する処と云うべくこれを犯して犯行を継続遂行することが一般通例というべきである」と主張したのである。さらに弁護人は、追加上告趣意において、「被害者の負傷及び流血の事実は斯る種類の犯罪に於ては犯罪の遂行を中止せしむる客観性ある障礙とは認め難く、斯る事態に直面して翻然犯意を放棄し犯罪の実行を中止するに至つたのは本件被告人についてのみ見られる極めて特殊な主観的理由に基くものであつて『自己ノ意思ニ因リ之ヲ止メタルトキ』に該当すること曩に上告趣意書に於て申述した通りであります」と主張した。この主張には、注目すべき論点が提示されている。まず、「被害者の負傷及び流血の事実」は、「犯罪の遂行を中止」させる「客観性ある障礙」ではなくて、行為者が予期するところである以上、あえて「犯行を遂行」するのが「一般通例」であるとされているのである。犯罪の遂行を中止させるだけの原因となるべき客観的事実が、中止行為の「任意性」を判断するための基準となることを「一般的通例」という表現で提示されていることになる。次に、このような「一般通例」に反して、被告人が「犯意を放棄」して犯行を中止したのは、きわめて「特殊な主観的理由」に基づくものであるから、自己の意思により中止したことに当たるとされている。一般通例に反してなされた中止行為は、外部的強制によらないので、任意性がみとめられることになるわけである。これらの理由付けは、判例が採ってきた客観説の適用に基づくものであり、その意味において興味深いものであると言える。

最高裁判所は、右の上告趣意に対して次のように判示した。まず、「論旨中事実誤認、法令違反、量定不当を主張する点は、刑訴四〇五条の上告理由に当らないし、判例違反を主張する点は、所論引用の判例も原判決もともに障がい未遂となるとの判断を示したものであり、原判決が右判例に相反する判断を示していないことが明白であるからその前提において失当であつて上告適法の理由とならない」としたうえで、カッコ内で原審が認定した事実を詳細に援用しつつ、次のように判示している。すなわち、「原判決の認定するところとその挙示する証拠よれば、本件の事実関係は、被告人はかねて賭博等に耽つて借財が嵩んだ結果、実母Aや姉B等にも一方ならず心配をかけているので苦慮の末、服毒自殺を決意すると共に、自己の亡き後に悲歎しながら生き残るであらう母親の行末が不憫であるからむしろ同時に母親をも殺害して同女の現生の苦悩を除いてやるに如かずと考え、昭和二八年一〇月一八日午前零時頃自宅六畳間において電燈を消して就寝中の同女の頭部を野球用バットで力強く一回殴打したところ、同女がうーんと呻き声をあげたので早くも死亡したものと思い、バットをその場に置いたまま自己が就寝していた隣室三畳間に入つたが、間もなく同女がX、Xと自己の名を呼ぶ声を聞き再び右六畳間に戻り、同女の頭部を手探りし電燈をつけて見ると、母が頭部より血を流し痛苦していたので、その姿を見て俄かに驚愕恐怖し、その後の殺害行為を続行することができず、所期の殺害の目的を遂げなかつたというのである。右によれば、被告人は母に対し怨恨等の害悪的感情をいだいていたものではなく、いわば憐憫の情から自殺の道連れとして殺害しようとしたものであり、従つてその殺害方法も実母にできるだけ痛苦の念を感ぜしめないようにと意図し、その熟睡中を見計い前記のように強打したものであると認められる。しかるに、母は右打撃のため間もなく眠りからさめ意識も判然として被告人の名を続けて呼び、被告人はその母の流血痛苦している姿を眼前に目撃したのであつて、このような事態は被告人の全く予期しなかつたところであり、いわんや、これ以上更に殺害行為を続行し母に痛苦を与えることは自己当初の意図にも反するところであるから、所論のように被告人において更に殺害行為を継続するのがむしろ一般の通例であるというわけにはいかない。すなわち被告人は、原判決認定のように、前記母の流血痛苦の様子を見て今さらの如く事の重大性に驚愕恐怖するとともに、自己当初の意図どおりに実母殺害の実行完遂ができないことを知り、これらのため殺害行為続行の意力を抑圧せられ、他面事態をそのままにしておけば、当然犯人は自己であることが直に発覚することを怖れ、原判示のように、ことさら便所の戸や高窓を開いたり等して外部からの侵入者の犯行であるかのように偽装することに努めたものと認めるのが相当である。右意力の抑圧が論旨主張のように被告人の良心の回復又は悔悟の念に出でたものであることは原判決の認定しないところであるのみならず、前記のような被告人の偽装行為に徴しても首肯し難い。そして右のような事情原因の下に被告人が犯行完成の意力を抑圧せしめられて本件犯行を中止した場合は、犯罪の完成を妨害するに足る性質の障がいに基くものと認むべきであつて、刑法四三条但書にいわゆる自己の意思により犯行を止めたる場合に当らないものと解するを相当とする。されば、原判決が本件被告人の所為を中止未遂ではなく障がい未遂であるとしたのは、以上と理由を異にするが、結論においては正当である」と判示したのである。本判決は、まず、被告人において、「憐憫の情」から「自殺の道連れ」として母親の殺害を決意し「殺害方法」も痛苦を小さくするように計画したので、母親の「流血痛苦」は、まったくの予想外の事態であったと認定している。そして、以上の事実が「殺害行為続行の意力」を抑圧し、「発覚」を「怖れ」て第三者による犯行を「偽装」したのであって、「意力の抑圧」は、「良心の回復または悔悟の念」に基づくものではないので、犯行の中止は、「犯罪の完成を妨害するに足る性質の障がい」に基づくものである以上、中止未遂とはならないとしたのである。本判決においては、弁護人が主張した「犯行遂行」についての「通例」の内容が否定されているが、本件の具体的事実の存在が否定の条件となっており、一般的な「通例」としての内容が提示されていない点が注目される。本件においては、被害者である母親の「流血痛苦」が予想外の事態であることを前提としているのである。また、本判決が、「犯罪の完成を妨害するに足る性質の障がい」という基準を提示している点も注目される。この基準は、言い換えると、動機となる事実が犯行を中止させるだけの「強制力」を有するか否か、ということを意味するのであり、これは、中止行為の任意性に関する客観説とまったく同じ内容を有することになる。この意味において、本判決は、任意性に関する最高裁判所の判例を確立したものと評価され得るとおもう。

6　総括

ここまで中止未遂が問題となった最高裁判所の判例を見て来た。まず、罪種別に見てみると、強姦致死罪、強姦致死傷罪および強姦罪、強盗予備罪および尊属殺人罪である。

強姦致死罪および強姦致傷罪においては、結果的加重犯の加重結果が発生したばあいにも中止未遂規定の適用が問題となるが、それは、既遂罪のばあいとまったく同じ論点を包含する。結果的加重犯においては、基本行為の遂行と加重結果の発生が結合されているので、基本行為の一部の遂行がなされて結果の発生をもたらすという事態が生じ得る。そうすると、基本行為の中止について中止未遂を問題にする余地があることになる。この点について最高裁判所は、いずれのばあいにも既遂となっている以上、中止未遂規定の適用を論ずるまでもないと判断しているのであり、これは、大審院の判例を踏襲するものであると言える。

強姦罪のばあい、手段としての暴行・脅迫行為の遂行後に、姦淫行為を中止するときに中止未遂規定の適用が問題となり得る。なぜならば、そのときには、全体としての強姦行為の中止という事態を観念することができるからにほかならない。ここにおいては、中止未遂の要件を具備するか否か、を検討しなければならないのであり、中止行為の「任意性」が問題となるわけである。

殺人罪についても、中止行為の任意性が問題となるのであり、そのばあいには中止未遂固有の論点が検討されることになる。

強盗予備罪においては、予備罪に中止未遂の観念を肯定できるか否か、が争われる。しかし、この点は、すでに大審院の判例において判断が示されており、中止未遂規定の適用をみとめないことが、判例上、確立されていた。最高裁判所は、これを踏襲し、中止未遂規定の適用を否定しているのである。

次に、判示事項別に見てみると、「驚愕」による犯行中止と中止未遂の成否、共犯者の一人による犯行中止と中止未遂の成否、予備罪についての中止未遂規定の可否および「流血」を見て犯行を中止したばあいの中止未遂規定の適用の可否が問題にされている。

判示事項で注目されるのは、犯行中止の「動機の内容」が検討されていることである。従前の判例においては、中止行為が「外在的な事実」に基づくのか、それとも「内在的な自発性」に基づくのか、が問題とされて来たと言える。言い換えると、そこにおいて重視されたのは、動機形成の「原因」の「外発性」と「内発性」の問題なのである。それは、四三条但し書きの文言に由来すると解される。すなわち、条文上、中止未遂は、「自己ノ意思ニ因リ」結果が発生しなかったことを要件とするが、ここにいう「自己ノ意思」は、まさしく行為者「自身」の「内部的な」心理的要素、つまり「内心的要素」を意味し、その意思に「因リ」とは、その意思が「原因」となっていることを意味するのである。自己の意思が原因になっているということは、取りも直さず「自発的」であることにほかならない。つまり、それは、外在的な事実とは無関係に中止行為をおこなう意思が生じたことを意味するわけである。そうすると、その意思を生じさせた「動機」は、問題とならず、そのような意思が行為者の自発性に基づいて生じたこと自体が、重要であるとされることになる。そこで、弁護人達は、上告趣意においてその旨を主張して来たのであった。しかし、最高裁判所の判例は、中止行為の「自発性」ではなくて「任意性」を重視するに至ったのである。そして、任意性を判断するに当たって、行為者の「動機」の内容を検討するようになった。外在的事実の「認識」が動機形成に影響を及ぼすことがあり、そのばあい、それが、中止行為をおこなうことを決意する「動機」に対していかなる作用をもたらすのか、が問題とされるのである。そのばあい、当該「認識事実」が中止行為の決意に「強制的な」影響を及ぼすのか否か、が決定的な意義を有するとされることになる。ここにおいては、「非強制性」が「任意性」を意味する。認識事実が強制力を有するばあいには、誰にとってもそのような決意をせざるを得ないことになるのであるから、当該行為者について中止未遂として特別に寛大に扱う必要はないはずである。これを中止未遂の要件との関連で考えると、「強制的に」そのような決意をするに至ったのであるから、「任意に」なされたとは評価され得ないことになる。つまり、中止行為に任意性がないばあいには、中止未遂は成立しないのである。このように解すると、ここにおいて、判例上、「任意性」要件が確立するに至ったことになる。そこで、このような観点から、「驚愕」による犯行中止、「流血」を見たことによる犯行中止、窃盗の目的物不存在に基づく窃取行為の中止などについて、任意性が問題とされたのである。

共同正犯者の一部の者の中止行為に対する中止未遂規定の適用の可否の問題は、大審院時代から取り扱われて来たが、「一部実行の全部責任の原則」によって既遂罪とされるので、中止未遂規定の適用が否定されたのである。最高裁判所もこれを踏襲し、右の立場が堅持されている。

第三節　中止未遂犯論の現在と展望

第一款　転機を迎えた中止未遂犯論

ドイツにおいては、中止未遂犯論に関し多くの議論がなされ、多数のモノグラフィーや論文が公刊されていることは、周知の事実である。これに対してわが国においては、ドイツの刑法理論を継受して来たにもかかわらず、中止未遂犯論は、「傍論」に属するものとされたため、これに関するモノグラフィーの数は多くはなかったのである。このように、「日本とドイツでは、中止犯論に対する議論の温度差が明らかに存在する」と野澤教授は、指摘されている。(19) じつはこの「温度差」こそが、中止未遂犯論の本質の象徴的メルクマールを成すのである。つまり、「中止未遂規定の相違」が、ドイツと日本おける議論の濃淡の差をもたらしているので、その相違を明確にすることが、理論上、きわめて重要なのであると言える。言い換えると、両国における温度差の原因を究明することが、中止未遂犯の理論化にとって不可欠の要請であることに注意しなければならない。ドイツ刑法においては、中止未遂は「犯罪の不成立」という法律効果を生じさせる。したがって、その根拠をめぐって「犯罪」論の見地から激しい論争をもたらすことになる。議論が活発化する原因は、ここにあるのであり、犯罪論の進展に伴ない今後も議論が下火になることはないであろうと考えられる。これに対して日本においては、中止未遂の法律効果は、「刑」の減免にとどまる。それは、法律要件論としての「犯罪」論ではなくて、法律効果論としての「刑罰」論の領域に属し、しかも刑罰の本質論ではなくて、「科刑」の次元における「量刑」論ないし「刑量」論の性質を帯びているので、いきおい犯罪論の片隅に追いやられてしまうという傾向があったことは否定できない。中止未遂犯に対する問題関心は、障害未遂がその法律効果として刑の「任意的減軽」にとどまるのに対して、中止未遂が「必要的な」刑の「減軽または免除」という恩恵的な取扱いを受けることの理論的究明に向けられて来たのである。取り立てて言うまでもないが、その際、法律要件論が法律効果論に決定的な影響を及ぼすのは、法律学上、当然のことである。このことを前提にして、わが国の通説は、中止未遂の法的性格を問題にして、犯罪論体系の観点から中止未遂の成立要件を検討し、科刑の段階において刑の減軽と刑の免除を区別する基準の問題の解決を図って来た。わたくしは、このような通説の立場を支持し、その観点から右の問題について研究を進めて来ている。

二〇〇〇年代に入ってから、右のような状況に変化が生じた。中止未遂に関する優れたモノグラフィーが多く出版されるようになっているのである。このような変化が生じた「転機」について町田行男氏は、次のように指摘されている。[20]すなわち、平野博士が違法減少説は刑事政策説を「理論的に表現したもの」であるとされたことを、法律説である違法減少説を一元的に「刑事政策説の理論的表現」として把握したものとされたのである。これは、平野説が従来、刑事政策説と法律説としての違法減少説を二元的に把握していると解されたのに対して、右の主張が違法減少説に「一元化」されたことを意味するものとして理解していると言えるとおもう。ここに転機がみとめられることになる。

右のような理解の基礎には、町田氏独自の「止揚的」把握という視点がある。それは、ある法律を検討する際、「政策的視点」および「法理論的視点」からの考察があり、刑事政策説と法律説とを対立的にではなく、止揚的に把握する方法が妥当であるとする視点である。[21]つまり、政策説と法律説とは相対立するものではなく、同じ問題を異なった観点から考察したものに過ぎず、前者は、中止未遂における刑の減免根拠を政策的観点から、後者は、法理論的観点からそれぞれ検討したものであると観念することによって、刑事政策説と法律説との対立が揚棄できると解されているわけである。そして、右の観点からは、中止未遂犯全般について考え直す必要があり、法理論的視点だけから中止未遂を考察して来た通説は、中止未遂の問題を正しく論じていない嫌いがあるとされる。このような再検討が必要とされる従来の中止未遂犯論は「一つの転換点」を迎えつつあるとされるのである。[22] そこで、本節において、公刊されたモノグラフィーに即して新たな問題点について検討を加えることにしよう。

第二款　可罰的責任減少説

ドイツおよび日本の理論状況の検討を基礎として両者を比較しながら、わが国の中止未遂規定の解釈について考察された山中敬一教授は、次のように指摘されている。まず、「ドイツにおいては、『根拠』問題と『体系』問題とを区別して論じているのに対し、わが国では、中止の根拠の問題は、体系の問題に還元されている」という相違があるとされる。[23] そして、このような中止未遂の「解釈のアプローチの相違」が生じるのは、中止未遂規定の決定的な相違に由来するとされている。ドイツにおいては障害未遂が犯罪とされ、中止未遂は犯罪とされないので、両者は「質的に」異なる。このように「質的」な相違がみとめられる「根拠」は、犯罪論体系外の観点から考察される必要があり、その「位置付け」は、犯罪論体系内で考察される必要があるとされる。[24] ドイツの中止未遂規定が障害未遂規定と「質的に」決定的に異なるという山中教授の指摘は、わが国の通説の見地からも高く評価され得るであろう。しかし、その「質的な」相違の「根拠」は無条件に「犯罪論体系外の観点」から考察されるべきであるとされる点には、疑問が残るのである。なぜならば、犯罪論体系内においても、右の質的相違をもたらす根拠を説明することは可能であり、むしろ前述のとおり、「法律要件論」としての犯罪論の見地から解明する必要があると言えるからにほかならない。

ドイツ法とは異なり日本法においては、刑の減免が中止未遂の法律効果であり、障害未遂との差は、刑の減軽については任意的か必要的か、さらに刑の免除をみとめるか否か、にとどまる。山中教授によれば、これは、体系内の問題にほかならず、「この相違は、どちらの分類方法が『よい』かという観点で捉えるべきではなく、むしろ、両国における中止犯の解釈に対するアプローチの相違として捉えられるべきである。すなわちドイツでは、中止規定の根拠をむしろ犯罪体系外的考察によってその本質を問うという形で説明しようとする傾向があるのに対し、わが国では、体系内的考察の枠内でその根拠を見出そうとする傾向があり、ドイツでは、例えば、報奨説や刑罰目的説は体系内的考察のみでは説明し切れないがゆえに、根拠と体系的地位の問題を区別せざるをえない」とされるのである。そして、「根拠」問題と「体系」問題というドイツにおける問題の立て方は、目的論的説明と範疇論的説明に対応しており、「根拠」に関する理論である刑事政策説、報奨説、刑罰目的説が、中止未遂犯を不可罰とするのは「〜のためである」という説明をおこなっているのに対して、「体系」問題に関する説明は「〜だからである」という因果的説明を与えているとされる。このことは、体系内的説明だけでは、中止未遂規定の根拠の本質を捉えきれないことを示しているとされる。わが国において、違法ないし責任減少説を採りながら刑事政策的理由を援用して「二元的」説明を採る学説があることもこのことを示しているとされる(25)。しかし、このような二元的説明が「理論的な必然性」を有するかどうか、は別に検討されるべき問題であるとおもう。法律説を採りつつ刑事政策説を援用する見解は、厳密な意味においては二元説とは言えないのであり、たんに刑事政策説を「補完的に」援用しているに過ぎないのである。

山中教授は、中止未遂を「可罰的責任減少説」の見地から把握すべきことを次のように主張されている。すなわち、行為者は、任意の中止によって、犯罪遂行に対する「意思力の減退または喪失」を示して法秩序の枠内に再び立ち帰ったことに基づて、範疇的意味における責任が減少するが、任意に法秩序の枠内に復帰した者を、責任の程度に応じた刑罰で処罰することが刑事政策的に合目的的かどうか、または、刑法の謙抑性の観点から刑罰という重大な手段を行使することが必要かどうか、が目的論的に考慮されるべきであるとされる。(26) ここで、中止未遂における「任意の中止行為」の「評価」が、中止未遂の「本質」の問題として把握され、責任減少がそれを基礎付けるとされている。次に、責任の「程度」に応じた刑罰が「刑事政策」に合目的的か、そもそも刑罰を科することが「刑法の謙抑性」の観点から必要か否か、が考慮されるべきであるとされている。(27) この考慮は、中止未遂の本質を基礎づける要素として刑事政策の目的を援用するものではないという意味において、「二元的」なものとは言えず、むしろ責任の減少を基礎とすることが刑事政策目的にも合致するとして刑事政策説との「同一化」を指向するという意味において、平野博士のばあいと同じく「一元的」考察に連なると言えるであろう。町田氏が、理論状況の転機の契機の一つとして山中教授の所説を挙げられているの(28)は、右のように解され得る。

次に、可罰的責任という範疇において、任意の中止によって、処罰に値する、または刑法上重要な責任としての可罰的責任が減少することになるとされる。刑の減軽の余地があり、刑罰目的の喪失または処罰の必要性の有無だけでなく刑の程度をも斟酌できるわが刑法においては、刑事政策的に見て、可罰的責任減少説がより妥当性を有するとされている。(29) わたくしも、違法・責任減少説の見地から「責任の減少」をみとめ、かつ、「可罰的責任」の概念をみとめている点において、そしてその限度において山中説と共通するものがあるかの観を呈する。しかし、可罰的責任の内容と機能において山中説とは異なるので、この点について触れておくことにする。

わたくしは、「可罰的責任の理論」の観点から、実質的な責任阻却をみとめるべきであると解している。可罰的責任の理論とは、非難可能性が存在していても、行為者に対する非難がとくに刑罰という強力な手段を必要とするほどに強く、しかも、その刑罰を受けるに適する性質を有する責任（可罰的責任）が存在しないことを根拠にして犯罪の成立を否定する見解をいう。責任には程度ないし軽重があるから、いかなる程度の責任について可罰的なものとするか、という実質的考慮は、明文の規定がなくても必要であり、解釈論上も可能である。すなわち、責任の判断においては、まず、非難可能性の存否から責任の有無を判断し、次に、責任が存在するとみとめられたばあいに、当該の責任が法益保護ないし社会秩序の維持にとって刑法上放置し得ない程度の責任を有するものかどうか、を基準にして可罰的責任を判断することになる。可罰的責任は、このように刑法上、放置し得ないものかどうか、という実質的考慮を含むものであるから、裁判時に明らかになった全資料を基礎に事後的に判断されるべきものである。私見においては、可罰的責任は、違法性論における可罰的違法性に相応するものであるが、しかし、可罰的責任は、現実の行為者に対する「科刑」の相当性を問題にするので、行為時の状況だけでなく、裁判時の状況も重要な意味を有するから、その判断に当たって事後判断が必要となる点で可罰的違法性とは異なる。このようにわたくしは、可罰的責任の観念を実質的な「責任阻却」事由の内容を成すと考えているのである。そうすると、可罰的責任は、「犯罪の成否」に関わるので、中止未遂における刑の減軽・免除とはまったく関係を有しないことになる。この点において山中教授の所説と私見とは異なるわけである。

第三款　修正された違法減少説

中止未遂犯論の再検討の必要性を強調される町田氏は、中止未遂の不処罰・減免の根拠について、「国民の自由の尊重」に目を向けた観点から独自の基礎付けをおこない、理論的視点については、その根拠を違法性評価の修正に求めておられる。[30] ここで「国民の自由の尊重」という観点が導入されているのは、高く評価されるべきであるとおもう。なぜならば、自由主義の立場から刑法理論を構築することは、きわめて重要であるからにほかならない。町田氏によれば、ドイツにおける中止未遂の不処罰の根拠を「刑法に内在する補充性の原則」に求める考え方をわが国における中止未遂規定に応用できるか、を検討すべきであるとされる。そして、わが刑法典は、ドイツと異なって中止未遂を不処罰ではなく刑の必要的減免としているので、右の考え方を応用するにしても若干の修正が必要とされる。[31] 町田氏によれば、右の考え方にとって補充性の原則がきわめて重要な意義を有するのであり、「補充性の原則は、それを禁圧しなければ、社会の秩序ある共同生活の維持が困難となるようなきわめて高い違法性をもった行為のみを処罰の対象とすることによって、アルトゥール・カウフマンの言葉を借りるならば、『刑法の肥大化（Hypertrophie des Strafrechts）』を抑止する機能をもつものである」とされる。[32] ここで援用されている「補充の原則」は、前に見た山中説における刑法の「謙抑性」と同じ内容を有すると解されるが、町田説では違法性論において問題とされている点で異なる。その点はともあれ、「刑法の肥大化」の防止をおこなうために、立法者は、次の二段の方法を用いるとされる。[33] すなわち、①第一段は、高度な違法性を有する行為のみを構成要件化することによって、処罰の対象とされる行為を必要最小限度に抑える方法であり（「構成要件定立前における補充性の原則」）、②第二段は、構成要件化された行為がおこなわれた後、何らかの事由でその行為の処罰の必要性が減少したとみとめられるばあいは、それを不処罰とすることによって、その行為の犯罪性を否定する方法である（「構成要件定立後の補充性の原則」）。中止未遂規定は、②の方法によって「刑法の肥大化」を阻止しようとするものであるとされる。刑法の肥大化を防止するために立法者がおこなう手段として、右のような二段階の方法があるという指摘は正当であり、現にそのように立法はなされているのである。

町田氏は、「未遂と中止との関係を全体的観察方法の下に一つの所為とみるのではなく、分割的観察方法の下に独立した二つの行為とみた場合、事後の中止という一方の行為が、すでに成立した未遂という他方の行為の可罰性になぜ影響を与えうるのか」ということの理由を、次の三点に求めておられる。その三点とは、①刑法の最も重要な目的は、違法な状態の発生の阻止であり、中止者は、一旦は違法な状態を生じさせたが、中止によってみずからそれを再び消滅させたことによって、一度は阻害された法の目的が再び達せられたこと、②中止が実害の発生前、すなわち犯罪完成前の未遂の段階でおこなわれたこと、③違法な状態の発生が短期間であったことである。以上の三点を斟酌して、未遂の違法性を評価したばあい、定型的に、処罰する程度の違法性がない（ドイツ）、または刑の免除に相当する程度の違法性しかない（わが国）という判断を下すことは、刑法理論上、許され得るとされる[34]。たしかに、実行の着手が違法な状態を生じさせることと中止行為によってその状態を除去することを別個の行為として把握したばあい、定型的に違法性を否定することは可能である。しかし、これらは一連の行為としてなされていることに留意する必要がある。さらに、町田氏は、犯罪後における補充性の実現という政策的根拠から設けられた中止未遂規定は、法理論的にもこれを支持できるとされる[35]。ここにおいて刑事政策説と法律説としての違法減少説の二元的把握がなされている。

さらに、わが刑法が中止未遂犯に対して刑の免除と並んで刑の減軽をも規定していることは、中止未遂の立法理由を「補充性の原則」に求める立場と矛盾しないとされる。すなわち、中止犯の規定は、行為者がみずから生じさせた違法な状態を再び消滅させたことを理由として、補充性の原則からこの者に刑を科さないとするものである。したがって、違法な状態の消滅がみとめられないかぎり、中止ということはあり得ず、行為者には刑が科せられることになる。ここで「違法な状態の消滅」に不処罰の決定的な根拠を求めている点が重要である。たとえば、殺人罪のばあい、行為者は、被害者の命を助けるために相手に手当てを施すことによって、みずから生じさせた「他人の生命に対する危険」という「違法な状態」を消滅させたという意味では、殺人罪の中止未遂をみとめることができる。しかし、相手に傷害を負わせた点では、違法な状態を消滅させたとは言えないので、それは、殺人未遂の中に含まれている傷害罪の範囲内で処罰するに値するとされる。つまり、傷害罪における違法な状態をも消滅させていない以上、違法な状態の残滓があるとして刑の減軽を受けるにとどまるわけである。(36) この見地からは、中止未遂における刑の減免の基準は、行為者がみずから実現した違法な状態を、その後、完全に消滅させたばあいには、刑が免除され、その犯罪に含まれる軽い罪の違法な状態までは消滅させるには至らなかったばあいには、刑が減軽されることになる。つまり、刑の減免の区別を「加重未遂の有無」に求めることになるわけである。(37) 刑の減軽・免除の区別の基準を加重未遂の有無にみとめている点に、町田説の特徴があり、そこがまた批判されているのである。今後、この点に関する議論の発展が期待される。

第四款　違法・責任減少説

未遂犯における違法性を「実現行為」と「中止行為」とを全体として一つのものとして評価する点にこそ、違法減少説の主張の核心があると解される金澤教授は、ドイツにおける刑罰目的説を支えて来た「全体的考察説の理論的枠組」を違法減少説についても適用できると主張されている。すなわち、中止未遂における「事態の展開過程」を時系列的に観察すると、①既遂結果発生の促進要因であ「実行行為」によって惹起された危険が、②阻止要因である自発的な「中止行為」によって消滅させられたことが看取されるという。中止未遂における実行行為と中止行為とを一連の事態として「一個の評価」に付すると、実行行為による「未遂犯としての処罰」の基礎付けは、それ自体として確定しており、事後的に否定され得ないが、実行行為の結果が発生可能な時点・状態において、中止行為によって当該結果の発生の危険を消滅させたと評価することができるのであり、実行行為の因果的展開過程において犯罪の実現を阻止する意思が形成され、それが「行為の修正」として現れたものと解されることになる。すなわち、実行行為と中止行為とを「全体的に評価」することができるとされるのである[38]。実行行為と中止行為とを全体的考察方法に基づいて把握したばあい、実行行為によって「未遂犯としての処罰の基礎づけ」が確定的になされるが、事後的に中止行為によって結果発生の「危険を消滅させた」と「評価」できるとされる点に、金澤教授の所説の独自性があるとおもわれる。つまり、未遂犯としての処罰の根拠の不可変性とそれを中止行為によって修正としての「評価換え」がなされているわけである。そして、「中止未遂における『自己の意思により』という要件は、実行行為の修正である中止行為の法的意味づけの基盤であると共に、実行行為と中止行為とを結びつけ、全体的評価に付す実体的な前提を構成するものであるという意味で、違法判断に関る要素でもあると解することができる。自己の意思により犯罪を中止した結果、結果発生の危険が消滅した場合には、責任の対象たる行為の違法性が減少している。それと同時に、責任非難も減少していると考えられる。従って、中止未遂においては、障碍未遂に比べて違法性のみならず責任も減少していると評価し得よう」とされるのである[39]。右のような中止行為による違法減少の説明は、十分に説得的であると言えるが、しかし、違法減少と同時に責任も減少しているとされている点は、さらに理論的な説明が必要であると考えられる。

結果発生阻止行為に任意性がみとめられないために障害未遂とされるばあい、「客観的事象」としては、結果発生の危険を消滅させようとする行為は、存在したと言えるが、「結果発生阻止行為が外因的なものであるがゆえに実行行為と中止行為とを全体として一つのものと評価する契機が存在せず、結論として結果発生阻止行為は実行行為にとって外在的な事象と解され、中止未遂のような特別な法律効果は与えられない」とされる。[40]金澤教授の所説によれば、「自己の意思により」の要件が実行行為と中止行為とを結びつけるのであるから、任意性がないばあいには、両者は、結合されずに分断されたままになる。このようにして、「実行行為後に行われた結果発生阻止行為が行為者の自発的な意思に基づくものであることを根拠として、実行行為と中止行為とがいわゆる全体的考察法により、統一的な評価に付されるという、中止未遂における法益危殆化の構造が、中止未遂における類型的違法減少及び責任減少を導く」とされるわけである。[41]そして、中止未遂においては、任意的にではなくて、必要的に刑の減軽がなされるべきことになる。[42]このように、結果的発生阻止行為が自発的な意思に基づいていることが、実行行為と中止行為とを結び付けて統一的な評価に付される基礎を構成する機能を有するとともに、それが中止未遂の「類型的」な違法減少および責任を減少させると解する点に、金澤教授の所説の特徴があると言える。ここで「類型的」違法および責任の減少と刑の「必要的」減軽の関係が指摘されており、それは、理論的観点から見て重要な意義を有する。なぜならば、違法・責任の減少が類型的にみとめられることによって、中止未遂の法律効果が「一般的」科刑の問題とされ、「個別的」事案の量刑の問題とはされていないことが明らかになるからにほかならない。

金澤教授は、従来の違法・責任減少説に対しては、違法・責任減少だけにより中止未遂における刑の必要的減免という法律効果を導くことはできず、これに刑事政策的要素が加味されて初めてそのような法律効果を導き出され得るという批判が可能であるとされる。[43]わたくし自身は、違法・責任の減少だけで圭の必要的減免を根拠付け得ると考えているが、その点についてはここでは触れないことにする。その点はともあれ、金澤教授は、自説に対しては右の批判は当たらないとされる。すなわち、中止未遂における違法・責任減少は、「個々別々な事案に即した判断における問題ではなく、中止未遂における法益の危殆化とその消滅の構造から類型的に導かれる帰結である。中止未遂につき、任意的減軽ではなく、必要的減軽を規定する日本刑法第四三條但書の規定は、かかる類型的な違法・責任減少を基礎として成り立つものと理解し得る。そのうえで、個々の事案に即して判断し、中止未遂における法益の危殆化とその消滅の構造に照らして、違法・責任の減少が顕著なものと見なされる場合、裁量的に刑が免除されるということとなろう」とされるのである。(44) たしかに、わが国における中止未遂犯規定の違法・責任減少が「類型的に導かれる帰結」であることは、指摘されているとおりである。しかし、個別的な事案においては、具体的な状況における違法・責任のそれぞれの減少に応じて刑の減軽または刑の免除がなされるのである。このばあいには、刑の減軽か刑の免除かの何れかを決定し、刑の減軽が選択されたときは、具体的な刑量が決定されることになる。これらの点については、今後、議論が展開されることになるであろうと考えられる。

違法・責任減少説を採る私見に対して、野澤教授からの批判があるので、それに答える必要があるとおもう。野澤教授は、日本において戦後に主張されている法律説は、「中止の効果は一身専属的なものであって、正犯のみが中止した場合に狭義の共犯者にその中止の効果が及ぶことはない」と主張していると指摘される。そして、このような考えは、共犯の要素従属性に関して制限従属性説を採用すれば、狭義の共犯にも中止の効果が及ばざるを得ないと解するはずの「違法減少説」や「違法・責任減少説」の立場からも主張されていると批判されている。(45) 違法・責任減少説の一例として、私見を取り上げ、「違法の個別化」や「人的不法論」の見地から「違法の連帯性」というテーゼの絶対性を否定することに基づいて、中止行為をおこなった者のみにその効果を及ぼそうとする見解として紹介されている。(46) 私見の主張内容についての右の紹介は、的確である。そのように紹介したうえで、「しかし、『違法の連帯性』の絶対性が否定されるべきということと、正犯のみの中止の効果が共犯には及ばないことは、論理的には全く別の問題である。そもそも共犯の従属性におけるこの制限従属性説と極端従属性説の争いは、『狭義の共犯が成立し、かつ、可罰性を有するためには、正犯の行為がどの程度に犯罪の要件を具備することを必要とするのか』に関する争いなのであるから、あくまでもそこでは『共犯の成立のための必要条件』が問題となっているにすぎず、『正犯に発生したどの事由が共犯に及ぶか』という議論ではない」と批判されているのである。そして、「『違法の連帯性を否定するということ』とは『正犯に違法があるからといって共犯に違法があるとは限らない』ことを示すにとどまり、正犯のみの中止の場合のような『正犯の違法が無い（ないしは減少している）からといって共犯の違法が無い（ないしは減少している）とは限らない』ことを示すものではないのである。これこそがまさに共犯の『連帯性』の観点と『従属性（必要条件）』の観点の違いなのである」と批判されている。[47] たしかに、「違法の連帯性」の絶対性の問題と「共犯の従属性」の程度の問題とは、野澤教授が指摘されるように、論理的にはまったく別の問題である。なぜならば、従属性の問題は、狭義の共犯の「犯罪性および可罰性」が「正犯の行為」の「犯罪性および可罰性」に従属するのか、言い換えると「依存するのか」、という議論であり、制限従属性説と極端従属性説の対立は、正犯の行為が「犯罪」の成立要件を「どの程度」充足すれば足りるか、についての争いであるからにほかならない。通説である制限従属性説は、狭義の共犯が成立するためには正犯行為が「違法性」を具備する必要があり、かつ、それで足りると解する。わたくしは、通説の立場を支持しているので、ここで「違法の連帯性」と制限従属性説との関係を改めて検討する必要に迫られることになる。次に、この点について述べることにする。

違法の連帯性は、素朴客観主義に由来する物的不法論の見地から当然視されて来た考え方である。端的に言えば、それは、次のような主張を意味する。すなわち、本来、「客観的」であるべき違法性は、客観的であるが故に、「誰にとっても」違法と評価されるものであるから、違法行為に関与した者すべてにとって同一の評価を受けることとなり、その意味において関係者全員に「連帯」して作用すべきであるとされるのである。このようにして、「連帯性」

は、関与者の個々人との関係によって評価が異なる「相対性」を否定する「絶対性」を意味することになる。ところが、人的不法論は、違法性を物的なものではなくて「人的」なものであると解するから、当の行為者の視点から考察されるべきこととなり、違法性の評価は「相対的」なものとして把握されるのである。そうすると、違法性は、違法行為に関与した者について個別的に、その意味において「非連帯的」に判断されるので、「違法の連帯性」は否定されることになる。しかし、このことと「一部実行の全部責任の原則」による行為結果の「客観的」帰属性をみとめることとは、矛盾しない。両者は、まったく異なる次元の問題なのである。すなわち、後者は、構成要件該当性の段階において、正犯者の一部がおこなった実行行為によって生じた結果が共犯者全員に帰属することをみとめるかどうか、を問題とする。この次元で連帯性の意味における「客観的」帰属をみとめても、違法性の次元における連帯性をみとめることにはならないのである。このように、違法性の判断が人的な観点からなされることによって「違法の連帯性」の絶対性が否定されることになるが、そのことが「共犯の従属性」の問題にただちに影響しないことは、正当にも野澤教授が指摘されるとおりである。そのことを前提にしたうえで、違法・責任減少説が制限的従属性説と整合性を有し得るのか、という問題を検討することにしよう。

制限的従属性説は、前にも述べたように、狭義の共犯の「犯罪性および可罰性」がみとめられるためには、正犯行為が違法性を具備する必要があり、かつ、それで足りると解する立場である。ここで問題とされるのは、あくまでも共犯の「犯罪性」と「可罰性」の要件であり、「科刑」の従属性は問題とされていないのである。共犯の犯罪性および可罰性を基礎付ける限度で、正犯行為の違法性が要求されているにすぎない。換言すれば、正犯に従属するのは「犯罪」性であって「科刑」としての「刑罰」量・「刑量」ではないのである。現に刑法典が、教唆犯の刑は正犯に準ずる（六一条）とし、従犯の刑は減軽する（六三条）旨を特別に規定していることは看過されるべきではない。

これは、犯罪性と刑量を分離すべきであることを意味する。つまり、科刑については、共犯は、正犯とは別個独立に取り扱われるべきであるから、正犯への「従属性」はみとめられないことになる。したがって、中止未遂とされる正犯の刑の減軽・免除の法律効果は、共犯にはまったく影響を及ぼさないのである。このように見てくると、私見と制限的従属性説とは整合性を有することが明白になったと言えるとおもう。

第五款　刑事政策説

野澤教授によれば、「法律説」は、あくまでも「未遂と中止の関係構造」を示ものであり、「違法減少（消滅）説」も「責任減少（消滅）説」も法的性格（体系的位置づけ）論における学説でしかないので、「中止未遂の根拠論」とは次元を異にするとされる。そして、「中止未遂の根拠論の内容」が決まることによって、「中止犯の成立範囲」が決定付けられ、それによって成立する中止未遂犯について、「中止犯の法的性格（体系的位置づけ）論」がその「法律効果」を明らかにし、この結果として「中止犯の一身専属性」の有無などが決定付けられるとされる。(48) ここにおいても、ドイツの学説と同様、中止未遂の「根拠論」と「法的性格（体系的位置づけ）論」を分ける分析方法が採られているが、この点に関する問題性については、すでに述べた。さらに、野澤教授は、次のように刑事政策説を支持されている。すなわち、「とりあえず条文に忠実なものであることから、根拠論としては刑事政策説（奨励説）が支持されるべきであろうし、また法的性格論（体系的位置づけ論）としては一身的刑罰減軽消滅事由説が――共犯問題に関して最も差し障りがないので――支持されるべきであるかもしれないが……『中止犯の成立を認めた上で、減軽にとどめる』だけで十分である。立法者もそのような運用を前提にして現行の中止犯規定における減軽に関する部分の文言を作成したのである。何よりも『自己の意思』で中止して、実際に結果が不発生となったのだから、そのような中止行為は被害者保護にも資するものであったと言えるであろう」とされるのである。刑事政策説が条文に忠実であるとされているが、はたして文理上、そのように解しなければならないのかどうか、については、さらに論議する必要があるように解される。次に、法的性格論として一身的刑罰減少消滅説が提唱されている点は、新たな視点を提示するものとして注目に値する。今後、これの問題について検討することが要請されることになると考えられる。

また、立法者の意思との関連について、「『実務においては障礙未遂のほとんどの場合に減軽がなされているのであり、中止未遂において免除とならない領域を広く認めることは『中止犯の成立を認めるか否か』という論点自体を無意味にしてしまいかねない』との批判も考えられるが、まさにそのように未遂犯の処罰を任意的減軽にとどめ、なおかつ中止犯の成立を広く認めつつ刑罰を必要減免としたのが立法者の意思なのである。立法者は『中止犯の成否』という論点に関しては裁判官の裁量の余地を大きくはみとめない（＝『概念に対する裁量は小さい』）としつつ、その量刑上の範囲において障礙未遂の量刑と重なる部分を十分に作って、結果的に量刑上の裁判官の裁量の余地を十分に認めるもの（＝『量刑に対する裁量は大きい』）としていたのである」と指摘されている。[49] 立法者の意思の解明は、野澤教授が切り開いて来られた歴史研究の領域に属する問題であり、広く歴史学的方法に基づく精密な究明が深められ、それが解釈論に反映されることを期待したいところである。

このように見てくると、野澤教授が一元的な刑事政策説を採られる根拠は、次の四点にあると考えられる。その根拠とは、①法律説が中止未遂の法的性格（体系的位置付け）論にとどまるのに対して、それとは異なる次元に属する「中止未遂の根拠論」に基づいて立論すべきこと、②中止未遂の根拠論の「内容」が中止未遂の「成立範囲」を決定し、法的性格論が「法律効果」を決定し、その結果、中止未遂の「一身専属性」の有無が決定付けられること、

③中止未遂の根拠論としては条文に忠実な刑事政策説が妥当であり、法的性格論としては共犯論の見地から一身的刑罰減軽消滅事由説が支持されるべきこと、④右のように解するのが立法者の意思に合致すること、である。これらの論点については法律説からの異論が十分にあり得るので、今後、論議を深めて行く必要があると考えられる。

最近、主張されている「新しい刑事政策説」について、野澤教授は、次のように指摘されている。すなわち、「それは、積極的特別予防の必要性の減少・喪失に着目したり、既遂結果を惹起するような危険の消滅に着目したり、さらには被害者保護・損害回復の観点から中止犯を捉えるものである。これらの新しい刑事政策説は、それぞれ現状の中止未遂論における問題点を認識した上で展開されたものといえる。しかし、これらの新しい刑事政策説が、従来の刑事政策説と対比した上で、どこがどのように異なるのか、どのような関係に立つのかという点は、いまだそれほど明らかでないように思われる。すなわち、現在新しく現れてきた考え方をも含めて、これまでの議論を歴史的な観点から総整理することが、各学説の意義や問題意識を浮き彫りにさせるという点でも重要であり、また今後の議論のためにも必要なのである」とされている。[50]「新しい刑事政策説」に対する右のような指摘に関して、今後、広く検討が加えられることを期待したい。

(1) 平野龍一「中止犯」日本刑法学会『刑事法講座第二巻刑法（Ⅱ）』（昭和27年・一九五二年）四〇三頁。
(2) 金澤真理『中止未遂の本質』（平18年・二〇〇六年）二一〇頁。
(3) 金澤・前掲注（2）二〇頁。
(4) 金澤・前掲注（2）二〇頁。
(5) 金澤・前掲注（2）二〇—一頁。
(6) 金澤・前掲注（2）二二—三頁。
(7) 金澤・前掲注（2）二三頁。

(8) 金澤・前掲注(2)二三頁。
(9) 金澤・前掲注(2)二三頁。
(10) 野澤充『中止犯の理論的構造』(平24年・二〇一二年)四頁。
(11) 野澤・前掲注(10)四頁。
(12) 野澤・前掲注(10)六―七頁。
(13) 野澤・前掲注(10)一六頁。
(14) 福田平『全訂刑法総論』第五版(平23年・二〇一一年)二三五頁。
(15) 西原春夫『刑法総論』(昭52年・一九七七年)二八七―八頁。
(16) 香川達夫『中止未遂の法的性格』(昭38年・一九六三年)九七頁。
(17) 高橋則夫『刑法総論』第四版(平30年・二〇一八年)四一九頁。
(18) 平野・前掲注(1)四〇六頁、同『犯罪論の諸問題(上)総論刑事法研究第二巻Ⅰ』(昭56年・一九八一年)一四五頁。
(19) 野澤・前掲注(10)三頁。
(20) 町田行男『中止未遂の理論』(平17年・二〇〇五年)三頁。
(21) 町田・前掲注(20)四頁。
(22) 町田・前掲注(20)四頁。
(23) 山中敬一『中止未遂の研究』(平13年・二〇〇一年)二三頁。
(24) 山中・前掲注(23)二三頁。
(25) 山中・前掲注(23)二三頁。
(26) 山中・前掲注(23)二五頁。
(27) 山中・前掲注(23)二五頁。
(28) 町田・前掲注(20)三頁。
(29) 山中・前掲注(23)二五頁。
(30) 町田・前掲注(20)五頁。
(31) 町田・前掲注(20)三九頁。
(32) 町田・前掲注(20)三九頁。

(33) 町田・前掲注(20)三七―八頁。
(34) 町田・前掲注(20)六六頁。
(35) 町田・前掲注(20)六六頁。
(36) 町田・前掲注(20)四三頁。
(37) 町田・前掲注(20)四四頁。
(38) 金澤・前掲注(2)九一―二頁。
(39) 金澤・前掲注(2)九二頁。
(40) 金澤・前掲注(2)九二頁。
(41) 金澤・前掲注(2)九二頁。
(42) 金澤・前掲注(2)九二―三頁。
(43) 金澤・前掲注(2)九三頁。
(44) 金澤・前掲注(2)九三頁。
(45) 野澤・前掲注(10)三八〇頁。
(46) 野澤・前掲注(10)三八〇頁。
(47) 野澤・前掲注(10)三八〇頁。
(48) 野澤・前掲注(10)一八二―三頁。
(49) 野澤・前掲注(10)四〇五―六頁。
(50) 野澤・前掲注(10)一三頁。

第五章　不能犯論

第一節　不能犯の意義と問題点

第一款　不能犯の意義

不能犯とは、行為者の主観においては犯罪の実行に着手したつもりであったが、現実には結果の発生が不可能であるため不可罰とされるばあいをいう。不能犯論の理論化に当たって、まず不能犯の概念を厳密に確定しておく必要があるので、この点を明確にして行くことにする。不能犯の概念について、木村龜二博士は、次のように述べられた。すなわち、「不能犯（untauglicher Versush : délit impossible）は犯罪ではなく、犯罪たり得ないものである。犯罪たり得ないものであるから、當然可罰的ではない。不能犯が問題となるのは未遂との關係においてである。従つて、不能犯の概念は未遂との關係において決定せられねばならない。この見地から、不能犯をもつて不可罰的未遂であるとし（……）可罰性の有無によつて未遂と不能犯を區別しようとする説がないではない。しかし、未遂が未遂犯として可罰的なのは、刑法第四四條により、各本條において罰する旨を規定した場合だけであつて、未遂そのものが可罰的なものと不可罰なものとに分れている。従つて、可罰性の有無を標準とすると、不可罰的な未遂と可罰的な不能犯を區別することができない。その意味で、不能犯をもつて不可罰的未遂と解することは適當でない」

とされたのである。[1] ここで指摘されているように、不能犯の問題は、未遂犯との関係において論じられる。未遂犯が可罰的となり得るのに対して、不能犯は不可罰である。このように不能犯は不可罰であるので、可罰性の有無によって未遂犯と不能犯を区別できるように見えるが、しかし、わが刑法上は、不可罰未遂も存在するので、可罰性の有無によって未遂犯と不能犯を区別するのは、不正確である。したがって、木村博士の右の指摘は、概念の厳密性の観点から妥当とされるものである。

別の角度から見ると、不能犯は、犯罪の実行に着手した「外観」を有するが、行為の性質上、構成要件の内容を「実現する可能性（危険性）」がないばあいを意味する。ドイツでは「不能未遂」といわれ「可罰的な不能犯」もあり得るが、わが国では不能犯とされたものは、すべて不可罰である。したがって、未遂犯と不能犯の区別は、未遂犯の本質的要素を成す結果発生の危険性有無を基準としてなされるべきことになる。そこで、どういうばあいに、結果発生の危険性があると言えるのか、に関する「判断基準」をめぐって、見解が対立することになるのである。これは、不能犯と未遂犯との区別に関連して議論されているが、危険概念の内包である「危険」そのものの概念規定の問題であることに注意しなければならない。多義的な危険性または危険概念は、木村博士によれば、次の三つの意義を有するとされた。[2] すなわち、①可能性の判断、②可能性の判断の対象となる現実の一定の状態および③可能性の判断が下された結果たる事件そのものを意味するとされるのである。そして、未遂・不能犯の区別の標準となる危険性は、①可能性の判断の意味における危険であり、「行爲の結果すなわち構成要件の内容を實現する可能性の判斷」であるとされている。たしかに、危険の意義を右のように三分することは可能であるが、しかし、現在では、外在的事態が有する「結果発生の可能性」として一義的に理解されるようになっていると見るべきであろう。そして、その可能性は、木村博士が指摘された「構成要件の内容を実現する可能性」を意味する。

第二款　不能犯論の問題点

不能犯なのか未遂犯なのかという問題は、「構成要件の実現」との関連性の観点から見れば、構成要件該当性の次元に属する問題なのである。しかし、構成要件は、違法行為を定型化したものであるから、結果発生の危険（構成要件を実現する危険）は、「法益侵害」の危険にほかならず、その観点から見れば、不能犯と未遂犯の区別は、違法性の次元に属する問題なのである。このようにして、「未遂犯」の処罰根拠との関連で不能犯が議論されることになる。

従来、未遂犯の処罰根拠に関しても、客観主義刑法学と主観主義刑法学とが厳しく対立したのであった。すなわち、未遂犯の処罰根拠に関して、客観主義刑法学が行為の危険性を問題にしたのに対して、主観主義刑法学は行為者ないし法秩序の危険性を問題にしたので、不能犯学説は錯綜したのである。ここにおいても「危険」概念が問題とされるので、改めてその概念について見ておくことにしよう。この点について、木村博士は、二つの概念対が存在することを次のように指摘された[3]。まず、①「判断の主体」による区別として、可能性の判断をおこなう主体が「一般人」であり、一般人の見地から結果発生の可能性があるとされるばあいを意味する「客観的危険」と、判断の主体が「行為者自身」であり、行為者自身が結果発生の可能性ありとするばあいを意味する「主観的危険」とがあるとされる。この意味における「客観的危険」と「主観的危険」は、行為者の判断能力が一般人のそれと一致するときは同一に帰するが、異なるときは異なり必ずしも一致しないので、客観的危険と主観的危険は厳密に区別されるべきであるとされる。次に、②危険性の判断の基礎となる「事情の範囲」に関し、行為当時に存在した事情を標準とし、その事情の下に行為がなされたならば結果発生の可能性があったとされるばあいを「具体的危険」といい、行為の当時存在した事情を抽象して事後に認識されたすべての事情を標準とするばあいを抽象的危険という。この意味における概念対は、危険犯におけるそれとは異なるので、注意しなければならない。

客観的危険・主観的危険および具体的危険・抽象的危険の区別は、木村博士によれば、右に述べたのと異なって理解されているばあいがあるとされる[4]。すなわち、「客観的危険」とは、行為者の認識とは関係なく、客観的に存在した事情を基礎として危険ありとするばあいをいい、「主観的危険」とは、行為者の認識した事情を基礎として危険ありとするばあいをいう。用語の混乱を避けるために、この意味における客観的危険を「行為の危険」といい、主観的危険を「行為者の危険」というのが適当であるとされる。しかし、現在では「行為者が有する社会的危険性を意味すると一般に解されているので、右の用語は妥当でない。次に、「具体的危険」とは、具体的な侵害の客体に対する危険をいい、「抽象的危険」とは、法的秩序に対する危険をいう。法的秩序に対する危険とは、行為者の意図したところが、その意図どおりに実現したならば、客体に対する侵害に至ったであろうと考えられるばあいをいう。用語の混乱を避けるために、具体的危険を「客体に対する危険」とし、抽象的危険を「法的秩序に対する危険」とするのが妥当であるとされる。しかし、「抽象的危険」も、現在では危険犯における抽象的危険の概念が普及しているので、注意する必要がある。

右に見たように、木村博士は、危険概念を、客観的危険・主観的危険、具体的危険・抽象的危険、行為の危険・行為者の危険および客体に対する危険・法的秩序に対する危険の「四つの対概念」に分類されたうえで、未遂・不能犯の区別の標準は、右の四つの対概念の諸種の結合によってなされると説明されたのであった[5]。たしかに、未遂犯と不能犯の区別の基準に関して種々の危険概念が問題とされている。しかし、現在では異なった内容を包含するものとして理解されているばあいがある。概念内容に変化が生じているのである。したがって、それぞれの危険概念の内容を明確にしたうえで、諸説を検討しなければならない。

未遂犯の処罰根拠の問題は、究極的には違法性の本質論に遡って検討されるべきものである。刑法理論において、客観主義刑法学と主観主義刑法学との対立は、前述のとおり客観主義刑法学が優勢となり、その対立は、もはや解消されたと見てよい。現在では、人的不法論と物的不法論（客観的違法性説）とが対立しているのであり、不能犯論もこの対立の観点から再検討がなされている。

第二節　不能犯に関する学説

第一款　客観説

客観説は、もともと客観主義刑法学の見地から主張される見解である。客観主義刑法学は、外部的・客観的事実を重視し、行為者ではなくて「行為」そのものに現実的意味をみとめる。この見地においては、外観上、実行の着手と見られる行為がなされたにもかかわらず、その行為の性質上、「結果発生」の危険がないばあいを不能犯であると解することになる。言い換えると、未遂犯は、結果発生（法益侵害）の危険性が存在するので違法であり、可罰性がみとめられるが、不能犯は、そのような危険性が当初から欠けているから、違法とは言えず不可罰となるのである。客観説は、絶対不能・相対不能説と具体的危険説に分かれる。

一　絶対不能・相対不能説

絶対不能・相対不能説は、未遂犯の処罰根拠を行為の法益侵害の危険性に求め、客体および手段に抽象的・客観的危険がなく、およそ結果の発生が不能のばあいを不能犯とし、たまたま結果の発生が不能であるばあいを未遂犯とする見解で、「古い客観説」とも称される。この説によれば、たとえば、死者を生きている人と信じてこれを殺す意思でピストルを発砲したようなばあいが、「客体の絶対不能」である。そして、致死量の毒を与えて人を殺す意思で誤って砂糖を毒と思って与えたようなばあいが、「手段の絶対不能」である。これに対して、他人を射殺する意思で、その者が在室中と考えこれに向って発砲したが、たまたま不在であったようなばあいが、「客体の相対不能」である。人を殺す意思でその者に向ってピストルを構え引き金を引いたが、たまたま弾丸が不発に終ったようなばあいが、「手段の相対的不能」である。この説の特徴は、行為の具体的事情および行為者の意思内容を「抽象化」し、かつ「事後的に」危険の判断をする点にあると言える。

二　具体的危険説

具体的危険説は、「新しい客観説」とも称され、未遂犯の処罰根拠を法益侵害の危険性に求め、行為時において、一般人が認識できた事情および行為者がとくに認識していた事情を基礎にして、そのような事情の下で行為がなされたならば、一般人の見地において、結果発生の可能性があるばあいを未遂犯とし、これがないばあいを不能犯とする見解で、今日の通説である。行為当時存在した具体的事情を基礎に、それを行為者が知っていたものと一般人が知り得たものに限定して危険判断をおこなう点に、この説の特徴がある。すなわち、絶対不能・相対不能説が、危険判断を「事後的に」おこなうのに対して、この説は、これを「事前的に」おこなうのである。

第二款　主観説

主観説は、主観主義刑法学の見地から主張される見解である。主観主義刑法学は、行為者の有する反社会的な危険性を重視し、犯罪「行為」それ自体に独自の意義をみとめず、行為はたんに犯罪者の危険性を徴表する機能を有するに過ぎないと解する。そこで、主観主義の見地においては、行為者の認識・予見したとおりの客観的事情が存在したならば、その行為は、本来、結果を惹起する可能性を有する（「抽象的危険」）ものであり、行為者の危険を徴表するものとして可罰的とされることになる。主観説は、純主観説と抽象的危険説に分かれる。

一　純主観説

純主観説は、未遂犯の処罰根拠を「行為者の性格の危険性」に求め、「犯罪意思」が外部的に明確に現われた時に行為者の危険な性格が確認されるとして、未遂犯処罰をみとめるので、原則として不能犯を否定する。つまり、客観的に結果の実現が不可能であっても、犯罪意思の存在により行為者の危険な性格が徴表されている以上、未遂犯として処罰するのが原則であるとされるわけである。この説は、例外的に不能犯とされるべき事態をみとめるのであり、たとえば、丑の刻詣りなどのように超自然的方法を用いる迷信犯が不能犯とされるのである。宮本英脩博士によれば、迷信犯においては、行為者は、いかなる自然的方法をも辞さない程の反規範的性格を有しておらず、一切の現実的な自然方法をとることにたえない程の怯懦な性格しか有しない以上、性格的に現実的な手段に訴える危険がないので、何ら危険性はなく、その行為も違法とはなり得ないとされる。そして、その行為は放任行為であり、故意もあり得ないとされたのである。[6]

二　抽象的危険説

この説は、「主観的危険説」とも称され、未遂犯の処罰根拠を行為者の「意思の危険性」に求め、行為者が行為時に認識した事情を基礎にして、その認識事実が現実であったとしたばあいに、一般人の見地から結果発生の危険があるとされるときが未遂犯であり、その危険がないときが不能犯であるとする。この説は、行為者の意思の危険性を「一般人」の観点から判断する点において純主観説と異なる。この説によれば、迷信犯はもとより、たとえば、砂糖で人を殺せると行為者が考えてこれを殺人の手段として用いたばあいも、「一般人」の見地においては砂糖で人を殺すことはできないので、不能犯であるとされることになる。これに対して、行為者が砂糖を青酸カリと取り違え青酸カリと信じて殺意をもって他人に飲ませたばあいには、行為者の認識した事情の下において行為がなされたならば、客観的に結果発生の抽象的危険があるから未遂犯であるとされる。

第三款　諸説の検討

絶対不能・相対不能説は、遂行された行為を事後的に観察し、行為者の主観をまったく排除して、もっぱら行為の客体または手段の性質だけから、結果発生の可能性を判定する点に特徴がある。この説は、従来、何が絶対的か相対的かは、基準の立て方によって動揺し不明確であると批判され、一般に否定された。ところが、近時、物的不法論（客観的違法性説）の見地から、この説は再評価されるに至っている。すなわち、結果無価値論の観点からは、行為者の主観を除外排除する点、事後的判断を要求する点および科学法則から見て法益侵害の危険がない行為を処罰すべきでないとする点が、高く評価されているのである。そうすると、客観説は、現時点においては、人的不法論と物的不法論の対立という観点から、具体的危険説と客観的危険説の当否を再検討すべきであることになる。言い換えると、古い客観説としての絶対不能・相対不能説が客観的危険説として再生していることの意義を改めて問い直す必要があると言える。人的不法論と物的不法論が厳しく対立する論点が、不能犯論における危険概念の内容とその判断構造である。この観点から、さらに検討する必要がある。

純主観説は、未遂犯の処罰根拠に関して、法益侵害の危険性の観点をまったく看過している点で妥当でないものをもっており、また迷信犯を不能犯とする点について必ずしも明確な理由を示してしないので、妥当でない。また、純主観説によると、不能犯をみとめる範囲が非常に狭くなってしまうので、純主観主義は実際的でないと言える。したがって、純主観説は、現時点では学説史的意義しか有しないので、ここでの検討に値しない。そこで、抽象的危険説および客観説における諸説を比較・検討することにする。

具体的危険説と抽象的危険説を比較してみると、抽象的危険説は、行為者の認識内容それ自体をきわめて重大視し、「行為」の客観的性質をあまりにも軽視している点において妥当でない。抽象的危険説と具体的危険説は、行為時における一般人の立場から危険の判断をおこなう点で共通性を有するが、「判断の基礎」を異にする。すなわち、抽象的危険説が、「行為者の意思内容それ自体」を判断資料とするのに対して、具体的危険説は、行為者の計画内容が現実的でないばあいには、「一般人の立場から見てもその計画内容が現実的であると考えられるもの」に限って判断資料とするとされている。たとえば、行為者が砂糖を青酸カリと誤認してこれを飲ませたばあいには、一般人も飲ませた粉末が青酸カリと誤認するような状況があるときに限って、また、死体に対して殺害行為をおこなったばあいには、一般人も行為当時生きていると考える状況に限って、それぞれ未遂犯を肯定する。これに対して抽象的危険説は、これらのばあいには限定を付することなくすべて未遂犯の成立をみとめるのである。そうすると、右のような限定を付すべきか否かが、重要な意義を有することになる。それは、判断の基礎として行為者自身が有していた意思内容それ自体を重視するか否か、の問題にほかならない。そして、それは、「行為者」の危険を問題にすべきか否か、の問題を意味するのである。

ここで、未遂犯と行為者の危険の関係を具体的危険説の見地から検討する必要に迫られる。「行為者」の危険は、本来、責任論において問題にされるべきであって、未遂犯の領域で取り上げられるべきではない。なぜならば、未遂犯においては、結果発生の危険性という観点から「行為」の属性としての危険が考えられるべきであり、責任論においては、法秩序に敵対する危険な性格（法敵対性）の問題として「行為者」の危険が重要性を有するからである。また、平野博士が指摘されたように[7]、元来、未遂犯は、通常、侵害犯である既遂犯を具体的危険犯としたものと解すべきであるので、危険性の判断は、具体的事実関係に即してなされるべきであるから、これを離れて単なる抽象的危険を問題にする点においても、抽象的危険犯は妥当でないことになる。このような検討の結果、具体的危険説と客観的危険説の対立が現実的意義を有することになるので、両説の比較・検討が重要な課題となる。

人的不法論と物的不法論における違法性判断の基礎となるべき事実の範囲という観点、および「判断の基準時」という観点から見ると、具体的危険説と客観説危険説は、次の点で異なる。すなわち、具体的危険説は、「行為時」に行為者がとくに認識していた事情および一般人ならば認識できたであろう事情を危険の判断基底とするが、客観的危険説は、裁判時までに判明したすべての客観的事実だけを基礎にして危険性判断をおこなうのである。右の「判断基底の問題」は、相当因果関係説における折衷説と客観説の対立と論理的構造を同じくし、両者は、内容的にも関連性をもっている。すなわち、いずれも「行為」と「結果」との関係を問題にし、因果関係論は、現実に発生した結果が法的に見てその「行為」によって発生した「結果」と言えるかどうか、を検討するものであり、不能犯論は、「行為」が「結果」を発生させる危険性を有しているかどうか、を問題にするのである。結果発生の危険性は、結果反価値の内容を成す広義の「結果」である。その危険性がなければ不能犯であり、それがあれば未遂犯とされるので、その意味において不能犯と未遂犯は、相対概念であり、しかも相互に否定しあうという意味において対抗概念である。このような観点からは、不能犯論は、裏返しの未遂犯論として捉えられることになるわけである。

ところで、因果関係、不能犯、実行の着手の問題において、行為時を基準とする説と裁判時を基準とする説とが対立しているが、その対立は、究極的には、刑法を「行為規範」と捉えるのか、それとも「裁判規範」と捉えるのか、という根本問題についての見解の相違に由来すると解すべきであるとおもう。そこで、この問題に関して改めて考察する必要性が生ずる。わたくしは、次のように考えている。刑法は、構成要件該当性・違法性の次元では行為に対する「評価規範」として機能し、その結果、一般人に対する「行為規範」としての性格を有する。つまり、構成要件は、一般的・抽象的に法益を侵害する作為を禁止し（作為犯）、または、法益保全をする作為を命ずる（不作為犯）ことによって法秩序の側からの評価を示し（構成要件の「情報化機能」）、違法性阻却事由（正当化事由）は、具体的で例外的な状況において構成要件該当行為の無価値性（反価値性）を否定することによって、行為に対する評価を示すのである。このように「行為」に対する評価が提示されているからこそ、法規範の名宛人である一般人は、禁止された行為の遂行を回避し、または命じられた行為を遂行するのである。この点において、刑法は、行為規範として機能するのである。刑法は、このように行為規範としての性質を有し、さらにその結果として具体的な行為義務規範性を獲得するのであり、これが有責性（責任）の問題にほかならない。つまり、具体的に違法とされる行為を決意してはならないという義務が、当該行為者に課せられるのである。この意味において刑法は、意思決定規範としての機能を有する。刑法は、一般人を名宛人とすることによって行為規範性を有し、たんに裁判官を名宛人とする裁判規範にとどまらないことになる。刑法の行為規範性と裁判規範性は、矛盾するものではないし、二者択一の関係にあるものでもない。両者は、両立し得るのである。つまり、刑法は、第一次的に一般人に対して行為規範として機能し、第二次的に裁判官に対して裁判規範として機能する。刑法は、行為規範として前述のような機能を有している。そして、裁判官に対しては、刑法に規定されている内容どおりに裁判をなすべきことを義務づけるのである。この意味において刑法は、第二次的に裁判規範としての機能を有するわけである。

一般人を名宛人とする刑法の「行為規範」性をみとめる立場においては、一般人の見地および行為時の事情がきわめて重要な意味を有し、結果の違法性も「行為時」の事情を基礎にして判断されるべきであることになる。すなわち、発生した結果の客観的な帰責は、行為時において行為者が認識した事情および一般人が認識できた事情を基礎として判断されるべきなのである。客観的危険説は、刑法の「行為規範性」をまったく無視する点において、妥当でない。そうすると、人的不法論の立場からは、具体的危険説に合理性があり、支持されるべきことになる。

ここで言う「危険」は、法益侵害の危険である。法益侵害の危険とは、法益を現実に侵害する可能性ないし蓋然性にほかならない。それは、「事実判断」であって、法律的な「価値判断」ではないが、「純粋に」物理的な可能性ないし蓋然性そのものではなく、「一般人」の見地から判断される法益侵害の可能性ないし蓋然性を意味する。それは、純然たる物理的可能性・蓋然性ではないという意味において、「規範的判断」である。「規範的判断を純化すると、行為の危険性判断が当然に行為者の危険性判断に到達する」という関係は、みとめられない。なぜならば、行為の危険・行為者の危険は、「危険判断の対象」の問題であり、今ここで議論しているのは、「危険判断の基準」の問題であって、両者は次元を異にしているからである。行為者の危険性は、規範的判断に由来するものではないので、危険判断の性質を前述した意味における規範的判断と解しても、「行為」の危険性を重視する具体的危険説の立場と矛盾しないことに注意しなければならない。

ところで、規範的判断と物理的判断の違いは、判断の基準を一般人とするか、科学専門家とするかという点にあると言える。したがって、行為者が認識した事実を判断基底としながら、物理的判断を要求することも論理的には可能である。ただ、わたくしは、折衷的相当因果関係説と同じ立場から、「科学的一般人」を基準として危険の有無を判断すべきであると解している。これは、山口教授が提唱される「修正された科学的判断の立場[8]」と結論的には近いと解される。

第三節　大審院および最高裁判所の判例

第一款　大審院の判例

一　大審院前期の判例

早くから不能犯に関する判例を総合的に研究された植松正博士は、「不能犯に関する判例を総合的に説述するという課題に直面して、いよいよ筆を執る気になつてみると、意外にその判例の数の少ないことに気付かせられた」が、それらの判例を「集録してみても、判例の態度は、予想の如く、不能犯学説のもつとも古い型すなわちフォイエルバッハ＝ミッテルマイエル流の絶対的不能・相対的不能をもつて不能犯と未遂犯との区別の標準とする学説に準拠して来ているから、変化の面白味も乏しいように思う。従つて、いわゆる『総合』の妙味を発揮することがほとんど不能の有様である」と嘆かれたのであった[9]。このような状況下において、大審院の前期の判例に関して、木村龜二博士は、「判例は、『絶對ニ』とか、『實驗則上』とか『本來』とかの言葉をもつて説明しているところから推すと、抽象的・客観的危険を基礎とする絶對不能・相對不能説の影響の下にあるのではないかと考えられる」と評された[10]。そして、「危険判斷の主體の標準に關するものと解せられる判例としては、殺意をもつて、硫黄の粉末を飲食物または水藥中に混和して被害者に服用させた事件について、それは、『其方法が絶對ニ殺害ノ結果ヲ惹起スルニ足ラ』ないものであつて、方法に關する『絶對不能』であるとし、殺人の點について不能犯を認めたものがある（大判、大正六・九・一〇刑録二三輯一〇〇三頁）。これは、いわゆる教養の低い一般人を標準としたものではなく、科學的一般人の見地を標準としたものと解せられる」とされた[11]。この時期において、すでに危険判断の主体の標準についても判断が示されていたことは、注目に値する。

植松博士も、大審院の判例は絶対不能・相対不能説を採っていると解されたうえで、「絶対的不能とする説によると、絶対と相対とを何によって区別すべきかの標準を求めるに苦しむのが最大の難点である」「にもかかわらず、裁判所がこの立場を維持しているについては、実際的な利便があるからである」と指摘された[12]。そして、「その実際上の利便は、概念の曖昧さから来ている仮象のもので、真実その標準が正当なものであるがため役立つのではない。標準が曖昧であるがために、各個の事件につき、その時の便宜な『感じ』が標準にされている」とされたのである[13]。これは、実務経験が豊富な植松博士ならではの指摘である。標準が曖昧であることが、かえって有用であることを逆説的に解明されているところに面白味があると言える。その有用性の根拠について「裁判の実際では、しばしば結論が先に出る。これは裁判ばかりではなく、抽象的な法理論にもその傾向があり、それがあるがために、法律学は他の学問に比して特異の存在として、健全な常識に基盤を置くことになる。実際の事件の不能犯問題の解決に当つては、可罰的価値の有無に関する常識的判断が理論に先行することがすくなくない。直観的な結論を出しておいて、後から『絶対に不能』とか『相対的に不能』とかの理由をつける傾向があるように見受けられる。個々の事件につき裁判所の採用した標準が一致しないことにも、その一端が現れている」と指摘された[14]。この指摘は、非常に示唆的である。わたくしは、このような思考方法を「逆向法」と称し、法的叙述については「順向法」に拠るべきであると主張して来た。そして、前者は具体的妥当性を指向し、後者は一般的妥当性を指向すると述べて来た。前者が実務の実際であり、後者が理論化の方法であると考えているのである。さらに、判例と学説との関連について、植松博士は、「判例は絶対的不能のみを不能とし、しかも、大体の傾向としては、その絶対性をまことに厳格な……意味において要求している。さように厳格に解すると、絶対に不能ということは、稀有絶無の現象となるから、結局、迷信犯のように自然法則に反するものでなくては、不能犯とは認められないことになり、不能犯否定論に近いものとなつてくる。ここにおいて極端な主観説が迷信犯のほかに不能犯を認めないことになるのと、この判例の傾向とを対比して、まことに興味深く感ずる。極端な客観説と極端な主観説とは、ここにおいて一致するの結果となつているからである。また、その辺に法感情の要求の中核が存在するのであるかも知れない。これは危険説を採る者にとつては、反省の機縁となるものといつてよいであろう」と指摘された[15]。ここには、両極は相通ずるという真理が示されているが、危険説の方向性が示唆されていると見るべきであろう。

二　大審院後期の判例

本項において、刑事判例集に登載された不能犯に関する判例の発展を個別的事案を通観しながら明らかにすることにしよう。

1　大正一一年二月二四日判決［殺人未遂被告事件］（刑集一巻七六頁）

本判決の判示事項は、「殺傷可能性ヲ有スル器具ト殺人未遂」である。本件の事実関係は、次のとおりである。被告人Xは、大正一〇年六月初旬頃から大阪府内のA紡績会社の女工B（当時二九年）と情交を結び、爾来、Bに対し百円余りの金品を与えたにも拘わらず、同年八月一八日午後三時ころ、同府内の某方二階座敷において、Bが、Xに対し「早く帰れ、自分は御前を見損った」などと放言し、その態度が冷淡であったので、憤激の余り、同人を殺害しようと決意し、所携の小刀で突然Bに斬り付け、同人の頸部および左右の各側胸部などに治療約四週間を要する創傷を与え、因ってBに致命傷を負わせたものと考えて逃走したが、右創傷は急所を外れたため、殺害の目的を遂げなかった。

弁護人は、上告趣意において次のように主張した。すなわち、「原審判決ハ其ノ證據説明ニ於テ上告人使用ノ兇器ハ懐中ノ蟇口ヨリ取出シタル小刀ナル旨記載セラレタリ凡ソ茲ニ一ノ犯罪成立センニハ主觀的竝ニ客觀的不能ノ存在ナキヲ要ス之レアランカ所謂不能犯トシテ犯罪ノ成立之レ無キコト元ヨリ疑ヲ容レス」としたうえで、本件の「兇器ハ前掲ノ如ク單ニ懐中ヨリ取出シタル小刀ニ過キス以テ殺人ノ具タルニ足ラス上告人ハ單ニ一仲仕ノミ如上ノ小刀ヲ以テ尚其ノ殺人ノ意ヲ全フスルニ足ルヘキ特殊ノ伎倆アルヲ見ルニ足ルモノナシ要之本件事案ハ殺人ノ點ニ付テハ元ヨリ不能犯タルヘキニ原審判決カ第百九十九條ノ適用ヲ爲シタルハ不當ナリ」としたのである。本件兇器の小刀および被告人の伎倆では殺人は不可能であるから、本事案は不能犯であると主張されていることになる。

右の上告趣意に対して、大審院は次のように判示した。すなわち、「原院ノ認メタル事實に依レハ被告人カ本件ノ被害者Bヲ殺害セントスルノ用ニ供シタル器具ハ小刀ニシテ被告人カ之ヲ使用シテ加ヘタル被害者ノ創傷カ其ノ身體ノ要部ニ觸レサリシカ爲致命ノ結果ヲ惹起セサリシニ過キス而シテ小刀ハ辯護人ノ主張スルカ如キ懐中ノ蟇口ニ入レテ携帯スル小形ノモノト雖人ヲ殺傷スルニ足ル可能性ヲ有スルコトハ實驗則上明確ニシテ絶對ニ殺人ノ用ニ供シ能ハサルモノニ非ス果シテ然ラハ被告人カ其ノ小刀ヲ使用シ其ノ犯意ノ實行ニ著手シタルモ其ノ使用方法完カラサリシカ爲單ニ創傷ヲ加ヘタルニ止リ其ノ豫期セル致命ノ結果ヲ生セシメ得サリシ本件ノ場合ニ於テハ其ノ所為ハ當然殺人未遂ニ該當スヘク不能犯ヲ以テ論スヘカラサルヤ洵ニ瞭然タリ本論旨ハ理由ナシ」と判示したのである。本件のような小刀であっても殺傷の可能性を有することは、「実験則上明確」であるとされている。したがって、それを使用する行為は不能犯ではないとされたことになる。

2　大正一二年四月二日判決〔賭博被告事件〕（刑集二巻二九五頁）

本判決の判示事項は、闘鶏による賭事における賭博罪の既遂時期である。本判決は、実行の着手に関する大審院判例3と同一であり、ここでは不能犯の観点から見ることにする。本件の事実関係は、次のとおりである。すなわち、被告人Xは、大正一一年三月下旬に、神奈川県内の竹林において、被告人Yらは、同年四月中に、同県内の杉林内において、それぞれ軍鶏を闘わせその勝敗に金銭を賭し俗に軍鶏の「蹴合」と称する賭銭博奕をおこなった。

弁護人は、上告趣意において次のように主張した。すなわち、大正一一年三月下旬、杉林内において軍鶏を闘わせた勝負は、「日没ニ至リタル爲勝敗ヲ決スル事能ハスシテ引キ分ケトナリタルコト爭フヘカラサル事實ニシテ各被告人等ハ其ノ勝負ニ若干ノ金錢ヲ賭シタルモ引キ別トナリタル爲各自損益ナク終リタルモノ」であるから、「被告人八名ノ所爲ハ犯罪ノ手段ニ關スル不能犯ナリトシ日没ニ際シ勝敗ヲ波シ結果ヲ發生セシムルコト不能ニ至リタルモノナルヲ以テ法律上無罪」と主張したが、第二審は、「此ノ點ニ關シ何等ノ判決ヲ爲ササルハ違法且不親切ナリト論シタルニ不拘原審カ前示ノ如ク判決シ去リタルハ擬律ニ錯誤アル違法ノ裁判ナリ」としたのである。つまり、弁護人は、本件においては日没のため勝敗が決しなかったので、被告人らの行為は不能犯であると主張したわけである。

右の上告趣意に対して、大審院は、次のように判示した。すなわち、「軍鶏を闘ハシメ之カ勝敗ニ金錢ヲ賭スル行爲ハ偶然ノ輸嬴ニ關シ財物ヲ以テ賭事ヲ爲スモノニシテ苟モ其ノ賭事ノ實行ヲ開始シタル以上タトヒ闘鶏ノ結果勝敗ハ決セサリシトスルモ賭博罪ハ既遂トシテ完成スルモノニシテ又此ノ方法ニ依ル賭事カ勝敗ノ結果ヲ生スルコトハ決シテ不能ニ非サルヲ以テ上叙ノ如ク勝敗ノ結果ヲ生セサリシ場合ヲ指シテ不能犯ナリト論スルハ中ラス又原判決ニハ被告ノ賭博罪ニ關シ犯罪事實ヲ判示シ被告ノ行爲カ其ノ犯罪ヲ構成スル所以ヲ説示シテ欲クル所ナキヲ以テ縦シ辯護人ノ辯論事項ニ對シ精細ニ説明ヲ加ヘサリシトスルモ判決理由ノ不備ヲ成スモノニ非サルハ論ナク擬律ニ於テ何等ノ錯誤ナキモノトス故ニ論旨ハ理由ナシ」と判示したのである。本判決は、①賭事の「實行ヲ開始」した以上、賭博罪は既遂として完成すること、および②軍鶏の闘争による賭事が勝敗の結果を生ずることはけっして「不能」ではないことをみとめた。①については、すでに見たので、ここでは②について見ることにする。②は、絶対不能・相対的不能説の立場からは、当然の結論であると言える。なぜならば、闘鶏による方法によるばあいには、勝敗が決することは、十分にあり得るので、絶対に不能とは言えないからである。

3　大正一五年九月二八日判決〔放火被告事件〕（刑集五巻三八三頁）

本判決の判示事項は、「住宅焼燬ノ目的ヲ以テ住居ニ使用セル建物ニ放火シタル場合ノ擬律」とされている。本判決は、実行の着手に関する大審院判例5と同一である。ここでは不能犯論の観点から見ることにする。本件の事実関係は、次のとおりである。すなわち、被告人は、かねて被告人の居宅内の動産に対してA保険会社と金一二〇〇円の火災保険契約を締結していたので、被告人が居住していた四戸建ての長屋に近接する空家に放火して長屋に延焼させて自己の動産を焼いたうえで右保険金を騙取しようと企て、犯意を継続し、①大正一五年一月二六日午後一〇時頃、前記四戸建て長屋の西端から南方約一間を隔てて当時、人が現在していなかったB所有の木造平屋建て家屋の八畳の間の押入れ内に所携のマッチで空俵に点火して、右空家の押入れの内部および天井屋根など約二坪を焼き、②同年二月一日午後一二時頃、被告人が居住していた四戸建て長屋から南方約二間を隔てて建設してあるB所有の空家で木造戸建二階家中の右長屋に近い一戸の二階六畳間の押入れに障子四枚を外して所携のマッチでこれに点火して、右二戸建て長屋の二階全部を焼燬した。

弁護人は、上告趣意において次のように主張した。すなわち、「被告ノ所爲ハ場合ニ依リ或ハ刑法第百十二條第百八條第五十五條ニ該當スヘク或ハ人ノ現在スル家屋燒燬ニ付テハ其ノ位置構造天候其ノ他ノ事情ニ因リ不能犯タルヘク或ハ第百九條第一項第五十五條ト刑法第百十三條第五十五條トニ該リ刑法第五十四條第一項ニ従ヒ重キニ従テ處斷セサルヘカラサルヘシ然ルニ原判決ハ以上孰レノ場合ナルヤヲ判定セスシテ輙スク刑法第百九條第一項第五十五條ニ問擬シタルハ理由齟齬若ハ擬律錯誤ノ違法アルモノニシテ原判決ハ破毀ヲ免レサルモノトス」と主張したのである。右の主張によれば、被告人の行為は、場合によって、現住建造物等放火罪の未遂罪の連続犯、現住建造物等の放火罪の不能犯、または非現住建造物等放火罪の連続犯、一〇八条・一〇九条の予備罪の何れかに該当するにもかかわらず、原判決が右の何れであるかを判定せずに、たやすく第一〇九条第一項の連続犯に問擬したのは、理由齟齬または擬律錯誤に当たり違法であるとされたのである。

右の上告趣意に対して大審院は、次のように判示した。すなわち、「人ノ住居ニ使用スル建物ヲ燒燬スルノ目的ヲ以テ之ニ接近セル人ノ住居ニ使用セス又ハ人ノ現在セサル建物ニ放火シ其ノ火勢猶未タ人ノ現住セサル建物燒燬罪ノ未遂犯ヲ構成スルニ過サルトキト雖其ノ燃燒作用ニ依リ住宅燒燬ニ至ルヘキ状態ヲ惹起シタルモノナルヲ以テ住宅燒燬罪ノ豫備ノ程度ヲ超エ住宅燒燬罪ノ未遂犯ヲ構成シ人ノ現在セサル建物燒燬罪ノ未遂罪ヲ構成スルモノニ非ス又其ノ火勢既ニ右人ノ現在セサル建物燒燬罪ノ既遂犯ノ程度ニ達シタルトキト雖右建物ハ住宅燒燬ノ媒介タルニ過サルヲ以テ住宅ニ延燒シ且之カ燒燬ノ程度ニ至ラサル限ハ猶住宅燒燬罪ノ未遂罪ヲ構成スルニ過スシテ人ノ現住セサル建物燒燬罪ノ既遂罪ヲ構成スルモノニ非ス……其ノ所爲ハ前段説示ノ理由ニ依リ住宅燒燬未遂ノ連續犯ヲ構成スルモノトス然レハ原判決カ右事實ニ對シ刑法第百九條所定ノ罪ノ連續犯ヲ構成スルモノトシテ擬律シタルハ失當ニシテ論旨ハ結局理由アリ」としたのである。

本判決は、現住建造物等放火罪の未遂罪の成立を二つの観点から肯定している。第一の観点は、予備罪との対比である。現住建造物を焼燬する意図で非現住建造物に放火してその火勢が非現住建造物の未遂犯にとどまるばあい、その「燃焼作用」によって現住建造物の「燒燬ニ至ルヘキ状態ヲ惹起」したものであるから、現住建造物の「豫備ノ程度ヲ超エ」てその未遂犯を構成するとされたのである。第二の観点は、非現住建造物等の「既遂犯」との対比である。前記と同様のばあい、火勢がすでに非現住建造物放火罪の「既遂犯の程度」に達したとき、当該建造物は現住建造物の「燒燬ノ媒介」にすぎないから、現住建造物放火罪の未遂犯を構成するに過ぎないとしたのである。これらについては、すでに見たので、ここでは不能犯に関して見ることにする。上告趣意においては現住建造物放火罪について不能犯となる場合があると主張されたが、大審院は、「焼燬の危険性」があることを理由にして、未遂犯の成立を肯定することによって不能犯性を否定したのである。これは、絶対不能・相対不能の見地からは妥当な結論と言えるであろう。

4　昭和二年六月一七日判決〔堕胎被告事件〕（刑集六巻二〇八頁）

本判決の判示事項は、「胎兒ノ發育程度ト墮胎罪——胎兒ノ生死ト墮胎罪ノ構成」である。本件の事実関係は、次のとおりである。被告人Xは医師であり、被告人Yは産婆であるが、Yは、大正一四年五月頃、妊婦Aから再三堕胎の嘱託を受けたため、その旨をXに依嘱し、ここに両名共謀のうえ、Aを堕胎させることを企て、Xは、同年六月三日、自宅診療室において、Aの子宮壁と卵泡間にニブーシーと称するゴム管を挿入し卵泡を剥離して分娩を催す方法により堕胎手術をおこない、同夜、Yは、A方において当該ゴム管を抜き取り手当をし、翌四日午前一〇時頃、Aに妊娠七ヶ月の胎児を分娩させてその目的を遂げた。

弁護人は、上告趣意において原審判決には「採證上ノ違法」があると主張した。その理由として次のことを挙げた。①「不義ノ子ナリト供述シタルニアラスシテ不義ノ子ナルヤ否ヤ不明ナリト供述セルコト明ニシテ此ノ點ニ於テ原審判決ハ虚無ノ證據ヲ援用シタルモノナリ」、②「調書ノ何レノ部分ニモ確然妊娠七ヶ月ノ胎兒ナリト陳述シタル記載ナク原審判決ハ此ノ點ニ於テモ亦虚無ノ證據ヲ援用シタルモノトス」、③「被告人Xニ對シ堕胎ノ事實ヲ認定シタル點ニ於テ事實ノ誤認アルコトヲ疑フニ足ルヘキ顯著ナル事由アリ」、④「被告人Xカ如何ナル動機ニ因ツテ本件犯行ヲ決意シタルヤ其ノ理由ヲ知ルコトヲ得スシテ此ノ點ニ於テ先ツ原審認定事實ノ眞否ヲ疑ハサルヲ得ス」、⑤「本件胎兒ノ手術當時ニ於ケル生否ハ頗ル疑問ニ屬スト爲ササルヲ得ス」などとし、「以上諸般ノ事情ヲ考量スルトキハ原審判決カ被告人Xニ堕胎ノ犯行アリト認定シタルハ事實誤認ニ出テタルコトヲ疑ハサルヲ得スト思料ス」と主張したのであった。これらのうち、不能犯に関連するのは、⑤のみである。これは、客体の不能に関わる。

大審院は、右の上告趣意に対して二点にわたって詳細に判示した。まず、第一点は、次のとおりである。「妊婦カ不正ナル私通ノ結果ナリヤ否ハ堕胎罪ノ構成要件ニ關スル事實ニ非サルハ勿論堕胎被告事件ニ付妊婦ニ對シ其ノ罪ノ有無ヲ判斷スル場合ニ於テハ或ハ犯罪ノ動機トシテ事實ヲ認定スルニ付又犯情ヲ斟酌シ刑ヲ量定スルニ付重要ナル事實ニ屬スルコトアルヘシト雖其ノ囑託ニ應シテ堕胎ヲ爲シタル者ノ罪ヲ問フヘキ本件ノ如キ場合ニ於テハ如上ノ關係存セサルヲ以テ本件ノ胎兒カ不義ノ子ナリヤ否ニ關シ所論ノ如キ證據ノ説示ニ失當アリトスルモ採證上違法アリト謂フヘカラサルノミナラス原判決ニハ妊婦Aカ私通ニ因リ妊娠シタル事實ヲ判示セサルヲ以テ前段論旨ハ理由ナシ次ニ堕胎罪ハ不法ニ自然ノ分娩期ニ先チ人力ヲ以テ胎兒ヲ母體ヨリ排出セシムルニ因リテ成立シ胎兒ノ發育ノ程度ヲ問ハサルヲ以テ苟モ妊娠シテ胚種カ發育ヲ遂ケツツアル間ニ堕胎行爲ヲ施用スルニ於テハ其ノ發育状態カ何ケ月ニ達シタルヤハ犯罪ノ成立ニ影響ナケレハ原判決ニ於テ判示七ケ月ノ胎兒ヲ不法ニ分娩セシメタル事實ヲ認定スルニ付所論ノ如ク不當ニ證據ヲ説示シタリトスルモ採證上違法アリトシテ原判決ヲ破毀スルノ理由ト爲スニ足ラサルノミナラス所携聽取書ノ供述記載ニ據レハ胎兒ハ七ケ月ノ發育ヲ遂ケタルモノナリト解シ得ヘキヲ以テ後段論旨畢竟原審ノ職權ニ屬スル解釋ノ非難ニ歸シ適法ノ上告理由トナラス」と判示されている。これらの判示は、堕胎罪の構成要件の解釈および採証上の判断であるが、不能犯に関しては、胎児が七ヶ月の発育を遂げていることを認定したことによって、間接的に不能犯性を否定したことを意味する。

第二点は、不能犯論に関連するものを包含しており、その内容は、次のとおりである。すなわち、「原判決ノ認定セル被告人Xノ犯罪事實ヲ記録ニ參照シテ審按スルニ重大ナル事實ノ誤認ヲ疑フヘキ事由ヲ發見セス而シテ犯罪ノ動機ニ關スル所論ノ如キ事實ヲ否定スルニ足ラス又判決ノ援引セル被告人ノ供述ニ關シテ所論ノ如キ其ノ信憑力ニ付疑ヲ挿ムヘキ事情ノ存在ヲ認メス一及二ノ論旨ハ其ノ理由ナシ次ニ堕胎罪ノ成立スルニハ堕胎手術ヲ施シタル當時ニ於テ胎兒カ生活力ヲ保有セルコトヲ要シ被告人主張ノ如ク胎兒カ既ニ死亡シアリタリトスレハ堕胎罪ノ對象タルヲ得ス之ニ堕胎手術ヲ施スモ犯罪ヲ構成セサルヤ論ナシ原判決ハ特ニ明示スルコトロナシト雖所謂胎兒トハ生存状態ヲ保有セル胎兒ヲ指斥セルコト自ラ明カナリ而シテ記録ヲ按スルニ本件犯行ノ當時ニ在テ胎兒ノ生存セシコトヲ確認スヘキ證據一ニシテ足ラス却テ胎兒カ死亡シアリタルコトヲ疑フヘキ何等ノ事情存セス唯被告人ノ爲セル一片ノ主張アルニ過キス故ニ原判決ニハ所論ノ如キ事實誤認ヲ疑フヘキ顯著ナル事由存セス」と判示されている。本判決は、堕胎行為当時、胎児が死亡していれば、堕胎罪の対象とならないので犯罪を構成しないことは当然であると判示しており、このばあいは不能犯とするものである。しかし、本件では胎児は生存していたので、不能犯ではないと解したことになる。

5　昭和二年六月二〇日判決〔詐欺未遂私文書変造行使贈賄被告事件〕（刑集六巻二一六頁）

本判決の判示事項は、「訴訟費用支給ニ關スル豫審判事ノ職權――抵當不動産ノ競賣開始決定ニ對シ一部辨濟ヲ理由トスル異議ノ申立ト詐欺罪ノ成否」である。本件の事実関係は、次のとおりである。被告人は、Aから借り受けた元利金一二二七円二六銭の債務履行を怠ったため、債権者Aから抵当権の実行としてB区裁判所に競売の申立てを受け、大正一三年六月九日を競売期日に指定された際、これに対して異議の申立てをなし、その口頭弁論中、同区裁判所を欺罔して不法に大正一二年度の利息金支払い義務を免れることを企て、領収証を変造行使して勝訴の判決を得ようとしたが、事が発覚したためこれを遂げなかった。

弁護人は、上告趣意において次のように主張した。本件の異議申立てが仮に「實體法上ノ理由ニ基クトキト雖之カ審理裁判ノ範圍ハ單ニ執行請求權ノ有無ニ付判斷ヲ爲スヲ以テ目的トシ實體上ノ法律關係ヲ決定スル效力ヲ有スルモノニアラス而シテ被告ハ該異議申立ニ於テ素ヨリ元本債權ノ存在ヲ論争スルコトナカリシヲ以テ債權者Aノ競賣申立ハ適法ニシテ被告ノ異議ハ當然却下セラルルヲ免レサルノミナラス假リニ被告カ法文ヲ誤解シ異議ノ裁判ニ於テ大正一二年度利息ノ支拂義務ヲ免ルルコトヲ得ルモノト信シテ詐術ヲ行ヒ裁判所モ亦誤ツテ其ノ主張ノ當否ヲ判斷セムカ爲審理ヲ進行シタリトスルモ法律ノ規定上該異議事件ニ依リテハ到底被告ノ目的ヲ達スルコト能ハサルモノニシテ斯ノ如キ場合ニ裁判所欺罔ニ因ル詐欺罪ヲ成立セシムルコトハ全ク不可能ニ屬ス仍チ原判決ハ罪トナラサル事實ヲ處斷シタル違法アリ」としたのである。これは、本件の異議申立てによっては実体上、その申立ては却下されるものであるから、裁判所を欺罔して詐取の目的を達することは「全ク不可能」であり、不能犯であると主張するものである。

右の上告趣意に対して、大審院は、次のように判示した。すなわち、「債權者カ抵當權實行ノ爲抵當不動産ニ付競賣法ニ依ル競賣ノ申立ヲ爲シ裁判所ハ此ノ申立ニ基キ競賣開始決定ヲ爲シタルニ債務者ハ同競賣ノ基本タル債權ノ一部ニ付既ニ辨濟ヲ爲シタリト主張シ之ヲ理由ト爲シ同決定ニ對シ異議ノ申立ヲ爲シタル場合ニハ裁判所ハ債權ノ一部辨濟ノ事實ヲ調査スルコトナク異議ヲ理由ナキモノトシテ却下スヘキモノトス蓋シ抵當權ハ不可分ノ性質ヲ有スルヲ以テ抵當權者カ債權ノ一部ニ付辨濟ヲ受クルモ殘餘ノ債權ニ付抵當不動産全部ニ對シ抵當權ヲ行フコトヲ得ヘケレハナリ而シテ叙上ノ場合ニ於テ債務者カ裁判所ヲ欺罔シ辨濟ヲ免ルルノ意思ヲ以テ辨濟ニ關スル受領證ヲ變造シ之ヲ裁判所ニ提出シ辨濟ノ事實ヲ證セントシタルモ事發覺シテ其ノ目的ヲ遂ケサリシトキハ裁判所ハ前示ノ如ク辨濟ノ事實ヲ調査スルコトナク當然異議ヲ理由ナキモノトシテ却下スヘキ筋合ナルヲ以テ前示異議ノ申立及變造證書ノ提出ハ法律上詐欺ノ手段トシテ論スルヲ得ス原判決第三事實ニ依レハ被告人ハAヨリ不動産ヲ擔保トシテ金圓ヲ借受ケ其ノ元利金千二百圓餘ニ付履行義務ヲ怠リタル爲Aヨリ抵當權ノ實行トシテ競賣ノ申立ヲ爲シ裁判所ハ之ニ基キ競賣開始決定ヲ爲シ被告人ハ之ニ對シ異議ノ申立ヲ爲シ口頭辯論期日ノ指定アルヤ被告人ハ裁判所ヲ欺罔シ利息ノ一部ニ付支拂ノ義務ヲ免ルルノ意思ヲ以テ之レカ領收證書ヲ變造シ同期日ニ同變造證書ヲ提出行使シ利息支拂ノ事實ヲ主張シタルモ事發覺して其ノ目的ヲ遂ケサリシモノナレハ上來説示ノ理由ニ基キ被告人ノ行爲ハ私文書變造行使罪ヲ構成スルニ止マリ詐欺未遂罪ヲ構成スルモノニ非ス故ニ原判決ニ於テ詐欺未遂罪ヲ構成スルモノトナシ被告人ヲ處斷シタルハ失當ニシテ破毀ヲ免レス論旨ハ理由アリ」と判示したのである。裁判所は、債務者からの一部弁済を理由とする異議申立てがあったばあいに、弁済の事実を調査することなしに異議を却下すべきであるから、被告人の行為は詐欺罪の不能犯であるとされたのである。

6　昭和八年一〇月二〇日判決［詐欺未遂偽造私文書行使被告事件］（刑集一二巻一八四五頁）

本判決の判示事項は、「金銭債務臨時調停委員會ニ詐欺ノ目的ヲ以テ僞造文書ヲ提出行使シタル行爲ニ對スル擬律」である。本件の事実関係は、次のとおりである。被告人は、昭和七年一〇月四日、O区裁判所に債務者A・債権者B、金額三〇〇円および五五〇円、債務者C・債権者B、金額六〇〇円という三口の貸借債務に関し、Cの分に付いては債務者代理人とし、いずれもBを相手方として金銭債務調停の申立てをなし、同年一一月七日、同裁判所において右調停委員会が開かれると、昭和四年四月六日附Dの作成に係る被告人宛利息金二〇円の受取証に、かねてBの氏名を冒署しかつ既存のDの署名捺印を利用して、擅に「尚Bニ設定分三口元金全部」と記入してD・B両名の作成名義を冒用して偽造された被告人宛三口の貸金元金全部を受け取った旨の證書が偽造である事情を熟知しながら、真正に成立したもののように装い、右三口の債務が支払済である証拠としてこれを提出行使して同委員会を欺罔し、因って同委員会に自己に有利な調停をさせて財産上不法の利益を得ようとしたが、即時その偽造が発覚したため、所期の目的を遂げなかった。

弁護人は、上告趣意において次のように主張した。すなわち、原判決が詐欺未遂の成立をみとめたのは、「擬律ノ錯誤アルモノニシテ不法ナリ」とし、その理由について、「抑モ金錢債務臨時調停法ノ精神ハ現在スル債務ヲ前提トシテ債權者債務者雙方ノ互讓ニ依リ且雙方ノ利益ノ爲ニ調停スルニアリテ被告人ノ申立ノ如キ債權不存在ノ確認ヲ求ムルカ如キ爲ニ同法ニ基ク調停ノ申立ヲナスヘキモノニ非ス又申立アルモ裁判所ハ不適法トシテ却下スヘキモノナリ從テ本件ノ如キ申立ノ元ニ而カモ調停法ニ基ク委員會ニ假リニ僞造ノ文書（受取書）ヲ提出シタリトテ法律上可能ナル欺罔手段タルコト能ハサルモノナリ原判決ハ此ノ金錢債務臨時調停法ノ法意ヲ曲解シ被告人ノ行爲ヲ詐欺未遂トシテ問擬シタルハ不法ナリ」と述べたのである。本件において被告人が本法に基づいて債務不存在の確認を求める申立ては、却下されるべきものであるから、それを手段とする詐欺罪は不能犯である旨を主張したことになる。

右の上告趣意に対して大審院は、次のように判示した。すなわち、「金錢債務臨時調停法ニ依リ開カレタル調停委員會ハ當事者又ハ利害關係人ノ陳述ヲ聽キ且必要ト認ムルトキハ證據調ヲ爲スコトヲ得ヘク又同委員會ヲ開キタル場合ニ調停ハ裁判所カ調停認可ノ決定ヲ爲シタルトキ裁判上ノ和解ト同一ノ效力ヲ有スルコトハ同法第四條ニ因リ準用セラルル借地借家調停法第二十三條第一項第二十八條ニ依リ明カニシテ尚調停委員會ニ於テ調停成ラサルトキハ裁判所ハ職權ヲ以テ調停委員ノ意見ヲ聽キ事情ヲ斟酌シ調停ニ代ヘ利息期限其ノ他ノ債務關係ノ變更ヲ命シ又ハ債務ノ履行其ノ他財産上ノ給付ヲ命スル裁判ヲ爲スコトヲ得ヘク此ノ裁判確定シタルトキハ其ノ裁判ハ裁判上ノ和解ト同一ノ效力ヲ有スルコトハ金錢債務臨時調停法第七條第十條ニ徵シ明カナルヲ以テ同上委員會ヲ欺罔シテ財産上不法ノ利益ヲ得ルノ目的ヲ以テ同委員會ニ僞造ノ文書ヲ提出行使シ其ノ目的ヲ遂ケサリシ行爲ハ僞造文書行使詐欺未遂罪ヲ構成スルモノトス原判示ニ依レハ被告人ハO區裁判所ニBヲ相手方トシテ金錢債務調停ノ申立ヲ爲シ同裁判所ニ於テ開カレタル調停委員會ニ他人ノ僞造シタル判示文書ヲ其ノ情ヲ知リ調停ノ目的トナリタル債務ノ支拂濟ナルコトヲ證スル證據トシテ提出行使シ因テ同委員會ヲシテ自己ニ有利ナル調停ヲ爲サシメ以テ財産上不法ノ利益ヲ得ントシタルモ事發覺シ其ノ目的ヲ遂ケサリシモノナレハ其ノ行使ハ僞造文書行使詐欺未遂罪ヲ構成スルモノトス原判決ハ之ト同趣旨ニ出テ正當ナリ論旨ハ理由ナシ」としたのである。すなわち、法律上、裁判所は、職權で調停に代えて財産上の給付を命ずる裁判をなすことができるので、裁判所を欺罔して財産上不法の利益を取得する危険があり、詐欺未遂罪が成立し不能犯ではないとされたのである。

7　昭和一〇年一月二五日判決［恐喝未遂被告事件］（刑集一四巻一四頁）

本判決の判示事項は、「恐喝未遂罪ノ成立ト被害者ノ畏怖」である。本件の事実関係は、次のとおりである。東京市が発行する日刊新聞の記者である被告人Xおよび某紙の元記者である被告人Yは、当時M尋常小学校に主席訓導として在職中のAが、同校においてその受持児童に対し各家庭における新聞購読料の多寡を問うたのは、新聞販売営業の妨害にして不都合である旨を聞知したのを利用して、Aを恐喝して不法に金円の交付を得ることを企て、昭和八年一二月一五日、共謀のうえ、Aに面接し、先生がおこなった新聞販売の妨害について記者団が非常に激昂し新聞に掲載すべき気配であるので、これを阻止するために、出金して善処されたい旨申し向け、さらに表面上はAのために円満な解決策に苦慮したかのような言辞を用い、その実、新聞業に関係ある地位を利用し、相当出金しなければ同人の名誉を害する記事を新聞紙上に掲載し、同人が失脚するかも知れないような気勢を示し恐喝したが、Aがこれに応じなかったため、所期の目的を遂げなかった。

某新聞の支局長の被告人Zは、昭和八年一二月中旬頃、右被告人XおよびYから前記営業妨害の事実を聞知すると同被告人等と関係なく単独でAを恐喝して金円を交付させることを企て、同月一七日、もしAがこれに応じなければ新聞紙上に不利益な事実を公表する旨を告げて恐喝したが、Aがこれを拒否したためその目的を遂げなかった。

弁護人は、上告趣意において、次のように主張した。すなわち、「凡ソ恐喝罪ノ成立スル爲ニハ恐喝者ト稱セラル者ノ用ヒタル手段ニ依リ相手方カ畏怖ノ念ヲ生スル場合ナラサルヘカラス」ところ、「被害者ト稱セラルルA（四十六歳）ナル人物ハ本件各被告人カ申出タル事實ノ如キヲ以テ畏怖ノ念ヲ生シ意思ノ自由ヲ失フカ如キ人物ニアラ」ずして「約二十年以前ヨリ小學校教員ヲ奉職シタルモノナル處大正六年或事件ニ依リ一旦休職ヲ命セラレ」、「爾來東京ニ出テ辯護士事務所ニ於テ事務員ヲ爲シ居リタル者ニシテ單ニ明治大學ニ於テ法律ノ講義ヲ聽キタリト云フニ止ラス裁判ノ實際ニ精通」していたので、「年齢ニ於テモ經歴ニ於テモ被告人等トハ比較セラルヘキ人物」ではなかったのである。したがって、「斯クノ如キ場合ニ於テハ恐喝犯罪ノ成立ハ全ク不能ナリ本件ハ學者ノ所謂不能犯ノ場合ニシテ未遂犯ノ場合ニアラス未遂犯ト言ハハソレ自身恐喝取財ノ可能ナル事實ノ實行ニ踏込ミタレトモ未タ現實ニ財物ヲ取得スルニ至ラサリシ場合ヲ謂フ本件ノ如ク相手方ヲ畏怖セシムルニ足ラス從テ財物喝取ノ實現全然不能ナル場合ニ於テハ無罪ノ判決ヲ受クルヲ當然ト信ス」と主張したのであった。これは、被害者が恐喝行為によって畏怖の念を生じないような人物であるばあいには、恐喝罪の不能犯とされるべきとするものである。

右の上告趣意に対して大審院は、次のように判示した。すなわち、「苟モ不法ニ人ヲシテ畏怖ノ念ヲ生セシムルニ足ルヘキ害惡ヲ告知シ因テ財物ヲ交付セシメントスル以上ハ恐喝罪ノ著手行爲アリト謂フヲ得ヘク其ノ相手方カ現實ニ畏怖ノ念ヲ抱クニ至リシヤ否ハ恐喝未遂罪ノ成立ニ影響ヲ及ホスモノニ非ス原判決ノ認定シタル事實ニ依レハ第一被告人X及Yノ兩名ハ共謀ノ上埼玉縣北足立郡M尋常高等小學校主席訓導Aヲ恐喝シテ不法ニ金圓ヲ得ンコトヲ企テ原判示ノ如ク新開業ニ關係アル地位ヲ利用シ相當出金スルニ非サレハ同人ノ名譽ヲ害スヘキ記事ヲ新聞紙上ニ掲載シ同人ヲシテ失脚スルノ已ムナキニ至ラシムルヤモ知レサルカ如キ気勢ヲ示シテ恐喝シタル同人カ之ニ應セサリシ爲所期ノ目的ヲ遂ケス第二被告人Zハ原判示ノ如ク前示Aニ對シ不法ニ出金ヲ要求シ同人ニ於テ被告人ノ意ニ背カハ新聞紙ニ依リ不利益ナル事實ヲ公表スヘキ旨ヲ以テ恐喝シタルモ同人ノ拒絶スル所ト爲リタル爲其ノ目的ヲ遂ケサリシモノナレハ假令相手方タルAニ於テ被告人等ノ爲シタル害惡ノ告知ニ因リ畏怖ノ念ヲ生セサリシトスルモ恐喝未遂罪ノ成立スルコト論ヲ俟タス從テ原判決カ被告人等ノ行爲ヲ各刑法第二百四十九條第一項第二百五十條ニ問擬シタルハ正當ナリ論旨理由ナシ」としたのである。これは、恐喝未遂罪が成立するためには、被害者が畏怖の念を生じたことを必要とせず、いやしくも不法に「畏怖ノ念ヲ生セシムルニ足ルヘキ」害悪を告知すれば足りるとするものである。言い換えると、畏怖させる危険性のある害悪の告知は、喝取の危険性があるので、恐喝罪の不能犯ではなくて未遂犯であると判示されている。

8　昭和一〇年一一月一一日判決［詐欺未遂幇助私文書偽造行使幇助被告事件］（刑集一四巻一一七九頁）

本判決の判示事項は、「詐欺手段ノ不法ト詐欺罪――文書僞造ノ依囑ヲ受ケ第三者ヲシテ之ヲ作成セシメタル者ト依囑者トノ共犯關係」である。本件の事実関係は、次のとおりである。被告人Xは、複数の債務を負担し、その支払いに窮していたため、自己に対する虚偽の債権を仮装し、これに基づいて仮差押債権の差押えをして配当金名義の下に金員を騙取することを企て、昭和九年四月一六日、司法代書人である被告人Yに対し、右の目的を遂行するのに必要な訴訟手続きおよび強制執行手続きを依頼し、同人を介してさらに情を知らない司法代書人に依頼して、同人にA作成名義の支払命令書、仮執行宣言申立書、仮執行宣言支払命令正本再附申請書、送達日時証明申請書、債権差押竝轉付命令申請書、委任状などを偽造させ、これらを真正に成立したもののように装ってS区裁判所に提出行使した。被告人Yは、被告人Xから前記の各文書の作成を依頼されると、Xが虚無の債権を仮装し配当金名義の下に金員を騙取しようとしていることを知りながら、犯意を継続して各書類の作成を他の司法代書人BおよびCに依頼し作成偽造させて、被告人Xの前記私文書偽造行使詐欺未遂の犯行を幇助した。

被告人Xの弁護人は、上告趣意において次のように主張した。すなわち、「假令被告人Xカ配當金騙取ノ目的ヲ以テ私文書僞造行使ヲ爲シタリトテ前述ノ如ク其ノ結果ハ法律上無效ニ歸シ其ノ無效即チ法律上ノ不能ナレハ法律上ノ不能ハ犯罪構成要件ヲ欠缺シ居ル爲ニ犯罪ノ成立シ能ハサルヲ以テ未遂罪ハ成立セス從テ未遂罪幇助モ亦成立ス可キモノニアラス」としたのである。ここにおいて、法律の不能は「犯罪構成要件」の「欠缺」をもたらすので、犯罪は不成立であると主張されているが、これは「不能犯」である旨を主張するものである。

被告人Yの弁護人は、上告趣意おいて、「原判決ハ理由ノ不備（Cノ知情ノ如何ヲ審究判斷セサル點ニ於テ）アリ且判決理由ノ前後互ニ相齟齬セル違法アルモノニシテ此ノ點ニ於テ破毀ヲ免レサルモノト信ス」と主張した。

大審院は、まず被告人Xの弁護人の上告趣意に対して以下のように判示した。すなわち、「凡ソ財物騙取ノ目的ヲ以テ人ヲ欺罔スルニ足ルヘキ手段ヲ施シタル以上ハ詐欺未遂罪ヲ構成スヘキモノナルコトハ法文解釋上何ラノ疑ヲ容レサルトコロニシテ其ノ手段カ不法ニシテ其ノ結果法律上無效ニ歸スヘキコトハ同罪ノ成立ヲ妨クルモノニ非ス而シテ被告人ハ所論判示ノ手段ヲ用ヒS区裁判所ヲ欺罔シテ判示命令ヲ發セシメ配當金名義ヲ以テ金員ヲ騙取セントシタルモ關係人ノ爲ニ不正手段ヲ發見セラレ遂ニ其ノ目的ヲ達セサリシモノナルコト判文上明白ナルカ故ニ其ノ行爲カ詐欺未遂罪ヲ構成スルハ勿論ニシテ之ヲ目シテ法律上不能ノ行爲ナリト認ムヘキニ非ス然レハ原判決ニハ所論違法ノ廉ナク論旨理由ナシ」としたのである。これは、詐欺未遂罪が成立するためには、「人ヲ欺罔スルニ足ルヘキ手段」を取れば足り、その手段が不法のため結果が無効に帰することは、未遂罪の成立を妨げないとするものである。言い換えると、欺罔の危険性が未遂罪を基礎付けるのであり、手段の無効は不能犯をもたらさないのである。

被告人Yの弁護人の上告趣意に対して、大審院は、以下のように判示した。すなわち、「案スルニ原判決カCノ知情ノ有無ヲ判示セサリシハ所論ノ如クナルモ其ノ何レナルニセヨ被告人ノ罪責ニハ影響ナキカ故ニ原判決ニ理由不備ノ違法アリト爲スニ足ラス又原判決後段ハ前段ニ認定セル事實ニ對スル法律上ノ判斷ヲ示シタルモノニシテ事實理由ノ齟齬アルモノニ非ス而シテ原判決證據ニ依リテ確定シタル事實ニ依レハ被告人Yハ司法代書人トシテ原審共同被告人XヨリＡ原判示ノ如クA名義ノ各文書ノ作成方ヲ依頼セラルルヤ被告人Xカ虚僞ノ債權ヲ假裝シ配當金名義ノ下ニ金員ヲ騙取セントスルモノナルノ情ヲ知リナカラ犯意ヲ繼續シテ原判示各書類ノ作成ヲB竝Cニ依頼シテ之ヲ作成セシメタルモノニシテ畢竟被告人Yハ右Xカ行使ノ目的ヲ以テ判示文書ヲ僞造スルノ情ヲ知リテ其ノ文書作成ノ依頼ニ應シC竝Bヲシテ之ヲ作成セシメ以テ自ラ文書ノ僞造ヲ遂ケタルモノト同一視セラルヘキモノナルカ故ニ被告人Xト共同正犯ノ關係ニアルモノト謂ハサルヘカラス仍テ職權ヲ以テ法令ノ適用ノ當否ニ付審究スルニ原判決ニ依リ定リタル事實ニシテ右ノ如クナル以上之カ擬律ヲ爲スニ方リテハ宜シク共同正犯ノ規定タル刑法第六十條ヲ適用セサルヘカラサルヤ勿論ナルニ拘ラス原審ハ被告人Yカ被告人Xノ犯行ヲ幇助シタルモノトシテ従犯ノ規定タル同法第六十二條第一項等ヲ適用シタルハ擬律錯誤ノ違法アルモノナレハ原判決ハ此ノ點ニ於テ破毀ヲ免レサルモノトス」としたのである。これは、共犯に関するものであり、ここでは論じないことにする。

9　昭和一一年一二月二二判決〔放火未遂被告事件〕（刑集一六巻一六九〇頁）

本判決の判示事項は、「同一家屋ノ數ケ所ニ放火シタル場合ノ中止犯」である。本件の事実関係は、次のとおりである。土木建築請負業者である被告人は、昭和一一年一一月一六日、その建築請負に係る工事現場において、鍬入式をおこない飲酒の後、同日午後七時頃から、数名の者とともに料亭に登楼し、同家三階大広間において遊興中、同夜一〇時頃、たまたま二階便所に降りた際、興に乗じて二階茶室などに放火することを思い立ち、三階大広間の酒席に立ち戻り、芸妓から燐寸を受け取って再び二階に降りて行き、（一）二階茶室内に積み重なっていた蒲団および新聞紙、（二）二階道具部屋入口の通路北側の古新聞紙貼りの板壁、（三）同道具部屋北側窓下の椀箱、（四）同道具部屋西南隅の膳箱などに放火すると人の現住する右料亭を焼燬するに至ることを認識しながら、前示燐寸で（一）および（二）の箇所においては其の新聞紙に、（三）および（四）の箇所においては各その中にある紙屑に順次点火して放火したが、（二）は被告人が自ら消し止めたためその板壁を、（三）および（四）は自然鎮火したため、（三）においてはその椀箱および椀を、（四）においては膳箱の蓋および膳をいずれも燻焦したに止まった。なお、（一）はその放火した火が蒲団および畳などに燃え移り大事に至ろうとしたが、右料亭の使用人Aらが駆けつけ消火に努めた結果、右蒲団畳などを燻焦したに止まり、結局、同料亭を焼燬するに至らなかったのであり、被告人は右犯行当時心神耗弱の状態にあったものである。

弁護人は、上告趣意において次のように主張した。すなわち、「（二）ノ點ハ中止未遂ナルコト明白ニシテ又（三）（四）ノ點ハ自然鎮火ト云フノミニテ此ノ點ニ付テハ原審ハ不能犯ナリヤ障礙未遂ナリヤヲ明白ニ記載シ居ラサルモ此ノ點ハ不能犯ナリ」と主張したのである。不能犯であることの理由として次のことを挙げている。すなわち、「偶々アリタル紙屑ニ點火シ之カボート燃ヘタルノミニシテ消火セルコトヲ知ルニ充分ナリ斯ル椀箱又ハ膳箱ノ中ノ紙屑ニシテ『ボー』ト燃ヘテ直チニ消火スル程度ノモノニ於テハ絶對ニ豫見シタル結果ヲ惹起セシメ能ハサルモノナリ……若シ原審カ此ノ點に付障礙未遂ト云フナラハ法律ノ適用ヲ誤リタルノミナラス審理不盡ノ違法アリ」とした。さらに、「（一）ノ點ニ於テハ原審ハ消火シタルヲ以テ中止未遂ナラスト判示スルモ……放火シタルモ漸ク火勢カ熾ナルヲ見テ恐怖シ自ラ他人ト共ニ鎮火セシメタル場合ハ之ヲ中止未遂ト目スヘキハ御廳ノ判例トスル所ナリ（同趣旨御廳大正十四年（れ）第一六六一號同十五年三月三十日判決判例拾遺一巻刑事二十一頁）然ラハ本件ノ如キハ勿論中止未遂ナルコト明白ナリ然ルニ原審ハ被告人カ消火セルコトヲ無視シテ之ヲ中止未遂ニ非スト判示セルモノナルコト明白ナリ」と主張したのである。

大審院は、右の上告趣意に対して次のように判示した。まず、第一点について、「原判示（三）及（四）ノ如キ場所ニ置キアリタル椀箱及膳箱内ノ紙屑ニ放火スルモ原判示家屋焼燬ノ結果ヲ生スル危險絶對ニナシト断スルヲ得サルコト原判決擧示ノ證人Aニ對スル豫審訊問調書ニ於ケル同人ノ供述記載ニ徴シ之推認シ得ヘキカ故ニ被告人カ右椀箱及膳箱内ノ紙屑ニ放火シタルヲ目シテ不能犯ナリト謂フヲ得ス原審亦此ノ趣旨ニ於テ右二ケ所ノ放火ヲ不能犯ニ非スト認メタルモノナルコト原判文上自ラ明カナリトス」と判示したのである。椀箱および膳箱内の紙屑に放火したばあい、家屋を焼燬する「結果ヲ生スル危険」が「絶対ニナシ」と断ずることはできないので、不能犯ではないとされている。これは、「結果発生の危険性」の存在をみとめて、不能犯性を否定するものである。次に、第二点について「被告人ハ原判示（一）ノ室ニ在リタル蒲團上ノ新聞紙ニ放火シ因テ既ニ燻焼シ居リタル右蒲團ノ火ヲ踏ミ消サントシテ其ノ擧ニ出テタルモ未タ全ク消火セシムルニ至ラスシテ同室ヲ去リタルモノニシテ其ノ後右證人カ該室ニ到リタル際右蒲團ハ燃焼シツツアリ滿室煙ヲ以テ蔽ハルルノ狀態ニ至リ居リタルヨリ同人ニ於テ該蒲團ヲ引出シ消火シタルニ因リ辛ク大事ニ至ラスシテ止ミタルコトヲ認ムルヲ得ヘキカ故ニ被告人ノ右所為ハ中止犯ヲ以テ論スヘキニ非ス正ニ未遂犯ニ該當スルコト明カナリ而シテ被告人カ原判示（二）ノ個所ノ板壁貼付ノ新聞紙ニ放チタル火ヲ自己ノ發意ニ基キ全ク消シ止メタルコトハ原審ノ認定シタル所ナリト雖原判決ニ依レハ被告人ハ原判示家屋ヲ燬焼スルニ至ルヘキコト認識シナカラ右板壁貼付ノ新聞紙ニ放火シタル外尚原判示（一）（三）（四）ノ個所ニモ放火シタルモノニシテ斯ノ如ク一個ノ意思發動ニ基キ同一家屋ニ對シ數ケ所ニ放火ヲ爲シタル場合ニ於テハ其ノ放火行爲ハ包括一罪ヲ成スモノナルカ故ニ其ノ數ケ所中ノ一ケ所ニ放チタル火ヲ消シ止メタリトテ犯罪全體ヲ中止犯ト爲スニ足ラサルコト多言ヲ俟タス而シテ原判示（一）ノ個所ニ放チタル火ハ他人ニ依リテ消シ止メラレ同（三）及（四）ニ放チタル火ハ自然ニ消火シタルモノナレハ被告人ノ所為ハ全體トシテ一個ノ放火未遂罪ヲ構成スヘキヤ勿論ニシテ之ト同旨ニ出テタル原判決ニハ所論ノ如キ違法アルコト莫シ又記録ヲ精査スルモ原判決ニ重大ナル誤認アルコトヲ疑フニ足ルヘキ顯著ナル事由ハ之ヲ發見スルヲ得ス尚記録ニ現ハレタル諸般事情ニ照スモ原審ノ科刑ヲ甚シク不當ナリト思料スヘキ顯著ナル事由アルモノト認ムルヲ得ス論旨孰レモ理由ナシ」と判示したのである。これは、中止犯の成立を否定して障害未遂とするものである。

10　昭和一三年七月八日判決［詐欺未遂被告事件］（刑集一七巻五五五頁）

本判決の判示事項は、「假装債權ニ依リ他人カ先取特權ヲ有スル物ニ對スル強制執行ト詐欺未遂」である。本件の事実関係は、次のとおりである。土地の賃貸人が、昭和九年一一月一三日、小作米の換価総計金三〇三一円二〇銭五厘の債権保全のため、区裁判所に対して小作人所有の刈稲その他の動産の仮差押え手続きを申請し、同日、同裁判所においてその決定をなし、同区裁判所執達吏Aにおいて翌一四日、その執行手続きを完了し、同月二六日、競売手続きをなし、買得金中執行費用を控除し残金一三五四円九四銭を外山供託局に供託した。被告人Xは、被告人Yと、組合員に対する仮装債権を作為し、その債権の存在を主張して対抗するとともに、その執行に名を借りて前記供託金から配当を受けてこれを騙取することを共謀し、金一五〇〇円の債権を仮装し、仮執行宣言を附した支払い命令正本に基いて被告人Xは、Aの代理人として、同年五月二七日、前記債権に基づき前掲供託金に対する強制執行手続きを執達吏に委任し、同執達吏に同年六月一日当該手続きをさせたうえ、区裁判所が配当手続きに移ると、同裁判所をも欺罔して、供託局の占有する前示供託金の交付を受けてこれを騙取しようとしたが、地主側債権者が地方裁判所に対して配当異議の訴えを提起したことなどにより、その目的を遂げなかった。

弁護人は、上告趣意において次の四点を指摘した。まず、「(一)　土地ノ小作米債權金三千三十一圓餘ニヨリ刈稲ニ對シ執行シタルトキハ民法第三百十三條ニヨリ地主ニ先取特權アリ而シテ換價金千三百五十四圓餘ノ供託アルニ過キス被告等カ假裝債權ヲ以テ差押フルトモ配當セラルヘキ金員ナキ道理ナリ」とした。この第一点は、不能犯である旨を主張するものである。次に「(二)　執行裁判所ノ配當手續ニ移ルヤ地主ハ……配當異議ノ訴ヲ提起シタ……訴訟ハ一度モ辯論カナカツタノテ配當異議ノ訴ハ口頭辯論期日ニ出頭セサルトキハ異議ヲ取下ケタルモノト看做スモノナレハ（民事訴訟法第六百三十七條）若シ假裝債權者某ニ配當表上配當セラルヘキ金員アリシトセハ右取下ト看做サルルト同時ニ配當表ハ確定シ配當金受領權ヲ取得スルコト當然ナリ……」「配當セラルヘキ金員カ存在セシヤ否亦其ノ數額カ何程ナリシヤ極メテ不明ナルニ毫モ此ノ點ニ付キ取調ヘタル形跡ナシ配當セラルヘキ金員カ一千圓以上ト認メ處刑セシヤ將タ如何凡ソ詐欺スヘキ金員ノ多寡ハ實ニ罪ノ大小輕重ヲ斷スルニ最モ重要ナル事實ヲ漫然看過シ何等ノ認識ナクシテ爲シタル判決ハ不法ナリ」とした。そして、「㈢　配當金ヲ詐取セントシ配當異議ノ訴ノ爲メ目的ヲ遂ケサリシトセハ配當金ハ何程ト配當表上標記セラレタルヤ此ノ點ヲ證據ニ因リ認定セサル不法アリ」とした。最後に「㈣　前記摘示シタル判決理由ノ末段ニ於テ配當異議ノ訴ヲ提起シタル爲等ニテ其ノ目的ヲ遂クルニ至ラストアリ等トハ如何ナル事實ヲ説明シタルモノナリヤ知ルヲ得ス理由不備ノ不法ヲ免レス要スルニ原判決ハ量刑ノ基本事實ヲ認識セスシテ爲シタル不法アルモノトス」と主張したのである。

大審院は、上告趣意において主張された四点について、それぞれ次のように判示して判断を示している。すなわち、まず、第一点について、「土地ノ小作米債權ニヨリ貸借人ノ占有スル刈稻ニ對シ強制執行ヲ爲シ其ノ換價金ヲ供託シタルモノニ對シテハ貸借人ニ先取特權アルコト民法第三百十三條ノ規定上明ナリ故ニ第三者カ假裝債權ヲ作爲シ右供託金ニ對シ之ヲ詐取セントシタル場合ヲ案スルニ若シ供託金ニシテ小作米債權者ニ配當シテ尚ホ殘餘アルトキハ右假裝債權者モ配當ニヨリ詐取ノ目的ヲ遂ケ得ヘキ状態ニアルコト明ナリ然レトモ供託金ガ小作米債權者ニ配當スルニ足ラサルトキハ第三者ハ何等配當ヲ得ルコトナキニ至ルヘキヲ以テ此ノ場合ニ詐欺未遂罪成立スルヤ否ヤニ付更ニ稽フルニ假裝債權ヲ原因トシテ支拂命令ヲ申請シ裁判所ヲ欺罔シ支拂命令ヲ得次テ假執行ノ制限ヲ申立テ因テ該宣言ヲ付シタル支拂命令正本ヲ得之ニ基キ敍上供託金ニ對シ強制執行ヲ爲シタルトキハ小作米債權者ニ先取特權アルカ爲ニ假裝債權者カ何等配當ヲ得ルニ至ラサリシトスルモ詐欺未遂罪ノ成立ヲ妨ケサルモノトス蓋供託金カ小作米債權者ニ配當シテ優ニ殘餘金アルトキハ假裝債權者モ配當トシテ若干ノ金員ノ交付ヲ受クルヲ普通トスヘク偶目的物ニ對スル特殊ノ事情ニ依リ假裝債權者ノ目的ヲ充タスニ至ラサルニ止マルカ如キハ普通ニ實害ヲ生スル可能性アル危險ナル行爲ニシテ絶對的不能ノ事項ヲ目的トシタル行爲ト自ラ異ルモノアレハナリ原判決ニミトメタル事實ハ論旨摘録ノ如クニシテ詐欺未遂罪ニ當ルコト洵ニ明ナリ」と判示した。仮装債権により配当金を詐取しようと企てたばあい、債権者先取特権を有していても残余があるときは、仮想債権者も配当を受け得るので、その行為は、「実害ヲ生スル可能性アル危険ナル行為」であり、「絶対的不能ノ事項ヲ目的トシタル行為」とは異なるとされたのである。これは、危険性の存在を理由にして不能犯性を否定するものである。

次に第二点ないし第四点について「(二)又地主ヨリ提起シタル配當異議ノ訴ハ口頭辯論期日ニ出頭セサルヲ以テ異議ヲ取下ケタルモノト看做ストノ所論ハ原判示ニ副ハサル主張ナルヲ以テ前提トシテ云爲スル所論ハ肯綮ヲ失セルモノトス (三) 配當金ヲ詐取セントシタルニ配當異議ノ訴ヲ提起サレタル爲其ノ目的ヲ遂ケサリシ詐欺未遂事件ニ付テハ配當表上記載スヘキ配當金ヲ證據ニ因リ認定スルノ要ナキモノトス蓋配當表上記載スヘキ配當金ハ本件ニ於テハ詐取セントスル金員ノ確定シタル數量ニ外ナラサレハ本件詐欺未遂罪ニ於テハ之ヲ確定スルノ要ナキコト明ナレハナリ (四) 又詐欺ノ行爲カ其ノ目的ヲ遂クルニ至ラサリシ事由數個アル場合ニ於テ其ノ中一個ヲ揭ケ他ハ等ノ文字ノ下ニ包括シテ判示スルモ所論ノ如ク理由不備ノ不法アルモノト謂フヘカラス論旨理由ナシ」と判示したのである。これらの点は、不能犯とは関係がないので、ここでは割愛する。

11　昭和一五年一〇月一六日判決［殺人未遂竊盜住居侵入被告事件］(刑集一九巻六九八頁)

本判決の判示事項は、「黄燐ノ使用ト殺人未遂罪」である。本件の事実関係は、次のとおりである。被告人は、近隣の人達が被告人を嘲笑するのに痛憤し、その鬱憤を晴らすために毒殺を決意し、昭和一五年三月初頃の夜、毒物窃取の目的で某尋常高等小学校標本室に侵入して、理科実験用瓶入りの黄燐を発見し、その瓶中から約三、七瓦の黄燐一個を取り出し、空き瓶にこれを納めて持ち帰り、窃取した。そして、同月六日、自宅付近のA方の食物内に窃取した右黄燐の少量を混入し、Aおよびその妻Bにこれを食させ、該黄燐が人体に及ぼす影響、その致死量を試験することを企て、翌七日午後一〇時頃、右自宅納屋続きである工場内において右黄燐の一部を砕いて米二、三粒大の一塊を作り、その後まもなくこれを携えて前記のA方炊事場に忍び入り、翌日の朝飯のために準備してあった洗米入り一升釜中に所携の右黄燐を混入して置けば、翌朝A・Bがこれを食して腹痛その他身体に異状を惹起するものと考え、かつ場合によってはその中毒のため同人等が死亡する虞のあることを予見しながら、右釜中に右黄燐（致死量以上）を投入しておいたが、翌八日朝、Bが右釜の米を炊いてAとともに食しようとしたが、その飯の異臭と怪光とに驚いてこれを食しなかったため、A夫婦を殺害するに至らなかった。

弁護人は、上告趣意において、「原判決ハ證據ニ基カスシテ犯罪事實ヲ認定シタル違法アリ」と主張し、その理由として、次のことを挙げた。すなわち、「最初ニ投入シタル黄燐ノ總量ハ致死量ナルヘシト雖モ煮沸後モ尚致死量ヲ残存保有シタルヤ或ハ致死ノ結果ヲ惹起スルコト絶對ニ不可能ノ程度ナルヤハ不明ノミナラス……黄燐ハ煮沸ニヨリテ甚シク其ノ量ヲ減シ全ク致死ノ危險ナキコトヲ窺知シ得ヘシ若シ然ラストスルモ右煮沸ト減量トノ割合從テ致死ヲ招來スル程度ノ中毒性ノ有無ニ付何等ノ證明ナキニ拘ラス之ヲ殺人未遂ト斷シタル原判決ハ破毀ヲ免レス」と述べ、さらに「又黄燐ハ煮沸セラルルモ其ノ性質ヲ變セサルヤ換言セハ煮沸後モ尚劇毒性ヲ失ハサルヤ否ヤノ點ニ付テモ右鑑定書ニ何等ノ記載ナシ此ノ如キ證明不充分ナル證據ニ基キ犯罪事實ヲ認定シタル原判決ハ破毀スヘキモノト信スト」としたうえで、「原判決ハ刑ノ量定甚シク不當ナリ」と主張したのである。上告趣意の要点は、「本件における黄燐が致死量に達していたか否か」は、重要であるにもかかわらず、その証明が不十分であるということである。つまり、黄燐は、煮沸によって減量するので、まったく致死の危険がないばあいには、不能犯であるとしたのである。

右の上告趣意に対して大審院は、次のように判示した。まず、「原判決ノ擧示スル證據ヲ綜合スレハ被告人カ本件犯行當時心神耗弱ノ状態ニ在リタルコト其ノ他原判決事實全部ヲ認ムルニ足リ記録ヲ精査検討スルモ原審ノ認定ニ重大ナル事實ノ誤認アルコトヲ疑フニ足ルヘキ顯著ナル事由ヲ發見シ難シ而シテ毒物ハ人ノ致死量ニ達セサル場合ト雖攝取者ノ身體的状況其ノ他ノ事情ニ依リ死ノ結果ヲ惹起スルノ危険ナキヲ保セサルコト經驗則上顯著ナル事實ナルヲ以テ苟モ人ヲ殺害スル目的ヲ以テ毒物ヲ對手方カ攝取シ得ヘキ状態ニ置キタル以上其ノ分量カ偶致死量ニ達セサリシトスルモ尚殺人罪ノ著手アリタリト解スルヲ妨ケス」と判示したのである。ここにおいて、一般論として、毒物は、致死量に達しないばあいであっても、「摂取者の身体的状況その他の事情」により「死の結果を惹起する危険」がないとは言えないことは、「経験則上顕著」であるとしたのである。そして、殺意をもって毒物を相手方が摂取できる状態に置けば、致死量に達しなくても、殺人罪の実行の着手がみとめられるとしたのである。そのうえで「原判決ガ其ノ理由二二於テ認定シタル事實ハ要スルニ被告人ガA方ニ於テ洗米入リ一升釜ノ中ニ黄燐ヲ混入シ置ケバ翌朝A及其ノ妻Bガ之ヲ食スヘク然ラハ場合ニヨリテハ之ニ因ル中毒ノ爲同人等カ死亡スル虞アルコトヲ豫見シナカラ右釜中ニ致死量以上ノ分量ノ毒物黄燐ヲ投入シ置キタルモ翌朝Bカ右釜ノ米ヲ炊キAト共ニ之ヲ食セムトシタルニ其ノ異臭ト怪光トニ驚キ之ヲ食セサリシ爲兩人ヲ殺害スルニ至ラサリシモノナリト謂フニ在ルヲ以テA夫婦ガ右米飯ヲ食セムトシタル際ニ於ケル右黄燐含有量ガ煮沸等ノ結果減少ヲ來タシテ致死量ニ達シ居ラサリシトスルモ被告人ニ於テ殺人未遂ノ罪責ヲ免ルルヲ得サルコト論ヲ俟タス然レハ右ノ際ニ於ケル黄燐ノ残存量ヲ證明スル證據ナク又原審カ之ヲ判示セサレハトテ所論ノ如シ違法アリト謂フヲ得ス更ニ記録ニ現ハレタル犯情其ノ他諸般ノ情状ヲ斟酌考量スルニ原審カ被告人ヲ懲役二年ノ實刑ニ處シタルヲ目シテ量刑甚シク不當ナリト思料スヘキ顯著ナル事由アリト認ムルヲ得ス論旨孰レモ理由ナシ」と判示したのである。煮沸などにより黄燐の残存量に達しなくても殺人未遂罪が成立する以上、残存量についての判示がなくても違法ではないとしたわけである。

12　昭和二一年一一月二七日判決〔建造物侵入窃盗未遂被告事件〕（刑集二五巻五五頁）

本判決の判示事項は、「目的物不發見と窃盗未遂罪の成立――目的物不發見後の飜意と窃盗中止犯の不成立」である。本判決は、中止未遂に関する大審院判例18と同一であるが、ここでは不能犯に関する判例として取り上げることにする。本件の事実関係は、次のとおりである。被告人Xらは、被告人Yと共謀のうえ、石鹸を窃盗する目的で、昭和二一年一月三一日、進駐米軍が看守する青森県所在の元第九三部隊兵舎内物置に侵入して、その内部を物色捜索したが、目的物を発見することができなかったため、窃取の目的を遂げなかった。本判決は、戦時刑事特別法四条一項後段が刑法一七九条の罪を独立に処罰することを規定したものであることを理由に、刑法四三条但書を適用する余地がないとして、中止未遂の成立を否定した。

弁護人は、窃盗の目的物が犯行現場に不存在のばあいを不能犯として扱うべきであると主張した。すなわち、被告人らが、石鹸窃盗の意思をもって物置内において目的物を物色捜索したが、それを発見できなかったために、目的を遂げなかった本件のようなばあいは、「絶対的不能」であるから、「不能犯」をもって論ずべきであると主張したのであった。さらに、弁護人は、仮に未遂犯が成立するとしても、中止未遂とされるべきであると主張した。弁護人の主張の要点は、①窃盗の目的物の不存在のばあい、絶対的不能による不能犯とされるべきである、②不能犯でないとしても、窃盗意思を貫徹するのであれば、他の場所を物色するはずであるにもかかわらず、それをしなかったので、中止未遂となるというものである。第二点②については、すでに中止犯の個所で見たので、省略する。

大審院は、右の上告趣意において提示された二点について次のように判示した。まず、第一点①について、「窃盗犯人が窃盗現場で窃盗の目的物を物色捜索すれば、それは窃盗に着手したのであり、その結果目的物不發見のため窃取をとげなかつたと云ふならば、それは正に窃盗未遂罪を構成する。さうしてこのことはその目的物不發見と云ふことが目的物の不存在に原由すると、将又其の他如何なることに原由するとを問ふ必要はないのであるから、本件の場合に於ける目的物の不發見がたとへ原判決後段に於て説明する如く目的物の不存在に原由してゐたとしても、更にその不存在なる事實が如何なる事情に基くかとか、或は何時からの事實であるかと云ふが如き點に至つては、尚のこと究明するの必要はない。本件の場合の目的物不存在をもつて所謂絶對的不能と觀そのことの故に被告人等の所為を目して不能犯をもつて論ずべしとする所論は、要するに獨自の見解たるにすぎないので、採用するわけにはいかぬ、原判決には審理不盡擬律錯誤等の違法はない。論旨は理由がない」と判示したのである。本判決は、窃盗の目的物を「物色捜索」すれば実行の着手がみとめられるので、「目的物不発見」のため窃取できなかったばあいには、窃盗未遂罪が成立すると解している。そして、目的物の不存在について不能犯とすべきとする弁護人の主張は独自の見解にすぎないとして排斥したのである。これは、絶対不能・相対不能説の立場から妥当な結論とされることになる。

13　総括

大審院の中期以降の判例において、不能犯が問題とされた犯罪類型は、詐欺罪と殺人罪が多い。詐欺罪のばあい、弁護人は、被害者が欺罔行為によって錯誤に陥ることは、絶対に不可能であることを理由に、不能犯として不可罰であると争ったのである。しかし、大審院は、被害者が錯誤に陥る可能性があることを理由にして不能犯性を否定している。そのばあい、結果発生の可能性が絶対にないとは言えないので、未遂犯が成立するとする判断を示したのである。この点に絶対不能・相対不能説が、判例として堅持されていることになる。同じ財産犯である恐喝罪についても、右と同様の判断が示されている。すなわち、一般的に畏怖心を生じさせ得る程度の恐喝行為がなされれば、被害者が畏怖する可能性が絶対にないとは言えないので、恐喝未遂罪が成立するとされたのである。

殺人罪に関しては、手段としての小刀の使用と黄燐の施用は、殺害の結果を発生させる可能性が絶対にないとは言えないので、不能犯性を否定している。ここにおいても絶対不能・相対不能説が維持されているが、個別的事案に即して結果発生の可能性の有無を検討している点に、判例の集積がみとめられる。

その他に方法の不能が、賭博罪および放火罪に関して問題とされ、客体の不能が、堕胎罪および窃盗罪に関して問題とされている。その何れについても絶対不能・相対不能説が採られている。このように大審院の判例は、絶対不能・相対不能説に依拠して不能犯か否かを判断する態度を堅持したと言える。

第二款　最高裁判所の判例

本款において、刑事判例集に登載されている不能犯に関する判例の発展を個別的事実を通観しながら明らかにする。

1　昭和二三年四月一七日判決〔住居侵入窃盗未遂、鉄砲等所持禁止令違反各被告事件〕（刑集二三巻四号三九九頁）

本判決の判示事項は、「窃盗罪の着手」および「左官が職業用として使用していた匕首と鉄砲等所持禁止令第一條」である。これは、実行の着手に関する最高裁判所の判例1と同一であるが、ここでは不能犯に関する判例として取り上げることにする。本件の事実関係は、次のとおりである。すなわち、①被告人XおよびYは、Aと共謀のうえ、昭和二二年七月一七日午前一時過頃、鳥取県東伯郡内のB方で馬鈴薯その他食料品を窃取しようと企て、Aは屋外で見張りをし、XおよびYは、同家養蚕室に侵入懐中電灯を利用して食料品を物色中、警察官および住民に発見されたためその目的を遂げず、②Xは、同日同書において法定の除外事由なくして刃渡り約一六糎余りの匕首一本を所持した。

弁護人は、上告趣意において「原判決は、擬律錯誤の違法なり」と主張した。その理由は、次の点に求められている。すなわち、被告人らは、密造酒を窃取する意思を有し、その目的を遂げるために養蚕室に侵入したが、被告人らが窃盗行為に着手する寸前に犯行が発覚したので、窃盗行為に着手するに至っていない。「凡そ窃盗とは領得の意思を以て他人の財物の上に不正な支配的實力を行使することであるから犯人が家宅に侵入した丈けでまだ何物の上にも實力的支配をしなければ窃盗着手とは謂へない」のである。そして「本件ハ被告人が右養蠶室に侵入した許りで未だ窃盗行為に移行する餘裕のない裡に發覺して仕舞つたのであるから窃盗行為は構成する暇がなかつたのである況んや被告人の目的は密造酒の窃盗に在つたから密造酒以外の物が何程あらうとも夫等の物を窃取する意思はないから密造酒が同所に無い限り他人の財物に對する不正支配が起らないので本件は寧ろ不能犯でもある」とされる。これは、行為者が「特定の物」を窃取の対象とするばあいには、その物が現場に存在しないかぎり、他人の物に対する不正の支配が生じないから不能犯であると主張するものである。たしかに、「或は窃盗犯人が財物窃取の目的で家宅に侵入すれば侵入行為夫れ自體で窃盗の着手にもなると謂ふ者があるかも知れないが斯様な場合は犯人が何にかにを問はず手當り次第其場所に在る他人の財物を盗取する目的を有し又之を實行するからであ」る。しかし、「本件の様に目的物を特定した場合は其の特定物に實力を及ぼさなければ窃盗の着手とは謂へないし又其處に其特定物が無ければ窃盗は遂に不能に終らざるを得ないから不能犯であると謂ふべきであらう然るに原判決が被告人の前記所為を窃盗未遂として處斷したのは擬律錯誤の違法を犯したもので破毀を免れない」とされるのである。

右の上告趣意に対して、最高裁判所は、次のように判示した。すなわち、「原判決の認定するところによれば、被告人等は、共謀の上馬鈴薯その他食料品を窃取しようと企て、B方養蠶室に侵入し、懐中電燈を利用して、食料品等を物色中、警察官等に發見せられて、その目的を遂げなかつたというのであつて、被告人等は、窃盗の目的で他人の屋内に侵入し、財物を物色したというのであるから、このとき既に、窃盗の着手があつたとみるのは當然である。從つて、如上判示の事實をもつて、住居侵入、窃盗未遂の罪にあたると判斷した原判決は正當である」と判示したのである。本判決は、事実認定に関して、被告人らの故意の内容を「馬鈴薯その他食品」を窃取することと認定したうえで、「食料品等を物色中」に発覚したので、「財物の物色」があったとして窃盗の実行の着手をみとめたのである。特定物の不存在と不能犯の成否という問題は、その前提が否定されたことになる。

2　昭和二三年八月五日判決［ポツダム宣言の受諾に伴ひ發する命令に關する件に基く關税法の場即等の特例に關する勅令違反被告事件］（刑集二巻九号一一三四頁）

本判決の判示事は、①予期した船舶が来航しなかったばあいと密輸出行為の不能および②関税法の罰則などの特例に関する勅令第一条第二項にいわゆる「輸出しようとした者」の意義である。本件の事実関係は、次のとおりである。被告人は、AおよびBと共謀し、神奈川県三崎沖に来航する朝鮮向け進駐軍船舶によって物品の密輸出を企て、関税法所定の免許を受けないで錫平型一噸、同棒型二一〇貫四〇〇匁および謄写用原紙一二三〇〇〇枚（時価合計約一二万円相当）を海路朝鮮に向け密輸出の目的で、東京都内で買い付け、昭和二二年五月三一日頃、横浜港内で繋留中の発動機船に右物品を積載し、翌六月一日頃、三崎沖に到り、同所で前記朝鮮向け進駐軍用船舶に積み込もうとしたが、たまたま右船舶に出会わなかったため、その目的を達することができなかった。

弁護人は、上告趣意において、不能犯と未遂犯に関して次のように主張した。まず、①「原判決ニハ不能犯トシテ處罰スベカラザル行爲ヲ處罰シタル違法アリ」とし、その理由について、「被告人等ガ密輸出ニ供スベキ本船ニ關シテハ三崎沖ニ回航シ來ルベキ朝鮮向ケ進駐軍用船舶ナリト判示セラレ居ルガ之ヲ認ムベキ法律上ノ證據ナキハ前論旨ノ如シ、斯ノ如ク渡航ニ使用スベキ本船ニ付テハ全ク以テ不明ナルモノニシテ渡航ノ爲メニ準備スベキ本船ニ付多少ナリトモ確實性ノ認メラレザル本件ニアリテハ不能犯トシテ處理スベキモノト信ズ、況ヤ被告人等ノ本件物品ニ付キテハ其ノ總量實ニ厖大ナル容積ト重量ヲ有シ而シテ之等ノ品物ヲ内密ニ本船ニ積込ム手段方法等全ク不明ナルニ於テオヤ」と主張したのである。次に②「原判決ニハ擬律錯誤ノ違法アルモノト」とし、その理由について勅令第一条第二項に「所謂『輸出しようとした』ナル字句ハ即チ未遂ノ行爲ヲ處罰スル法意ニシテ豫備ノ行爲ハ包含セザルモノト解ス、關税法ニ所謂密輸出行爲ニ關シ我國領海内ニ於テ本船ニ當該物品ヲ積込ミタル時又ハ之ニ接着シタル行爲ヲ爲シタルトキ茲ニ未遂罪ノ成立ヲ認ムベキモノニシテ此程度ニ至ラザル行爲ハ犯罪ノ豫備ト解スルヲ相當トス、本件ニ於テ被告人ハ本件密輸出ノ對象トナルべキ物品ヲ發動機船ニ積載シ三崎沖ニ於テ本船ニ積込ムコトヲ企圖シタルガソノ本船ハ當ニナラザリシモノナル關係上三崎沖ニ到リタルモ本船ヲ認ムルヲ得ズ空シク引上ゲタリト謂フニ在リテ假ニ基本船ガ豫定シタリタリトスルモ被告人等ノ右行爲ヲ目シテ犯罪ノ着手アリト謂フヲ得ズ」と述べたのである。

弁護人が上告趣意において主張した①の論点について、最高裁判所は、次のように判示した。すなわち、「所論朝鮮向け進駐軍用船舶が絶對に存在しないものであることはこれを認むべき證據なく、却つて、原判決擧示の證據によれば、かかる船舶が存在し、被告人等もこれが來航ヲ豫期して本件犯行を爲し、なおも翌日再び遂行すべく待機していたもので、偶々當日は該船舶が判示三崎沖に來航しなかつたに過ぎないことを認め得るから、本件密輸出遂行行爲不成功の原由は單に相對的のものたるに止り、その行爲の性質上結果發生の危險を絶對不能たらしめるものとは言えない。論旨はその理由がない」と判示したのである。本判決は、朝鮮向け進駐軍用船舶が「絶対に存在しない」ことを示す証拠はなく、むしろその船舶が存在し、被告人らもその来航を予期して犯行をおこなったが、たまたま当日、それが来航しなかったにすぎないので、遂行行為不成功の原因は「相対的」なものであり、「行為の性質上結果発生の危険を絶対不能」にするものとは言えないとして、不能犯性を否定したのである。これは、絶対不能・相対不能説を採ることを明確に示したものと言える。

最高裁判所は、②の論点について、「關税法所定の輸出行爲は、海上にあつては、目的の物品を日本領土外に仕向けられた船舶に積載するによつて完成するものである。そして同法の罰則等の特例に關する勅令第一條第二項にいわゆる『輸出しようとした者』とは、未だ前記積載行爲の實行には達せざるも、輸出のための單なる準備行爲の範圍を超えて、前記積載行爲に接着近接せる手段行爲の遂行に入つた者を指すものと解するのが相當である。されば、本件のごとく密輸出の目的を以て神奈川県三崎沖において、朝鮮向け船舶に積載すべく、發動機船に物品を積込み横濱市より出港し目的地點に到達した以上、未だ本船の積載に着手せざるも、前記輸出しようとした者に該當することは言うまでもないから、本論旨もその理由がない」と判示した。この論点は、不能犯とは関係がないので、ここでは割愛する。

3　昭和二四年一月二〇日判決［殺人未遂放火被告事件］（刑集三巻一号四七頁）

本判決の判示事項は、①殺人の目的で炊飯釜中に青酸カリを容れた行為と不能犯および②不能犯であるとの主張と旧刑訴第三六〇条第二項である。本件の事実関係は、次のとおりである。被告人は、昭和二一年一月頃から長崎県内のA方に作男として雇われて農業に従事していたところ、Aの長女Bと親しくなり結婚の約束をしていたが、昭和二二年四月頃、Bの母親から突然、BはCの長男Dと結婚することを告げられたので、某日、Bに事の真偽を確かめると、Bがこれをみとめたため、Dおよびその一家を皆殺しにして恨みを晴らそうと決意した。そこで、被告人は、同日午後八時過頃、同郷の農家倉庫から大型梅干し大の青酸カリ一片を取り出し、午後一一時過ぎ頃、Dが同居しているC方に赴き、家人の隙を窺って同家炊事場で、翌朝の食事用として米を仕込んであった釜に前記青酸カリを投入して置いたが、翌朝、同家の女中がそのまま炊いた米飯を同日午前六時半頃、Dが一口（大形杯に一杯位）食べた際、異様な臭いと味がし、かつ喉を刺すような刺激を感じたので、食事を中止し、その釜の飯を調べた結果、青酸カリが入っていることが分かり、他の家族もその飯を食べなかったため、被告人は、所期の目的を遂げなかった。被告人は、その翌日正午頃、自分の計画が失敗に終わったことを知って、今度はC方薪小屋に放火して復讐しようと決意し、同月一五日夕、右小屋に放火してその小屋を全焼させて焼燬した。

弁護人は、上告趣意において次の二点を主張した。まず、第一点として御飯は、「明るい所で普通食べるものでありますから青酸加里を炊飯米の釜に投入して炊いた米は黄色を呈し一見して誰でも不思議に考へ或は一口位は口に入れて見るかも知れぬが口に入れて見ればCの供述の様に臭氣あり亦咽喉を刺激して到底食道迄流下する事は出來ないので食事する事は不可能に歸し結局死の結果を發生する事が不可能となるのである事が容易に推斷されるのであり……鑑定書は判示炊飯は毒物青酸加里一、八五パーセントを含有しその百瓦中に大人の致死量の六―十二倍に相當する毒物を含有する旨の記載あるも夫は單に毒物を含有するものであると言ふ丈でCの供述の様に暗い所ですら之を食する事が不可能であるとすれば結局本件の方法を以ては人の致死を來す事は可能性がない」と主張したのである。これは、殺人罪の不能犯であることを主張したことになる。次に第二点として、「辯護人は原審公判廷に於て法律問題の對象となる問題であると主張したのでありますが原審は此點に關しては何等の説明がしてありません此點は犯罪構成要素に關聯するものと信じますので結局此點に付て何等説示をなさない原判決は理由不備の不法ありと信ずるのであります」と主張したのである。

右の上告趣意に対して最高裁判所は、次のように判示した。すなわち、まず、第一点について、「原判決が被告人の殺意を認定したのは被告人の司法警察官に對する自白其の他原判決擧示證據によつたものであることは第一點において説明したとおりであるから原審があたかも被告人の青酸加里を炊飯釜中に投入した事實のみを捕えて被告人の殺意を認定したかの如く獨斷前提して、原審のした殺意の認定をもつて實驗則に反するもののように主張する所論は結局事實審たる原裁判所の裁量權にのみ屬する事實の認定を非難するに歸着し上告適法の理由とはならぬ。なお、所論は被告人の青酸加里を炊飯釜中に投入しただけでは、もともと殺人の目的を達することは不能であるから被告人の所爲は不能犯である旨の主張をするようでもあるが所論のように暗い所で食事を採ることは普通考えられないことでありまた青酸加里を入れて炊いた本件米飯が黄色を呈し臭氣を放つているからといつて何人もこれを食べることは絶對にないと斷定することはできない」と判示したのである。これは、①「暗い所で食事を採ることは普通考えられないこと」および②青酸加里入りの「米飯が黄色を呈し臭気を放っている」ことを理由に「何人もこれを食べることは絶対にない」とは断定できないとするものである。つまり、絶対不能とするには①および②では足りないとされるわけである、絶対不能・相対不能の判断資料が示されている点に本犯判決の意義があると言える。

第二点について、最高裁判所は、「しかのみならずか丶る不能犯の主張は行爲と結果との因果關係を不能なりとするものであるから行爲の外結果の發生を犯罪の積極的構成要件とする本件殺人罪においては結局罪となるべき事實を否定する主張に歸着する。されば舊刑訴第三六〇條第二項にいわゆる『法律上犯罪の成立を阻却すべき原由たる事實上の主張』換言すれば、犯罪構成要件以外の事實であつてその事實あるがため法律上犯罪不成立に歸すべき原由たる事實上の主張に該當しない。それ故判決においてこれに對する判斷を示す要あるものではない。論旨は理由がない」と判示した。これは、訴訟法上の問題であるので、ここでは省略する。

4　昭和二五年八月三一日判決［殺人同未遂被告事件］（刑集四款一五九三頁）

本判決の判示事項は、不能犯の意義であり、本件の事実関係は、次のとおりである。被告人は、第一、昭和二三年一〇月二四日、Aを蛸釣りに誘い、A夫婦の長男B（当時一一歳）をも伴って自己所有の漁船で岡山県沖海上に乗り出し、同日夕刻頃、船中でぜんざいをこしらえ、用意して来た猫イラズ数グラムを茶碗に投入したうえ、これにぜいざいを注ぎAに勧めたが、Aは、焼酎の方がよいとしてこれに手を出さなかった。Bがこれを食べようとした際、被告人は、右猫イラズのため死亡することを予見しながら、もしこれを制止すればAに自己の意図を看破されることを虞れ、Bが死亡するのもやむを得ないと観念し右ぜんざいをBに与え、その結果、同日午後九時半頃、被告人居宅においてBを猫イラズ中毒により死亡するに至らせた。被告人は、第二、A殺害に失敗したため、同年一二月四日、Bの施餓鬼供養に事寄せて再びAを前記漁船で海上に誘い出し、同人に焼酎約一升を飲ませて酩酊させたうえ、翌五日午前三時頃、香川県沖合において、熟睡しているAの身体を縄で縛りこれに錨代用の約三貫目の石を括り付けて海中に投げ込んでAを殺害しようと企て、まず、Aの胴を綜梠縄で縛った後、同人の両手を縛っていた際、同人が目を覚ましたためその目的を遂げなかった。被告人は、第三、同月一二日、儲け仕事があると述べてAを三度海上に誘い出し、前記同様焼酎約五合を飲ませたうえ、同日午後二時頃、前記沖合海上において、船中で調理した牛肉のすき焼きを小鉢に盛る際、用意して来た猫イラズ数グラムを混入し、これをAに勧めて毒殺しようとしたが、Aがこれを一口食べるとすぐに毒物の混入を看破したため、殺害の目的を遂げなかった。なお、被告人は、右各犯行当時心神耗弱の状況にあったものである。

原判決は、理由中に「尚弁護人は判示第二第三の行為は被害者に於て被告人の犯行を予知して居たものであるから不能犯であると主張するけれ共被害者に於て相手方の犯行を予知していたとするも何等犯罪の成立に影響を及ぼさない従つて右主張は理由がない」と判示したのであった。

弁護人は、上告趣意において次のように主張した。すなわち、「被害者が被告人に於て被害者に犯行の意思のあることを熟知しなんとかして其の証拠を握りたい為自ら進んで之を誘導し以て其の危険区域に指したる場合であつて而して被告人は当時六十三才の老齢被害者は当時四十一才の働き盛りの健全なるものであり其の殺人行爲は絶対に発生せざる事を充分確信し居る如き場合に於ては極端なる主観主義者は別として普通一般的客観的に見る時は寧ろ犯罪の成立を不能にするものと解する事が出来得るものと思料するものであり原判決は只之に対し『何等犯罪の成立に影響を及ぼさない』と説示したるは理由不備と云ふか又は之れに対する審理を尽さざる違法ありと思料する」と主張したのである。

右の上告趣意に対して最高裁判所は、次のように判示した。すなわち、「いわゆる不能犯とは犯罪行爲の性質上結果発生の危険を絶対に不能ならしめるものを指すものであるから、本件行為の性質上殺人の結果発生の危険ある以上、被害者において被告人の犯行を予知していたとしても、不能犯であるとはいえない。されば、これと同旨に出た原判決の説示は正当であつて、原判決には所論の違法は認められない」と判示したのである。これは、①被害者が被告人の殺意を「熟知」していたこと、②被害者が四一歳の働き盛りであるのに対して被告人は六三歳の老齢であること、③「普通一般的客観的に見る」べきことを根拠にしては不能犯とすることができないとするものである。そして、本件行為は、「行為の性質上の殺人結果発生の危険」がある以上、被告人の犯行を予知していても不能犯とはならないと明言したのである。本判決は、不能犯を定義し、絶対不能の事態を判示した点で、判例として重要な意義を有する。

5　昭和二五年九月二八日判決［関税並びに貿易等臨時措置令違反被告事件］（刑集四巻九号一八二〇頁）

本件の判示事項は、「不能犯でない一事例」である。これは、実行の着手に関する最高裁判所の判例4と同一である。未遂犯および実行の着手に触れているので、実行の着手の個所で見たのであった。ここでは不能犯論の観点から見ることにする。本件の事実関係は、次のとおりである。すなわち、被告人Xは、東京都新宿区内で喫茶店を経営していたが、昭和二三年一〇月下旬、アルコール、硫安などを積載し朝鮮元山港を出港し、同年一一月三日頃富山県新湊港に到着した被告人Yを船長とし同相被告人Zらを機関長その他の船員とする朝鮮平壌所在A商事株式会社の発動機船B丸を利用して、同船により貨物を日本から朝鮮へ密輸出しようと企て、Yらと共謀のうえ、税関の免許を受けず法定の除外事由がないにもかかわらず、自動車部品などの貨物をB丸に積載してこれを朝鮮釜山へ輸送するため、昭和二三年一二月六日午前六時頃、前記新湊港を出港し以て密輸出しようとした。

弁護人は、上告趣意において次のように主張した。すなわち、「B丸は普通の状態の儘では冬期荒天を冒して朝鮮へ渡航することは不可能であつて、特に周到なる用意と其の上天候に恵まれた場合は特定の条件の下に於てのみ渡航可能を認められたに過ぎない。鑑定書は此の点につき特に『右は嘸数船体構造機関の能力より認定したものであつて』と断つて居り又『船体構造より考へるときは冬期荒天を冒して、一路航海には不適当なるため』とも断つて居る。原判決は……鑑定書冒頭の片言雙句のみを捉えて、B丸が冬期荒天を冒して朝鮮渡航可能の如く判示したのであ」り、「鑑定人Cの鑑定書に依れば、B丸が新湊港を出港した儘の状態では到底釜山へ渡航することは不可能であるとの結論に帰着するのである。然るにも拘はらず原判決が之れを可能なるものの如く判断したのは採証の原則に反し虚無の証拠を断罪の資料とした違法あると共に審理不尽、理由不備、理由齟齬の違法あり破毀を免れない」としたのである。これは、普通の状態のままで冬期に荒天を冒して朝鮮に渡航することは不可能であるから、不能犯とされるべきであると主張するものである。

右の上告趣意に対して、最高裁判所は、次のように判示した。すなわち、「所論鑑定人Cの鑑定の趣意が、原判決適録の通り、判示B丸を以てすれば冬期においても周到なる注意に依つて天候を見定めて出航すれば新湊港より朝鮮への渡航は可能であるとするにあること、その鑑定書の記載自体によつて明瞭である。犯人が客観的に犯罪の遂行に可能な手段を以てその実行に着手すれば、犯行実現の危険性あること勿論であるから、偶犯人の用意に欠くるところがあつてその目的を遂げ得なかつたとしても、それは障碍未遂を以て論ずべきであり、不能犯とみるべきではない。原審が前示Cの鑑定の結果を採つて判示関税法違反罪の成立を肯定する資料に供したとしても原判決に所論のような違法があるとはいい得ない。論旨は理由なきものである」とされたのである。本判決は、行為者が「客観的に犯罪の遂行に可能な手段」、つまり、①冬期において、②周到な注意によって天候を見定めることを以てその実行に着手すれば、「犯行実現の危険性」があるので、不能犯ではないとするものである。本判決は、結果発生の危険性の存在を根拠にして不能犯性を否定した点において、判例上、重要な意義がみとめられる。

6　昭和二六年五月八日判決〔詐欺未遂被告事件〕（刑集五巻六号一〇〇四頁）

本判決の判示事項は、いわゆる「モミ」賭博による詐欺の実行の着手、および被害者の金銭の不所持と「モミ」賭博による詐欺未遂罪の成立である。本件の事実関係は、次のとおりである。被告人X、YおよびZらは、モミ賭博で金儲けをしようと共謀し、昭和二三年六月二八日、大阪市内から出航した別府航路船に乗り、三等客室入口の辺りでXが胴元となり紙片に二、三、四、五の数字の何れかを書き入れたものを字が見えないように小さくモミを丸めて紙玉を作り、その紙玉を取り混ぜてブリキ製の低い箱の内に入れ蓋をしないでそのまま見物人に見せて置き、別に同様の紙片に一の数字を書いたものを丸めて紙玉にし、その紙玉を自分の手から右箱の紙玉中に落して混ぜるように見せかけ、実際は混入せず巧みに自分の手中で他の数字を書いた紙玉と取り替え、その取替えたものを右箱の中に落とし、見物人には一の数字を書いた紙玉を落として入れたように装って金を賭けさせ、金を賭けた者が一の数字のある紙玉を拾い上げたときは賭け金の三倍相当の金をやり、もし他の数字のある紙を拾ったときはその賭け金は胴元の所得とするという俗にモミと称する詐欺賭博により賭け金を騙取しようとして、客に勝負を勧めた。YおよびZらは、所謂サクラの役を務めたり、見張りとなって警戒の役をしたりしていると、見物人中のAがうまく騙しの手に乗って勝負しようと決心し、船室に金を取に行ったところ、被告人らは警察官に検挙されたので、その目的を遂げなかった。

弁護人は、上告趣意において以下の三点を主張した。第一点は、「原判決は詐欺の限界につき法律解釈を誤つた違法の判決である」とするものである。その根拠は、「公衆を相手とする俗に云う伝助賭博、籤引賭博、或は又本件のようなモミ賭博」においては、「手品の介在することは社会常識となつている」のであり、「夜店、露店等で種々商品を竝べて最大の優良品であるが如く客に呼び掛け販売しているが其商品の多くは二流三流品以下である。是れが詐欺とならないのは夜店、露店等の商品は品が落ちて居ることが社会常識となつているから」なのであり、「これと同様にモミ賭博も手品が介在することは社会常識となつて居り、而も之に賭けるのは自己の自覚から手品との闘争の意味で寧ろ興味本位でどうせ当りつこはないけれども万一当つたら面白いとの考えから行うのであるから、之をかたり取られたとは言うことは出来ない」ことに求められている。第二点は、「原判決は被告人が未だ相手に対して欺罔手段を行わないのに詐欺未遂とした違法がある」とするものである。すなわち、「本件について具体的に言えば相手が現れて其面前で玉をすり替えんとする行為が欺罔行為の着手である。然るに本件では一面も之を行つた事実がない」と主張したのである。これは、本件の段階では欺罔行為の「着手」がみとめられないので、未遂とも言えないとするものである。第三点は、「本件は詐欺の被害物件なきに拘わらず犯罪成立するものとした違法がある」とするものである。すなわち、Aが「賭金を持つていなかつたことは明であ」り、「窃盗其他財物に対する犯罪は財産と云う対象の存在しない場合には成立する余地がない。住宅と思つて侵入しても空家で一物もなければ盗罪は不能であるから其未遂も成立しない」と主張したのである。これは、財産犯の対象となる財物が存在しないばあいは、不能犯であるとするものである。

最高裁判所は、右の三点について詳しく判断を示している。まず、第一点について、次のように判示した。「原審の認定した事実によれば、本件詐欺は俗にモミと称する詐欺賭博によるものであつて、見物人には一の数字を書いた紙玉を落し入れると称して金を賭けさせ、金を賭けたものが一の数字のある紙を拾い上げたときは賭金の三倍相当の金をやり、もし他の数字のある紙を拾うたときはその賭金は胴元の所得とするという方法であり、被告人においては一の数字のある紙玉を『数多紙玉に落して混ぜるように見せかけ実際は混入せず巧に自分の手中で他の数字を書いた紙玉と取替え』るというのであるから、賭金した見物人には勝つ機会が全くないのに拘らず、その機会があるかのように欺罔して賭金を騙取するのである。論旨は、モミ賭博に手品が介在することは社会常識であるから詐欺にならないと主張するがかかる場合に客は手品に乗らないつもりで賭けても胴元の手品に引かかるのであるから、やはり錯誤に陥つた結果金銭を交付するのであつて詐欺の要件を具えていることはいうまでもない。されば、原判決には所論のような違法はない」とした。これは、モミ賭博行為が欺罔行為に当たることをみとめるものであり、この点において詐欺罪の構成要件の解釈に帰着するので、ここでは割愛する。

第二点については、次のように判示した。すなわち、「原審の認定した本件詐欺の方法は、第一点に説明した通りであつて、原判決の認定した事実は賭金した見物人には勝つ機会が全くないのに拘らずその機会があるかのように

『盛にその方法によつて客に勝負をすすめ、被告人Y等は見物人の中に居て勝負するように見せかけて客を誘う所謂サクラの役をつとめ、被告人Zは見張となつて警戒の役をしていると見物人の中のA（当時二十五年）がうまく騙しの手に乗つて勝負しようと決心し』たというのであるから欺罔着手のあつたことは極めて明白である。それゆえ、論旨は理由がない」と。これも、欺罔の着手をみとめるものであり、これ以上は触れない。

そして、第三点については、次のように判示した。すなわち、「原判決は、所謂Aが『船室に取りに行つた』ことを認定しているが、同人が金を所有していなかつた事実までをも認定しているのではない。のみならず、旅行中の船客は多少の金銭を所有するが普通であり又他人から金銭を借りることもできたかも知れないのであるからたまたまAが賭金に足りるだけの金銭を持つていなかつたと仮定しても金銭騙取という結果発生の可能性はあつたのである。されば、詐欺の被害物件がないのに犯罪成立するものとした違法があるとの論旨は理由がない」としたのである。これは、本件では「金銭騙取という結果発生の可能性」があったので、不能犯ではないとするものである。その根拠として、①旅行中の船客は、通常、多少の金銭を所持していること、および②相手方が他人から金銭を借りることもできたことから、賭金に足りるだけの金銭を持っていなくても、被害の可能性があったことも挙げている。ここに、本判決の有する意義がある。

7　昭和三七年三月二三日判決〔殺人未遂被告事件〕（刑集一六巻三号三〇五頁）

本判決の判示事項は、「殺人の目的で静脈内に空気を注射する行為と不能犯」である。本件の事実関係は、次のとおりである。被告人Xは、生命保険を掛けていた自分の姪であるAを事故死に見せかけて殺害して保険金を詐取しようと考え、YおよびZと共謀のうえ、Aの静脈内に空気を注射しいわゆる空気栓塞を起こさせて殺害する計画を立て、Aを騙してAの両腕の静脈内にそれぞれ一回ずつ蒸留水五ccとともに空気を合計三〇～四〇cc注射したが、致死量に至らなかったため、殺害の目的を遂げなかった。

殺人未遂罪で起訴された被告人の弁護人は、四〇ｃｃ以下の空気を注射しても死の結果を発生させることは絶対に不可能であるから、本件は不能犯であると主張した。これに対して、第一審判決は、「本件のように注射された空気の量が致死量以下の場合であっても、被注射者の身体的条件その他の事情のいかんによっては死の結果発生の危険が絶対にないとはいえない」から、不能犯ではないとした。被告人からの控訴に対して原判決は、「医師でない一般人は人の血管内に少しでも空気を注入すればその人は死亡するに至るものと観念されていたことは、被告人等四名がいずれも同様観念していた事実及び当審における証人Ｂの証言に徴し明らかであるから、人体の静脈に空気を注射することはその量の多少に拘らず人を死に致すに足る極めて危険な行為であるとするのが社会通念であったというべきである。してみれば被告人等は一般に社会通念上は人を殺すに足るものとされている人の静脈に空気を注入する行為を敢行したものであって」、「右の行為が医学的科学的に見て人の死を来すことができないものであったからといって直ちに被告人等の行為を以って不能犯であるということはできない」として控訴を棄却した。

弁護人は、上告趣意において次のように主張した。すなわち、「致死量といい、致死量以下というも、それは量による差ではなく、質的な差であるといわねばならない。このことは猫入らずが致死量に達しない場合（大審院昭和一一、一二、三判決）とはことなる。猫入らずの場合は致死量をみたすことは容易である。このようにみると、空気注射は、それだけでは絶対に致死量を注射しえないものといえる。世界の犯罪史上においても、推理小説以外に空気注射の実例をきかないのは、このことを裏ずけるものであ」り、「鑑定書にいう致死量以下でも、被害者の身体的条件によって死ぬことがあるという意見は、具体性を欠いていることは前述した。この具体性を欠いだ意見を根拠に致死量以下でも死ぬことがありうる、従つて絶対に不能であるということはできない、として、不能犯を否定することは許されない」のであって、「その被害者が致死量以下でも死ぬ適応症をもつた場合、その稀有な例をもつて、『絶対に不可能』でないとはいうべきではない。絶対に不可能として不能犯とするか、絶対に不可能でないとして未遂とするかは通常の場合を基準としなければならら」ず、「人の静脈に空気を注入する行為」が人を殺すに足りるものであるとする「社会通念」は存在しておらず、「原判決は被告人ら四名が『血管内に少しでも空気を注入すればその人は死亡する』と観念していたことから、直ちにそれを医師でない一般人の観念におきかえたもの」にすぎないのであり、「この被告人間の観念は、医学的、科学的にも裏づけられるものでなければ、『人を殺す』行為に該当することにはならない」としたのである。これは、結果発生の可能性が「絶対に」ないか否かを判断する基準は、「通常の場合」であり、医学的・科学的に基礎づけられたものでなければならないことを主張するものである。

右の上告趣意に対して、最高裁判所は、次のように判示した。すなわち、「原判決並びにその是認する第一審判決は、本件のように静脈内に注射された空気の量が致死量以下であつても被注射者の身体的条件その他の事情の如何によつては死の結果発生の危険が絶対にないとはいえないと判示しており、右判断は、原判示挙示の各鑑定書に照らし肯認するに十分であるから、結局、この点に関する所論原判示は、相当である」と判示したのである。本判決は、結果発生の可能性が絶対にないと言えるためには、空気注射の「被注射者の身体的条件その他の事情の如何」を考慮すべきであるとしている点で、きわめて重要な判断を示したことになる。

大審院の判例は、前款において見たように、絶対不能・相対不能説の立場に立って、硫黄を飲ませて人を殺害しようとしたばあい、その方法では結果を発生させるのは絶対に不能であるから、殺人罪の不能犯に当たるとしたのであり（大判大六・九・一〇刑録二三輯九九九頁）、弁護人が、原判決はこの判例に違反すると主張したが、本判決はこれを斥けている。そのうえで、本判決は、被害者の静脈に空気を注射して被害者を殺害しようとしたが、致死量に足りなかったために殺害目的を遂げなかったばあい、殺人の結果発生の危険がみとめられるときには、不能犯ではなくて殺人未遂罪の成立を肯定しているのである。原審判決が、人の静脈内に空気を注射する行為が社会通念上人の死をもたらす危険な行為であることを指摘して具体的危険説をとっていると解されるのに対して、本判決は、被害者の身体的状況によっては、致死量に達しない程度の量でも被害者を死に致すことはあり得ることを理由にして不能犯性を否定しているので、客観的危険説の見地からも妥当なものと評価されている。

8　昭和五一年三月一六日判決〔爆発物取締罰則違反被告事件〕（刑集三〇巻二号一四六頁）

本判決の判示事項は、「起爆装置の欠陥により爆発しない手製爆弾の導火線に点火して投てきした行為が爆発物取締罰則一条にいう爆発物の『使用』にあたるとされた事例」である。本件公訴事実のうち、爆発物取締罰則一条の罪に関する部分は、「被告人は、ほか数名と共謀のうえ、治安を妨げ、かつ、人の身体・財産を害する目的をもつて、昭和四四年一〇月二四日午後七時ごろ、東京都新宿区若松町九五番地警視庁第八機動隊・同第九機動隊正門前路上において、煙草ピース空缶にダイナマイトなどを充填し、これに工業用雷管および導火線を結合した手製爆弾一個を右導火線に点火して前記機動隊正門に投てきし、もつて、爆発物を使用した」というものである。

検察官は、上告趣意において、まず、「原判決は、爆発物使用罪については不能犯に当たるかどうかを論ずる余地がないとしつつ、一方において、本件につき同罪の成立を否定するうえで、しきりに『絶対（的）に爆発する危険性のないものであつた』ことを強調しているが、これは、『不能犯』という言葉こそ用いないものの、意識的にではないにせよ、実質的には『不能犯の法則』を適用し、しかも不能犯に関する諸説のうちの絶対的不能・相対的不能説に依拠しているともいえるのである」と主張した。これは、原判決が実質的に絶対不能・相対不能説を採っているとしたうえで、具体的事実への右の見解の「適用」を問題にするものである。その観点から検察官は、さらに次のように詳論している。すなわち、「不能犯と可罰的未遂とを区別すべき基準については、種々の見解の対立があるが、大審院以降の判例の主流は、その判文にしばしば絶対的不能ないし相対的不能という言葉が見受けられるところから、絶対的不能・相対的不能説に準拠しているものと解されてきた。しかし、これまでの判例の中で具体的事案への適用において不能犯を認めた例はきわめて稀であり、判例の傾向を概括的に言えば、客観的に考察して当該行為が一定の刑罰法規の構成要件において予定されている定型的危険性を有するかどうかを判断の基準としている点に共通の態度が見られるのである。そして、これは、判文上の表現のいかんにかかわらず、結果発生の可能性ないし法益侵害の危険性の有無を、当該刑罰法規の構成要件的定型を具備するか否か、換言すれば、当該刑罰法規の構成要件が予定している定型的な実行行為といえるかどうかという観点から判断すべきものとする、講学上のいわゆる定型説の見解とも一致する」とし、「具体的行為が特定の犯罪の実行行為としての定型を具備するか否かは、当該行為の具体的事情を基礎として、社会一般の見地から判断するほかない。したがつて、近時、不能犯と可罰的未遂とを区別すべき基準につき、行為の当時に行為者が実際に認識していた事情及び一般人が認識しえたであろう事情を基礎とし、客観的見地から、事後予測として危険の有無を判断し、そこから結果の発生が可能とみられるときは未遂犯とし、然らざる場合には不能犯とする見解、すなわち、講学上のいわゆる具体的危険説が有力となつているのも当然であろう」とした。右の主張においては、判例の基準として、構成要件に予定されている「定型的危険性」が指摘されており、また、具体的危険説に対する一定の理解が示されている。そして、結論として、「原判決は、本罰則一条の解釈・適用にあたり、同条にいう『使用』の意義ならびに同条と『不能犯の法理』との関係につき、重大な誤りをおかし、その法令違反は判決に影響を及ぼすことが明らかであるから、これを破棄しなければ著しく正義に反する」と主張したのである。

最高裁判所は、「検察官の上告趣意のうち、判例違反をいう点は、所論引用の各判例は事案を異にして本件に適切でなく、その余は、単なる法令違反の主張であつて、いずれも適法な上告理由にあたらない」が、職権で調査したうえで、原判決を破棄し、本件を東京高等裁判所に差し戻している。そして、本件爆発物の使用と爆発可能性について次のように判示した。すなわち、「爆発物取締罰則一条にいう爆発物の使用とは、一般的に治安を妨げ、又は犯人以外の人の身体若しくは財産を害するおそれのある状況の下において、爆発物を爆発すべき状態におくことをいい、現実に爆発することを要しないものと解すべきところ（最高裁昭和四一年(あ)第四一五号同四二年二月二三日第一小法廷判決・刑集二一巻一号三一三頁、大審院大正七年(れ)第四九一号同年五月二四日判決・刑録二四輯六一三頁参照）、被告人らの本件行為が、同条の構成要件的行為である爆発物の使用、すなわち『爆発の可能性を有する物件』を『爆発すべき状態におく』ことに該当するかどうかは、単に物理的な爆発可能性の観点のみから判断されるべきでなく、本条の立法趣意、罪質及び保護法益を考慮しつつ、『使用』についての前記解釈をとり、本件爆弾の構造上、性質上の危険性と導火線に点火して投げつける行為の危険性の両面から、法的な意味において、右構成要件を実現する危険性があつたと評価できるかどうかが判断されなければならない。

これを本件についてみると、前記説示の事実関係を前提とすれば、本件爆発には原判示のような欠陥はあつたものの、これは基本的構造上のものではなく、単に爆発物の本体に付属する使用上の装置の欠陥にとどまるものであるから、法的評価の面からみれば、導火線に点火して投げつけるという方法により爆発を惹起する高度の危険性を有するものと認められ、したがつて、被告人らが爆発物取締罰則一条所定の目的で、本件爆弾の本来の用法に従い、これを爆発させようとして導火線に点火して、警察官らが立番中の第八・第九機動隊の正門にめがけて投げつけた行為は、結果として爆発しなかつたとしても、爆発物を爆発すべき状態においたものであり、同条にいう『爆発物ヲ使用シタル者』にあたると解すべきである。しかるに、原判決は、本件爆弾の導火線に補修を施さない限り、そのままでは点火して投てきしても物理的な爆発可能の状態におくことができないものであつた点をとらえて、第一審判決が被告人らの本件行為は同条にいう『使用』に該当しないとした判断をたやすく是認しているのである。してみると、原判決は、右の点において判決に影響を及ぼすべき法令の解釈適用を誤つた違法があるもので、これを破棄しなければ著しく正義に反するものと認められる」と判示したのである。

本判決は、爆発物取締罰則一条にいう「使用」の意義と「不能犯の法理」との関係の主張については、理由を明示せずにこれを排斥している。形式的には同法における「使用」の意義について判示しているが、「法益侵害の可能性」の判断については、実質的には不能犯論を展開していると評価され得る。この観点からは、爆弾の爆発可能性の判断方法について、①本件爆弾の構造上、性質上の危険性、および②導火線に点火して投げつける行為の危険性の両面から、③高度の危険性の存否を判断すべきであるとされている。①は「爆弾の物理的危険性」を、②は「行為の危険性」の観点からの行為に対する法的評価を、③は「危険性の程度」をそれぞれ意味する。このように結果発生の危険性の判断の方法を明示した点に本判決の判例としての意義があると言える。

9　総括

最高裁判所の判例において、不能犯が問題とされた犯罪類型として多いのは、殺人罪および関税法違反としての密輸出罪である。殺人罪に関しては、殺害の方法が問題となり、青酸カリまたは猫イラズの施用、静脈内への空気注射が、それぞれ「殺害結果を発生させる可能性」をもたらすので、いずれも不能犯ではなくて殺人未遂罪の成立が肯定されている。その論拠は、絶対不能・相対不能説に基づいていると解される。密輸出罪に関しては、航行可能性が肯定され、不能犯ではないとされている。他に詐欺未遂罪、爆発物罪についても方法の不能が問題とされている。窃盗罪に関しては、客体の不能が問題とされた。これらは、すべて絶対不能・相対不能説に拠って処理したものと解されている。このように、最高裁判所の判例は、大審院の判例を踏襲して来ているのである。

第四節　不能犯論の現在と展望

第一款　不能犯の意義の再検討

不能犯・不能未遂の定義が問題になることを原口伸夫教授は、次のように述べておられる[16]。すなわち、「不能犯論に関して、諸外国とわが国とを比較する場合、不能犯の定義の違いに留意する必要がある」として、「わが国の不能犯論においては、『不能犯は不可罰な場合（未遂・企て）である』ということを前提とし、不能か否かの観点から不可罰とすべき未遂を『不能犯』と呼ぶ。つまり、この場合、『不能犯＝不可罰』ということが固定化され、『不能犯』の中身が論者の支持する見解により変わることになる。したがって、この語法では『可罰的な不能犯』というのは概念矛盾となる」と指摘されているのである。そのうえで、「それに対して、まず『不能未遂』にあたる場合を（厳密ではないにせよ）想定（固定化）し、そのなかで『可罰的な不能未遂』と『不可罰な不能未遂』とを区別するという概念の用い方も考えられる」とされる。このような不能犯・不能未遂という「言葉の用い方（定義）」の違いを整理したうえで、問題となる事態を直視してその事案の処理（結論）を比較すると、その定義から受ける相異の印象よりは実際の相違は少なくなり、不能犯・不能未遂の概念内容が同じではないことへの留意が必要であることを指摘されているのである。

第二款　具体的危険説の検討

「現在のわが国における不能犯論」ついて、森住信人教授は、主観的未遂論と客観的未遂論との対立から、客観的未遂論に依拠したうえで、「危険性の判断基準」として具体的危険説に依拠するか、客観的危険説に依拠するか、の対立へ移行しているとされる。そしてこの対立は、違法論における行為無価値論と結果無価値論との対立を反映したものであるので、不能犯における危険性の基準は、違法論を考慮して検討されるべきであるとされる。(17) そこで、まず具体的危険説の再検討が必要となる。

具体的危険説に対しては、種々の批判が加えられている。佐藤拓磨教授によれば、批判点の中でも理論上、重要なのは、「危険判断の資料の設定方法」に関する批判および「危険判断の基準」に関する批判である。(18) 佐藤教授は、それらの批判点を次のように簡潔にまとめられている。(19) まず、危険判断の資料に関する批判は、次のとおりである。すなわち、「①行為者の認識事情と一般人の認識し得た事情が一致しない場合、どちらを危険判断の資料にするのかが明らかではない。②行為者の認識事情が考慮されるのは、一般人には認識し得ない特殊な事情を行為者が知っていた場合だとすれば、行為者の認識の有無によって危険の認定が左右されることになり、危険概念の客観性が害される。③（批判の②と関連して）行為者の認識事情は、それが客観的な事実と合致していた場合にのみ考慮に入れられるとすれば、裁判時までに明らかになった事情を取り込むことになり、行為時基準の立場を一貫できないことになる」とされている。

次に、危険判断の基準に関する批判は、次のとおりであるとされる。(20) すなわち、「④用いられた手段の性質の危険性を判断する際に科学的智識が不可欠である場合に、一般人基準では判断が困難とならざるを得ない。⑤一般人には危険が感じられなくても、科学的見地からは危険が認められる場合に、一般人基準では危険が認められなくなり不当であるというものである。

佐藤教授は、右の批判点の検討の結果、「危険判断の資料に関する批判は決定的なものとはいえない。しかし、危険判断の基準については、行為時の一般人の法則的知識を基準としたのでは判断に困難が生じるという問題があり、この点が具体的危険説の最大の弱点だといえる」のであり、「具体的危険説は、理論上はともかく、実用には耐えない見解だといえよう」との結論に到達されている。[21] しかし、その反面、「具体的危険説の優れた点は、国民に行為規範の遵守を要求することを通じた法益の保護という行為規範論の基本思想を提示することにより、裁判時までに明らかになった事実のうちどの事実を危険判断の資料とし、どの事実を資料としないかについて明確な根拠を示すことができる」ことであるとされる。[22]

佐藤教授が整理された諸点について、今後、具体的危険説を支持する論者から反論が展開されることになると解される。

第三款　客観的危険説の検討

客観的危険説についても再検討が必要となる。客観的危険説は、その適用による結論の一部を不当であるとして理論的な修正が加えられるに至っている。この点について、森住教授は、第一に、現実に存在した事実を仮定的事実に置き換え、その存在の可能性を問題とし、その仮定的事実の存在可能性が十分にあり得たばあいには、仮定的事実を判断の基礎とする見解として、修正された客観説（いわゆる仮定的蓋然性説）を挙げておられる。[23] この説の提唱者である山口厚教授は、「未遂の成立要件である現実的・客観説（具体的危険）は次のように判断されるべきであろう。①まず、結果が発生しなかった原因を解明し、事実がどのようであったら、結果が発生しえたであろうかを科学的に明らかにする。ここでは、一般人がどのような事実を認識できたかといったことは関係がない。②次に、このようにして結果をもたらしたはずの仮定的事実がありえたであろうかが判断されることになる（仮定的事実の存在可能性）。この判断を客観的に行うことはできないから、一般人が事後的にそれを『ありえたことだ』と考えるかを基準として判断されることになる（一般人の事後的な危険感）。客観的には結果は発生しえなかったのであるが、たまたまそうだっただけで、結果を発生させたことも十分ありえたと考えられる場合に、危険が肯定されることになる」と主張されている[24]。

この説に対して、森住教授は、「この見解は、仮定的事実の存在可能性を問題とすることによって、客観的事実の一部を抽象化することを認めている。客観的事実の一部を抽象化することによって、方法の不能および客体の不能の一部の事例において、未遂犯の成立を肯定している」が、「事実の抽象化を一部許容することで、事前判断の公式に接近するものといえよう」と評されている[25]。次に、原口教授は、この説に対して提起されている疑問点として、「①仮定的な事実の置き換えの許容される（事実の置き換えのために事態を遡りうる）範囲、②仮定的な事実の存在可能性の程度、③客体の不能の取扱い、さらに、客体の不能のなかでも、④窃盗罪・強盗罪などの財産犯の場合の客体の不能の取扱いにそれぞれかかわる疑問」を指摘されている[26]。これらの疑問点について、今後、論議が深められて行くものと考えられる。

第四款　主体の不能

かねてより争われてきた幻覚犯・迷信犯の取扱いが改めて問題視されるに至っている。この点について、原口教授は、以下のように述べておられる。[27]すなわち、「（限定）主観説を基調とする諸外国において『不能未遂は原則的に可罰的である』とされているとしても、行為者が現行法上犯罪にならない（違法ではない）行為を犯罪（違法）だと誤信して行う場合である幻覚犯はもとより、迷信犯（非現実的な手段での未遂）までをも（範囲がある以上すべて）処罰すべきだとは、少なくとも実際の処理においては考えられておらず、その限りでは、手段の不適切さ等の観点から不可罰とすべき未遂、わが国の議論での『不能犯』とされる場合があり、その種の事案を不可罰とすべき理由づけの問題は依然として残っているといえよう」とされているのである。

次に、主体の不能との関連も問題にされている。森住教授は、この点につき「主体の不能の場合には、犯罪の主体でない者は、犯罪を行えないことから不能犯となる。具体的危険説では主体の不能の事例の不可罰性が問題となっていたのであるが、客観的危険説では主体の不能の不可罰性が理論的に導かれる。その意味では、主体の不能の不可罰性を正面から認められることは、客観的危険説の利点といえよう」と指摘されている。[28]この点について、わたくしは、かねてより二元的人的不法論の見地から幻覚犯説を主張して来ている。

第五款　判例の分析

判例の分析が改めて問題にされるに至っている。この点について、原口教授は、「実際に起訴された事案に限っていえば、わが国の判例の事案の処理は、その結論においては、（限定）主観説を基調とする諸外国の処理と『著しく』相違するとまではいえないようにも思われる」とされる。[29]そして「不能犯論が不起訴判断に及ぼす影響について過小評価はできないであろうし、諸外国でしばしば問題になってきた不能な手段でのまたは不能な客体に対する堕胎の企てや、（諸外国の事例ではときにおとり捜査が関係する）盗品でない物を盗品と誤信してその処分への関与の企てに関しては、わが国ではそれらの未遂を（不同意堕胎罪を除き）そもそも処罰しておらず、未遂規定そのものからしてより謙抑的な傾向が指摘できるように思われる。そして、判例が、その判示文言上は『客観説』に立ってきたことを否定することはできない」とされるのである。[30] そのうえで、「このような点に決定的な相違がみいだされるとするならば、――その相違がなぜ形成されてきたのかは非常に興味深い問題ではあるが、その原因はともかく――諸外国の不能犯論との比較において、わが国の判例や、通説とされてきた具体的危険説ないしはそれに類似する見解の処罰範囲が広すぎるとか、過度の社会防衛的関心を示すものであるとはいえないようにおもわれる」とされる。そして、「主観説に対しては周知の批判があるところであるが、諸外国の不能犯論との相違（の程度・原因）に関して、主観的要件による限定も含めた不能犯論の（一層の）比較検討、そして、刑事司法過程全体のなかでのこの種の事案の処理の比較検討が、今後の重要な課題の一つであると考える」と指摘されているのである。[31] この指摘は、きわめて妥当であるとおもう。

（1）木村龜二「不能犯及事實の欠缺」日本刑法学会『刑事法講座第二巻刑法（Ⅱ）』（昭27年・一九五二年）四二一―二頁。
（2）木村・前掲注（1）四二九頁。
（3）木村・前掲注（1）四二八頁。
（4）木村・前掲注（1）四二九頁。
（5）木村・前掲注（1）四二九頁。
（6）宮本英脩『刑法大綱』（昭10年・一九三五年）一九二―三頁。
（7）平野龍一『刑法総論Ⅱ』（昭50年・一九七五年）三二三頁。
（8）山口厚『危険犯の研究』（昭57年・一九八二年）八一―二頁。
（9）植松正「不能犯」『総合判例研究叢書刑法⑶』（昭31年・一九五六年）一二二頁。
（10）木村・前掲注（1）四三六頁。

(11) 木村・前掲注(1)四三六頁。
(12) 植松・前掲注(9)一七七頁。
(13) 植松・前掲注(9)一七七頁。
(14) 植松・前掲注(9)一七七頁。
(15) 植松・前掲注(9)一七八―九頁。
(16) 原口伸夫『未遂犯論の諸問題』(平30年・二〇一八年)四〇三頁。
(17) 森住信人『未遂処罰の理論的構造』(平19年・二〇〇七年)八八頁。
(18) 佐藤拓磨『未遂犯と実行の着手』(平28年・二〇一六年)五六頁。
(19) 佐藤・前掲注(18)五七頁。
(20) 佐藤・前掲注(18)五七頁。
(21) 佐藤・前掲注(18)六七頁。
(22) 佐藤・前掲注(18)六七頁。
(23) 森住・前掲注(17)一〇〇頁。
(24) 山口厚『刑法総論』第三版(平28年・二〇一六頁)二九〇頁。
(25) 森住・前掲注(17)一〇一頁。
(26) 原口・前掲注(16)三三九頁。
(27) 原口・前掲注(16)四〇三頁。
(28) 森住・前掲注(17)一〇〇頁。
(29) 原口・前掲注(16)四〇九―一〇頁。
(30) 原口・前掲注(16)四一〇頁。
(31) 原口・前掲注(16)四一〇―一頁。

第六章　旧刑法における未遂犯論

第一節　未遂犯論総説

第一款　未遂犯論考察の視点

本章において旧刑法当時の未遂犯論の展開を見ることにする。その際、当時の刑法学の第一人者とされた宮城浩藏の著作『刑法正義』における叙述を中心に検討することにしたい。(1) 旧刑法時代の刑法学者について小野清一郎博士は、次のように述べられた。まず、「旧刑法の下に於て其の体系的解釈論を展開した最初の学者は帝国大学法科大学教授富井政章であった」のであり、「富井は後に専ら民法学に傾倒したが、明治十九年から数年の間帝国大学法科大学に於て刑法講座を担当してゐたのである。『刑法論綱』(初版明治二二年、訂正版明治二六年)は其の内容を整理したものであらう。総論だけであるが、極めて整然たる体系的叙述であつて、総則上の諸問題は此の書において大抵一と通り触れられてゐる。フランスのガローに学ぶところ多かつたと思はれるが、決して其の直訳的な模倣ではなく、相当に考へられた理論体系である」とされたのである。次に、「明治刑法学の発足に貢献した学者」として帝国大学法科大学教授穂積陳重を挙げ、「明治初期の刑法学に異彩を放つた」刑法学者として江木衷を挙げて「其の『現行刑法理論』(明治二〇年)は総論だけであるが、『現行刑法原理』(明治二五年)は総論・各論より成る全体的叙述として恐らく我が邦最初のものであらう」とされた。[2] そして、宮城浩藏について小野博士は、次のように述べられた。すなわち、「明治二十年代の刑法学者として、なほ井上正一、宮城浩藏、亀山貞義などを挙げることが出来よう。井上、宮城はフランスに於て法律学を修め、亀山は司法省法学校に学んだもので、何れも実務家であつたが、刑法学を講じ、井上・亀山は一時帝国大学法科大学の講師であつた。それぞれ著書を遺してゐるが、いづれもフランス刑法学を学んで我が刑法の解釈を論じたものである点に於て根本的に同一の性格を有する。なかんづく学問的に最も完成されたのは宮城の『刑法正義』上下巻（明治二六年）であらう。逐条的註釈であるが、それだけ詳細で、しかも整然たる叙述である。蓋し当時における我が刑法解釈の第一人者であつた」とされたのである。[3] 当時の刑法学の著書は、フランス刑法学を学んだうえで、それをわが国の刑法に当てはめて解釈した「直輸入法学」としての性格を有していたものと言える。その中で宮城の『刑法正義』は「学問的に最も完成された」ものであったと小野博士は評されたのであった。このように小野博士が、宮城にきわめて高い評価を与えていることに留意する必要がある。しかし、このような近代刑法学の先駆的業績である『刑法講義』および『刑法正義』は、「刑法学の理論が体系化という点ではやや物足りない感じがしないでもない」とされている。[4] このような評価は、彼の著書が逐条注釈式で書かれていることに由来する。なぜならば、逐条解釈型の叙述は、あくまでも当該条文の「字義」の解釈と「適用範囲」の解明が中心となり、「抽象的理論的な問題」についての解説および「刑法理論」の展開は重視されず、それには適切でないからである。つまり、それは、あくまでも個別的な条文についての具体的な解説にとどまらざるを得ないので、体系的・抽象的な叙述にはならないのである。にもかかわらず、宮城としては、「法律の精神と法理」を明らかにするためには、学理的順序を追って説明するよりも「逐条講義体」による方が優れているという持論に基づいて、その著作を公刊していたのである。この点について、小野博士は、宮城が逐条解釈の形できわめて詳細かつ具体的に刑法論を展開したのは、「旧刑法直後において理論体系的なものより差しあたり役に立つ逐条解釈書が社会的に要求されたということもあろうし、また根本的には学者というよりは実務家であった宮城の性格にもよろう」と評されている。[5] たしかに、新しく制定された刑法典を理解するためには、体系的に展開された「理論書」よりも、当面の運用に役立つ手引書とも言うべき「実用書」の方が必要とされたと言えるであろう。その意味において、宮城の著作がその需要を満たすものとして広く受け入れたと解される。その点で実務家としての宮城の力量が発揮されたと評価することができる。しかし、宮城は、学者としての優れた資質を有していたと解すべきであるとおもう。実務家ではない学者は、自らの理論を自らの手で叙述して表現することに喜びを見出す者が多いのであり、表現に工夫を凝らし、言葉の選択に意を払い、叙述方法に創意を加えることに執着するものである。宮城は、学者としての「資質」と「意欲」をもっていたが、実務家および教育者としての資質・使命感と成果に基づく喜びが、多忙をもたらし研究時間を奪ったと見るべきであろう。現に宮城自身が、「刑法講義講述者序」において、「此書行文ノ体均一ナラサルモノハ数人ノ筆記ヲ採択シタルニ因ル而シテ余訂正ノ際之ヲ変更セス是レ惟リ公私繁務ノ際字句ヲ選択スルノ余暇ナキノミナラス筆記者ノ労ヲ没スルト講義筆記ノ体ヲ失ハンコトヲ恐ル丶カ故ナリ読者幸ニ之ヲ諒セヨ」と述べており、[6] これは、「公私繁務」のゆえに「字句ヲ選択スルノ余暇」がなかった旨を述懐するものである。つまり、文章を推敲するために字句を選択する意思を有しながらも、それをおこなう時間がなかったことを示すものであり、これにより学者として文章を吟味する意欲をもっていたことが明らかになっているのである。もともと学者（scholar）という言葉は、余暇を意味するラテン語の schole に由来するのであり、余暇を活かして思索を深めて理論を展開する者を含意するものである。実務家・教育者として多忙すぎた宮城が、思索を深める時間に恵まれていたならば、優れた理論を構築したに違いないとおもわれる。

わたくしは、前著において、宮城の「刑法理論の詳細については、今後、個別的論点との関連において検討することにしたいとおもう」と述べた[7]。つまり、宮城の刑法理論を「個別的な論点」に即して明らかにする必要性とそれをおこなう決意を表明したのであった。ここで「未遂犯論」に関して宮城の見解を検討するのは、右の決意の一部を実現することになるとおもわれる。

宮城の刑法理論を検討する前に、「わが国の近代法制の礎を築いたボアソナード、宮城浩藏らに多大な影響を与えたとされるフランスの刑法家オルトラン」の理論を見ておく必要がある。なぜならば、旧刑法は、オルトランの教え子であるボアソナードおよび宮城らを介して制定されたと言えるからである。すなわち、「ボアソナードは、フランス革命の構想した政治思想・共和主義を刑法理論学に具体化した一九世紀フランス刑法学の精華である新古典学派（折衷主義）の立場に立ち、泰西主義の立場に立つべき日本の近代的刑法典の土台を構築しようと試みた。この新古典学派は、その思想的基盤を自然法主義に求めている。すなわち、個人の自然権の保護に重点を置く考え方である。当時のフランスの自然法論は一七八九年フランス人権宣言に集約的に示され（同宣言第二条所定の《自由・所有権・安全の保障・圧制への抵抗》といった自然権の不可侵性の保障）、実定法は自然法の翻訳にすぎないとされていた。刑法典も例外ではない。またこうした自然法は一国にだけ特殊個別的に妥当すべきものでなく、ひろく遍く妥当すべきものだと観念された。そこで、自然法主義の立場に立つボアソナードは折衷主義フランス刑法学の立場に立ち、フランスだけでなく広く泰西諸国の刑法・刑法草案などを参酌しながら、異国、日本の刑法（刑法典、刑法学）の構想に礎石を与えようとした」とされるのである[8]。

右に見たように、オルトランは、折衷説を採るが、その特徴は、次の点にあると言える。すなわち、中野教授によれば、「自由や自由意思を尊重する古典主義刑法理論の流れを受け継ぎながらも、威嚇主義的になりすぎた刑罰を緩和しようとして新古典主義刑法理論が台頭した。……オルトランは新古典主義刑法理論も主流を占めた折衷説の立場を代表する刑法家である。この立場は、オルトラン自身による次の言葉に極めて正確に集約できる。いわく、『刑罰の程度ないし限界はいかにあるべきか』という問いに対する回答『正義を超えて処罰せず、効用を超えて処罰せず』と（n° 205）。つまり、古典主義の陥っていた功利主義的価値に、対局にあるべき正義をぶつけることで刑をほどほどに緩和しようとする立場である。こうしたオルトランやその他の新古典主義刑法理論は、フランスでは、一九世紀後半に至るまで支配的な学説として通用した。我が国でも、ボアソナードを通じて旧刑法典の立法過程で盛んに参照されたことは言うまでもない」とされている。(9)

宮城は、折衷主義を支持していたが、彼が理解している折衷主義は、「純正主義」と「正当防衛主義」を併用する見解である。純正主義は、今日でいう絶対主義である。彼は、「純正主義」について次のように述べる。すなわち、「善を為せば善報あり、悪を為せば悪報あるは自然の理免る可からざるの教にして、刑罰は即ち悪事を為したるに付きて生ずる所の悪報なり。是を以て人の社会に在りて悪事を為すときは、社会は則ち之に応報として刑罰を加ふるは実に正当なるものなり。故に其応報を加ふるの社会に利あると否とを問ふを要せず。例へば罪人あり、永く鉄窓の下に呻吟せり。然るに此社会が突然明旦を期して滅却するものと仮想せんに最早社会は此犯人を処分するの必要なしと雖も、悪事を為したる者は悪報を受くべきを以て必ずや之を処分して猶予する所なかる可しと。是れ千七百年代の半ばより千八百年代の初に至りて彼カント、ジョセフ氏の輩が盛に唱道したる所の純正主義なり」とするのである。(10)ここでカントの名前が挙げられ、彼の有名な主張が紹介されていることは、注目に値する。

純正主義に対して宮城は、次のように批判している。(11)すなわち、応報は、たしかに「事物自然の道理」であるが、しかし、なぜ社会がその応報に関与して刑罰を科する権限を有するのかは、純正主義によっては論証されていない。

しかも、いかに「微少の害悪」であっても必ず応報が必要となるから、つねに処罰されるべきであるという結論に到達せざるを得なくなる。しかも、「無形的な悪念」をも処罰することとなって、「思想の自由」が侵害される可能性が、出て来るとされるのである。そうすると、この説は、「刑罰は則ち悪事を為したるに付きて生ずる所の悪報なり」とするものであるから、「其応報を加ふるは社会に利あると否とを問ふを要せず」ということになる。そこでは「事の善悪正邪」だけが問題となるので、社会における利益侵害の観点が欠落することになる。したがって、単なる内心的な事柄も「善悪正邪」の判断の対象となり得るとされるわけである。宮城の右のような考え方は、現在の不法論の見地から見ると、次のようになる。すなわち、違法行為を倫理秩序の維持という観点から「行為反価値」（行為無価値）にのみ重点を置くと、必然的に行為者の主観のみを重視する「志向反価値」論へ移行し、利益侵害・価値侵害としての「結果反価値」（結果無価値）は不法にとって不要となる。これは、行為無価値一元論が、「思想の自由」を侵害するに至る思考であることを主張するものにほかならない。そうすると、宮城は、反倫理的態度の追及に執着する厳格主義（リゴリスムス）が、「思想の自由」を侵害する危険性を有することをすでに指摘していたことになる。宮城の見解は、現在の不法論の見地からも高く評価され得るものであるとおもう。

次に、正当防衛主義について、宮城は、以下のように述べる[12]。すなわち、無形人としての社会も自然人と同様に正当防衛権を有するが、社会のばあいには、個人のばあいと異なり、加害の急迫性がなくなっても正当防衛は可能であるが、その理由は、犯人を処罰して将来を警戒しないと社会の維持が図れないことに求められている。この立場は、今日の言葉でいえば、目的主義、社会功利主義に当たるとおもう。この説に対して宮城は、社会の正当防衛権の行使が「正当なりや否や」については、この立場は何も述べていないとする。つまり、正当防衛権があるからといって、他人を処罰することの正当性を基礎づけることはできないとするのである。彼によれば、もし社会の防衛だけを考慮に入れるのであれば、「白痴、瘋癲者の所為」も「如何なる小害」も処罰すべきこととなり、ひいては「無辜罰」を招来する恐るべき事態が生ずるとされるのである。このように、権利・自由の確保を標榜する宮城が、社会防衛主義の行き着く極点を正確に把握していたことは、今日の刑法学の見地からも高く評価され得るとおもう。なぜならば、この思考は、後の新派の立場に位置づけられ得るからである。

宮城は、折衷主義について次のように説明する。[13]すなわち、折衷主義は、処罰の「正当性」を純正主義によって、処罰の「必要性」を防衛主義によって、それぞれ基礎づける学説であるとされるのである。宮城によれば、「刑罰を行ふの正当なる理由」を説明する点において純正主義に勝るものはないが、この説では「社会が何によりて其悪報に干渉して刑罰を行ふの権ありや」を説明することはできない。この点を説明できるのは社会防衛主義を措いて他にないとされるのである。そこで、宮城は、罪悪をなせば必ず刑罰を受けることの根拠を純正主義に求め、社会が刑罰権を有する根拠を正当防衛主義に求めたのである。言い換えると、彼は、「受刑の理由」と「科刑の権限」とを区別して、前者を純正主義によって、後者を正当防衛主義によって論証しようとしたことになる。このように見てくると、折衷主義は刑罰「二元論」であると解することができるとおもわれる。

元来、「折衷」主義は、異なる原理を安易に結合するものであるとの批判ないし非難をこうむりやすい。この点について宮城は、一般論として折衷主義を次のように擁護している。すなわち、彼は、「凡そ事を論ずるに当りては唯其一端を挙げ一面を観るの能く尽くす所に非ず。例へば尚空気の如し。之を酸素より成ると云ふは非なり。之を窒素より成ると云ふも亦非なり。空気は酸素、窒素の混合物にして其他の気体を含有すると云はば始めて正当なりと謂ふべし。折衷主義の因て起る所以なり」と述べているのである。[14]これは、今日の刑法解釈論においてもそのまま妥当する見解であるとおもう。彼は、空気の比喩を用いて一元論の不当性を説得的に論述している。事の一面のみを強調するのではなくて、総体を多面的に捉える点に、折衷主義の合理性がみとめられる。このような合理性を有する折衷主義を安易な妥協主義として排するのは不当である。

宮城は、わが国の刑法も折衷主義を採っており、その観点から解釈すべきであるとする。折衷主義の結論の特徴は、道徳に背き、かつ社会を害する行為のみが処罰の対象であると解する点にある。犯罪はつねに道徳違反行為であると解する基礎には、「刑法は倫理の最低限である」と解する思想が存在する。この思想は、現在でも有力であり、反道義性を強調して反道義的行為の必罰を要求している。しかし、宮城の折衷主義の特徴は、道徳に違反する行為であっても、社会に損害を与えないかぎりは処罰してはならないとする点にある。これは、「社会侵害性」によって「可罰性を限定」する思考であり、現在でいう結果反価値論（結果無価値論）の観点を導入するものであると言えるとおもわれる。純正主義の立場は、「行為者の主観」のみを重視することになるから、行為反価値一元論（行為無価値一元論）に堕することになる。宮城は、極端な一元論は妥当でないとして、右のような折衷主義を支持するに至ったのである。結果反価値の観点を加味する宮城の折衷主義は、今日の二元的人的不法論（二元的行為無価値論）と同じ傾向にあると言える。社会防衛権と刑罰権とは異なるものであるから刑罰権ありとは言えないとする批判に対して、宮城は、折衷主義は社会的防衛権と刑罰権とを同一視するものではなくて、社会が自己防衛するために犯罪者が受けるべき応報をおこなうにとどまり、刑罰を科するのは防衛の結果にすぎない、と反論している[15]。この反論は妥当であるとおもう。

オルトランは、社会的刑罰権を構成する「正義」と「効用」との関係について、次のように解していた。すなわち、「オルトランによれば社会刑罰権論を構成する正義と効用とはどちらかを基本とするものではなく等価のものとして位置づけている。いずれか一つを欠けばそれだけで国はそれを犯罪と位置づけ、行為者に刑罰を科すことはできない。オルトランは正義（justice absolue）を応報の論理ととらえ、効用とは社会秩序の保全を意味するものとして理解していた」とされるのである[16]。ここにおいて、正義の実現を要求する「応報の論理」という必罰主義および「社会秩序の保全」に役立つという功利を要求する功利主義が等価的に結合していたと解することができる。これは、宮城の主張とはかなり異なる。宮城は、社会刑罰権の「正当」化のための原理として「応報の論理」をみとめ、社会刑罰権の行使の「必要」性によって「制限の論理」としての「社会への加害」を要求するのである。そうすると、宮城は、「制限の論理」に優位性をみとめていたことになる。つまり、正義と功利の「等価」性を否定したのである。

現行刑法は、ドイツ刑法学の影響を強く受けているので、旧刑法を深く理解するためには、ドイツ刑法学とフランス刑法学の相違を把握する必要がある。この点について中野教授が、次のように指摘されている[17]。すなわち、一般にフランス刑法学は、構成要件の理論を知らなかったのであり、ドイツでは二〇世紀初頭に、ベーリングやリストらにより「古典的犯罪論体系（das klassische Verbrechenssystem）」が採られた。「これは、犯罪を主観・客観の二面に分類するが、犯罪の客観的要素を構成要件、違法性に配当し、主観的要素を責任に配当する。構成要件該当性から責任へと至る単線構造の犯罪論であり、犯罪を構成する要素のうち主観的要素か客観的要素かに応じて犯罪論の段階的位置づけを異にするという点が特徴である」とされるのである。つまり、構成要件的行為を起点にして、犯罪の要素をその性質に対応して段階的に位置づける重層構造的思考を展開する点に、ドイツ刑法学の特徴がみとめられることになる。その後、記述的要素のみによって構成された犯罪論が規範的要素の存在を肯定するに至り、「犯罪論全体が規範的価値関係的に構成されることになり、新古典的犯罪論体系（das neoklassishe Verbrechenssystem）へと発展してゆく」が、それは、「構成要件や行為を起点とし、責任へと至る単線的な体系構成である。犯罪行為論で犯罪論全体を統合統一していると特徴づけることができる。我が国の学説もこうした構成を踏襲している。一般に、犯罪とは『構成要件に該当し、違法にして有責な行為である』という定義が行なわれているが、この定義自体がその特徴を忠実に表現している」とされるのである。そして、「仏蘭西の刑法典の編成とは異なる刑法典をもつ我が国ではフランス刑法学を直接参照することはかなり難しい面」があり、「わが現行刑法典をめぐる解釈学もフランス刑法学の影響を多少なりとも受けた旧刑法典を離れ独自の地場を固めてしまっている」とされている。

これに対して、フランス刑法学では、このような「単線的な体系構成」はとられず、「刑法典の編成」に即して犯罪を「犯罪行為論に当たる犯罪事実（罪体）と犯罪行為者論（刑事責任）」の二面に分類したうえで、各々につき分析を加える「複線的な体系構成」が採られているのである。つまり、罪体としての犯罪行為についての考察と行為主体としての犯罪行為者についての考察を進めるという「並行的」思考方法が採られるのである。その意味において「複線的な体系構成」とされるわけである。さらに、フランス刑法学の特徴として、中野教授は、「判例の運用に待つのではなく立法的解決を尊重し、したがって、制定法の立法形式の伝統に比較的忠実に犯罪論を組み立ててゆくことにある」とされる[18]。つまり、フランス刑法学においては、解釈論に基づく刑法の「運用」ではなくて、「立法」による解決を志向する傾向が見られることが指摘されている。そのうえで、フランス刑法典について次のように述べておられる。すなわち、「フランス刑法典（一八一〇年）も総則と各則にわけて法典を構成しているが、比較的各則に重点を置き詳細に各犯罪類型を規定している。殺人罪を見ても、それを定める各則第二編第二章第一節で殺人罪を成立させる規定のほかにその成立を妨げる規定が併記されている。これは法解釈を行う裁判官に不平等な法適用を行わせまいとするフランス革命以来の刑法の伝統がそうさせているとされているが、法解釈学の面から見ても我が国であれば総則上の違法阻却事由に当たる議論が各則で個別の犯罪類型ごとにカズイスチックに行われているようにうつろう。消極的構成要件論を制定法が公権解釈として是認した形となっている。すなわち、違法性に関わる諸規定は基本的に各犯罪類型ごとに各則に配置されている。今日でも、一般にフランス刑法学では違法性論が犯罪論で独立して論じられていないのはこうした点に理由がある」とされるのである。[19]ここにおいて、フランス刑法学の伝統が、「裁判官」による法解釈によって刑法の適用が不平等になされることを阻止するために「立法的解決」を志向したものであったことの重要性が指摘されていることになる。そして、各則規定の中に総則の内容が組み込まれているフランス刑法の特徴が、そのままわが国の旧刑法に承継されていることを再確認させる点に重要性がみとめられることになる。

右のようなフランス刑法学の学統に連なる宮城は、解釈論の対象となる旧刑法の編成体系について、次のように述べている。すなわち、「我刑法は全編を四分し、其第一編には総則、第二編には公益に関する重罪、軽罪、第三編には身体、財産に対する重罪、軽罪、第四編には警違罪を掲載す。即ち第一編は此刑法は勿論他の刑事に関する総ての特別法を支配するの原則を規定し、第二編以下は此刑法を以て支配する犯罪と刑罰とを規定して、他の刑事に関する法律に関係するなし。是故に我刑法は各編共に同一の価値を有するものに非ず。理論上より之を見れば全く二個に分れ、一は総則にして他の一は重罪、軽罪、違警罪なり」とする。[20]理論的には「総則」と「重罪、軽罪、違警罪」に分かれるとされている。現在の用語でいえば、前者が刑法総論、後者が刑法各論に相当する領域である。そして、「第一編を細別すれば第一章には法例、第二章には刑例、第三章には加減例、第四章には不論罪及び減軽、第五章には再犯加重、第六章には加減順序、第九章には未遂犯罪、第十章には親属例を規定したり。蓋し此順序は自然の順序に背反するものなり。凡そ犯者ありて被害者あり、被害者ありて犯罪あり、犯罪ありて刑罰あるは自然の順序なるにも拘はらず、我立法者は先づ法例より直ちに刑例に移り、次に犯者に及ぼし、即ち刑を先にして犯者を後にせり」として、旧刑法は、刑罰を先置し犯罪を後置しているが、これは、自然の順序に反するとする。すなわち、まず犯者である行為者によって犯罪がなされ、それに対応する刑罰が科せられるのであるから、犯罪を先置するのが「自然の順序」であるとされるのである[21]。刑罰規定の先置は、現行刑法が採る立場でもあるが、すでに宮城は、理論的立場から右のように主張していたのであり、これは、注目されるべきであるとおもう。しかし、「我立法者の為したる順序は、欧州各国に於ても殆ど同一轍に帰せり。蓋し立法者の事を規定せんとするに当たり、其順序の如きは敢て自然の法則に従ふを必せず。唯簡便にして明断なるを主とするのみ」として、立法者は、自然の法則に従う必要はなくて、「簡便にして明断」であればよいので、右のような規定方法でも構わないと述べている[22]。このように宮城は、刑法典の制定に当たって立法者の専権をみとめたうえで、「順序の如き」は「簡便」性を根拠にして自由に規定できると解していたのである。しかし、「犯罪は行為なり」という命題を原則とする見地からは、欧州各国の刑法が右のような規定順序を採っていたと解するのは、妥当でないとおもう。刑法各則に相当する編については、「第二編、第三編に於ては公益に関する重罪、軽罪、即ち犯罪の害直ちに社会に及ぶ場合と私益に関する重罪、軽罪、即ち犯罪の害直接に一個人に及び、社会は間接の被害者と為る場合として、約言すれば、甲を公罪と謂ひ、乙を私罪と謂ふべし」と述べている[23]。すなわち、宮城は、犯罪を公益犯と私益犯に分類していたのである。

ここで、オルトランの犯罪論における「未遂犯論」を見ておくことにしよう。中野教授によれば、オルトランの犯罪論で大きな特徴を形成しているのは、未遂犯論であるとされる。すなわち、「そもそも未遂犯とは実害の発生し損なった場合にもなお処罰することを可能にする犯罪類型の一つである。その未遂犯論に対して、オルトランはどのようなアプローチを取るのであろうか。……オルトランにおいては、直接的結果と間接的結果とがともに考慮すべき、犯罪事実を構成する『結果』として観念されている。権利の侵害（直接的結果）それ自体だけでなく、それを通して、法律や国家機関の活動に対する人々の信頼の喪失（間接的結果）をも重視している。ここから、オルトランの社会秩序観の一端を伺い知る契機を得られるのではないか」とされるのである。[24] 未遂犯は、行為者が意図した「実害」を発生させることを失敗したばあいであるにもかかわらず、処罰される犯罪類型であるので、それを処罰する理由・根拠が問題となる。この点についてオルトランは、「間接的結果」という観念を持ち出した。すなわち、行為者が意図した実害としての「直接的結果」の外に、「間接的結果」も重要であるとされたのである。間接的結果とは、法律や国家機関の活動に対する市民の「信頼の喪失」を意味する。そして、オルトランのいう「社会秩序」は、「個々の犯罪に対する公権力の発動の直接的効果によって維持されるということと並んで、犯罪が公権力の作用により取り締まられ、公衆の生活の安全が保障されているという、人々の安心感が維持されている社会状態に依拠している」とされる。[25] オルトランが「刑罰の功利性」をこの点にみとめているのは、「功利主義の眼目である社会的効用に代えて社会秩序の維持それ自体に重点を置く」ことを意味することになる。そこで、「効用」の意味と未遂犯論との関連が問題となる。この点について、中野教授は、「効用それ自体は政治上の体制にとり利益をもたらすか否かという視点を排除しないが、犯された犯罪それ自体にではなくそれを取り締まるべき公権力作用の如何に対する人々の安心感を持ち出してきた点に、オルトランの主張の要点を見いだすことができる」と指摘されている。[26]

第二款　未遂犯の意義

未遂犯は「犯罪」の遂行形態の一種であるから、犯罪概念の確定が前提となる。そこで、まず、折衷主義を採る宮城の見地からの「犯罪」の意義を見ておくことにしよう。

宮城は、刑法第一条の注釈において「犯罪」の定義について次のように述べている。すなわち、彼は、まず第一条について、「本条は法律に於て罰する罪の種別を掲ぐと雖も所謂罪とは如何なるものなりや。之が定義を与へず苟も刑法を講究せんには罪の定義を確定するは最も利益あるを信ずるなり」と述べた[27]。ここで、本条は、犯罪の「種別」を掲記するにとどまり、犯罪を定義していないが、刑法を講究するばあいには、犯罪の「定義」が重要であることを指摘している。理論を構築するに当たって、まず厳密な定義が必要であることは、言うまでもない。次いで、宮城は、「罪とは何ぞや、成文上より解すると立法上より解するとに於て、固より差違なくしてはあらず。成文上より之を解すれば、罪とは法律に於て罰すべき所為是なり。此定義は簡にして尽せり。然れども立法上より之を解すれば、曽て講じたりし社会刑罰権の主義の如何に依て異ならざる可からず」と述べている[28]。つまり、犯罪の定義は、①成文上および②立法上、次のようにその内容が異なるとするのである。①の成文上の定義によれば、法律によって犯罪とされているものが犯罪であるとされる。成文上の定義は、簡明であるが、犯罪の「実質」にはまったく触れていない。これに対して、②立法上の定義は、社会刑罰権に関する立場によって異なり、「我立法者の採用したる折衷主義に依りて定義を与ふれば、罪とは道徳に背き社会を害し、社会をして刑罰を以て自ら防衛するに必要ならしめたる所為なりと謂ふべし」とされている[29]。すなわち、宮城は、折衷主義の見地から、「元来一所為の罪と為るには、必ずや道徳に背き社会を害したる二要素なければあらず、然れども称して罪と云はんには、其所為は社会をして刑罰を加へて自ら防衛するに必要ならしむるものなるを要す。故に此定義は大に理論に適合するが如し。然れども個は唯其主義上よりして如何なる所為を罰するやを示したるのみにして、如何なる所為なれば社会は之に刑罰を加へて自ら防衛するの必要あるやと云ふに至りては之が説明を与ず。是れ此定義と雖も尚ほ充分の満足を与ふべきものに非ざるなり」として[30]、さらに社会防衛の必要性を犯罪の要素とするのである。たしかに、折衷主義は、前に見たとおり、もともと犯罪の要素として、①反道義性および②社会有害性を要求する立場であり、③社会防衛の必要性まで要求するものではない。にもかかわらず、宮城が社会防衛の必要性をあえて要求するところに、彼の所説の特徴がある。この点について、彼は、「社会は保護人なり。故に司法権を以て強ひて人民をして法律を遵奉せしむるに三個の手段あり。即ち強制して遵守せしむる一の手段なり。他人の権利を侵害することは之を賠償せしむる二の手段なり。刑罰を加へて遵守せしむる三の手段なり。而して折衷主義の与へたる定義に於ては如何なる所為に対して此第三の手段を用いるの必用を生ずるやを明にせず、実に惜むべきの至りなり」として、「刑罰」を使用する必要性の存在を犯罪の要素として要求するのである(31)。

宮城は、司法権が人民に法律の遵守を強制する手段が三つあるとする。第一は遵守の強制であり、第二は賠償であり、第三は刑罰を科することである。そこで、「民刑二事の限界」を明らかにすべきであるとして、両者の区別は、権利侵害行為の種類によってなされるべきであるとする。すなわち、「凡そ人の権利を害する所為に種々ありと雖も之を大別すれば、則ち人間尋常の注意、智識を以て其害を防衛し得るものと得ざるものとの二種あり。尋常の注意、智識を以て防衛し得る所為に対しては民事の制裁を加ふるを以て足れりとす。即ち損害を賠償せしむれば則足れり。何となれば其害たる人々容易に之を防衛するを得るものなればなり。之に反して尋常の注意、智識を以て防衛することを得ざる所為に至りては之に刑事の制裁を加ふるの必要あり。蓋し其所為獰悪、其損害猛烈にして人々自ら防衛することを得ず。従ひて其害延ひて他人に及ぼし終に社会の秩序を乱すに至るを以てなり」とされる(32)。ここにおいては、次のことが主張されているのである。すなわち、人間の通常の注意と智識をもって防衛できる権利侵害は、容易に防止できるから民事制裁としての賠償で足りる。これに対して、防衛できないばあいには、加害行為は、獰悪で損害は猛烈であり、その害は、最終的に社会の秩序を害するから、刑罰を科すべきであるとされるのである。そして、両者の関係について、彼は、「人間尋常の注意、智識を以て防衛するを得べき害を加ふる所為に向ひては民事上の制裁を加へ、人間尋常の注意、智識を以て防衛するを得ざる害を加ふる所為に向ひては刑事上の制裁を加ふべきなり。故に民事上の制裁を加ふべきものに属するときは立法上理論上共に之を罪とせず、刑事上の制裁を加ふべき所為は則ち罪となるものなり」とする。(33) つまり、通常の注意・知識を有していれば防衛できる損害については、賠償を課すれば足り、防衛できない被害についてのみその加害行為を罰すべきであるとされるわけである。これは、ダイバージョンの思想にほかならない。彼がすでにダイバージョンの思想を主張していたのは、注目に値する。彼は、結論として「是故に罪とは道徳に背き社会を害し社会をして自ら防衛する為めに刑罰を加ふるの必要あらしむる行為を謂ひ、而して所為の果して刑罰を加ふべき必要ありや否やの点に至りては民事刑事の限界を知るを要す。但し是れ畢竟立法上、理論上より生じたるものなり。今成文上よりすれば法律に於て罰すべき所為之を罪と云ふを以て尤も適当なりとす」とするのである。(34)

このように宮城は、立法上および理論上の見地からは、犯罪を定義するに当たって「社会防衛の必要性」を要求するが、刑法を講述するに当たっては成文上の定義が最も適切であるとしている。

ここで、旧刑法における未遂犯規定の構造について見ておく必要がある。刑法典は、第八章「数人共犯」の次に「第九章　未遂犯罪」を第一一一条から第一一三条までの三条にわたって規定している。すなわち、第一一一条は、「罪ヲ犯サンコト謀リ又ハ豫備ヲ為スト雖モ未タ其事行ハサル者ハ本條別ニ刑名記載スルニ非サレハ其刑ヲ科セス」と規定し、第一一二条は、「罪ヲ犯サントシテ已ニ其事ヲ行フト雖モ犯事意外ノ障礙若クハ舛錯ニ因リ未タ遂ケサル時ハ已ニ遂ケタル者ノ刑ニ一等又ハ二等ヲ減ス」と規定し、第一一三条は、「重罪ヲ犯サントシテ未タ遂ケサル者ハ前條ノ例ニ照シテ處断ス／(改行)輕罪ヲ犯サントシテ未タ遂ケサル者ハ本條別ニ記載スルニ非サレハ前條ノ例ニ照シテ處断スルコトヲ得ス／(改行)違警罪ヲ犯サントシテ未タ遂ケサル者ハ其罪ヲ論セス」と規定していたのである。

現行刑法は、共犯の前に未遂犯を規定しているが、旧刑法は逆の規定の仕方をしている。なぜこのような方式を採ったのか、が疑問として生ずる。この点について、ボアソナードは、次のように講述していた。すなわち、日本政府は、ボアソナードを講師に招いて会議を開催し、刑法改正に関して質疑応答を重ねて彼から多くの教示を得ていた。明治八年九月二五日に開催された第一回会議において、ボアソナードが、当該会議の目的について、「此會議ヲ起ス所以ノ主意ハ如何／（改行）一定ノ目的アラハ其目的ニ就テ之ヲ説クヘシ」と問うたのに対して、政府は、「其目的ハ我國從前ノ刑律ト欧羅巴各國ノ刑律トヲ折衷シ其基礎ト體裁トヲ改正セントスル目的ナリ故ニ之ヲ組立ツヘキ骨組ニ就テ商議セント欲スル也」と回答した[35]。右のような趣旨で会議は連続して開催されたが、同年同月二七日に開催された第二回会議において、未遂犯の規定に関して質疑応答がなされている。まず、ボアソナードが、「未遂犯罪」の規定に関して、「之ハ總規則ノ内ニ組入レヘキヤ如何」と問うたところ、これに対する回答は、「大切ノ事ハ不須言然シ之レハ本犯ノ原則ヲ立テ之レニ順スヘキコトナル故ニ矢張一般ノ條規中へ組入レ然ルヘキコト、考ヘリ」というものである[36]。つまり、「大切ノ事」は「本犯ノ原則」を立ててそれに従うべきであるから、未遂犯に関する規定も「一般ノ條規」の中に規定すべきであるとされたのである。さらに、彼は、「大切ナル事故ニ會テ司法省ノ學校ニテ講釋ヲ爲ス時刑法中ノ第最後ニ至リ殊更ニ差別ヲ立テ、講義シタルナリ／（改行）日本ノ刑法中ニモ此條ニ似寄リタル事アルヤ」と質問した。これに対しては、「固ヨリ有之併シ此未遂犯罪ノコト仏国ノ刑法ノ旨意トハ少シク相違セリ」との回答があった。この点については、次のような付記がある。すなわち、「〔此時名村君ニ刑法書ヲ示シ談話アリ〕此ノ未遂犯罪ノコトニ於テハ少シク議論ヲ抱ケリ併シ教師ノ定見ヲモ一應承認シ置キ度キナリ」とされている[37]。そして、彼は、「此の第二條ノ件ハ罪ヲ遂クル前一歩ヲ進メサル時ノ事ナリ故ニ此件ヨリ尚一層重キ件アリ然シ之レヲ此條ニ載セサルハ全ク遺漏セシナリ則チ法律書ノ欠典ナリ」と述べたのであった[38]。

この条文について宮城は、「未遂犯は既に犯罪に着手したる後に係れり。其未だ犯罪に着手せざる以前に於ける所為は刑法上之を如何に処分するか。是れ本条の規定したる所なり」と説明している。[39] 条文上、「着手」という文言が用いられていないのにもかかわらず、宮城がこれを使用しているのは、注目に値する。[40] これは、その後の未遂犯論において中核概念となる実行の「着手」の観念を提示したことになるからにほかならない。しかし、「実行の着手」という用語が、宮城の師であるオルトランによって使用されていたのに、宮城があえて「犯罪の着手」という用語を使用したことに注意する必要があるとおもう。フランス刑法学における「実行の着手」の観念について、中野教授は、次のように指摘されている。すなわち、「当時の刑法典第二条によると、未遂犯が成立するためには、実行の着手の存在すること、さらに意図した既遂結果の不発生が行為者の任意による中止ではないことが必要であるとされた。／(改行) オルトランは、実行の着手を未遂罪と予備罪とを区別するものと位置づけ、その定義についてこう述べている。行為者が犯行の手段や機械を準備し、実際に使用するかどうかの自由の残されている間は予備罪に当たる。行為者が法律上犯罪を構成する行為として定義されている行為、つまり、それ自体で、他の間接的な挙動を挟まずに、直接に、犯罪の有害な結果 (直接的結果) を発生させる性質を伴った行為の開始をもって、実行の着手であるとする。逆に、予備行為はこの直接性を具備していない性質の行為と位置づける (n°. 1010)」とされているのである。[41] 右の指摘によれば、フランス刑法においては実行の着手の文言が使用されていたのであり、オルトランは実行の着手を明確に定義したうえで、それによって予備罪と未遂罪を区別していたのである。すなわち、オルトランは、法律上犯罪を構成する行為として定義されている行為を直接的に開始することが実行の着手であると解していたことになる。つまり、それ自体で、言い換えると、他の間接的な行為の介在なしに、直接的に犯罪の有害な結果 (直接的結果) を発生させる性質を有する行為の開始が実行の着手であるとされるわけである。したがって、彼がいう「直接的な結果を発生させる性質を有する行為」こそは、今日の実行行為にほかならない。そうすると、オルトランは、今日の「形式的客観説」を主張していたことになる。

ところが、中野教授によれば、ボアソナードは、「犯罪に着手すること（または未遂犯）commencement d'exécution ou tentative」という用語を用いていたとされる。[42] ボアソナードは、未遂犯について、次のように述べている。すなわち、「重罪輕罪トモ時ニ仍リ全ク其所行ヲ爲シ遂ケサル事アリ尤爲シ遂ケスシテ自ラ中止スルカ或ヒハ他ノ妨ケニ因リ中止スルカノコトアリ／(改行) 之ヲ裁決スル場合ニ於テハ必ラス定見アルヘキ筈ナリ／(改行) 尤法律上ニハ明文ナシト雖モ只其原則ニ就テ見出スヘキコトナリ／(改行) 爰ニ人アリ心中ニテ重輕罪ヲ犯サント欲シテ未タ其着手ヲ爲サス實行ニ現ワレサル時ハ其人ヲ罪スヘキ模様アリト爲スヘキヤ又ハナシト爲スヘキヤ」とするのである。[43] ここにおいて、重軽罪を犯そうと欲して「未タ其着手ヲ為サス実行ニ現ワレサル時ハ」という表現が用いられているが、これは、犯罪を犯そうとしてそれに「着手」するという観念を提示していることになる。言い換えると、これは、「犯罪に着手する」という観念を示すものである。そのうえで、彼は、「実行」に現れないばあいは罰されるべきか否か、を問題にしたのである。

ボアソナードは、行為遂行の段階を次の五段階に分けて説明する。すなわち、①心中に「想像」すること、②悪事を「発起」し、その遂行を「企望」すること、③心中に発起し、その「所行」を犯そうと「決心」すること、④「予備」をなすこと、⑤犯そうとした「所行」に至ったこと、である。そのうち、法律上処罰され得るのは④と⑤である。そして、④と⑤の関係について、「其豫備ノ所行ヲ爲スト雖モ未タ犯サントセシ所行ノ部類ヘ入レサルナリ何トナレハ其目的トナス所ノ罪ノ部分ヘ少シモ着手シタル譯ニアラサル故ナリ／(改行) 若シ其豫備ヲナシタル而已ニテ其罪ノ部分ヘ著手シ之ヲ犯サス一二年モ打過クル時ハ固ヨリ國ノ安寧ニ於テ少シモ變動ヲ起サヽルナリ／(改行)

然シ已ニ其豫備ヲナシタル上ハ其始ノ陰謀ヲ決心セシ時ニ比スレハ其罪ヲ重シトナスヘキナリ／（改行）第五ノ場合ハ已ニ犯サントセル所行ニ至リタルモノナリ」と述べている[44]。ここにおいて、ボアソナードは、予備と未遂の区別の基準として「実行の着手」という観念を用いていないのである。その理由は、分からないが、それが日本の刑法学に及ぼした影響は、きわめて大きいと言える。この見解が宮城に受け継がれたと見るべきであろう。

宮城によれば、実行の着手前の行為は、予備行為であり、その取扱いについて規定したのが、第一一一条であるとされる。すなわち、本条は、既遂犯処罰が原則であり、法典上、予備行為処罰の規定があるばあいにかぎり、例外的に予備犯を処罰することを明示したものである。彼は、未遂犯について、刑法典に規定されている犯罪は、「皆既遂の犯罪を想像したる者なりと雖も、犯罪者は諸種の原因よりして其罪に着手するも目的を達せずして止むこと有り。此場合を称して未遂犯と曰ふ。……乃ち未遂犯とは既遂犯に対する語なりと知る可し」と述べている[45]。このように、彼は、未遂犯を既遂犯に対する概念であるとし、刑法典上は「既遂の犯罪を想像」したものであるとして、既遂犯処罰が原則であることをみとめているのである。この見解は、現行刑法に承継されており、現在の理論からも評価され得る理解であると言える。そして、未遂犯は、行為者が「諸種の原因」から「罪に着手するも目的を達せずして止む」ものであるとされる。ここで「止む」という語が用いられていることに留意する必要がある。なぜならば、これは、後に見る「中止犯」の概念に関わるからにほかならない。

さらに、宮城は、「犯罪は悉く未遂たる可き性質を有するに非ず。罪の種類に因りては未遂犯無き犯罪の存する者あり。夫の内乱に関する罪、猥褻罪、偽証罪等は其罪に着手すれば則ち直ちに完全なる犯罪となるものなり。此種の犯罪は姑く之を措き、凡そ犯罪の目的を達せず中途にして已むときは、危害全からずして社会を害すること少き者なり。已むに社会を害すること少なき時は既遂罪と同視するを得ずして幾分か刑の減軽なくんばあらず。是れ本章の規定ある所以なり」とするのである。[46] ここにおいて、彼は、まず、未遂が存在しない犯罪類型があることを指摘している。その例として、内乱に関する罪、猥褻罪および偽証罪を挙げている。これらは、その罪の実行に着手すると同時に既遂になるとされるのである。ところが、当時の刑法学においては、たとえば内乱罪について言えば、犯罪の性質上の問題としてではなくて、刑事政策上の問題として扱われていたのである。たとえば、村田保は、「陰謀ト豫備トハ通常之ヲ不問ニ措ク可キモノトス然レトモ止タ國安ヲ害スル罪ニ至テハ最モ其萠ヲ未然ニ防カサレハ其害ノ及フ所大ナレハ之ヲ不問ニ措クコトヲ得ス則チ第百二十五條ニ兵隊ヲ招募シ又ハ兵器金穀ヲ準備シ其他内亂ノ豫備ヲ爲シタル者及ヒ内亂ノ陰謀ヲ爲シ未タ豫備ニ至ラサル者又ハ第百三十三條ニ外國ニ對シ私ニ戰端ヲ開カントシ其豫備ニ止ル者等ハ本條特ニ刑名ヲ記載シ其豫備陰謀ノ罪ヲ罰スル者ナリ」と述べていた。[47] すなわち、国安を害する罪については、その「萠」を「未然」に防がなければ、その「害」が及ぶところが「大」なることになるであろうとして、陰謀と予備を処罰すべきであるとしたのである。つまり、法益侵害が多大になることを防止するために陰謀または予備の段階で処罰すべきであるとされたわけである。

さらに、立野胤政は、端的に「其犯罪ノ模様ニ依リ之ヲ未然ニ防カサレハ大事ニ及フ可キ罪アリ彼ノ内乱ニ關スル罪又ハ外國ニ對シ私ニ戰端ヲ開キタル罪等ノ如キ是レナリ是レハ陰謀若クハ豫備ヲ以テ本刑ヲ科ス可キ旨ヲ各本條ニ記載シタレハ乃チ特別ノ法律ニシテ本條ニ關係ヲ有セサルナリ」と述べていた。[48] これは、内乱罪を「未然に防がなければ大事に及ぶべき犯罪」として特徴付けたうえで、陰謀・予備を処罰すべき旨が各本条において規定されているので、これらの規定は、「特別法」に当たり、一般法たる第一一一条とは「関係」を有しないとするものであることになる。

高木豊三は、この間の事情を次のように明解に述べている。すなわち、「其未タ豫備ニ過サル者ハ悉ク之ヲ不問ニ措カスシテ往々之ヲ罰スルモノアルハ何ソヤ蓋シ其内亂外患ニ關スル罪ノ如キ若シ之ヲ不問ニ措キ一旦事ヲ行フ者アル時ハ實ニ國家ノ安危ニ關シ其害全國ニ及バントス且是等ノ豫備タル或ハ徒黨数百千人ノ連判簿ヲ作リ或ハ兵器ヲ買入レ或ハ隊伍ヲ組成シ標旗記號ヲ設クル等ニテ尋常ノ所爲ニ在ラス其目的トスル所亦推知シ易ク而シテ此推測亦萬謬リ無キヲ保ツ可シ是レ其内亂外患及ヒ貨幣僞造等ノ罪ニ限リ往々豫備ノ行爲ヲ罰スルコトアル所以ナリ」とされるのである。(49) 彼によれば、内乱外患の罪は、いったん事をおこなえば「国家の安危」に関してその害が「全国」に及ぶものであるとされる。これは、前に見たとおり、陰謀・予備の段階で未然に防止しなければ、法益侵害が多大になることを主張するものである。さらに、仮にそうであるとして、これらの罪の陰謀・予備を処罰しても不都合は生じないことを次のように主張している。すなわち、もともと陰謀・予備を原則として処罰しないことの根拠は、行為者の犯罪意思の証明が不十分であるにもかかわらず、これを処罰すると、無辜の者を処罰する危険が生ずるので、その危険を除去することにある。しかし、内乱外患の罪の予備行為や多人数の連判簿の作成や兵器購入などの行為は、「尋常の所為」ではないから、その「目的」を「推知」することが容易で、かつ、「謬り」なきを保つことができるとされる。つまり、右のような通常でない予備行為の存在によって行為者の故意の認定が確実になされ得るので、その陰謀・予備を処罰しても無辜の者を処罰することにはならないとされるのである。

次に、宮城の所説において、未遂犯は、「社会を害すること」が少ないので、既遂犯と「同視」すべきではなく、必要的に「刑の減軽」をみとめるべきことが指摘されている。これは、宮城の立場からは理論的に一貫した見解であると評価できる。

第三款　行為の遂行段階

　未遂犯は、行為の遂行段階において実行の着手後、結果発生までの間を問題とするものである。宮城は、行為の遂行段階に関して、「凡そ人の罪を犯すや物に触れ事に感じて直ちに之を決行する者なきに非ずと雖も、諸種の所為を経過するを以て常と為す」とする。[50] 犯罪の遂行に当たって、例外的に「物に触れ事に感じて」ただちに犯行に及ぶばあいもあるが、通常は、「諸種の所為を経過する」ものであるとされるのである。たしかに、即決即行のケースもあるが、しかし、それが例外的現象であることは、経験上、周知の事実である。宮城が述べているとおり、決意から実行までの間には、諸種の行為が介在する。その諸種の行為に関して、宮城は、「刑法は人間の所為の幾何部分まで干与し得る物なりやを見んとす」としたうえで、[51]「内部的行為」と「外部的行為」について、次のように述べる。すなわち、「内部的行為は背道の点は或は之有るも、社会干与し得べからざる者なり。若し人間の裁判権は内部的行為に対して干与するを得るものなる時は、吾人の自由は何に由て之を保全するを得んや。是故に刑法は内部的行為に干与すること無しと云ふを以て一大原則と為すなり」とする。[52] 内部的行為は、反道義性がみとめられるばあいであっても、社会は関与してはならないとされる点に注目する必要がある。それというのも、仮に「裁判権」が内部的行為に及ぶとしたばあい、市民の「自由」を保全できないことが理由とされているからにほかならない。つまり、ここで「自由」の保障という観点から、内部的行為に対しては刑法は関与してはならないとするのが「一大原則」であるとされていることが、きわめて重要なのである。刑法が人間の内心に関与すべきでないとすることは、近代刑法学が「自由」の保障の砦としてみとめてきた基本原理であることを忘れてはならない。人間の内心を中核とする内部的行為に刑法が関与してはならないとすることによってこそ、自由は保障されるのである。このことをみとめる点に、自由主義者としての宮城の根本的主張が見られる。ここで、彼は、「人間の裁判権」という観念を持ち出して、それが内部的行為に関与することをみとめると「吾人の自由」は保全され得ないと説いたのである。

右の点について、中野教授は、「『内部的行為』は、道徳違反はあるいは存在しても社会を害するに至っていないので法は関与できないとしている。特に、人間界の裁判権の及ぶ範囲という問題の観点からは、『内部的行為』を処罰することになると、人々の（思想）の自由を保障できないと指摘している」と述べておられる。[53]宮城の「吾人の自由」が「人々の（思想）の自由」と言い換えられているが、まさに宮城の「自由」の観念の中核にあったのは、「思想の自由」であったと言えるので、右の指摘は妥当であるとおもう。しかし、わたくしは、自由主義者たる宮城が主張した自由をあえて「行動の自由」にまで拡げて解釈すべきであると考えている。

さらに、宮城は、「決心にして外部に表はるるときは人間の裁判権固より之に干与するを許すと雖も、社会の危険の度未だ以て刑罰権を実行するに足らざる者多きにより尚ほ之をしも罰せざるを以て原則と為すなり。我百十一条に於て『罪ヲ犯サンコトヲ謀リ云々其刑ヲ科セス』と規定したるは所謂犯罪の決心は刑法之に干与せずとの原則を掲げたるに過ぎざるなり」とする。[54]「決心」が外部に表れたばあい、それはもはや純然たる内心の問題とは言えないので、「人間の裁判権」は、それに関与することができることになる。しかし、そのばあいであっても、彼は、なお「社会の危難の度」が「刑罰権を実行する」に足りないものが多いので、処罰すべきではないのであり、このことを第一一一条が規定しているに過ぎないと主張した。ここで彼は、「刑罰権」の「制約原理」として「社会の危険の度」の観念を強調したことになる。そのことによって刑法の謙抑性が、徹底されているのである。彼が、ここで「社会の危険の度」という観念で想定していたのは、行為者が意図していた法益侵害の発生の「危険」であると解することができるとおもう。それは、「社会に対する」危険であるから、社会にとって現実的な法益侵害の「おそれ」にほかならず、法益侵害の発生の可能性を意味することになる。

しかし、右の原則に例外があるとされる。この点について、宮城は、「我刑法は例外として犯罪決心の結果の外部的行為によりて表はれたる者を罰すること有り。内乱に関する罪（第百二十五条第二項）、皇室に対する罪（第百十六、十八条）の二罪是なり。此他の所為と雖も例外として之を罰することを得ざるに非ざれども、我が立法者は此二罪に限り、他は悉く原則を適用することと為せり」と説明している。(55) そして、「犯罪の決心の内部的行為に属するを以て之を罰する本条に『本条別ニ刑名ヲ記載スル云々』と有る即ち是なりとす」とするのである。(56) すなわち、立法者は、内乱罪と皇室に対する罪の二罪以外についても、「犯罪決心の結果」が「外部的行為」によって表れたばあいを例外として処罰することも可能であるにもかかわらず、あえてこの二罪のみを処罰するにとどめ、その他の罪については、厳格に原則が遵守されるべきこととしたとされている。このように、決心が外部的行為に表れただけで処罰すべきでないとする原則を強調している。右の原則を強調することによって、彼は、自由主義を刑法解釈論においても堅持すべきことを提示しているのである。

内乱陰謀罪および皇室に対する罪を例外的に処罰する点について、中野教授は、「これらは、今日で言う企行犯に相当するものの処罰を説明したものと思われる。ただし、『刑法講義第一巻』では、企行犯の処罰にあたる観念を『未遂犯トシテ罰スルニ非ス（中略）一罪トシテ罰スルモノナリ』と説いていた。その処罰根拠は、『内部的行爲』である決心が一定の犯罪を実現させるために『外部的行爲』によって表われたときには、その行為が『国家ノ組織權』や『皇室ノ尊厳』に関して実に大きな危険を及ぼし、行為の段階が進むにつれ『將ニ圖ル可カラサル』害が生じるので、これを未然に予防するために処罰するとしている。しかし、このような場合であっても、宮城は『決心ノ結果外部的行爲ニヨリテ表覚シタル時ト内部ニ止マリタル決心ノ偶然発覚シタル時トヲ混淆スルコト勿カレ』ということを強調し、『発議』にはあたらない単なる『決心』の客観化（偶然に人に犯罪を犯す決意を漏らしたり、その決意を良心の呵責から告白すること等）をもって処罰するのではなく、一身上の決心に留まらず『決心』の結果『他人ニ対スル謀議』という『発議以上ノ』行為によって『外部的行爲』の範疇に入るのを待って処罰するのであるということを強調している」と述べておられる。(57) そして、「刑法が干渉できるのは、単なる犯罪意思の客観化だけでは足りず、次の段階の行為へのステップとして評価される客観的行為（具体的には、犯罪の『発議』）行われていなければならないということであろう」と指摘されている。(58) ここで、処罰のためには、「単なる犯罪意思の客観化」では足りないことが指摘されており、それは、きわめて重要である。なぜならば、これらの罪について「意思の客観化」ではなくて、重大な法益侵害の惹起の可能性が例外的に要求されているからにほかならない。それゆえにこそ、「未遂犯」としての処罰ではなくて、「独立罪」としての処罰がみとめられているのである。

宮城の右の主張は、「このような例外（今日で言う企行犯の処罰）を含めても処罰限界の一線を画していることで、いずれの著書においても共通していることは、人の内心に留まっている『内部的所爲』を処罰することまでは考えなかったことである」と評価されている。(59) 企行犯の観念は、ドイツ法に由来するものであるので、フランス刑法を学んできた宮城の著書には出て来ない。この観念について、団藤重光博士は、次のように述べられた。すなわち、「主観主義の立場からは――行為者の意思に重点を置く主観主義的応報刑論の立場からも、性格に重点を置く近代派の立場からも――処罰範囲の拡張が主張される。これを強調すれば、実行の着手によって厳格な限界を設けることさえも余計なことで、予備・陰謀の段階をも含めて、ひろく『企行』（Unternehmung）を処罰するべきことになる。とくに全体主義と結びつくとき、その傾向がいちじるしい。ナチスにおいては、そこまで行こうとする企てがあった。ソヴィエト刑法でも一定の方法による予備を未遂と同様に取り扱っている。このようにして、未遂罪の問題については、立法論としてはむろんのこと、解釈論としても、鋭い学説の対立がみられる。それは刑法理論、さらには世界観の対立に関連して来るのである」とされる。[60]企行は、「予備・陰謀の段階」をも含む点に特徴がある。それは、実行の着手による限定を必要としないので、これを処罰すると、「処罰範囲の拡張」をもたらすことになる。企行犯処罰の要求が全体主義と結び付くと、処罰範囲は一段と広がり、重大な事態が引き起こされることになる。それは、団藤博士が指摘されたように、立法論上も解釈論上も鋭い対立を招き、「刑法理論」・「世界観」の対立に関連して来るのである。それゆえにこそ、この問題は、現代国家における普遍的性質を有する根本問題となり得るのである。

わが国における現行法上の企行犯について、団藤博士は、次のように指摘された。すなわち、「わが現行法でも、特殊のばあいには企行――「企て」――が罰せられる。たとえば、国家公務員法一一〇条一七号・一一一条、地方公務員法六一条四号・六二条、自衛隊法一一八条二項。なお、昭和二二年の改正前の刑法にあった皇族危害罪（七三条・七五条『危害を加へんとしたる者』）は、そのいちじるしい例であった。国家公務員法一一〇条一七号や地方公務員法六一条四号は『あおり』等の『企て』であって、法益侵害のきわめて遠い危険を構成要件とするものであり、罪刑法定主義の見地からも問題であろう」とされたのである。[61]このように、企行犯の処罰は、現在においても罪刑法定主義の観点から疑問が生ずるとされるのである。皇族危害罪（第七三条・七五条）は、旧刑法第一一六条および第一一八条をほぼそのまま承継したものであるから、旧刑法の規定は、企行犯を処罰するものであると解することができる。したがって、実質的に宮城が企行犯の処罰を原則的に否定していたことは、学説史上、きわめて重要な意義を有する。

予備と着手の関係について、宮城は、「外部的行為は内部的行為に継て起る所の所為にして、先づ予備となり、進みて着手となる。倶に体力に関する所の者とす」と述べている。[62] つまり、外部的行為は、内部的行為に継起して生ずるものであり、その順序は、「予備」→「着手」であるとされるわけである。これは、現在の刑法理論においてもみとめられている思考である。ここで「体力」という語が用いられているが、これは、身体的・物理的な有形的な作用を意味し、心理的・無形的な作用に対する観念であると解すべきであるとおもう。

予備と着手について、宮城は、次のように概念規定する。すなわち、「予備とは例へば罪を犯すの場所を択み、或は殺さんとする人を捜し、或は犯罪の用に供する器具を求め、或は共犯者を索め、或は方略を定むるが如き是なり。着手とは此に因て犯罪の目的たる結果を生ずべき所為にして、例へば人を殺さんと欲し刀剣を以て既に切傷したるが如き、盗を為さんと欲して財物に触れたるが如き是なり」と定義している。[63] 外部的行為は、前に述べたように、まず予備として発現し、続いて着手に至るとされ、準備行為としての予備が具体的に例示されている。この例示は、現行法においても通用するものである。着手については、「犯罪の目的たる結果を生ずべき所為」として特徴付けている。「結果を生ずべき」という表現に「結果発生の危険」が含意されていると解することができるとおもう。必ずしも明確に結果発生の「危険」という言葉は用いられてはいないが、言語学上、そのように解することは許されるであろう。なぜならば、「結果を生ずべき所為」とは、その所為が結果発生をもたらす可能性を有することを意味するからである。つまり、この「べき」は可能性を示す「べし」の変化形にほかならない。このように述べたうえで、彼は、刑法の規定について、「予備に就きて我刑法の規定する所如何。是も亦本条中に明言する所たり。着手の所為に関しては次条に規定せり。即ち本章の未遂犯罪の事を規定せり」と説明している。[64] それぞれについて、款を改めて見ることにしよう。

第四款　予備行為の処罰

宮城は、まず予備行為の当罰性について、「犯罪の予備の初は道徳に背戻する者なることは固より言を俟たず。其外部的行為に属するを以て危険を社会に加ふることも亦少小に非ず。故に社会刑罰権の之に干与することを得ざる者に非ざるなり」とする。(65) 道徳は、善悪を問題にするので、内心もその判断の対象とするのは当然である。したがって、予備行為もその当初の段階ですでに道徳違反の事態を生じさせ得ることになる。そして、予備行為は、単なる内心にとどまらず外部的行為として客観的に表出しているがゆえに、「危険」を社会に及ぼし得るので、「社会刑罰権」がこれに関与できることになる。そこで、社会への危険を理由にして予備行為を処罰すべきであるとする思考が生ずる。ここにおいて予備行為の当罰性がみとめられるわけである。

次に、予備行為の原則的不処罰原理、つまり、予備行為を原則として処罰しないとする原理の根拠について、宮城は、次のように述べる。すなわち、「何故に犯罪の予備を罰すること無きを原則とするか。曰く予備の所為たる果して犯罪の予備なるや否やを判別し難くして強て之を罰せんと欲せば、往々無罪者を罰するが如き不良の結果を生ずる者あり」とするのである。(66) 前に見たとおり、宮城は、予備行為が「道徳に背戻」し「危険を社会」に与えるので、「社会刑罰権」の関与の可能性を肯定して、予備行為の当罰性をみとめる。しかし、予備行為の可罰性には制限が必要であるとする。すなわち、彼は、「予備」となるか否かの「判別」が困難であることを理由にして、予備行為は原則として不処罰とされるべきであるとする原理を根拠づけている。つまり、犯罪の予備行為であるか否かの判別が困難であるにもかかわらず、これを強いて処罰しようとすると、「無罪者を罰する」という「不良の結果」を招来することになるとされるわけである。これは、必罰主義の不当性を明確に主張するものである。すなわち、当罰性のある行為をことごとく処罰すべきであるとする必罰主義を貫いたばあいには、予備行為とそうでない行為との判別が困難であるにもかかわらず、強引に「予備行為」性をみとめて無辜の者を処罰する弊害が生ずるとされるわけである。刑法典が原則的に予備を不処罰とすることの理由として宮城が挙げている点について、中野教授は、「予備を処罰することにすると、問題の行為が予備罪にあたるのかどうか本来判別しがたいので、無辜の者まで処罰してしまう恐れがあること。例えば、刀剣を購入する者がいたとしても、行為の外形からは、彼が強盗をするために購入したのか、謀殺のためか、あるいは護身具として購入したのか行為者本人の意図が判別しがたいからというのである。したがって、主として行為者の故意の認定が外形的行為からは容易に判別しがたいという事情を重視して、この認定論の観点から予備罪の原則不処罰を導き出していると考えられる。この考え方は、ボアソナードの説くところと軌を一にしている」と指摘されている[67]。つまり、宮城は、「故意の認定」論の見地から「予備罪の原則不処罰」を導き出しており、それは、ボアソナードの影響を受けているとされるのである。この指摘は、学説史的観点から重要であるとおもう。

宮城は、前に見たとおり、予備の当罰性をみとめているが、その根拠について、「予備なる者は着手に近接し、一歩を脱離すれば全く着手と成り得る所の所為なれば、此等予備の所為を罰して以て不測の禍害を予防するを要す。是れ其予備の所為として之を罰する所以なりとす」と述べている[68]。つまり、彼は、予備が「着手」に近接し、「不測の禍害」、すなわち結果発生の危険を生じさせるので、「不測の禍害を予防」するために処罰されるべきであると解しているのである。これは、予備が「着手」に近接していることを理由にして予備を処罰することによって、不測の禍害を「予防」する必要性を主張するものである。ここにおいて宮城が、予備行為の処罰根拠を法益侵害の防止という政策的理由に求めている点に注意する必要がある。なぜならば、不測の禍害の「危険性」こそが予備行為の

「危険」の観念の基礎となり得るからにほかならない。

宮城は、第一一一条にいう「其刑ヲ科セス」とは「罪有れども宥して其刑を科せずと解し得らるるが如しと雖も、此文辞は唯無罪といふことにして別に異義あるに非ず」とする。(69)「刑を科せず」という文言は、「犯罪は成立するが刑を科さない」と解するのが、文理解釈上の当然の結論であるにもかかわらず、彼は、理論上は、「犯罪不成立」と解すべきであるとするのである。そのうえで、彼は、「該条は犯罪決心若しくは予備を為すも、本条に於て特別に之を罰する時に非ざれば無罪となりと云へる一大原則を規定したる者とす」としている。(70)すなわち、予備には「刑を科せず」と規定されているが、それは「犯罪とならず」という意味であると解することによって、予備行為不処罰の原則が徹底されているのである。

さらに、予備を処罰するばあい、宮城は、二つの種類があるとする。この点について、中野教授は、次のように述べておられる。すなわち、「予備に相当する行為を処罰する場合であっても、宮城はこれをすべて予備罪として処罰すべきであるとは説かず、独立犯罪として処罰すべき場合（たとえば、詐欺取財罪の予備行為に相当するものとして貨幣偽造罪、文書偽造罪を挙げる）と『予備罪』として処罰すべき場合とがあると説いている。つまり、既に当該行為がそれ自体としてもつ『背徳加害ノ度甚ダ大』である場合には『予備罪』としてではなく、これを独立犯罪として処罰すべき旨を認めていた。そして、『予備罪』を処罰する狙いは、『着手』に至る『不測ノ禍害ヲ豫防スル』ことにあるとしている」とされるのである。(71)ここで予備罪としての処罰と独立犯罪としての処罰との区別とその重要性が明らかにされており、それは、きわめて妥当な指摘であるとおもう。前にも見たとおり、予備罪として処罰する根拠は、着手に至る危険の予防であり、これと異なる独立犯罪として処罰されるばあいとを厳密に区別すべきことを宮城が指摘していたのであり、このことは、重要であると言える。

第五款　未遂犯の処罰

未遂犯の処罰について、前に見たとおり、刑法第一一二条は、「罪ヲ犯サントシテ已ニ其事ヲ行フト雖モ犯人意外ノ障礙若クハ舛錯ニ因リ未タ遂ケサル時ハ已ニ遂ケタル者ノ刑ニ一等又ハ二等ヲ減ス」と規定する。この規定について、宮城は、「本条は人間の外部的行為中着手の事を想像し、所謂未遂犯に関する刑を規定したるものなり」とする。[72]すなわち、本条は、「外部的行為」の中で「着手」を問題とする「未遂犯」の「刑」を規定したものであるとされるわけである。未遂犯の科刑は、今日の未遂犯論においても議論されている論点であるので、ここで検討することにする。

宮城によれば、未遂には着手未遂と着手既遂があるとされる。現在の未遂犯論とは異なり、「未遂」概念の中に「既遂」という文言が包含されているが、その真義を明らかにする必要がある。この点について宮城は、次のように論じている。すなわち、宮城は、まず、「着手未遂」について「着手未遂とは着手して未だ充分に其所為を遂げざる者にして、此場合は目的たる結果の生ずること無し」と説明する。[73]つまり、着手未遂は、犯罪に「着手」して「所為を遂げざる」ものであるから、「結果」は生じないものとされるのである。ここにいう「所為」は、今日の「実行為」に相当すると解すべきである。そうすると、これは、今日でいう着手未遂・未終了未遂とまったく同義であると言える。したがって、その主張には今日でも通用し得るものが包含されていることになる。

さらに、宮城は、「其未遂を来す原由」が二つあるとする。つまり、未遂犯となる原因には二種類があるとしたのである。彼によれば、「一は自ら中止すること、他の一は意外の障礙に出でたること是なり。之を例せんに人を殺さんと欲し既に刀を加へたれども、刑を恐るるか若しくは悔悟するよりして之を遂げずして止むは自ら中止する場合なり。既に刀を加へたるも他人の為めに支へられて之を遂げざるは、意外の障礙に出でたる場合なり」とされる[74]。これらは、今日でいう着手未遂・未終了未遂における「中止未遂」（「中止犯」）と「障害未遂」である。彼は、前者の例として、処罰の恐れまたは悔悟により殺害「行為」の遂行を止めたばあいを挙げ、後者の例として、刀で斬りつけたが第三者の介入により殺害「行為」の遂行が妨害されたばあいを挙げている。これらの事例は、今日の刑法学において挙げられるものとほとんど同じである。

次に、「着手既遂」とは、「着手して既に充分其所為を行ひ遂げたる者にして、此場合には目的たる結果の生ずる時と生ぜざる時との二有り。其結果を生じたる時は其目的を達したる者にて、之を生ぜざる時、例へば人を殺さんと欲して銃を放ちたるに意外の舛錯によりて之に命中せざるか、或は命中するも創傷に止まる時の如きは其目的を達せざる者なり」とされる[75]。ここにおいては、実行行為が完全に遂行されたことが前提とされている。それゆえにこそ、「既遂」という語が用いられているのである。つまり、既遂は、結果発生を意味するのではなくて、あくまでも実行行為の完遂を意味するわけである。そして、着手既遂には、目的とした結果が発生しなかったばあいと発生したばあいの二つがあるとされる。前者は、今日でいう「実行未遂」・「終了未遂」であり、意図した結果が発生しないばあいである。後者は、意図した結果が発生したばあいであるから、もはや未遂犯の範疇に含まれず、その目的を達成している既遂犯にほかならない。実行未遂は、実行行為が終了したばあいであり、その例として、殺意をもって発砲したが、弾丸が命中しないか、または命中して創傷にとどまったときを挙げている。

宮城は、本条の規定内容について、「着手未遂にて犯人の意に出でたる中止によりて目的を遂げざる者は本条之を想像せず。……本条は二個の場合を規定したる条文にして、即ち意外の障礙に因て目的を遂げざる者と意外の舛錯に因て目的を遂げざる者とあり。換言すれば本条は着手未遂と欠効との二個の場合を規定せる者なり」とする[76]。すなわち、旧刑法は、現行刑法における中止未遂（中止犯）を「想像」しておらず、これを規定せずに、ただ着手未遂における障害未遂および実行未遂における欠効犯のみを規定しているとされるわけである。欠効犯という観念は、現在の刑法学においては用いられていないため、内容について詳細な説明が必要となるので、款を改めて見ることにする。ここでは、「未遂犯」を「着手未遂」と「欠効犯」とに区別する分類方法に関して簡単に見ておくことにしよう。この点について、中野教授は、「この分類は、加害の程度、背徳の程度によって刑を決める折衷説の『用刑』の考え方に則したものとみることができるが、もう一つの意義がある。今日の未遂犯の一般的な分類からみて、注目すべきは、中止犯の射程を『着手未遂』の概念に連結させ、『着手既遂』（厳密には『欠効犯』）の段階にまで延ばしていないことである。ところで、ボアソナードは、中止犯を『着手未遂』の段階のみならず、欠効犯の段階でも認めていたので、右は宮城の所説の特徴をなすといえる」と指摘されている。[77] 右の分類が①加害の程度および背徳の程度によって刑量を決めるとする折衷主義の科刑基準に従っていること、および、②「中止犯の射程」を着手未遂の概念にのみ「連結」していることを意味していることを指摘されているのは、注目に値する。①については、すでに述べたとおりである。②については、ボアソナードの所説と異なり、宮城の所説の特徴であるとされている。このような見解の相違が生じた理由を明らかにするのは、今後の課題と言えるであろう。

第六款　欠効犯とその処罰

一　欠効犯の意義

欠効犯の意義について、宮城は、「欠効犯とは、罪を犯さんとして既に其所為を行ひ了るも尚ほ意外の舛錯により て其目的たる結果を得ざるを云ふ。意外の舛錯とは例へば人を殺さんと欲して銃丸を放ち誤りて的らざるか、若しくは的るも唯微創のみにて死に至らざるが如き、毒殺せんと欲して毒薬を飲ましたるに其人直ちに消毒薬を服して死せざるが如き場合にして、犯者已に其行はんと欲する所為を充分に遂げたるも尚ほ其目的を達する能はざりしもの是なり」と説明している。[78] つまり、欠効犯は、行為者が罪を犯そうとして行為をおこない終わったが、「意外の舛錯」によって結果が生じなかったばあいを意味するのである。「意外の舛錯」は、行為者が予見した事態とは異なる障害を意味すると解することができるとおもう。「着手未遂」と「欠効犯」との区別について、中野教授は、「これは、今日の着手未遂と実行未遂との区別に関わる議論に重なるものであるが、宮城の与えた説明は粗く漠然とし時として類似の事例に下した結論の間に齟齬とも見られるような部分も認められるので、その正確な理解は極めて困難である」と指摘されている。[79] たしかに、現在の刑法理論の観点から見れば、宮城の所説は、粗雑と言えるであろう。しかし、当時の理論状況においては、それはなお精密であったと評価され得るとおもう。

刑法第一一二条は、「着手未遂」に関して「意外ノ障礙」について、「自己ノ意ニ關スルコト無キキ他ノ事情ノ妨害ト云フコト」であるとするが、中野教授によれば、「これは、今日の意味での着手未遂と欠効犯（実行未遂）の区別を直接に説くものではなく、いわゆる障礙未遂と中止犯との区別を語るものであり」、「宮城の場合、論理的には、自己の意思によって犯罪を中止できる余地のあった場合、つまり中止犯が成立しえた場合には『着手未遂』のテリトリーにあることになるので、これを反対解釈すれば、逆に『欠効犯』は成立しないといえることにもなる。つまり、『中止犯』の成立する余地の認められた場合と、『着手未遂』と『欠効犯』との区別は密接に関連していることになる」とされる。[80]

次に、「舛錯」について、宮城は、「犯者已ニ其行ハント欲スル所爲ヲ充分ニ遂ケタルモ尚ホ其目的ヲ達スル能ハサリシモノ」であるとしたが、[81] 中野教授によれば、「これは、直接に『欠効犯』とそうでないものとを区別する基準を語っている。したがって、以上より宮城の与えた『意外ノ障礙』と『舛錯』との概念は同じレベルの上で相互に排斥しあいながら決まるものではなく、それぞれが異なるレベルの上にある基準が用意された跛行的な概念であることがわかる。『着手未遂』と『欠効犯』との区別は、総合すると、行為者の『意欲』した行為を成し遂げているかどうかということ、かつ、自己の『意思』による中止によって結果の発生を阻止する余地があるか——中止犯が成り立つか——ということから決定されるはずである。宮城は、『着手未遂』と『欠効犯』とを区別する一般論について触れ、『犯罪執行ノ情状ニ因リ換言スレハ其の所爲ヲ中止スルヲ得ルト得サルトノ點ニ因リテコレヲ区別スルヲ要ス』と述べているが、その内容はこのように解せざるを得ないだろう」とされる。[82] 文言上、障礙と舛錯という語が用いられているが、宮城は、両者の区別を無意化しているとおもわれる。宮城にとっては、中止の可能性の有無だけが重要であり、その原因は意味を有しないのである。それゆえ、両者の区別も無意味なのである。

当時の刑法学においては、意外の障礙または舛錯の意義について、明確な定義付けをしていなかった著書が多いと言える。たとえば、立野は、「本條ハ決心豫備ヨリ一層深入リシタル者ニテ既ニ手ヲ下シタル者故幾分カ社會ニ害ヲ加ヘシナリ例ヘハ人ヲ殺サントシ金刃ヲ以テ既ニ切リ掛ケ又ハ盗ヲ爲サントシテ金櫃ヲ發ラキ或ハ其金ヲ得テ途中マテ逃ケ出シタル類ハ皆其事ヲ行ヒシ者ナリ犯人意外ノ障礙若クハ舛錯トハ金櫃ヲ開ク時他人ニ見咎メラレ又ハ事主急ニ逐駈ケタルヲ以テ一旦盗ミ出シタル金圓ヲ捨テヽ遁逃シ又ハ切リ掛ケタル金刃ヲ他人ニ阻テラレ若クハ誤テ中ラサル等皆意外ノ障礙若クハ舛錯ナリ」と述べていたにとどまる。[83] 一般的な定義を与えず、内容を説明する代わりに事例を示すにとどまっている。しかも両者の相違は、明らかにされていなかったのである。なお、立野が、実行の着手に相当する観念として、決心予備より「一層深入リシタル」という表現を用いている点が注目される。また、村田も、「犯人意外ノ障礙トハ例ヘハ刀ヲ抜テ人ヲ殺サントスル時傍ラヨリ其手ヲ阻メラレ又ハ被害者ノ自カラ防禦シタルニ因リ其目的ヲ達セサルノ類ヲ云フ」とし、「犯人意外ノ舛錯トハ例ヘハ人ヲ殺サントシテ銃砲ヲ發ツニ其装薬若クハ機關ニ欠クル所アリテ其銃丸發セス又ハ已ニ死シタリト思料シタルニ意外ニ蘇生シタルノ類ヲ云フ」と述べていたのであった。[84]

これに対して、高木は、事例を示すだけでなく、一般的定義を与えていた。すなわち、「犯人意外ノ障碍ニ因リ未タ遂ケサル時トハ他人ノ爲メニ阻遏セラレ又ハ思ヒノ外ナル故障ヲ生シテ其事ヲ行ヒ盡スコトヲ得ズ中コロニシテ止ミ其罪ヲ遂ケサルモノヲ云フ」のであり、「意外ノ舛錯ニ因リ未タ遂ケサルトハ已ニ其事ヲ行ヒ畢リタリシモ其効無ク遂ニ其罪ヲ遂ケザルヲ云フ」とされるのである。[85] これにより、意外の障礙による未遂が着手未遂における障害未遂であり、舛錯による未遂が終了未遂・実行未遂における障害未遂であることが明示されたことになる。これは、宮城の所説とまったく同旨であると解される。

要するに、欠効犯は、現在の刑法学上の実行未遂における障害未遂を意味すると言える。なぜならば、欠効犯は、罪を犯そうとして「既に其所為を行ひ了る」ばあいに、「意外の舛錯」によって「目的たる結果」が生じなかったときとされているからである。つまり、実行行為を完全に遂行したが、意図した結果が発生しなかったばあいが欠効犯であるとされているのである。そして、宮城が挙げている事例も、現在の刑法学において実行未遂として挙げられるものとほとんど同じである。

欠効犯の処罰について、宮城は、「背徳の点より観察するも加害の点より攻究するも之を罪とす可きは言を待たず。唯其目的たる結果の生ぜざるを以て既遂犯と均しく罰するを得ざるのみ。仏国刑法は之を既遂犯と同一に罰す。実に不当と謂ふ可し。然れども此場合は之を着手未遂の場合と同一にす可からず」とする。[86] すなわち、欠効犯は、「背徳」（反道義性）および「加害」（社会が受ける被害）の観点から「当罰性」が当然にみとめられるべきであるとされる。

しかし、「可罰性」については、結果を発生させていないので、結果を発生させた既遂犯よりも軽く評価されるべきであるとされる。この点についてフランス刑法は、これを既遂犯と同様に処罰するが、宮城は、それは妥当でないと批判する。その理由は、このばあいには、まだ結果が発生していないから、既遂犯とはまったく異なることに求められているのである。この点において、宮城は、未遂犯と既遂犯の可罰性の本質的な相違を的確に把握していたと評することができる。さらに宮城は、欠効犯を着手未遂と同様に処罰するのも妥当でないとする。すなわち、宮城は、「着手未遂の場合に比すれば、加害の点は彼此異なるときも、背徳の度は反て重大なりと謂はざる可からず。何となれば犯人既に其為さんと欲する所の者を執行し了りたる者なるを以て背徳の度は其頂点に達したる者と謂はざる可からざればなり」としたのである[87]。宮城によれば、行為者がおこなおうとする行為を完了した点において、未完了に終わった着手未遂のばあいよりも背徳の程度は重いとされる。現在の未遂犯論の観点からは若干理解し難い点がないではないが、その真意は、背徳行為が開始された段階では、まだ背徳性は増加しつつある状態にあるのに対して、それが完了した時点では、背徳性の増量は極点に達したことになると解すべきであるとすることにあるのであろう。つまり、行為者が遂行しようと欲した行為を完全に「執行」し終えているので、背徳の程度は、その「頂点に達した」ことに理由が求められているわけである。しかし、遂行途上にある実行行為とその完了との間に、背徳性の程度の増量が単純にみとめられるわけではない。むしろ実行行為の「中止」の可能性があるばあいにこそ、それを中止しないことによって背徳性は高いと評価されるべきはずである。この点が分かりにくいと言える。この点はともかくとして、科刑に関して彼は、「草案に於て着手未遂の場合には本刑より二等又は三等を減じ、欠効の場合には一等又は二等を減じたるは蓋し之が為めのみ」として必要的減軽主義を主張したのである[88]。しかし、立法論としては妥当ではないが、立法されて実定法規となった以上、その合理的解釈が必要であり、宮城は、両者の区別が実際上、困難であることを理由にして、立法者は、両者を同一の刑で処罰することにしたと解している。科刑において両者を同一の刑で処罰する理由が両者の区別の「実際上の困難」に求められている点に、宮城の実際家としての面が如実に表れている。

第一一二条は、意外の障礙または舛錯による未遂の科刑について規定している。この点について、村田は、「前條ハ決心ヨリ設備マテノ事ヲ云ヒ本條ハ巳ニ著手シタルヨリ未タ目的ヲ遂ケサルマテノ事ヲ云フ巳に著手シタル上ハ全ク犯人ノ意外ノ障礙ト意外ノ舛錯トニ因リ其罪ヲ遂ケサル者ナレハ其情状ヲ圖リ巳ニ罪ヲ遂ケタル者ノ本刑ニ一等ヲ減スル歟又ハ二等ヲ減ス可シ」と簡単に述べるにとどまっていた[89]。ここにおいては、たんに両者の「情状」を考慮すべきことが主張されていたにすぎない。これに対して、高木はより突込んだ説明をしていた。すなわち、彼は、「此二者共ニ一等又ハ二等ヲ減ス然レトモ今之ヲ細思スル時ハ其意外ノ障碍ニ係ル者ハ其事ヲ中止シテ畢ラザル者ナリ意外ノ舛錯ニ係ル者ハ巳ニ其事ヲ行ヒ畢テ而シテ其効ヲ生セサル者ナリ自カラ多少ノ別アルガ如シ然ルヲ此一條ニ併セ且ツ其處分ヲ同フスルハ如何ン」と問題意識を明確に示したうえで、次のように説明している。すなわち、「未遂ノ事由ノ障碍ニ係ルト舛錯ニ因スルトハ固ヨリ別アリ其の情従ツテ亦些ノ輕重アルアラン然レトモ若シ之ヲ分テ二ト爲シ其障碍ニ係ル者ニ重ク其舛錯ニ因ル者ニ輕クスルトキハ實際ニ於テ或ハ不權衡ヲ生シ又ハ彼此ノ分別甚タ困難ナルコトアラン」と述べ[90]、①罪刑の不均衡が生ずるおそれと②両者の区別が困難となるばあいがあることにその規定の根拠を求めているのである。①の問題は、次のような事例において生ずるとされる。たとえば、甲が乙を斬殺しようとして斬り掛かったところ、丙に妨害されたため一刀を下して乙の一肢を切断したばあい、これは、意外の障礙による未遂である。このばあいに生じた結果はきわめて重大である。これに対して、甲が乙を毒殺しようとして乙に毒薬を飲ませたが、乙がこれを覚って消毒して死を免れたばあいは、舛錯による未遂であり、重大な結果はまったく生じていないのである。両者の科刑について、「刑ノ輕重ハ必シモ其害ノ多少ニ因ラズト雖モ若シ斯ノ場合ニ於テ既ニ重傷ヲ負ハセシモノニ輕クシテ更ラニ害無キ者ニ重クセハ如何ン權衡正シキヲ得ルコト言フ可き乎」と述べて、刑の不均衡について論じた。[91] つまり、一律に前者を軽く処断し後者を重く処断すると刑の不均衡が生ずるとされるわけである。

②について高木は、障礙と舛錯が混合する連発銃事例を挙げる。すなわち、「連發銃ヲ以テ人ヲ狙撃セントシ一發ヲ放ツ中ラス將サニ二發ヲ放タントスルニ際リテ他人ノ捕フル所ト爲ル斯ノ如キハ如何障碍ト舛錯トヲ混スルモノニシテ分別シ難キモノナリ」とする。[92] そこで、「權衡ヲ保チ此困難ヲ避ケンカ爲メ之ヲ裁判官ノ所見ニ委シ一等若クハ二等ヲ減スルモノナリ」と法の趣旨を述べている。[93] つまり、この事例のようなばあいには、明瞭に区別することが困難であるから、その判断を裁判官に委ねることにしたとされるわけである。そして、「實際ニ於テハ多クハ舛錯ニ係ルモノニ一等ヲ減シ障碍ニ係ルモノニ二等ヲ減スルコト多カルヘシ」と実務の動向について説明している。[94]

二　着手未遂と欠効犯

着手未遂と欠効犯の「現行法適用上其区別の必要」性と区別の基準および方法について、宮城は、次のように述べている。すなわち、まず、区別の必要性について、「着手未遂は欠効より背徳の度稍々軽きに因り、一等又は二等減の範囲内に於て刑の軽重を斟酌せざる可からざるを以てなり」とする。[95] つまり、着手未遂は、欠効犯より反道義性の程度が低いため、刑の減軽がなされ得るので、両者を区別することが実践的に必要とされるのである。ここではあくまでも実際的観点から区別の必要性が強調されているのである。

次に、理論的観点からの区別について、宮城は、次のように述べている。すなわち、「今学理上より之を観察すれば欠効の場合は犯人の為さんと欲する方法を執行し了りたる者なれば、中止せんと欲するも固より為す可からずと雖も、着手未遂の場合は其方法を執行し終らざるにより其中止すると中止せざるとは犯人の意中に存す。約言すれば着手未遂には中止するを得る余地あれども、欠効には到頭中止するを得ざる者なり。二者の区別すべきは全く此点に存す」とするのである。[96]つまり、着手未遂のばあいは、行為者が意欲する方法に基づく行為がまだ完了していないので、いつでも中止することは可能であり、「中止」するか否かは、もっぱら「犯人の意中」にあるわけである。そこで、中止に至る行為者の内心を重視すれば、その分だけ情状を考慮して刑を減軽すべきことになる。すなわち、それ以上行為を遂行しないことによって、行為者の背徳性は、減少するので、それに見合う分だけ刑を減軽しなければならないのである。これに対して、欠効犯のばあいは、行為が終了している以上、もはや行為を「中止」する余地は存在しないのである。したがって、「学理上」、両者の区別は、「中止」の可能性の有無によってなされることになる。このような区別の基準に関して、中野教授は、次のように指摘される。すなわち、「そもそも、彼の『學理』によれば、行為者の主観（『意欲』）がどの程度まで達成されたかによって、行為の範囲（終了時期）が決まることになる。ただし、実際にはその判断は行為の発展順序にしたがって行なうのではなく、逆に行為者が中止行為に出てから初めて行なっていたのではないかと推測される」とされるのである。[97]実際上の判断は、行為の「発展順序」に従ってなされるのではなくて、行為者が「中止行為」に出てからなされたのではないか、という推測には首肯できるものがある。たしかに、個別的事案において区別をおこなうばあい、中止行為の有無が規準とされる以上、中止行為がなされたときにその判断をもち得ることになるであろう。しかし、区別それ自体をおこなうに当たって、一般的に、実行行為の遂行が終了したか否か、を行為者の意欲に従って判断することは、可能であると言える。つまり、行為の遂行の「発展順序」に即して判断できるわけである。そうすると、宮城の提示した基準による区別の判断は、実際上も、中止行為の遂行が「可能であったか否か」という事前的判断の公式に基づいてなされ得ることになる。

たしかに、着手未遂のばあい、科刑に当たって一等または二等減の範囲内で刑の減軽を酌量しなければならないので、実際上、欠効犯との区別が必要となる。しかし、理論的には、欠効犯のばあいには中止が不可能であるから、中止の可否こそが、着手未遂と欠効犯を区別する基準であるとされるわけである。このような宮城の所説に関して、中野教授は、次のよう指摘される。すなわち、「宮城の『着手未遂』と『欠効犯』との分水嶺となるものを障害未遂の概念に対して外在的な中止犯の成否に連関させるような他者（中止犯）従属的な中核に設定をし、他方で一連の行為の進展それ自体の中で行為の開始時点と終了時点を決める内在的、他者独立的な中核（今日の定型や実行行為概念に相当するもの）を定めることに意識を置いていなかった」とされるのである[98]。つまり、「他者従属的な中核」として中止犯を措定し、「内在的、他者独立的な中核」を措定しなかったことの中に、宮城の所説の特徴があると指摘されているのである。この指摘は、きわめて妥当であるとおもう。さらに、「中止犯を現実に行なわれた中止行為に対する報奨という政策的観点をもにらみ合せてどのように有効に作用させることができるか、という観点に『着手未遂』と『欠効犯』との区別を連関させていたという色彩が出ている」と指摘される[99]。このような思考の基準には中止行為に対する報奨という「政策的観点」があるとされるわけである。また、「論理構成」の観点から宮城とボアソナードの所説の相違について、中野教授は、次のように指摘されている。すなわち、「宮城の示した結論に至る論理構成は、ボアソナードとは異なる。ボアソナードは行為者の主観の所在を詳細に詮索することを回避し、彼が将来とるかもしれない犯行を中止する行動を事前に『期待』することによって、欠効犯よりも着手既遂を減軽するという自由主義的な考え方をとっている。なぜ、宮城は事実認定の困難性を理由に逆に同一刑主義をとったのだろうか。宮城が実務の効率的な運営の保障を優先させたことを前にして、彼の自由主義的な意識に疑問を感じざるをえない」とされるのである。[100] ボアソナードの所説の特徴は、①「行為者の主観を詳細に詮索する」という方法を回避している点、および②中止行為を事前に「期待」することによって欠効犯よりも着手既遂の刑を減軽する点にあり、これは「自由主義的な考え方」であるとされる。これに対して宮城の所説の特徴は、①「行為者の主観」を詳細に詮索する方法を採っている点、および②「事実認定の困難性」を理由にして欠効犯と着手既遂との「同一刑主義」を採っている点にあり、これは「実務の効率的な運営の保障を優先」させるものであって、「自由主義的な考え方」ではないとされることになる。右①の指摘は、まさにそのとおりであるとおもう。①と自由主義思考の関係については、次のように言える。行為者の主観の詳細を探索することは、その権限の濫用を招き自由を侵害する危険を生じさせる。したがって、このような思考方法は、自由主義に反するものである。また、②との関連において、刑の減軽をみとめることは、刑からの解放を増大させる点において自由主義的であると解され得る。しかし、「政策的理由」が基礎となっているばあいには、その理由とされる内容の正当性が重要となるのであって、法的効果だけで評価されるべきではないことになる。両者は、次元を異にするのである。この点について、宮城は、実行行為が終了している点において欠効犯は、着手「既遂」にほかならない以上、着手未遂の方が情状は軽いので、刑を減軽されるべきであると主張していることになる。したがって、彼は、同一刑主義を主張していたとは言えないと解される。この点については、さらに検討が必要であると言えるであろう。しかし、今日では実行未遂についても中止犯がみとめられているので、この主張は通用しない。

さらに宮城は、「区別するの方法如何」について、「犯罪執行の情状に因り換言すれば、其所為を中止するを得ると得ざるとの点に因りて之を区別するを要す」と述べている。[101] つまり、中止の可否が区別の方法であるとされているわけである。

第七款　中止犯とその処分

一　中止犯の意義と問題点

宮城は、当時、学説上、用いられていた「中止犯」という用語は妥当でないと主張した。すなわち、「犯罪に着手すれども犯人自ら之を中止したるに因り犯罪の目的を達成せざる場合は学者之を称して中止犯と云ふ。中止の文辞穏当ならず。何となれば夫の意外の障礙に因りたる未遂犯も亦中止の犯罪たるに相違なければなり」とするのである。[102] つまり、宮城によれば、「中止」は中途で結果が完成しなかったことを意味するので、障害未遂もこれに包含されていることになるわけである。しかし、彼は、便宜上、「中止犯の文辞を用いる」とする。彼は、理論に拘泥せずに実際的対応を示すことがあり、ここでもそれが見られる。たしかに、言語学上、「中止」を中途で「止まる」と自動詞として使用するばあいには、客観的事象を叙述するものとして理解することは、不可能ではないであろう。しかし、現在の中止犯論においては、「中止する」は、他動詞として用いられており、障害未遂と中止未遂は、対立概念であるとされているので、障害未遂は、中止未遂を包含し得ないのである。したがって、右のような理解は、現在では通用しないことになる。

中止犯の意義と問題点について宮城は、「我刑法は意外の障礙若しくは舛錯によりて犯罪の目的を遂成せざる者を以て未遂犯と為したり。今中止犯は意外の原因によらずして、全く犯人意内の原因に因りて中止したる者なるを以て、先づ中止犯の処分如何の疑問を生ず可し」とする。[103] つまり、中止犯は、もっぱら行為者の意思が原因となるものであるとされる。「意外の原因」による未遂が、障害未遂であり、行為者の「意内の原因」による未遂が、中止犯であるとされるのである。中止犯は、明らかに障害未遂とは異なるとされるわけである。そうすると、障害未遂についてのみ規定している実定法において、中止犯の処分も、障害未遂のばあいと異なるべきであるかどうか、について解釈論上、疑問が生ずるとされたのであった。

二　中止犯の処分

中止犯の処分について、学説が分かれていたが、宮城は、「現に生じたる結果即ち毀傷損害に付きて之を罰し、若し結果を生ぜざれば無罪なり」とする説を支持する。この説は、現実に生じた結果である「毀損傷害」について処罰規定があれば、その罪で処罰し、それがないばあいには犯罪不成立とする見解である。そして、この説は、「実に法理に適し実際に合した」ものであるとする。つまり、これは、理論的にも実際的にも妥当であるとされるのである。そして、その理由について、彼は、「既に法律上罰す可き所為に着手したる後は、仮令自ら其所為を遂げざるも其背徳の点に於ては言を待たず。社会を害することも亦鮮少に非ず。故に其現に生じたる毀傷損害あるに於ては之を罰すべきは多言を要せず。且仮令現に毀傷損害の生ぜざるときにても之を罰することを得ざるに非ざるなり。然れども是れ法理上の論にして、実際に至りては中止犯を罰せんと欲せば必ず法文に明規するを要す。其明規なき者は之を不問に措かざる可からざるなり」と述べている。(104) すなわち、宮城によれば、毀傷損害が生じたばあいには法理上、未遂犯は、当然に処罰が可能である。なぜならば、着手の段階ですでに背徳および社会に対する加害の点において、処罰に値するとされ得るからである。しかし、毀傷損害が生じなかったばあいであっても、法理上は、処罰することは、不可能ではないとされる。なぜならば、そのばあいにも、背徳と社会に対する危険は、みとめられるからにほかならない。ただし、実際上は中止犯を処罰しようと欲するばあいには、明文の法規が必要であるので、明文規定がないときには、不可罰となるべきであるとされる。つまり、犯罪不成立とされるべきことになるとされるのである。中止犯は、一般論として、実行の着手があった以上、背徳性および社会に対する加害がみとめられるので、法理上は当罰性が肯定され得るわけである。しかし、その行為を実際に処罰するためには、既遂犯処罰の原則の例外として、未遂犯としての中止犯を処罰する旨の明文規定の存在が必要とされるのである。

そこで、実定法の解釈問題として考えたばあい、「我刑法に於ては其罪の中止犯は其罪に付きては無罪なりとするも、他に其中止に因りて生じたる結果を罰するの規定あることを」忘れてはならず、「其規定ある者は固より之を適用せざる可からず。但し我刑法は現に殴傷損害を生ぜざる者は之を問ふこと無し。蓋し此等の所為たる社会刑罰権の之に干渉するに足らざる者と為せしになる可し」とするのである[105]。すなわち、中止犯は、その目的とした犯罪についてのみ犯罪不成立となるのであって、その行為によって発生した犯罪的結果については別論となるわけである。言い換えると、行為によって犯罪的結果が生じた以上、その結果については罪責を負わなければならないことは、当然であるとされる。これに対して、結果がまったく発生しないばあいには、「社会刑罰権」が干渉するに足りないとされる。

右の処理について、宮城は、例を挙げて次のように説明する。すなわち、「窃盗を為さんと欲して人家に入りたりしに、何等かの原因よりして自ら其所為を中止して其家を出でたる者の如きは、所謂窃盗罪の中止にして窃盗罪の既遂にも非ず又未遂に非ざれば、窃盗罪として無罪たらざるを得ず。然れども我刑法は故なくして人の住所に侵入するの所為は人の住所を侵す罪として之を罰するを以て、其刑に問ふ可き者とす」として、「今窃盗を為さんと欲して人の家宅に侵入するは、是れ実に不正当の事由たるを以て、窃盗の中止犯は人の住所を侵す罪として之を論ずるは最も適当なりと謂ふ可し」とするのである[106]。つまり、住居侵入窃盗を意図して住居侵入行為のみをおこない、窃盗行為に出なかったばあいは、実際に遂行した住居侵入罪の成立のみをみとめるべきであるとされるわけである。ここで「窃盗の中止犯」が肯定されていることに注意する必要がある。この事例は、現在では、住居侵入窃盗において侵入行為のみがなされたケースとして扱われる。このばあい、本来の目的である窃盗罪の実行行為には着手もしていないのであるから、窃盗罪の中止犯は成立せず、たんに窃盗の手段としての住居侵入罪の既遂犯だけが成立し、それのみで処罰されるのである。したがって、宮城が、これを窃盗罪の着手未遂の問題として扱うのは、現時点では妥当でないとされることになる。

第八款　不能犯

一　不能犯の意義と種類

宮城は、不能犯についても論じている。不能犯の意義について、彼は、「不能犯なる者は夫の欠効犯の如く犯罪の目的たる悪結果の生ぜざる所の者なれども、其悪結果の生ぜざるは或は事物の所為の性質に因り、或は施用の方法に因り到頭悪結果の生ずる能はざる者を想像したるなり」と述べている。(107) つまり、不能犯は、犯罪の目的である「悪結果」が発生しない点では欠効犯と共通するが、「到頭悪結果の生ぜざる」点で決定的に異なるとするのである。「到頭」結果が生じないというのは、「およそ」結果が生じないことを意味すると解すべきであるとおもう。なぜならば、言語学的に「到頭」という副詞は、結局、最終的にという意味を有しており、「結果の生ずる能はざる」と結合することにより、もともと結果が発生し得ないことを意味することになると解され得るからである。不能犯の種類に関して、宮城は、不能犯には、①「事物の所為の性質」に由来するものと②「施用の方法」に由来するものがあるとする。そして、それぞれについて、事例を挙げ説明する。まず、①の例として、「例へば人を殺さんと欲して之を斬りたるに其人は業已に死したる者なりとせんか。此所為たる殺人罪は到底成立すること無し。何となれば殺人罪を構成せんには其犯罪の事物が生命を有する所の人間たるを要すればなり」と述べる。[108] すなわち、殺人罪においては、「犯罪の事物」、つまり「行為客体」が生命を有する人間である必要があるので、右の事例は、客体が死者であるばあいであるから、殺人罪を構成せず不能犯であるとされるのである。つまり、行為の性質上、「到底」結果の発生はあり得ないばあいの例が死体に対する殺人行為にほかならないのである。これは、今日の用語でいえば、死者に対する殺人罪としての「客体の不能」である。

次に、②の例として、「犯罪に施用したる方法よりして不能犯の生ずる場合を示さんに、例へば人を毒殺せんと欲し、毒薬ならざる薬を毒薬と誤信し之を飲ましめたるが如き犯罪の結果は決して生ずること無し。何となれば毒薬を施用せざれば以て毒殺罪を構成すること無ければなり。是れ実に施用の方法よりして犯罪の結果の生ぜざる者なり」と述べる。[109] すなわち、毒殺する意図で毒薬でない薬を毒薬と誤信して行為客体に服用させたばあいは、およそ毒殺の結果は生じ得ないので、毒殺罪の不能犯とされるのである。このばあいは、行為それ自体としては客体に対して結果発生の可能性を有するが、具体的状況においてそれを実現する方法に誤りがあったために、けっして結果が発生しないわけである。つまり、「一般的には」結果を発生させ得る行為に関して、「具体的に」遂行する段階においてその行為の手段について錯誤が生じたために実現の可能性が消滅したばあいが、右の事例の中核である。②の事例は、今日の用語でいう「方法の不能」に当たる。ここで、宮城は、すでに今日の不能犯論の中核を講述していたことになる。

宮城の右の立場は、中野教授によれば、「実質的な三分論的シェーマ」を採用するものであり、前著の『刑法講義』における「客体の不能→不能犯」および「方法の不能→未遂犯」をみとめる「形式的な二分論的シェーマ」を捨てたものとされる。そして、実質的三分論的シェーマによる区別の基準について、中野教授は、次のように指摘されている。すなわち、方法の不能における未遂犯と不能犯の「区別は何を拠り所とするのか。行為の生成発展過程を時系列に即して存在論的に観察する手法を採るのが、折衷説の論客としては自然であろう」とされる。(110)ここにおいて、折衷説の基本的思考方法として、行為の「生成発展過程」を「時系列に即して存在論的に観察する手法」が抉り出されていることは、きわめて重要であるとおもう。そのうえで、「現に宮城自身、各著書における『未遂犯罪』の冒頭で犯罪の発現段階に即して、『思想』、『希望』から『着手』、『既遂』にまで及んで、それぞれに背徳性と社会的害悪とを対応させて、各犯罪の罪質を論じていたことが、ここで再び想起されなければならないのである。そこで、宮城は、不能の原因（『加害』の原因）が着手時に生じたものか、予備の時に生じたかにより区別しようとする考え方を初めて明確に打ち出すことになったと考えることができる」とされる。(111)ここで宮城が不能の原因の存在時期に拘泥していた理由が、明らかになったことになる。そして、「これは、場合分けと事例に対する評価の相違は別にして、『刑法講義第一巻』で示された不能犯に関わる考え方の筋道をさらに詳細に分析し精密化するに至った成果であり、改説ではないと評価するのが妥当であろう」と評価されている。(112)この評価は、宮城の不能犯に関する思索の深化を正しく認識するものであるとおもう。

右のように、宮城が不能犯か否かを判断するに当たって「不能の原因が予備時に生じたものか、着手時かで区別の基準を置いていること」は、「おそらく宮城が、ボアソナードとは異なり、いわゆる実行行為の概念を明確にしていなかったことに原因があるのではないであろうか」と中野教授は、問題を提起される。そして、その問題に対して、「実行行為の中で不能犯を論じる発想ではなく、むしろ、不能の原因が着手時に存在していたのかそれ以前の段階にすでに存在していたのかという発想をとり、『実行の着手（原因）→未遂（結果）』という因果連関的な議論のなかに不能犯論を組み込み、欠効犯とはこの因果連関が成立した場合のことをいい、不能犯とはすでに『着手』以前に不能の原因が認められた場合をいうのでこの因果連関が成立せず、たかだか予備罪ないし故意の結びつきの認められる限りで生じた結果の既遂罪を論じる発想があることを汲み取ることがでるのではないかと思われるのである」と回答されている。(113) わたくしは、宮城がフランス刑法学において未遂の中核とされている「実行の着手」の観念をなぜ用いなかったのか、という疑問を前に述べたが、その解答が中野教授の右の叙述に示されているようにおもわれる。宮城にとっては、生成発展する「行為」とそれによって発生する結果との間の現実的な「因果連関」が重要な関心事であったと考えられる。そのばあい、生成的でなくて固定的で静的な観念として把握される「実行行為」概念は、重要視されないことになる。そこで、宮城は、不能犯と実行行為とを関連付けるのではなくて、不能犯を行為と結果との間の因果連関と関連付けたと解され得るのである。

二　不能犯の処分

不能犯の処分について、宮城は、「不能犯は前段に於て述べたるが如く事物若しくは方法上決して犯罪の悪結果を生ぜざる者なれば、道徳に背戻することは之れ有るも、社会の害は到頭生ずること無きにより て方法上之を無罪と決せざる可からざるのみならず、我刑法には不能犯のことを規定せずとも亦無罪と決定せざる可からざるなり」とする。(114) すなわち、不能犯は、「道徳に背戻」するが、「社会の害」はまったく生じないので、犯罪を構成せず、刑法典に規定がなくても「無罪」、つまり「犯罪不成立」とされるべきであると言うのである。ここで「不能犯の不処罰は、明文規定が存在しなくても当然にみとめられるべきである」とされている点に注意する必要があるとおもう。なぜならば、処罰するばあいには、罪刑法定主義の見地から明文規定を必要とするが、理論上、明らかに不処罰とされるべきものを不処罰として扱うには明文を必要としないとする原理を承認するのは、きわめて重要であるからにほかならない。実定法の解釈論においても、理論上みとめられる不能犯に関する明文規定がなくても、その存在をみとめて理論的にその不処罰を肯定することは、「自然法思想の見地」からは当然のこととされるのである。そうすると、宮城は、自然法思想に基づく主張を提示していることになる。

さらに、彼は、「其所為の結果として毀傷損害の生ずる時、例へば懐胎に非ざる婦女を懐胎なりと誤認して堕胎薬を与へ、為めに其健康を害したる時は其処分如何。蓋し是も亦中止犯と同じく結論せざる可からず、即ち不能犯は其目的とする所の犯罪に付ては無罪なりと雖も、若し其所為の結果として損害の生じたる時は、其損害に付きて其罪を論ぜざる可からざるなり」とする(115)。すなわち、前に中止未遂に関して見たとおり、当初の目的とする結果が生ぜず、他の犯罪的結果が生じたばあいには、目的とした犯罪については犯罪は成立しないが、その行為によって惹起された犯罪的結果については罪責を負うべきであるとするのである。行為者が意図した犯罪は、不能犯として不処罰であっても、その行為自体によって現実に惹起された犯罪的結果について罪責を負うのは、当然であるとされるが、この結論は、妥当である。しかし、ここで注意しなければならないのは、前に見た中止未遂の例とされる住居侵入窃盗における住居侵入の結果とは異なるということである。すなわち、住居侵入窃盗のばあい、本体となる窃盗罪における盗取行為それ自体には着手していないのに対して、方法の不能のばあいには、本体となる殺人罪における殺害行為としての不能行為は、遂行されており、その行為によって生じた別個の犯罪的結果について罪責を負うべきであるとされるのである。言い換えると、方法の不能のばあいは、意図した行為それ自体が別個の犯罪的結果を発生させる可能性を包蔵しているので、その点について罪責を追及し得るわけである。その犯罪的結果の発生についても認識が可能であるかぎりにおいて、犯罪に関する主観的要件を具備しているはずである。したがって、その犯罪的結果について罪責を追及しても、けっして不当ではない。これは、現在の刑法理論によってもみとめられている。

三　不能犯と欠効犯との区別

「不能犯と欠効犯との区別」について、宮城は、次のように述べている。すなわち、まず、「等しく是れ既に其所為を行ひ了りたるに其目的たる結果の生ぜざる者なり。而して一は無罪となり、一は有罪となる。其区別の必要なる固より言を待たず。但事物の不能よりして犯罪の目的とする結果の生ぜざる場合は、常に不能犯にして之を欠効犯と区別するの必要あるを見ず」とする[116]。すなわち、両者は、いずれも意図した行為を終えたけれども意図した結果が発生しなかった点で共通するが、一方は犯罪不成立で、他方は犯罪成立であるから、その区別が必要であることは当然である。客体の不能のばあいは、つねに不能犯として犯罪不成立であり、処罰の可能性は存在しないので、区別の必要はないとされる。言い換えると、客体の不能のばあいは、いずれも犯罪不成立となるから、実際上、区別する必要はないことになるわけである。これに対して、方法の不能のばあいは、「其必要なる犯罪は使用したる方法の如何によりて犯罪の目的とする結果の生ぜざるの場合在り」と指摘されている。つまり、犯罪遂行のために取られた方法の如何によって不能犯とされるばあいがあるのであって、犯罪の種類によるものではないとされるわけである。逆から言えば、用いる方法の如何によっては中止未遂となって処罰されるばあいが生ずるのである。したがって、両者の区別が重要となる。そこで、彼は、「一般的に其区別を言ふ時は犯罪に使用したる方法拙劣なるが為めに其目的とする結果を生ぜざる時は、欠効犯にして、其結果の生ぜざるは方法の拙劣に出るに非ずして、方法が性質上不能なるときは不能犯なりと謂ふ可し。換言すれば犯罪に使用したる方法が絶対的不能なる時は不能犯にして、関係的不能なる時は欠効犯なりと謂ふ可し」とする。[117] ここにおいて、宮城は、「一般的」な基準として、「方法の拙劣」による結果不発生は欠効犯であり、「方法が性質上不能なる時」は不能犯であると主張している。すなわち、方法が「拙劣」であるばあいには、結果不発生となるが、それが「適当」（適切）であったばあいには結果が発生し得るので、未遂犯となって、欠効犯とされるわけである。言い換えると、「関係的不能なる時」が欠効犯であり、「絶対的不能なる時」が不能犯であるとされるのである。これは、今日の「絶対的不能・相対的不能」説（客観的危険説）にほかならない。ここに言う「関係的不能」は「相対的不能」に当たることになる。このように解することができるのは、「関係的」とは、他の要因との関係において事態が異なることを意味し、まさしく「相対的」と同義と言えるからにほかならない。

さらに、「極端の例」として次の事例を挙げて宮城は、以下のように説明する。まず、絶対的不能について、「人を殺さんと欲して呪詛したるが如きは不能犯なり。即ち呪詛なる方法は道理上犯罪の目的とする結果を生ずる能はざる者にして、何人が之を使用するも如何に注意して行ふも常に不能にして所謂絶対的不能なり」と述べたのである。[118] 呪詛による殺害は、「何人」が「如何に注意して行」っても、「道理上」、「常に不能」であるから、絶対的不能であるとされるのである。これは、迷信犯であり、現在の刑法理論において好んで挙げられる「丑の刻詣り」の事例とまったく同性質である。

次に、相対的不能としての欠効犯について、「之に反して人を毒殺せんと欲して毒薬を飲ましめたるに、其毒少量にして害を生ずるに至らざる時の如きは欠効犯なり。何となれば其毒の少量なりしは方法の拙劣なる者にして少しく注意したらんには害悪必ず生ず可く所謂関係的不能なればなり」とする。[119] すなわち、毒殺の目的で実際に「毒薬」を飲ませたところ、毒薬が「少量」であったため、死亡の結果が発生しなかったばあいは、「欠効犯」であるとされる。なぜならば、このばあい、毒薬の量が少量であったのは、「方法」がたんに「拙劣」であったに過ぎないことを意味し、「少し注意」して致死量を供与していれば、殺害の結果は「必ず生ず可」きであるので、不能犯ではなくて欠効犯（実行未遂）であるとされるべきであるからである。すなわち、このばあいには、方法さえ適切であれば、法益侵害の可能性が存在するので、未遂犯となるのである。しかし、このような基準によって「其区別一見分明なるが如しと雖も、是れ唯極端の例を挙げたるを以て然るのみ。少しく実際に入りて観察する時は二者相近邇して之を区別すること実に困難なり」と述べている[120]。彼は、極端な事例として絶対的不能につき呪詛による殺人を挙げ、欠効犯につき毒殺における毒薬の分量不足を挙げて、このようなばあいには、両者の区別は容易であるとする。しかし、「実際」上は具体的に検討すると、その区別は困難であるとする。ここにおいて、「危険」という用語は、用いられてはいないが、少し注意すれば「害悪必ず生ず可く」という表現は、実質的には「危険」を意味すると言える。

このように見てくると、宮城は、現在の「絶対不能・相対的不能」説・客観的危険説を先取りして主張していたと評価され得る。

第九款　他人による結果惹起の取扱い

宮城は、第一一一条の注釈の最後において次のような問題を挙げて検討を加えている。その問題とは、「犯人が犯罪の所為を行ひ了り、未だ其目的たる結果の生ざるに他の原因の之に加はる有りて、其結果を生ぜしめたる時は之を既遂犯とするか、将た未遂犯とする」か、というものである[121]。すなわち、行為者が犯罪行為を終了したばあいに、「他の原因」が加わって結果が発生したときは、未遂犯なのか、それとも既遂犯なのか、が問題になるとされるのである。その事例として「甲あり、乙を路に要して之を斬り、充分死に至らしめたりと信じ遁走せしに、乙未だ死に至らず。丙者あり、偶々其傍を過ぎ、乙の未だ死せざるを見て再び之を斬り終に死に至らしめた」というケースを挙げ、次のようにその解決策を提示している。すなわち、「此場合に於て、丙者の所為は殺人罪の既遂犯に問ひて毫も疑なしと雖も、甲者の所為は既遂犯に問はんか、其結果を生ぜしめたるは丙者の所為に由る。未遂犯に問はんか、犯人の所為は已に遂げ、目的も亦人によりて達したる者なり。其処分果して如何、甚だ困難なる問題なりと謂ふ可し。予は断言す、甲者は殺人罪の未遂犯なりと」とされるのである。(122) 右の事例において、丙の行為が殺人罪の既遂犯となるのは「毫も疑なし」とされる。なぜならば、丙の行為によって乙の死亡の結果が発生している以上、既遂犯となるのは当然のことであるからである。それでは、甲についてどうなるかは、丙の罪責とは異なる問題である。宮城は、この点について、甲は殺人罪の未遂犯とされるべきであるとする。そして、その理由について、「之を要するに甲者は外力の為めに其目的を遂げざる者なり。換言すれば丙者が乙者の生命を絶つまでは乙者は生存したる者にして、之が生命を絶ちたるは丙者の所為に出でたるものなれば、甲者を以て未遂犯と為さざる可からざるなり。実際に於ては甲者は丙者の所為によりて大に利益する所あるが如しと雖も、理論上此の如く論結せざる可からず」と述べている。(123) すなわち、このばあい、甲は、乙を殺害しようとする行為をおこなったが、乙の生命を絶ったのは、あくまでも丙であり、甲としては、丙の行為という「外力」によってその目的を遂げることができなかったのであるから、未遂犯とされなければならないとされるのである。たしかに、丙の行為の介入により甲は、既遂結果による、自己の目的達成という「利益」を得たように見えるが、しかし、理論的には右のように未遂の成立を肯定すべきであるとされている。ここで次のような興味深い論理が示されている。甲は、丙の行為の介入によって自己の当初の目的を達成しており、その意味において「利益」を得ているので、それに相応する重い罪責としての既遂犯の責を負うべきはずである。ところが、その結果は、あくまでも丙の行為という「外力」によって生じさせられたのであって、理論的には甲にとっては「意外の障害」による未遂として軽く扱われるべきであるとされる。行為者が当初の故意を実現することを行為者の「利益」として把握する点が、まことに興味深くおもわれるのである。たしかに、「功利主義思想」においては、これも広義の利益と言えるであろう。しかし、狭義においては、利益とは言い難い。この問題は、現在でも議論されている因果関係の問題である。宮城が理論的観点からこの問題に論及し妥当な結論に到達していたのは、高く評価されるべきであるとおもう。

第一〇款　未遂犯の可罰性

未遂犯の可罰性について、刑法第一一三条は、前に見たとおり、「重罪ヲ犯サントシテ未タ遂ケサル者ハ前條ノ例ニ照シテ處断ス、輕罪ヲ犯サントシテ未タ遂ケサル者ハ本條別ニ記載スルニ非サレハ前條ノ例ニ照シテ處断スルコトヲ得ス、違警罪ヲ犯サントシテ未タ遂ケサル者ハ其罪ヲ論セス」と規定している。宮城は、本条の趣旨について「本条は未遂犯を罰すべき場合と罰す可からざる場合と定めたる条文なり。即ち重罪の未遂犯は総て之を罰し、軽罪の未遂犯は各本条に於て特に其罰すべきことを明言したる時に非ざれば之を罰せず。違警罪の未遂犯は総て之を罰すること無きなり」と説明する。(124) すなわち、重罪の未遂犯はすべて処罰し、軽罪の未遂犯は各条文において処罰するばあい以外は不処罰であり、違警罪の未遂犯はすべて不処罰とすることを規定したものであるとされる。このように、刑法典は、犯罪の種類によって未遂犯の可罰性を一律に取り扱っているのである。彼は、刑法典がこのように規定した理由について、「其理由たる別に深意の存するに非ず。重罪は其罪重大なるを以て其未遂の場合と雖も之を不問に措くことを得ず。軽罪、違警罪は其罪軽くして其未遂の場合には之を罰するの必要なき者あり。因て軽罪は本条別に記載する場合のみを罰し、違警罪は総て之を罰せざるなり」と述べている。(125) 彼によれば、このように規定したことには深い意味はなく、重罪については、その罪質が重いので未遂犯を罰するが、軽罪については、罰する必要がないばあいが多いので、各条文で規定があるばあいに限って処罰し、違警罪については、その罪責がきわめて軽いので、すべて処罰されないとされたに過ぎないとするのである。重罪、軽罪および違警罪が存在しない現行刑法にとっては、これらに関する議論は無用であるので、その検討は省略する。

(1)　宮城浩藏『刑法正義　上巻』(明16年・一八八三年)、明治大学創立百周年記念学術出版委員会編『刑法正義　宮城浩藏著（創立百周年記念学術叢書第四巻）』(昭59年・一九八四年)。引用は、後者による。
(2)　小野清一郎「刑法学小史」同『刑罰の本質について・その他』(昭30年・一九五五年) 四一二頁。
(3)　小野・前掲注 (2) 四一二―三頁。
(4)　阿部純二・木村龜二「明治法律学校創設当時の刑法および刑事訴訟法の講義とその内容」明治大学法学部八十五年史編纂委員会編『明治法律学校における法学と法学教育』『法律論叢』別冊 (昭41年・一九六六年) 一〇四頁。
(5)　阿部・木村・前掲注 (4) 一〇四頁。
(6)　宮城浩藏『刑法講義』(明18年・一八八五年)。
(7)　拙著『宮城浩藏の人と刑法思想』刑事法研究第一八巻 (平29年・二〇一七年) 一四一頁。
(8)　中野正剛『未遂犯論の基礎――学理と政策の史的展開――』(平26年・二〇一四年) 一七―八頁。
(9)　中野・前掲注 (8) 二六頁。
(10)　宮城・前掲注 (1) 二二一頁。
(11)　宮城・前掲注 (1) 二二一頁。
(12)　宮城・前掲注 (1) 一九頁。
(13)　宮城・前掲注 (1) 二二一―三頁。
(14)　宮城・前掲注 (1) 二二二頁。
(15)　宮城・前掲注 (1) 二二三頁。
(16)　中野・前掲注 (8) 四六頁。

(17) 中野・前掲注(8)一八―九頁。
(18) 中野・前掲注(8)一九頁。
(19) 中野・前掲注(8)二一頁。
(20) 宮城・前掲注(1)一二頁。
(21) 宮城・前掲注(1)一三頁。
(22) 宮城・前掲注(1)一三頁。
(23) 宮城・前掲注(1)一三頁。
(24) 中野・前掲注(8)四四―五頁。
(25) 中野・前掲注(8)四五頁。
(26) 中野・前掲注(8)四五頁。
(27) 宮城・前掲注(1)二六頁。
(28) 宮城・前掲注(1)二六頁。
(29) 宮城・前掲注(1)二六頁。
(30) 宮城・前掲注(1)二六頁。
(31) 宮城・前掲注(1)二六頁。
(32) 宮城・前掲注(1)二七頁。
(33) 宮城・前掲注(1)二七―八頁。
(34) 宮城・前掲注(1)二八頁。
(35) ボアソナード『仏國刑法講義』名村泰藏口譯（明14年・一八八一年）一頁。
(36) ボアソナード・前掲注(35)一一頁。
(37) ボアソナード・前掲注(35)一一―二頁。
(38) ボアソナード・前掲注(35)一二頁。
(39) 宮城・前掲注(1)二三八頁。
(40) 当時は、「着手」という語は一般化しておらず、他の語で表現されている。たとえば、高木豊三は、「其事ヲ行フ」と叙述していたのである、高木豊三『校訂刑法義解第一編』（明15年・一八八二年）三二―三頁。

(41) 中野・前掲注(8)四九頁。
(42) 中野・前掲注(8)六五―六頁。
(43) ボアソナード・前掲注(35)一二四頁。
(44) ボアソナード・前掲注(35)一二九頁。
(45) 宮城・前掲注(1)三三八頁。
(46) 宮城・前掲注(1)三三八頁。
(47) 村田保『刑法註釈巻二』(明13年・一八八〇年)六一頁。
(48) 立野胤政『刑法註解』改正増補再版(明15年・一八八二年)一二七頁。
(49) 高木・前掲注(40)三二六―七頁。
(50) 宮城・前掲注(1)三三八頁。
(51) 宮城・前掲注(1)三三八頁。
(52) 宮城・前掲注(1)三三九頁。
(53) 中野・前掲注(8)一〇八頁。
(54) 宮城・前掲注(1)三三九頁。
(55) 宮城・前掲注(1)三三九頁。
(56) 宮城・前掲注(1)三四〇頁。
(57) 中野・前掲注(8)一〇九頁。
(58) 中野・前掲注(8)一〇九頁。
(59) 中野・前掲注(8)一〇九頁。
(60) 団藤重光『刑法綱要総論』第三版(平2年・一九九〇年)三五二頁。
(61) 団藤・前掲注(60)三五三頁。
(62) 宮城・前掲注(1)三四〇頁。
(63) 宮城・前掲注(1)三四〇頁。
(64) 宮城・前掲注(1)三四〇頁。
(65) 宮城・前掲注(1)三四一頁。

(66) 宮城・前掲注(1)三四一頁。
(67) 中野・前掲注(8)一一〇頁。
(68) 宮城・前掲注(1)三四二頁。
(69) 宮城・前掲注(1)三四二頁。
(70) 宮城・前掲注(1)三四三頁。
(71) 中野・前掲注(8)一一〇―一一頁。
(72) 宮城・前掲注(1)三四三頁。
(73) 宮城・前掲注(1)三四三頁。
(74) 宮城・前掲注(1)三四三頁。
(75) 宮城・前掲注(1)三四三頁。
(76) 宮城・前掲注(1)三四三頁。
(77) 中野・前掲注(8)一一三頁。
(78) 宮城・前掲注(1)三四六頁。
(79) 中野・前掲注(8)一一五頁。
(80) 中野・前掲注(8)一一六頁。
(81) 宮城・前掲注(1)三四六頁。
(82) 中野・前掲注(8)一一六頁。
(83) 立野・前掲注(48)一二八頁。
(84) 村田・前掲注(47)六二頁。
(85) 高木・前掲注(40)三二八―九頁。
(86) 宮城・前掲注(1)三四六頁。
(87) 宮城・前掲注(1)三四六頁。
(88) 宮城・前掲注(1)三四六頁。
(89) 村田・前掲注(47)六二頁。
(90) 高木・前掲注(40)三三〇―一頁。

(91) 高木・前掲注(40)三三一—二頁。
(92) 高木・前掲注(40)三三二頁。
(93) 高木・前掲注(40)三三二頁。
(94) 高木・前掲注(40)三三二頁。
(95) 宮城・前掲注(1)三四七頁。
(96) 宮城・前掲注(1)三四七頁。
(97) 中野・前掲注(8)一一九頁。
(98) 中野・前掲注(8)一二〇頁。
(99) 中野・前掲注(8)一二〇頁。
(100) 中野・前掲注(8)一二〇頁。
(101) 宮城・前掲注(1)三四七頁。
(102) 宮城・前掲注(1)三四八頁。
(103) 宮城・前掲注(1)三四八頁。
(104) 宮城・前掲注(1)三四九頁。
(105) 宮城・前掲注(1)三四九頁。
(106) 宮城・前掲注(1)三五〇頁。
(107) 宮城・前掲注(1)三五三頁。
(108) 宮城・前掲注(1)三五三頁。
(109) 宮城・前掲注(1)三五三頁。
(110) 中野・前掲注(8)一三五頁。
(111) 中野・前掲注(8)一三五頁。
(112) 中野・前掲注(8)一三五頁。
(113) 中野・前掲注(8)一三六頁。
(114) 宮城・前掲注(1)三五三頁。
(115) 宮城・前掲注(1)三五三—四頁。

(116) 宮城・前掲注(1)三五四頁。
(117) 宮城・前掲注(1)三五四頁。
(118) 宮城・前掲注(1)三五四頁。
(119) 宮城・前掲注(1)三五四―五頁。
(120) 宮城・前掲注(1)三五五頁。
(121) 宮城・前掲注(1)三五六頁。
(122) 宮城・前掲注(1)三五六頁。
(123) 宮城・前掲注(1)三五六頁。
(124) 宮城・前掲注(1)三五七頁。
(125) 宮城・前掲注(1)三五七頁。

川端　博著　**刑事法研究**

第１巻	正当化事情の錯誤	本体3500円
第２巻	違法性の理論	品　切
第３巻	錯誤論の諸相	品　切
第４巻	財産犯論の点景	本体5000円
第５巻	正当防衛権の再生	本体5500円
第６巻	定点観測 刑法の判例〔1996 年度～1998 年度〕	本体6000円
第７巻	共犯論序説	本体6000円
第８巻	定点観測 刑法の判例〔1999 年度～2000 年度〕	本体7000円
第９巻	事実の錯誤の理論	本体6000円
第10巻	共犯の理論	本体5000円
第11巻	風俗犯論	本体5000円
第12巻	定点観測 刑法の判例〔2001 年度〕	本体6000円
第13巻	責任の理論	本体6000円
第14巻	人格犯の理論	本体7000円
第15巻	事例思考の実際	本体7500円
第16巻	刑法特別講義・講演録	本体10000円
第17巻	賄賂罪の理論	本体7000円
第18巻	宮城浩藏の人と刑法思想	本体8000円
第19巻	未遂犯の理論	本体12000円

著者紹介

川端　博（かわばた・ひろし）

昭和19年生。昭和42年明治大学法学部卒業，司法修習修了，東京大学大学院法学政治学研究科修士課程修了

明治大学名誉教授・法学博士。法制審議会（総会）委員，放送大学客員教授，旧司法試験考査委員（昭和63年度～平成9年度刑法担当），日本学術会議員（第18期・第19期），新司法試験考査委員（平成18年度～同22年度刑法担当）等歴任。

主要著書

『正当化事情の錯誤』，『違法性の理論』，『錯誤論の諸相』，『財産犯論の点景』，『正当防衛権の再生』，『定点観測・刑法の判例』，『共犯論序説』，『事実の錯誤の理論』，『共犯の理論』，『風俗犯論』，『責任の理論』，『人格犯の理論』，『事例思考の実際』，『刑法特別講義・講演録』，『賄賂罪の理論』，『宮城浩藏の人と刑法思想』，『法学・刑法学を学ぶ』，『司法試験』，『集中講義刑法総論』，『集中講義刑法各論』，『刑法総論講義』，『刑法各論講義』，『刑事訴訟法講義』，『刑法』，『刑法各論概要』，『疑問からはじまる刑法Ⅰ（総論）・Ⅱ（各論）』，『刑法講話Ⅰ総論・Ⅱ各論』（以上，成文堂），『刑法総論25講』（青林書院），『通説刑法各論』（三省堂），『文書偽造罪の理論』（立花書房），『事例式演習教室刑法』（勁草書房），『刑法判例演習教室』（一粒社），カウフマン＝ドルンザイファー著『刑法の基本問題』（翻訳・成文堂），『論点講義刑法総論』（弘文堂），『刑法入門』（共著・有斐閣），『リーガルセミナー刑法1総論・2各論』（共著・有斐閣），『レクチャー刑法総論・各論』，『刑法基本講座（全6巻）』（共編著）（以上，法学書院），『刑事訴訟法』（共著・創成社），『刑法総論』・『刑法各論』・『刑事訴訟法』（編著・八千代出版），リューピング『ドイツ刑法史綱要』（共訳・成文堂）等

未遂犯の理論

刑事法研究　第19巻

平成31年4月20日　初　版　第1刷発行

著　者　川　端　　博

発行者　阿　部　成　一

〒162-0041　東京都新宿区早稲田鶴巻町514番地

発行所　株式会社　成　文　堂

電話　03(3203)9201㈹　Fax　(3203)9206

http://www.seibundoh.co.jp

製版・印刷　三報社印刷　　製本　弘伸製本

ISBN978-4-7923-5270-7　C3032　検印省略

定価（本体12000円＋税）

事項・外国人名索引

あ　行

か　行

さ　行

た　行

な　行

は　行

ま　行

や　行

ら 行

わ 行